人民·联盟文库

民族问题概论

吴仕民 主编 王 平 副主编

四川人民出版社

人民出版社

第三版作者名录

主　编：吴仕民

副主编：王　平

编　委：李华新　廖家生　杨盛龙

撰稿人：（以章节先后为序）

赵至敏　李华新　白　萍

石茂明　廖家生　王　平

杨盛龙　董　武　温　军

覃　鹏　邓发明　李旭练

黄耀萍　杜　宇　马　劲

张若璞　夏彦芳

出版说明

　　人民出版社及全国各省市自治区人民出版社是我们党和国家创建的最重要的出版机构。几十年来，伴随着共和国的发展与脚步，他们在宣传马克思列宁主义、毛泽东思想、邓小平理论、"三个代表"重要思想，深入贯彻落实科学发展观，坚持走有中国特色社会主义道路方面，出版了大量的各种类型的优秀出版物，为丰富人民群众的学习、文化需求作出了不可磨灭的贡献，发挥了不可替代的作用。但由于环境、地域及发行渠道等诸多原因，许多精品图书并不为广大读者所知晓。为了有效地利用和二次开发全国人民出版社及其他成员社的优秀出版资源，向广大读者提供更多更好的精品佳作，也为了提升人民出版社市场联盟的整体形象，人民出版社市场联盟决定，在全国各成员社已出版的数十万个品种中，精心筛选出具有理论性、学术性、创新性、前沿性及可读性的优秀图书，辑编成《人民·联盟文库》，分批分次陆续出版，以飨读者。

　　《人民·联盟文库》的编选原则：1. 充分体现人民出版社的政治、学术水平和出版风格；2. 展示出各地人民出版社及其他成员社的特色；3. 图书主题应是民族的，而不是地区性的；4. 注重市场价值，要为读者所喜爱；5.译著要具有经典性或重要影响；6.内容不受时间变化之影响，可供读者长期阅读和收藏。基于上述原则，《人民·联盟文库》未收入以下图书：1.套书、丛书类图书；2.偏重于地方的政治类、经济类图书；3.旅游、休闲、生活类图书；4.个人的文集、年谱；5.工具书、辞书。

《人民·联盟文库》分政治、哲学、历史、文化、人物、译著六大类。由于所选原书出版于不同的年代、不同的出版单位，在封面、开本、版式、材料、装帧设计等方面都不尽一致，我们此次编选，为便宜读者阅读，全部予以统一，并在封面上以颜色作不同类别的区分，以利读者的选购。

人民出版社市场联盟委托人民出版社具体操作《人民·联盟文库》的出版和发行工作，所选图书出版采用联合署名的方式，即人民出版社与原书所属出版社共同署名，版权仍归原出版单位。《人民·联盟文库》在编选过程中，得到了人民出版社市场联盟成员社的大力支持与帮助，部分专家学者及发行界行家们也提出了很多建设性的意见，在此一并表示诚挚的感谢！

《人民·联盟文库》编辑委员会

目　录

上篇　民族问题总论

下篇　中国民族问题

第三版出版说明

　　民族、宗教问题是从 20 世纪 90 年代以来我国乃至世界范围内的一个极其重要而敏感的问题。从世界范围来看，当今世界几乎所有热点问题都与民族、宗教有关。从国内情况来看，民族问题的复杂性、敏感性和长期性的特点与宗教的群众性、民族性、长期性、国际性和复杂性的特点，决定了"民族、宗教无小事"（江泽民语）。因此，全面认识和正确处理民族、宗教问题，事关国家治乱，社会进退，民族兴衰。鉴于民族、宗教问题的这种重要性，鉴于在马克思主义的民族、宗教理论和党的民族、宗教政策方面对广大党员干部进行教育以增强他们这方面的理论修养和政策素养的必要性和紧迫性，还鉴于在上世纪 90 年代从理论和实践的结合上来全面论述民族、宗教问题，特别是中国的民族、宗教问题，正面宣传党的民族、宗教理论和政策的图书还十分缺少的情况，我社于 1996 年约请国家民委政策研究室主任吴仕民同志（现任国家民委副主任）主编《民族问题概论》，约请中共中央党校民族与宗教理论教研室主任龚学增教授主编《宗教问题概论》（顺便一提，当时我们还约请中共中央党校人权中心编写《人权问题概论》一书），作为一套面向广大新时期或跨世纪党政干部的理论教育读本。

　　我们要求，这两本书要努力体现以下精神：第一，使广大党政干部，特别是县级以上的领导干部深刻领会江泽民同志提出的"民族、宗教无小事"论断的深刻含义，高度重视民族、宗教问题，正确认识和处理好民族、宗教问题；第二，全书要贯穿马克思主义的立场、观点和方法，在政治观点上必须正确，在政策观念的把握上必须适当；第三，要理论联系实际，体现理论、政策、现实、知识四方面的结合，文字深入浅出，生动活泼。

作者愉快地接受我们的约稿，并精心设计书稿的体系结构及写作大纲。仅写作大纲，他们就几易其稿，反复斟酌修正，并搜集和查阅了大量的最新信息和资料，最后写成了《民族问题概论》、《宗教问题概论》（以及《人权问题概论》），并于1997年正式出版。

这套书出版后，得到社会各界的一致好评，认为这是近年来我国出版的一套很好的从理论与实际的结合上深入浅出地宣传马克思主义民族观、宗教观和人权观的图书，对于提高党政干部有关理论和政策的素质和修养，杜绝侵犯少数民族利益和伤害少数民族的民族、宗教感情的事件的发生，增进民族团结，维护社会统一及建设社会主义精神文明，均具有重要的理论和现实意义，并在岁月的流逝中经受住了考验。

1999年4月中下旬时任中共中央总书记的江泽民同志在四川视察期间，多次谈及民族、宗教问题的重要性及广大党员干部懂得些民族、宗教问题的知识的重要性。4月23日，江泽民同志再次强调领导干部要学习民族、宗教问题的知识，并郑重地推荐了我社出版的这两本书，他说："四川出了《民族问题概论》和《宗教问题概论》两本书，大家应该找来读一读，领导干部要学习一些民族宗教问题的知识。"作为对此的积极反应，我们邀请作者根据当时的形势对这几本书进行了认真的修订和增补，并于1999年7月出版了第二版。

转眼之间，七年过去了。七年来，尽管国际形势的总体态势并未发生根本的变化，和平与发展依然是主流，但局部冲突此起彼伏，各种矛盾错综复杂，天下仍然很不太平，而这些矛盾和冲突又多与民族和宗教有关。从国内情况看，我国民族团结进步事业在"共同团结奋斗，共同发展繁荣"的主旋律下继续向前发展，宗教也在继续平稳发展，但也出现了一些新情况、新问题。同时，全面建设小康社会的战略目标，以人为本的科学发展观和构建和谐社会的方略，对于增强各民族团结、做好宗教工作提出了更高的要求，特别是进入新世纪以来，中共中央和国务院继1990年的全国宗教会议后于2001年又一次召开了全国宗教会议，中共中央还于2005年召开了中央民族工作会议，这两次会议，总结了我国民族、宗教工作取得的新经验，研究和分析了民族、宗教工作面临的新形势、新情况、新问题，提出了新世纪新阶段我国民族、宗教工作的主要任务，并对新世纪新阶段民族、宗教方面的一系列重大的理论、政策与实践问题，作出了科学的回答和新的概括，对于在新形势下更好地解决我国民族、宗教问题，对于我国广大干部群众科学认识和正确处理民族、宗教问题，具有非常重大的理论和现实意义。

有鉴于此，我社又诚邀作者根据上述情况和上述精神，对原书进行了第三次全面修订。经过作者前后近一年的努力，终于完成了这两本书的修订，诚如作者所言，修订本在保持原书原有的框架基础上，涉及基本理论和基本知识的部分只是作了必要的补充修改和观点的斟酌，而涉及中国现实的民族、宗教问题的部分，则作了较大的调整和增删，有些章节在很大程度上是重新撰写的。

我们相信，这两本书，对于新世纪新阶段新一代的党政干部提高马克思主义民族、宗教的理论素质，正确认识和处理民族、宗教问题，进一步做好民族、宗教工作，以更好地完成构建社会主义和谐社会的目标和任务，具有重要的理论价值和实践意义。

四川人民出版社

2006年12月

第三版前言

　　《民族问题概论》自 1997 年 7 月出第一版后，旋即于 1999 年 6 月印了第二版。这说明民族问题之重要，也从一个侧面反映出国人了解民族问题意愿之强烈。本书第二版发行之后不久，又有许多读者不断向出版社求购本书。有鉴于此，四川人民出版社决定印行第三版。

　　当今国际形势的总体态势与七年前相比没有发生根本性的变化，和平与发展依然是世界的主流。总体缓和，但局部冲突此起彼伏；多极化与经济全球化在曲折中深入发展；国家之间的竞争在经济和文化等诸多领域或剧烈或缓和地进行。七年来，世界的确又发生了许多变化。2001年震惊世界的"9·11"事件对国际关系产生了深远的影响，大国关系在共同反恐的现实需要下互动加强，合作增多；"反恐"在国际关系中成为时尚的话语。在这变与不变之中，人们总能感觉到：不同文明的交流和摩擦永远伴随着民族问题的影子。

　　从国内看，我国民族团结进步事业在新世纪新阶段"共同团结奋斗，共同发展繁荣"这个主旋律下继续阔步前进。1999 年开始实施的西部大开发战略为西部民族地区的发展插上了翅膀，全面建设小康社会的战略目标、以人为本的科学发展观和构建社会主义和谐社会的方略对增强各民族团结提出了更高的要求，也提供了强大的动力。2005 年 5 月召开的中央民族工作会议，全面总结了我国民族工作的基本经验，明确提出了新世纪新阶段我国民族工作的主要任务，对我国关于民族问题的基本理论和政策进行了新的概括，为在新形势下更好地解决我国民族问题指明了方向。

本书作者，基于对新的形势的观察、分析与感悟，在保持本书原有框架的基础上，对原书的内容进行了增补和改写。修改的指导思想是：描述近些年来民族问题的新情况，表述作者对民族问题的新思考，阐述民族问题研究的新成果。修改的主要内容有：在下篇"中国民族问题"中，对部分章节进行了调整，突出了关于民族区域自治制度、和谐民族关系构建、民族地区社会发展等问题的论述；在上篇"民族问题总论"中增写了人道主义干涉等内容；在全书中对一些概念基于新的认识作了新的表述；补充了对一些新的工作的阐述，如清真食品立法问题等；用新的数据和资料替换旧数据、资料等等。

由于作者水平之局限，第三版肯定仍有许多错误和疏漏之处，敬请广大读者批评指正。

著　者

2006 年 10 月

前　　言

在当今世界，特别是冷战结束以来，各式各样的民族矛盾引起人们越来越多的关注。从波黑的民族冲突到非洲一些国家的部族屠杀，从俄罗斯车臣的战车到美国黑人教堂的大火，从所谓的"中东冲突弧带"到南亚次大陆的"热点群"……几乎地球上每个角落都可以感觉到与民族相关的斗争和摩擦。在欧洲，民族问题和民族主义曾经催化了近代国家的形成，本世纪上半叶，民族问题成为两次惨绝人寰的世界大战爆发的直接诱因，五六十年代，民族主义又成为殖民地人民争取解放和独立的旗帜。历史上民族问题的每一次浪潮都对世界格局和人类文明进程产生了深刻的影响。现在，又有人惊呼：人类将伴随着复杂而又深刻的民族问题进入21世纪！如果说冷战时期两极对抗压倒一切，民族问题和民族矛盾退居其次的话，当下，再也不会有人怀疑研究民族问题的迫切性和重要性了。

民族问题是一个极其复杂的问题。民族问题的复杂，源于民族的众多和差异。有资料统计说，全世界共有2000多个民族，也有人说有3000多个民族、5000多个民族。这些大大小小的民族，以独特的特点标示着自己的存在，显示着自己的个性，互相联系又互相区别，构成了多姿多彩的世界，形成了错综复杂的民族关系，衍生出各种各样的民族问题。民族问题的复杂，也表现为民族与国家之间关系的复杂。人们常说，这个世界是由主权国家组成的世界。但是，人们不应忘记，除少数几个国家外，世界上绝大多数国家都是多民族国家，在国家政治和社会生活中，民族扮演着重要的角色。各民族人口在世界范围的流动和多层次的交流，使民族与国家的关系更为复杂。

民族问题又是一个极为敏感的问题。西方一位学者说，民族像一件衣服，有人穿它觉得太大，有人穿着嫌小，有人觉得不大不小。虽然民族认同感因人因地不同，但是民族情感和民族意识一经触发，往往表现得异乎寻常的强烈，当民族与宗教紧密结合在一起时，就更是如此。"民族、宗教无小事"，这便是分析现状、透视历史后得出的精辟结论。

有民族问题，就会有处理民族问题的方法。像世界上其他问题一样，民族问题有它产生、发展和消亡的规律。认识了这个规律，进而形成正确的理论，制定正确的政策，建立正确的制度，民族问题便可以得到妥善处理，民族关系便可以维持在良好的状态。多民族并不意味必然引发动荡，多民族也并不必然构成一国政治中的消极因素。如果各个民族间能平等相待、和睦相处、取长补短、共同建设，多民族因素则会成为多民族国家的优势，使世界更加缤纷多彩。所以，问题的关键是：必须重视民族问题，正确认识和处理民族问题。

我国是一个多民族国家。党和国家始终高度重视民族问题。新中国成立伊始，国家即废除了历史上的民族压迫、民族剥削制度，确立了以民族平等、民族区域自治、各民族共同繁荣为核心的民族政策和制度，并且以法律形式固定下来。经过四十多年的不断努力，我国平等、团结、互助的社会主义新型民族关系日益巩固，少数民族和民族地区经济和各项社会事业蓬勃发展，各民族人民亲如一家。我国成功的民族政策、良好的民族关系令许多国家称道和羡慕。

当然，我们还必须看到，在我国，民族问题同样具有复杂性、敏感性和长期性的特点。重视和认真处理好民族问题仍然事关国家治乱、社会进退、民族兴衰。在改革开放、实行市场经济的今天，民族交往的日益频繁、利益的多元化等因素带来了民族问题方面的许多新情况，需要妥善处理。同时，一些敌对势力利用民族问题进行破坏，世界一些地区极端民族主义思潮的抬升对我们的不利影响，已应引起高度警惕。

民族问题涉及物质和精神两大领域。任何社会现象都可以从物质生活中找到原因，民族问题也不例外。我国当前的民族问题主要是发展问题。所以，国家致力于少数民族的经济和社会发展。民族问题又在很大程度上受精神因素的制约，人们的观念、道德、情感对民族关系有着极大的影响。正因为如此，党和政府在我国社会主义精神文明建设中，明确要求：要坚持党的民族政策，宣传马克思主义民族观，鼓励一切有利于民族平等团结的思想道德的形成和发展。

民族问题是一个大题目。无论是国际民族问题，还是中国民族问题，或是其中任何一个小题目，都可以写出鸿篇巨制。本书不是评论当前国际上正在发生的民族冲突事件的论著，也不是一本纯粹民族理论问题的著作。我们只是选取了民族问题中较重要的理论和实践问题，加以阐述，加以探究。我们确信，这些问题都是在理论上具有长久魅力、在实践上不容丝毫忽视的问题。

本书分上、下两篇。上篇就民族、民族问题的概念以及民族与国家、民族与社会等一些基本理论问题作了阐述，并简要介绍了世界上处理民族问题的几种模式，以及国际人权斗争中的少数民族问题。下篇是关于中国民族问题的论述。重点阐述了我国民族问题的基本特点和基本情况，党和国家处理民族问题的原则、政策、法规和制度。内容有简有繁，有老有新。生活之树常青，理论源于实践。80年代以来的国际风云，民族问题的撞击、演化，给了我们在更广阔的空间思考这些问题的可能。我国处理民族问题的理论与实践的不断发展和经受的检验，不断给我们以新的启示。于是，我们借鉴前人，观察域外，透视实践，用我们的眼、用我们的心，对"民族问题"重新打量、梳理和阐述。体系不求完备，但求能有新意；论述未必深刻，但求客观实在。我们祈愿：借助这本书，与民族理论工作者一起讨论，与实际工作者一起探索，与关心民族问题的广大读者一起学习。至于是否能够遂愿，敬请读者裁决。

著　者

1997 年 4 月

上篇

民族问题总论

第一章
民族，一种"生命"现象
——民族的形成、发展和消亡

民族是人类社会发展到一定历史阶段的产物，是一个历史范畴。民族并不是人类社会一开始就存在，也不会永恒存在下去。民族有形成、发展和消亡的过程，有特定的产生、发展和消亡的规律，这是不以人的意志为转移的。

第一节 民族是什么

一、众说纷纭的民族定义

在人们的日常生活中，会经常接触"民族"这个词，如："中华民族"、"非洲民族"、"汉民族"、"少数民族"、"资本主义民族"等等，但什么是民族呢？从一般意义上讲，民族，是指人们在一定的历史发展阶段形成的有共同语言、共同地域、共同经济生活、共同民族文化特点和共同心理素质的稳定的共同体。

关于民族，有广义、狭义两个概念。广义的民族概念，是指人们在历史上形成的、处于不同社会发展阶段的各种人们共同体（如古代民族、近代民族、现代民族等）；或作为多民族国家内所有民族的总称（如中华民族）；或作为一个地域内所有民族的统称（如美洲民族、非洲民族、阿拉伯民族等）。狭义的民族概念，则专指资本主义民族和社会主义民族。

在西方，印欧语系各种文字中的"民族"一词，一般导源于希腊文ethnos，意即依靠历史、语言或种族的联系而被视作整体的人群。随着资本主义上升时期民族国家的形成和资产阶级民族学的发展，"民族"一词在西方国家广泛使用起来，而且有了新的含义。

在中国，周代文献就已出现"民"、"族"两字，历代文献中也时常使用民、人、种、类、民种、民群、族类等字，但合成"民族"一词，并具有现在通行的含义，则始自1899年梁启超的《东籍月旦》一文。

日本明治维新后，借用汉语文的"民"、"族"两字翻译英文的nation一词。"民族"一词于19世纪末20世纪初传入中国。1903年梁启超把西方的民族概念介绍到中国，民族一词在中国开始普遍使用起来，与民族有关的新名词，如中华民族、中国民族、民族主义、民族运动等大量出现，也开始出现专门研究民族和民族问题的文章和书籍。如梁启超的《论民族竞争之大势》（1903年）、《历史上中国民族之观察》（1906年），刘培的《中国民族志》（1903年），孙中山的《中国民族问题之真解决》（1904年）等等。对中国各族群最早用"汉族"、"蒙古族"等称谓来称呼并与境外民族相并列的可能是黄遵宪，他在1903年发表的《驳革命书》中称："倡类族者不愿汉族、鲜卑族、蒙古族之杂居共治，转不免受治于条顿民族、斯拉夫民族、拉丁民族之下也。"

关于民族的概念，国内外学术界有各种不同的观点。

瑞士法学家布伦奇里认为民族具有八种特质：（1）其始也同居一地，（2）其始也同一血统，（3）同其肢体形状，（4）同其语言，（5）同其文字，（6）同其宗教，（7）同其风俗，（8）同其生计（经济）。

意大利的马齐认为：民族是"具有土地、起源、习惯、语言的统一，以及生命和社会意识共同一致的人类的自然社会"。

汪兆铭提出民族六要素说："一同血统（此最要件，虽因移住婚姻，略减其例），二同语言文字，三同住所（自然之地域），四同习惯，五同宗教（近世宗教信仰自由，略减其例），六同精神体质。"

孙中山则认为构成民族有"五种巨大的力"：第一血统，第二生活，第三语言，第四宗教，第五风俗习惯。

上述观点，是比较有代表性的。其中如布伦奇里和孙中山的观点，虽然包含着较多的科学成分，但也有不正确的内容，比如，他们都把血统、宗教、体质特征等视作民族的基本要素，将"同血统"、"同肢体形状"作为民族的特征之一，其不正确之处就在于混淆了民族与氏族、部落、种族的区别。

把"同宗教"作为民族的一个特征，从局部看似乎是正确的。如回族信仰伊斯兰教，藏族信奉藏传佛教（即喇嘛教）。回族和藏族，民族不同，所信仰的宗教也不同。就这种情况而言，宗教也许可以看做是民族的一个要素，可视为不同民族之间加以区分的标志之一。可是，倘若把范围扩大一点，则这一论点就站不住脚了。例如，在中国，除回族外，还有维吾尔、东乡、哈萨克等共 10 个民族信奉伊斯兰教。世界上信仰伊斯兰教的民族就更多了。中国信仰藏传佛教的，不仅有藏族，而且还有蒙古族、裕固族和土族等民族。如果说"同宗教"是民族的一个要素，就会导致信仰同一宗教就是同一民族的错误结论。何况在不少民族中，信仰宗教的只是一部分人，并非全民信教。因此，把宗教作为构成民族的一个要素，显然是不正确的。

二、马克思主义民族定义的产生

马克思主义经典作家对民族概念作了科学的说明和界定。

马克思和恩格斯在《共产党宣言》、《家庭、私有制和国家的起源》等著作中曾分别论及民族的"地域"、"经济生活"和"语言"等要素和特征。列宁在《崩得在党内的地位》一文中，进一步明确指出："民族这个概念要以一定的条件为前提……民族应当有它发展的地域，其次……一个民族应当有它共同的语言。"① 他在《关于民族问题的批评意见》等著作中，又着重论述了经济联系、共同语言以及文化等民族特征和它们对民族形成的作用。

1913 年，斯大林在《马克思主义和民族问题》一文中，综合了马克思、恩格斯、列宁关于民族特征、民族特点的论述，在对欧洲众多民族及其存在发展的情况进行全面分析的基础上，在关于民族问题的理论争论中，对民族下了个完整的、明确的定义："民族是人们在历史上形成的一个有共同语言、共同地域、共同经济生活以及表现于共同文化上的共同心理素质的稳定的共同体。"② 即民族是由共同语言、共同地域、共同经济生活及共同心理素质四个基本特征结合而成的。斯大林还指出："实际上并没有什么唯一的民族特征，而只有各种特征的总和。"③

这四个基本特征，既包括了民族生存的基本条件——一定的地域，也包括了民族存在发展中的各种联系的因素——经济纽带、语言纽带、精神纽带（民族共同心理素质）；既包括了民族的物质经济条件，也包括了民族的文化精神条件。民族正是由这些特征结合而成的，把上述任何一个特征单独拿来作为民族的定义都是不完整的。这四个特征是相互联系、相互依赖和相互影响的。在现实生活中，当我们把各个民族拿来作比较的时候，虽然有时是这个特征（例如心理素质）比较突出，有时是那个特征（例如语言）较为突出，有时又是另一个特征（例如地域）比较突出，但每个民族都大致由四个特征结合而成的。

这四个基本特征，决定了民族是一个稳定的人们共同体。理由是很明显的，这四个特征都不是在短时期内能够形成的，也不是在短时期内，或由于某种原因而突然消失的。例如语言，就具有很大的稳定性。

① 《列宁全集》第 7 卷，人民出版社 1959 年版，第 82～83 页。
② 《斯大林全集》第 2 卷，人民出版社 1953 年版，第 294 页。
③ 《斯大林全集》第 2 卷，人民出版社 1953 年版，第 298 页。

要使一个民族改变自己的语言，是需要很长的时期和很特殊的社会历史条件的。

斯大林关于民族的定义，是对马克思主义关于民族概念的科学总结。

俄国十月社会主义革命胜利后，马克思主义传入中国，中国的学术界开始接触马克思主义的民族理论。中国共产党建立后，特别是新中国成立以后，随着民族工作的开展，尤其是民族识别工作的进行，对斯大林概括的民族定义及民族形成问题的研究探讨，便逐渐广泛深入，对民族与氏族和部落、民族与种族、民族与国家的区分也愈加具体。

中国学术界对斯大林的民族定义在认识上存在分歧。一种观点认为，斯大林关于民族的定义只适用于资本主义上升时期这一特定的历史范畴，适用于资本主义上升时期及其以后形成的现代民族即资本主义民族和社会主义民族。民族的四个特征，只是随着资本主义生产方式的产生和发展，才由一种潜在因素变成了现实。在此以前的社会发展阶段，民族不可能具备这四个特征。另一种观点认为，现代民族的四个特征，并不是从天上掉下来的，而是早在资本主义以前的社会发展阶段开始萌芽并逐渐形成的，现代民族与古代民族相比，在民族的四个特征上，只存在发展程度的不同，不存在有无的差别。因此，斯大林的民族定义，既适用于现代民族，也适用于人类历史上各个不同发展阶段的一切民族，具有普遍的意义。

我们认为，斯大林关于民族的定义，比较完整地概括出了民族这个客观事物的基本特征。既讲到了形成民族的经济基础因素，又包括了上层建筑方面的因素，还包括了地理条件与语言等自然和社会现象方面的因素，是一个完整的、科学的定义，是马克思主义民族理论的重要内容，也是我们认识和处理国内民族问题的主要理论依据之一。斯大林的定义虽然主要反映的是 20 世纪初俄罗斯民族关系的状况，以西欧资本主义民族为典型对象，根据当时政治形势的需要作出的，但是这个定义所归纳的民族基本特征，反映和概括了处在不同发展阶段上的民族的普遍性，反映和概括了民族的基本的、本质的特征，具有普遍意义。

同时，需要指出的是，斯大林民族定义中强调四个基本特征必须同时具备才能构成民族的观点，没有充分考虑民族产生和发展过程及其复杂性，没有充分反映民族的社会内容和社会结构。这个定义，并不完全适用于有几千年文化传统和民族交往历史的国家如中国和印度，也不完全适用于新兴的移民国家如美国和澳大利亚。在中国，具体运用斯大林的民族定义时，必须充分注意中国几千年间民族形成与民族关系演变的动态和复杂的实际，充分注意中国的现实国情，灵活地加以运用，而不是把四个特征绝对化，机械地理解和运用。

我国进行的民族识别，在坚持以斯大林民族定义为指导的同时，没有生搬硬套斯大林的民族定义，而是从我国民族的客观实际出发，不是孤立地看民族的每一个具体特征，而是历史地把民族的各种特征，包括分布地域、族称、历史渊源、语言、经济生活、物质文化、精神文化以及心理素质等，作为一个整体来进行全面的、综合的分析考察，并尊重民族意愿，"名从主人"，具体地确定了族属和族称，确定了56个民族成分，从而为党和国家制定和贯彻民族政策提供了科学依据和坚实基础，也丰富了马克思主义民族理论。

三、民族的基本特征

民族的基本特征，是对民族这一人们共同体的征象和标志的揭示和概括，是民族与民族之间得以区别开来的主要标准。

（1）民族共同语言。是指组成一个民族的人们共同使用一种语言作为交流思想和感情的交际工具，是民族内部相互联系的主要工具。共同语言是民族的一个重要的、稳定的和最显著的特征。共同语言随着民族的产生而产生，随着民族的发展而发展，在民族的存在和发展中起着重要的作用。一般来讲，没有共同语言，人们就难以形成统一的民族。一个民族的发展进步，必须依赖于本民族语言的使用；一个民族的历史文化的继承和发展，也离不开本民族语言。

民族共同语言是在民族形成过程中往往以某种最有代表性的方言为基础，同时吸收其他方言发展而成的。民族标准语言的形成和发展，有利于民族内部的交流和民族的发展。民族共同语言在使用和发展过程中，随着民族关系的改善和民族交往的加强，彼此吸收和借用词汇的现象也逐渐增多。

语言界限同民族界限在多数情况下是一致的，即同一民族使用同一语言，不同民族使用不同语言。但并不是说，凡是使用同一种语言的人，都必定是一个民族；也不是说不同的民族一定要有自己独特的语言，也有不同民族使用一种语言的情况。

（2）民族共同地域。是指一个民族居住和生活的地域。这个地域在地理上连成一片。共同地域是民族生产、生活、繁衍的空间场所，是民族赖以生存的物质基础，对民族的其他特征有着重大的影响。因为人们只有长期生活在共同的地域之内，共同的语言才能产生，共同的经济生活才能形成和发展起来，而反映该民族社会生活的民族文化才能产生，共同的民族心理素质才会形成和巩固起来。

共同地域在民族形成之初或以后的一段时间里比较明显，民族在形成后并不一定始终聚居在一个固定的区域。我们说有共同地域是民族的特征之一，并不是说，凡是居住在同一地域的人，都必定是同一个民族；也不是说，同一民族的人，一定要永远居住在同一个地区。因谋生、经商、迁移或战争等原因，民族会迁徙流动，出现民族杂居或散居现象。

（3）民族共同经济生活。是指民族内部的经济联系。它是组成一个民族的人们在物质资料的生产、交换和消费过程中的组织形式、联系形式和行为方式的总和。共同经济生活是民族形成和发展的决定性条件。经济联系和经济生活把组成民族的各部分联合成一个整体，并在其他要素的同时作用下使之巩固。如果没有经济联系，没有共同的经济生活，民族的形成和存在是不可能的。反之，如果一个民族的各个部分在经济上长期地割断联系，它们可能与其他民族形成新的民族。

共同的经济生活，是共同地域的可靠基础。历史证明，共同经济生活，也是其他民族特征，如共同语言、共同心理素质形成的基础和物质条件。社会生产方式不同，民族共同经济生活也不相同。共同经济生活也是发展变化的，并非一成不变的。

（4）民族共同心理素质。亦称"民族性格"、"民族心理状态"。是指各民族在长期历史发展中形成的表现在民族文化特点上的心理状态。民族共同心理素质通过民族的物质文化和精神文化的特点表现出来。它是在民族共同地域、共同经济生活及其历史发展特点的基础上形成的，有的还与宗教信仰有密切关系。

民族共同心理素质具有稳定性、连续性和持久性。它对民族的存在和发展有着重要作用，是团结本民族成员的重要精神纽带，对民族同化具有很强的抗拒力，对本民族的生存和发展起着一定的护卫作用。有些民族的共同地域、共同经济生活甚至共同语言等特征都已发生了变化，但他们共同的民族心理素质，成为维系民族的重要因素。例如，汉族、回族，语言相同，也居住在一起，并且在经济上有密切联系，但并不是同一个民族，而是两个不同的民族，一个重要的区别就在于他们的民族心理素质不同。

民族共同心理素质也随着社会的发展、各民族之间的交往、生活条件等的改变而发生变化。但其变化是一个渐进的、缓慢的、细微的过程。

2005年召开的中央民族工作会议指出：民族是在一定的历史发展阶段形成的稳定的人们共同体。一般来说，民族在历史渊源、生产方式、语言、文化、风俗习惯以及心理认同等方面具有共同的特征。有的民族在形成和发展过程中，宗教起着重要作用。

这是迄今为止关于民族内涵最新的阐述。既吸收了斯大林民族定义的合理成分和国内外最新研究成果，又充分考虑了中国乃至世界上各民族形成和发展的实际，用列举构成民族的若干基本特征的方式进行表述，准确地阐述了民族这个人们共同体的内涵，具有科学的严谨性和普遍的适用性。

四、民族与氏族、部落、种族的区别

民族不同于氏族、部落。氏族是以血缘关系为纽带的人们共同体。部落是由两个或两个以上血缘相近的氏族或胞族组成。民族与氏族和部落的本质不同，在于氏族和部落是以血缘为纽带的人们共同体，而民族是以地缘关系为基础的非血缘的人们共同体。民族是由不同部落的人们混合形成的，不是一个纯血缘的人们共同体，民族在由部落发展为民族时，冲破了氏族部落的小圈子，而容纳了不同部落甚至不同种族的人们。

民族不同于种族。种族亦称人种，是在人类早期形成的，以在体质形态上具有的某些共同的遗传特征为标志的人们共同体。它通常以皮肤的颜色、头发的形状和颜色、面容、眼睛及体格等生理特征来划分和区别。如黑种人（即尼格罗人种）、黄种人（即蒙古人种）和白种人（即欧罗巴人种）等。种族属于生物学、人种学的范畴，而民族则属于历史的范畴。一个种族可包含很多民族成分，如蒙古人种就包括中国的几十个民族、日本民族和蒙古民族等。同样，一个民族也包含不同的种族因素，因为在民族形成的过程中，本身就包括了原来不同部落甚至不同种族的人们。所以，生理特征不能作为识别民族的科学依据，而种族特征的存在，将比民族特征存在得更长久。

第二节 民族的形成

一、民族不是从来就有的

民族并不是人类社会一开始就有的，它属于一定社会发展阶段的历

史范畴，是人类历史发展到一定时期的必然产物。

"从部落发展成民族和国家"。这是马克思主义关于人类历史上最初形成民族的基本原理。从氏族和部落解体到民族形成，是一个漫长而复杂的社会过程，是一个逐渐的量变到质变的过程。民族及其基本特征，是在氏族和部落日益瓦解、人类社会由原始社会进入阶级社会的时期逐渐形成的，是在不同氏族和部落的人们冲破了氏族和部落制度的束缚，彼此在长期的迁徙、交往、分化和融合的过程中逐渐形成的。在这个形成过程中，部落内部的血缘关系逐步削弱，地缘联系逐步加强。由部落和部落联盟形成为民族，最显著的特征是由以血缘为主要因素的人们共同体转变为以地缘为主要因素的人们共同体。

民族形成以前，人类以血缘关系为纽带结成氏族、部落，过着集体群居、共同劳动、平均分配的原始共产生活。随着生产力的发展，在原始社会末期，人类社会先后发生了农业与畜牧业、农业与手工业相分离的两次社会大分工。分工促进了社会生产的发展，使产品交换成为可能，私有制由此产生，财富逐渐聚集到少数人手中，新的阶级划分因此产生，社会分裂成两个阶级，奴隶制出现了，氏族制度走到了尽头。恩格斯指出："氏族制度已经过时了。它被分工及其后果即社会之分裂为阶级所炸毁。"①

二、民族是在氏族制度的废墟上生长起来的

两次大规模的社会分工，对于氏族部落的瓦解和民族的形成具有决定性意义。社会生产力的提高、私有制的出现、产品交换的发展，是民族形成的内在条件；战争、军事冲突等是民族形成的外在条件。社会生产的发展及其带来的结果，促进了民族的形成。

由于生产的发展，产品出现了剩余。这些剩余产品用来交换时，就

———————————

① 《马克思恩格斯选集》第 4 卷，人民出版社 1995 年版，第 169 页。

产生了商业。各部落之间由于有了共同市场，彼此的经济生活日益密切和加强，来往日益频繁，强大的经济联系把人们结合成一个整体，产生了共同的经济联系和经济生活，这就为民族的形成创造了经济基础。

生产、军事和交换的需要，必然形成沟通各部落之间的语言的要求，尤其是在结成联盟的各部落之间，由于政治上、军事上等方面的亲近，更需要沟通彼此间的语言。于是，原先那些比较接近的部落语言，就逐步形成一种新的共同语言，从而为民族的形成创造了语言基础。

随着生产的发展、财产的集中和财富的占有，刺激人们特别是部落首领去进行频繁的、以掠夺为目的的战争。为了战争，加之生产和经济上的联系，一些部落之间结成了部落联盟。部落联盟之间的战争又促进不同氏族部落成员之间打破血缘关系而杂居在一起，形成了更大范围的地域联系。恩格斯概述了这种联系："住得日益稠密的居民，对内和对外都不得不更紧密地团结起来。亲属部落的联盟，到处都成为必要的了；不久，各亲属部落的融合，从而分开的各个部落领土融合为一个民族［Volk］的整个领土，也成为必要的了。"① 这就为民族的形成提供了地域条件。

随着共同的地域、共同的语言和共同的经济生活的形成，不同文化生活特点和习俗得以相互交流、相互影响和相互吸收，自然就渐渐形成了共同的习俗、宗教信仰等等，进而逐渐形成了表现于共同文化上的共同心理素质。

从部落发展成民族，这是人类最初形成民族的规律，具有一般性。但民族作为一种历史范畴，并不是一旦形成就凝固不变了。有一些民族，是在阶级社会产生后形成的。在民族形成后的发展过程中，由几个民族中分化出来的一部分人，长期生活在一起从而又形成一个新的民族，则是民族形成的又一条规律，具有特殊性。如中国的回族是在元、明时期由外来的阿拉伯人、波斯人和中国的一些民族成员共同形成的。

---

① 《马克思恩格斯选集》第 4 卷，人民出版社 1995 年版，第 164 页。

美利坚民族是由英国人和许多国家的移民混合在一起而形成的新的民族。从几个民族中分化出来的部分人形成一个新的民族，在一般情况下，有一个人口较多的民族成分作为该新民族的主体。例如，美利坚民族就主要是以英国的移民为主体而形成的一个新民族。

第三节　民族的发展

一、民族是不断发展的

民族是在原始社会向阶级社会过渡时期形成的，但这并不是说迄今为止的一切民族都是那个时期产生的，也不是说从此以后不会再产生新的民族了。而只是强调人类划分为民族的现象，是从那时开始的，在此以前没有民族。至于以后的各个时期，都可能而且也都曾经形成过许多新的民族。中国的一些民族，就是在封建社会时期形成的。在国外，一些民族是在资本主义上升时期形成的。

民族从产生之日起，就以其旺盛的生命力始终处于发展变化的动态过程之中。在人类历史的长河中，一方面不断有旧的民族消亡，另一方面又不断有新的民族产生。这是民族发展过程中不断出现的民族更新的自然现象。

新的民族形成的途径，既有同源异流，也有异源同流。例如，现居住在中国南方和西南地区的几十个民族，他们的先民追溯其根源都跟古代的濮人、越人、氐羌人有渊源关系。在漫长的历史变迁中，南方各古代民族经过不断分化、融合而发展成现在的单一民族。如贵州的仡佬族、布依族均同古代的"濮人"、"骆越"人等有着密切的历史渊源。这是民族形成的"同源异流"。而"异源同流"的实例则更多。如哈萨克族是由古代的乌孙人、突厥人、契丹人等经过长期融合而形成的；东乡族是由色目人、蒙古人与当地的汉族、藏族逐渐融合而形成的，等等。

民族是社会的民族，民族随着社会的发展而发展变化。民族的发展变化，取决于它的社会生产、社会分工及内部和外部的交往程度。民族内部或民族所处的社会的生产力和生产关系、经济基础和上层建筑之间的矛盾运动，决定着民族的发展。

民族在这些基本成因的推动下纵向发展，经历奴隶社会、封建社会、资本主义社会和社会主义社会等发展阶段。民族和它所处的社会发展阶段相适应，分为奴隶制民族、封建主义民族、资本主义民族、社会主义民族等基本历史类型，或者分为古代民族（前资本主义民族）、现代民族两大类型。这是民族发展的序列，是民族发展的基本阶段，也是民族发展总的一般性过程。

民族在这些基本成因的推动下横向扩展，在经济、政治、文化、社会、人口等方面展开发展进程。这就是民族发展的基本内容。

二、民族发展的几个主要阶段

从历史上看，民族主要经历了几个大的发展阶段。

第一阶段：古代民族或前资本主义民族阶段

古代民族或前资本主义民族是指存在于资本主义以前各社会发展阶段的民族，系与现代民族相对而言的。

由于古代民族分别处于不同的历史发展阶段，其形成规律也不尽相同。在由原始社会向阶级社会过渡时期形成的民族，是从氏族、部落发展成民族的；进入阶级社会后形成的民族，尤其是近代社会形成的民族，是从旧民族中分化出来的人们融合在一起形成的。

在这个阶段，由于民族刚刚产生，民族的四个特征还不很成熟，加上其他的一些原因，比如战争、迁徙、自然灾害等等，民族界限的变动性比较大，许多民族都经历了复杂的瓦解、同化或者重新组合的过程。

有些民族结合在一起发展成为新的民族；有的民族则分化成几个分支。其中有些分支同其他民族结合起来，又形成了单独的民族。在长期的发展过程中，一些民族产生了，一些民族消失了；一些民族壮大了，一些民族削弱或分化了。

在中国历史上，这种民族的发展变化是比较常见的。如曾经在中国北部居住过并建立了国家的匈奴人、鲜卑人、契丹人、西夏人等，后来都被汉族和其他民族同化，成为现代汉族和其他民族的组成部分。又比如"武陵蛮"在宋代一分为二，东迁福建的一部分演变成今天的畲族，西迁"两广"及贵州的一部分则发展成瑶族。再就汉族而言，它是在历史上吸收、融合了许多民族后才逐渐发展壮大起来而成为当今世界上最大的民族的。

第二阶段：资产阶级或资本主义民族阶段

资本主义民族是处于资本主义社会经济形态下的民族集团的概称，是民族发展的更高阶段。资本主义民族是人类社会发展到资本主义时代的产物。它发端于西欧并首先在此形成。16～17世纪，西欧资本主义生产方式产生了，形成了资产阶级与无产阶级。资产阶级为了发展资本主义经济，打开商品销路，要求打破封建割据局面。随着资本主义的发展，商业和交通日益发达，大城市不断形成并结合成一个个统一的民族市场，各地市场逐步联合成一个共同的市场。民族经济中心的出现，导致了全民族共同经济生活的形成，在此基础上产生了全民族的共同语言和共同文化，使得有的地域的原有民族集合为一体并使之凝固起来，形成了资本主义民族。

资本主义民族的形成方式是多种多样的。有的是在先前民族的基础上演化为资本主义民族，如英吉利民族。有的则由一个民族为主，吸收几个不同民族的人们形成一个新的民族，例如，意大利民族就是以罗马人为主，结合德意志人、希腊人、阿拉伯人等组成的。有的则如北美洲的美利坚民族、加拿大民族，是以欧洲各民族的移民和当地土著民族印第安人及非洲黑人等不同的民族和种族的人们混合而形成的新的民族。

由于资本主义打破了封建主义和封建割据状态的局限性，因此，资本主义民族内部的经济联系十分紧密，民族的四个特征也比以往发展得更加成熟，是现代民族的一种类型。

第三阶段：社会主义民族阶段

社会主义民族是指无产阶级在社会主义革命和社会主义建设过程中对原有民族进行根本改造而形成的新民族，是现代民族的一种类型。

俄国十月革命的胜利，开辟了人类走向社会主义民族的道路。

十月革命推翻资本主义制度、建立苏维埃制度以后，消灭了民族压迫，实现了民族平等，在根本改造资本主义民族的基础上，产生和发展了社会主义民族。"社会主义民族"最早是列宁在《关于自决问题的争论总结》中提出的。1929年，斯大林又根据俄国的特点对社会主义民族作了进一步阐述，他指出，社会主义民族是由于资本主义被消灭而在旧式民族即资本主义民族的基础上，通过以社会主义精神根本改造旧式民族而产生和发展起来的。

在社会主义国家，在工人阶级政党的领导和作为先进民族的无产阶级的帮助之下，原来还没有来得及进入或没有完全进入资本主义的民族，可以从他们原来所处的历史阶段出发，经过必要的民主改革和社会主义改造，直接过渡到社会主义民族。这些民族不经过资本主义民族这个阶段，而直接发展成为社会主义民族，这是社会主义民族形成的另一条道路。

新中国成立后，对少数民族地区实行社会主义改造和民主改革，废除封建制度和奴隶制度，消灭生产资料私有制，完成向社会主义的过渡，就使原先处在奴隶制、封建农奴制、封建地主制等发展阶段的少数民族直接过渡到社会主义民族。

资本主义民族和社会主义民族的四个特征基本相同，但它们的本质不同，主要表现在社会制度和领导力量两个方面：资本主义民族所处的是资本主义社会，领导力量是资产阶级及其政党；社会主义民族所处的是社会主义社会，领导力量是无产阶级及其政党。

第四节 民族的消亡

一、民族消亡是民族发展的必然结局

民族是一个历史范畴，它的产生、发展和消亡受它发展规律的制约。民族消亡是历史发展的必然趋势，但它并不是在最近或者是在不久的将来就会发生的事情，而是要到阶级消亡、国家消亡之后才能实现。毛泽东同志曾精辟地指出："首先是阶级消亡，而后是国家消亡，而后是民族消亡，全世界都是如此。"① 只要民族差别还存在，民族就不会消亡。而民族差别的消亡是非常久远的事情。列宁说过，民族差别，"就是无产阶级专政在全世界范围内实现以后，也还要保持很久很久"②。

民族差别，在一定意义上说，是因为生产力水平还不够高，还不足以克服社会和自然条件的局限而造成的，是各民族在不同的自然条件和社会生活条件下发展的结果。随着生产力水平的不断发展，科学技术的不断进步，促使各民族的人们冲破原来的狭隘范围，走到更为广阔的天地中去，从而逐渐消除彼此间的差别，增加其共性的东西。这种差别的消失和共同性、统一性的增长，随着生产力和科学文化水平的提高而提高，其速度也会越来越快。到了社会主义社会，一方面，由于生产力和科学文化的极大发展，社会和自然条件对人们的限制不断克服；另一方面，由于人们之间原来由阶级对抗造成的各种偏见和不信任日益消除，人们之间的互相交往、互相联系、互相学习的机会日益增多，共性的东西会越来越多，差别的东西会越来越少，地区间、民族间的差别，将在各地区、各民族高度发展繁荣的基础上逐步消除。在全世界实现共产主义之后，民族的四个特征最终会得以消失，全世界各民族将融合为一

① 毛泽东：《在成都会议上的讲话》（1958年）。
② 《列宁选集》第4卷，人民出版社1995年版，第200页。

体，从而导致民族的消亡。

二、民族融合及特点

民族融合是指世界上所有民族的民族特征和民族差别在经过长期的共同性增长的基础上逐渐消失，形成一个没有民族界限的人类整体，民族作为一种历史现象得以消失的过程。

民族消亡，是指世界各民族经过民族融合，实现民族大同，民族实体作为一种客观存在自行消失的过程。

民族融合是全世界民族消亡的途径和方式；民族消亡是民族融合的实现结果。民族融合实现之日，就是民族最终消亡之时。

民族融合是人类历史发展的必然趋势，同时也是一个长期的、自然的、缓慢的历史发展过程。民族融合与民族同化不同，民族融合并非甲民族变成乙民族，或乙民族变成甲民族，而是通过各民族的相互交往，取长补短，而最终融合为一个整体。

在资本主义社会，由于商品经济的发展，世界市场的形成，民族壁垒受到猛烈的冲击，各民族之间的经济交流和文化联系日益频繁，民族融合的因素也不断增多。但是，在资本主义制度下，由于统治阶级本质上还是实行民族压迫制度，使民族融合因素的增长受到阻碍。在社会主义社会，由于消灭了民族压迫制度，实现了民族平等和民族团结，建立了社会主义民族关系，各族人民在共同的劳动和生活中，相互学习、相互帮助，各民族经济、文化发展水平日趋一致，共同性日益增多，差别性逐渐减少，民族融合的因素不断增加。但民族特点、民族差别和各民族在经济文化发展上的差距，将长期存在。所以，社会主义阶段不是实现民族融合的阶段，而是民族充分发展繁荣的阶段。对于民族特点和民族差别，要充分尊重和理解，不能人为地增大或缩小，更不能人为地消除。只有共产主义在全世界胜利实现，阶级消灭、国家消亡以后，全世界和各民族的经济、文化高度发展和繁荣，并趋于一致，一种世界范围的新的共同语言代替了各种民族语言，各民族的民族特征已经消失的时候，世界各民族才能最终融为一体。

人们在习惯上往往把历史上两个以上的民族，由于互相接近、互相影响，最终形成一个民族的现象，也称之为民族融合。

民族融合有规律可循。

首先，民族融合是一个长期发展的过程。之所以是一个长期的发展过程，是因为民族特征，特别是民族语言是千百年来得以形成和使用的，具有很强的稳固性。民族融合的过程，也很可能是由民族语言的消亡及统一的共同语言的形成并取代各民族语言来结束的。只有当各民族已在实践中深信共同语言比民族语言优越时，民族差别和民族语言才会消亡，并让位于一切人们的共同语言。

其次，民族融合是一个由量变到质变的渐变过程。这一过程，只有在社会主义条件下才会顺利发展，只有在社会主义在全世界范围内实现的基础上才能最终实现。因为只有社会主义才能使各民族在完全平等、相互信任、互相帮助、互相学习的条件下发展，才能使各民族在迅速发展经济、文化的过程中越来越多地消除差异的东西，产生和积累共同的东西，才能使民族融合的量的变化、量的积累顺利发展。

第三，民族融合是在民族繁荣的基础上实现的。各民族的充分发展，共性的增多，才有可能在不知不觉中逐渐归于一体。社会主义时期还不是民族融合的时期，恰恰相反，这个时期正是各民族充分发展繁荣的时期。这首先是因为，只有在这个时期，各民族特别是后进民族才第一次得到了最好的、充分发展的机会，各民族都有强烈的愿望和旺盛的活力来显示自己的聪明才智，以对人类作出自己的贡献。其次是因为，社会主义制度第一次为各民族的发展、繁荣提供了极为优越的条件。

三、民族同化及其两种形式

民族同化，是指一个民族或其一部分因受另一个民族影响而丧失原

有的民族特征而变成另一个民族的现象。列宁指出：民族同化就是"失
去民族特点，变成另一个民族的问题"，其"字面的意思是同类化，一
律化"①。

民族同化现象存在于民族发展的各个阶段。历史上发生过民族同化
现象，当今世界也存在着民族同化现象，将来也还会出现民族同化
现象。

民族同化根据它变化的原因、手段、过程和性质分成两种类型，一
种是强迫同化，另一种是自然同化。两种类型的区别在于是否用强制的
手段，是否凭借暴力和特权来实现同化的过程。在强制同化中，同化的
主体一般是占统治地位的民族；在自然同化中，同化的主体一般是发展
较充分、文明程度较高的民族。

强迫同化，是指一些弱小的民族被强大的民族用强制手段征服和同
化的现象。强制同化是民族压迫制度的产物，是民族压迫的一种表现形
式。在阶级社会里，强迫同化是一种普遍现象。当某一民族的剥削阶级
征服并统治其他民族的时候，常常会采取强迫同化政策，把自己民族的
语言、文化和风俗习惯强加于被征服、被统治的民族，使其放弃自己的
民族语言、文化和风俗习惯，以达到同化这些民族的目的。这种同化政
策违背了民族发展的规律，违背了被同化民族的民族意愿，因而会引起
被同化民族激烈而顽强的抵抗。民族强迫同化及同化政策，往往会造成
民族的隔阂、对抗、冲突和仇视，恶化民族关系，强化民族壁垒，妨碍
民族接近和交往，阻碍民族发展，阻碍历史进步。

自然同化，是指不同的民族交往时，一个民族自然吸收另一个民族
的文化，在完全自然和自愿的情况下逐渐改变，直至最后完全丧失自己
的民族特征，变成了别的民族的现象。自然同化是民族差别逐步消失、
共同性和统一性日益增多的发展趋势的一种表现形式，是人类社会发展
的一种进步现象。

---

① 《列宁选集》第2卷，人民出版社1995年版，第339页。

在中外历史上，常有落后民族以武力征服先进民族，结果征服者被被征服者所同化这种现象。马克思指出："相继侵入印度的阿拉伯人、土耳其人、鞑靼人和莫卧儿人，不久就被**印度化**了，——野蛮的征服者，按照一条永恒的历史规律，本身被他们所征服的臣民的较高文明所征服。"① 恩格斯也在《反杜林论》中指出：尽管文明程度较低的民族，可以征服文明程度较高的民族，"但是在长期的征服中，比较野蛮的征服者，在绝大多数情况下，都不得不适应由于征服而面临的比较高的'经济情况'；他们为被征服者所同化，而且多半甚至不得不采用被征服者的语言"②。因为，文明程度较高的民族，必然是生产力水平和生活水平比较高的民族，这对于文明程度较低的民族的广大劳动人民，不能不具有很大的吸引力，进而逐渐影响他们的生产和生活，迫使他们向文明程度较高的民族学习。从某种意义上讲，民族自然同化过程，实质上是落后的生产方式向先进的生产方式学习过程的一种特殊现象。因此，它是人类历史向前发展的一种进步现象。

在资本主义发展过程中，相当规模地发生过民族自然同化现象。列宁例举了19世纪末至20世纪初美国发生的民族同化过程，即民族界限磨灭的情况，认为"纽约州活像一个磨掉民族差别的磨坊"③。列宁充分估计了这种民族的自然同化，提示人们应当正确对待它。他说："无产阶级不能支持任何巩固民族主义的做法，相反，它支持一切帮助消除民族差别、消除民族隔阂的措施，支持一切促进各民族间日益紧密的联系和促进各民族打成一片的措施。"④ 无产阶级"欢迎民族的任何同化，只要它不是借助于暴力或特权进行的"。各民族的这种接近只能是自然的，而绝不能主观地去加以干涉。任何主观的、强制性的做法，都是错误的，违反民族发展规律的。

① 《马克思恩格斯选集》第1卷，人民出版社1995年版，第768页。
② 《马克思恩格斯选集》第3卷，人民出版社1995年版，第526～527页。
③ 《列宁选集》第2卷，人民出版社1995年版，第342页。
④ 《列宁选集》第2卷，人民出版社1995年版，第348页。

第二章
合作与冲突的背后
——民族问题产生的根源和表现形式

民族问题，是当代世界普遍存在的一个重大社会问题。不少国家为它深深困扰，许多人对它孜孜不倦地进行探索和研究。而要解决民族问题，首先必须科学地认识民族问题，研究其产生的原因、其表现形式以及二者之间的联系。

第一节　什么是民族问题

一、民族问题的概念

民族问题是随着民族的产生而出现的一个重要的社会问题。随着社会的发展，人们对民族问题的认识不断加深，并从各个方面探寻着解决它的正确途径。马克思、恩格斯在《德意志意识形态》、《共产党宣言》、《论波兰》等著作中，对民族问题进行过深刻的论述，但对什么是民族问题并未下过明确的定义。诸多学者对什么是民族问题长期以来是仁者见仁，智者见智，众说纷纭。有的认为，所谓民族问题，是表示同民族这个人们共同体直接相联系的一系列现象的总括性的概念。凡是同民族这个人们共同体直接有关的社会现象，都属于民族问题，它包括各民族本身的特点、内部状况和发展趋势以及各民族之间的关系和各民族之间的矛盾等等。也有的认为，民族问题是由民族压迫引起的民族不平等及其派生出来的一系列民族之间的关系问题。还有的认为，民族问题就是民族之间的关系或矛盾问题。

那么，究竟怎样界定民族问题呢？我们认为，民族问题既包括民族自身的发展，又包括民族之间、民族与阶级和国家之间等方面的关系。首先，民族之间的关系始终是民族问题极其重要的内容。即是说，民族从形成、发展直到消亡之前的各个历史阶段，不同民族之间在社会生活的各个领域发生的各种矛盾问题是民族问题的重要内容。其次，民族自身的发展问题也是民族问题的一个重要方面。马克思指出，各民族之间的相互关系取决于每一个民族的生产力、分工和内部交往的发展程度。唯物辩证法认为，"内因是变化的根据，外因是变化的条件，外因通过内因起作用"。要全面了解民族问题，就必须关注和研究各民族的自身发展。民族自身的发展状况，决定着民族之间交往的程度，决定着民族之间矛盾的状况，也就决定着民族问题的内容和性质。第三，民族与阶级和国家的关系，是民族问题的重要内容。民族的产生和存在与阶级的产生有着密切的联系。在阶级社会和社会主义社会，民族问题的性质和内涵有着本质的不同。民族与国家的关系一直是民族问题研究中的重大课题。国家的产生和发展与民族的产生和发展交织在一起，多民族的国家和多国家分布的民族这一现实导致的各种复杂的民族—国家关系，是各国理论家和政治家必须认真解决的重要问题。第四，民族问题不是一个静态的概念，它是一个不断发展变化的动态的概念，必须把发展的概念引入民族问题的内涵，因此，民族问题不仅包括民族自身的发展，而且包括民族与民族之间、民族与阶级和国家之间关系的发展和演变。

民族问题属于一定的历史范畴，它不是从来就有的，也不是永远存在的，而是随着人们形成不同的民族而发生，并随着民族差别的消失而消失的。民族问题表现在政治、经济、文化、生活方式和风俗习惯、宗教信仰等各个方面，在不同的历史时期和不同的条件下，具有不同的内容和性质。

二、不同历史时期的民族问题

民族是在人类历史发展过程中形成的，民族问题的发生和发展也经历了很长的历史过程。在不同的历史时期，民族问题具有不同的内容和表现形式。

1. 奴隶制、封建制时期

在没有阶级分化的原始社会，只有氏族、部落存在，还没有民族这种人们共同体，因而也不存在民族问题。随着生产力不断发展，原始社会解体，私有制的产生和阶级的出现，尤其是奴隶制度确立以后，民族问题就开始突出起来。由部落联合而成的各个小民族或民族集团，为了占有更多更好的土地，为了掠夺家畜、奴隶和财富，相互之间不断地进行战争。进入封建社会以后，这种掠夺战争愈演愈烈，并有时发展成为一个民族征服另一个民族的战争。一些较强大的民族中的封建统治者为了占领更多的领土，掠夺更多的财富，奴役更多的人口，不断发动征服异民族的战争。这种战争除了掠夺财富，还具有民族压迫的性质。有的征服者甚至使用暴力手段，对被征服民族实行强制同化，其民族压迫性质更为明显。总的说来，在从奴隶社会到封建社会的漫长历史时期里，民族之间的关系，在很大程度上是掠夺与被掠夺、征服与被征服、同化与被同化的关系。尽管各民族人民之间也存在着经济和文化上的联系，但这种联系是通过艰难曲折的途径实现的。

2. 资本主义上升时期

资本主义的发展冲破了中世纪的沉睡状态，民族的面貌和民族问题的内容发生巨大的变化。在资本主义上升时期，随着封建制度的崩溃，统一的民族市场和经济、文化中心的建立，资本主义的现代民族开始形成。这种民族的形成过程，从西欧的情形来看，是和他们建立独立的民族国家的过程相一致的。例如，英吉利、法兰西、德意志、意大利等民族的形成，同时也就是英、法、德、意等国家的建立。但在东欧和其他一些国家中，由于封建制度尚未消灭，资本主义发展较弱以及其他种种条件，则形成了多民族的国家。在这个时期，民族问题主要是觉醒了的民族资产阶级反对本民族封建阶级的封建特权和异民族的封建专制制度及君主制度的民族压迫政策，争取民族独立和民族平等权利的问题。新兴的资产阶级举着民族的旗帜，高喊"天赋人权、人人平等"的口号，号召本民族的各个劳动阶层参加民族运动，与统治民族的地主阶级进行斗争。以废除封建专制，确立资产阶级民主，建立统一的民族市场和单一的民族国家。斗争的焦点，从经济上说，主要围绕着争夺市场进行的。这时的民族运动实际上是资产阶级的运动，而这个问题的解决，是与资产阶级民主革命联系在一起的。列宁曾指出："在全世界，资本主义彻底战胜封建主义的时代是同民族运动联系在一起的。这种运动的经济基础就是：为了使商品生产获得完全胜利，资产阶级必须夺得国内市场，必须使操同一种语言的人所居住的地域用国家形式统一起来，同时清除阻碍这种发展和阻碍把这种语言用文字固定下来的一切障碍。""建立最能满足现代资本主义这些要求的**民族国家**，是一切民族运动的趋势（趋向）"①。"不建立民族国家，资本主义就不能推翻封建主义"②。1775～1783 年，北美殖民地从英国殖民统治下取得独立；1810～1862 年，南美殖民地获得解放；19 世纪，希腊、塞尔维亚、罗马尼亚、保加利亚等民族从土耳其统治下获得解放，并成立了相应的国家。这些都是这个时期民族运动的胜利成果。

3. 帝国主义阶段

资本主义的发展不但没有消除民族压迫，而且继承了专制制度和君主制度的民族压迫政策的遗产。特别是资本主义发展到了帝国主义，民

---

① 《列宁选集》第 2 卷，人民出版社 1995 年版，第 370～371 页。
② 《列宁选集》第 2 卷，人民出版社 1995 年版，第 512 页。

族问题更加尖锐。各帝国主义列强为了攫取最大限度的高额垄断利润，拼命地争夺市场和原料产地，疯狂地进行瓜分世界的斗争。他们凭借自己强大的武力，把亚洲、非洲、拉丁美洲的广大地区变成自己的殖民地或半殖民地。帝国主义使民族压迫超出了民族国家的范围，成为世界的普遍现象，到处都是殖民地和半殖民地。例如，在19世纪80年代，几个主要资本主义国家所属殖民地人口有2.5亿多一点，但第一次世界大战后便增至12.5亿，占当时全世界总人口17.5亿的70%。而其余的人口中还约有一半人口的国家的经济处于少数帝国主义国家的附属地位。又如，19世纪和20世纪之交，整个世界被帝国主义瓜分完毕。非洲的90.4%，亚洲的56.6%，澳洲的100%，拉丁美洲的27.2%，都沦为殖民地。还有不少国家沦为半殖民地和附属国。当时的世界被划分为两部分，一部分是人数众多的被压迫民族，另一部分是人数甚少的、拥有巨量财富和强大军事实力的压迫民族。这个时期的民族问题，已经发展成为世界范围的民族殖民地问题，即殖民地半殖民地的广大被压迫民族在帝国主义的殖民奴役下，争取民族独立和民族解放的问题。这时的民族运动，就其本身的要求来说，虽然仍属资产阶级民主革命性质，但由于它反对的主要敌人是帝国主义，目的是要推翻垄断资产阶级的统治，所以它在客观上就成为世界无产阶级社会主义革命的一部分，并和无产阶级革命的命运紧紧联结在一起。列宁领导的共产国际提出的"全世界无产者和被压迫民族联合起来"的口号，就是根据这个时期民族问题的新情况提出来的。

第二次世界大战后，殖民制度虽已崩溃，但民族压迫和殖民剥削仍然存在，只是形式有所变化。因为在被压迫民族普遍觉醒、民族解放运动空前高涨的情况下，那种旧的、残暴的、赤裸裸的殖民统治已不能维持下去，不得不变换手法，以新殖民主义和霸权主义来代替旧殖民主义，并用政治、经济等手段，对那些从殖民枷锁下取得独立的不发达国家继续进行压迫和剥削。所以，只要世界上还存在着帝国主义、殖民主义和霸权主义，民族问题就仍然是被压迫民族的广大人民反对压迫民族中的反动统治阶级的斗争问题。当前，不发达国家结成广泛的统一战线，采取各种形式，反对超级大国和霸权主义的控制，争取建立国际经济新秩序的斗争，就是现阶段世界范围内民族问题的主要内容。

民族问题从产生到帝国主义阶段，都在阶级社会中发展着。剥削制度特别是资本主义制度的固有矛盾，直接地影响着民族问题发展的进程。列宁在对资本主义条件下的民族问题进行了深刻观察和分析后指出："发展中的资本主义在民族问题上有两种历史趋势。民族生活和民族运动的觉醒，反对一切民族压迫的斗争，民族国家的建立，这是其一。各民族彼此间各种交往的发展和日益频繁，民族隔阂的消除，资本、一般经济生活、政治、科学等等的国际统一的形成，这是其二。"并指出："这两种趋势都是资本主义的世界性规律。第一种趋势在资本主义发展初期是占主导地位的，第二种趋势标志着资本主义已经成熟，正在向社会主义社会转化"①。这两种趋势，是资本主义制度所具有的不可调和的矛盾的反映，也是民族和民族问题本身发展的客观规律。

4. 社会主义时期

在社会主义制度下，消灭了阶级剥削和阶级压迫，产生民族压迫的阶级根源已不存在，民族之间的对抗已为平等、团结、互助的新型民族关系所替代。这就为过去的被压迫民族的复兴和各民族平等自由的发展，开辟了广阔的前景；为民族问题的解决，奠定了坚实的基础；并为民族问题的最终消失，不断创造着有利的条件。但是，在社会主义历史阶段，民族问题还不可能消失。由于历史上遗留下来的民族间发展不平衡的存在及民族差别的存在，民族问题还将长期存在。例如在我国，有55个少数民族，其中有些民族和有的民族的某些部分，在中华人民共和国成立前夕还保留着农奴制度、奴隶制度甚至原始公社制度的残余。中华人民共和国成立后，各民族从帝国主义、封建主义和官僚资本主义的压迫下解放出来，实现了各民族不分大小一律平等，但那些经济文化

———

① 《列宁选集》第2卷，人民出版社1995年版，第340页。

发展水平较低的少数民族在享受民族平等的权利时，实际上不能不受到一定的限制。历史上遗留下来的民族间的差异，仍是产生民族摩擦的根源。对于中国这样的多民族国家来说，逐步克服民族间发展上的不平衡状态，是解决国内民族问题的一项长期任务。

在社会主义时期，各民族在社会主义道路上共同发展、共同繁荣，他们的根本利益是一致的，民族关系基本上是各民族劳动人民之间的关系，是平等、团结、互助的社会主义民族关系。社会主义时期的民族问题，一般属于人民内部矛盾，要用处理人民内部矛盾问题的方法加以解决。

三、民族问题的特点

民族问题具有普遍性、长期性、复杂性、国际性和重要性的特点。

1. 普遍性

民族问题的普遍性，是指民族问题在世界上广泛存在，涉及政治、经济和社会生活的方方面面。目前，世界上几乎所有国家都有两个或者两个以上民族居住，没有一个纯粹意义上的单一民族国家。一般来说，不同的民族居住在一起，就会存在民族问题。遍观当今世界各地的热点和难点问题，大都与民族问题有关。

民族问题的普遍性还表现在：它往往渗透在政治、经济、社会、文化生活的方方面面。某一民族问题的发生，有时很难说它就是政治问题，抑或是经济问题，或者是社会问题（狭义）和文化问题。当然，这些问题中的任何一个都可以引发民族问题，并可能涉及民族问题的其他方面。即使再"纯粹"的民族问题，也可能含有经济问题、社会心理问题等方面的内容。在某一地区，两个民族发生纷争之际，可能蕴涵着政治权力偏向一方、经济发展或资源分配不平衡、语言文化政策不公等政治、经济、文化、社会各个领域问题的背景，还可能蕴涵着对现状的不满、对过去不幸事件的回忆、长时期不满的蓄积等历史背景，这些方面的问题常常以民族问题的形式综合表现出来。

2. 长期性

民族问题的长期性，是说民族问题同民族一样，在人类社会的历史上已经存在数千年了。在当今世界上，民族问题仍大量存在。在许多经济发达的国家里，民族问题依然存在。在已经建立了社会主义制度的多民族国家里，民族问题也没有消失，而且还将长期存在。这是因为，民族还将长期存在。先是阶级消亡，而后是国家消亡，最后是民族的消亡，这是社会发展的规律。只要民族还存在，民族差别还存在，民族问题就还存在，而民族和民族差别，就是在社会主义在全世界范围胜利以后，在阶级消灭和国家消亡以后，也还不会立即消失。民族问题的最终消失，还要经历一个漫长的历史过程。

3. 复杂性

民族问题是社会总问题的一个组成部分，也是社会总问题中极其复杂的一个问题。民族问题之所以复杂，不仅因为民族是人类社会历史发展过程的产物，具有政治、经济、文化、教育等社会历史的综合内容；而且还因为民族是一个人们共同体，涉及语言文字、地域分布、传统习俗和心理状态等方面的因素。同时，民族问题常常与阶级利益、国家关系、种族问题、宗教问题等交织在一起，其现实问题与历史问题交织在一起，对抗性矛盾与非对抗性矛盾交织在一起，它们互相影响并互相渗透，更增加了它的复杂性。

4. 国际性

民族问题的国际性，是指一国内部的民族问题往往会引发国际性的问题，甚至导致国际关系的变化。当今世界有三千多个民族，分布在两百多个主权国家和地区。许多不同的国家中存在着相同的民族，这些民族在历史上曾经是居住在一起的同一民族，后来随着社会历史发展变化等种种原因，分居到不同的国家。他们虽然已与所在国的当地实际相联系，成为这些国家的公民和民族，但又不能不看到这些民族不但历史上有着这种共同的族源关系，而且在现实中也仍然存在着相同的民族称谓、相同的民族文化传统、相同的民族语言和相同的宗教信仰，人们之间仍然相互往来、访亲问友和寻根，有着深厚的民族感情。有的连血缘关系也没有中断。这样，就往往使得一个国家的民族发生了问题，会引起另一个国家的相同民族的关注并对他们产生影响。这就使得民族问题具有国际性的特点。

5. 重要性

民族问题的重要性，是指在人类历史发展的长河中，民族问题对过去、现在和未来社会，都具有重大影响。民族问题处理不好，往往造成一个国家的政治和社会的不稳定，有时甚至会导致国家分裂，或引发国际战争。

第二节　民族问题产生的根源

一个民族形成以后，在其漫长的发展过程中，不可避免地要同其他民族发生关系，进行交往，在这一过程中，既有相互交流与合作的一面，又有相互冲突和碰撞的一面。民族之间的联系和交往，随着社会形态的更替，生产力的发展，科学技术的进步，社会环境和民族内部诸因素的变化，其范围日益扩大。

各民族在发展过程中，首先是经济上互通有无，互相学习，相互依存，形成不可分割的纽带关系。例如在我国，中原的汉族农业发达，少数民族的畜牧业兴旺。春秋战国时期赵武灵王"胡服骑射"，学习北方民族的衣装简便和骑马射箭的本事。匈奴及其先民北狄把养马、驴、骡的技术传入中原，对中原地区农业、畜牧业和军事上骑兵的发展，都产生了重大的影响。内地出产的铁器、铜器、锡器、金银器、陶瓷器、绸缎、绢锦、布匹等则为少数民族所珍爱，盐、茶等也为少数民族所必需。

伴随着经济的交往，自然产生了文化交流。语言互通的情况十分普遍。如在我国，汉语汉文成了很多少数民族与汉族交往的共同的交际工具；在某一个地区，则有某一种少数民族语言文字为多个民族使用的情况。每个民族优秀的文化，均已成为各民族共同的财富。藏族史诗《格萨尔王传》、彝族的叙事长诗《阿诗玛》、壮族"歌仙"刘三姐的对歌，以及曹雪芹所著的长篇小说《红楼梦》等，均已成为整个中华民族的文学珍品，受到各族人民的喜爱。

从世界范围来看，地理大发现和资本主义的海外殖民活动伴随着科学技术、交通通信的发展和商品交换的扩大，增强了全世界各个国家、各个地区、各个民族之间的政治、经济、文化以及社会生活各个方面的联系和交往。在高科技发展的信息时代，有关人口增长、生态平衡、资源开发、能源利用、裁减军备等关系到全人类共同利益的问题不断出现，从而把世界各国、各民族联结成为一个地球村的今天，更是如此。这些联系和交往，极大地促进了各民族的发展和进步。

各民族之间既有相互合作、友好交往的一面，也有民族矛盾、民族冲突乃至民族战争的另一面。如在我国，汉朝与匈奴，东汉与羌人，唐朝与突厥，宋朝与女真、契丹、党项，就进行过长期的战争。

在当今世界，各民族之间的冲突也是时有发生。前南斯拉夫地区穆、塞、克族之间的战争，中东的阿以冲突，俄罗斯的车臣问题，伊拉克的库尔德人问题，墨西哥的恰帕斯问题，布隆迪的部族仇杀，以及巴基斯坦、阿富汗、斯里兰卡等国的民族冲突，都是当今世界的热点问题。

民族矛盾和民族冲突的出现，就产生了民族问题。那么，产生民族问题的根源是什么呢？

一、民族问题源于民族差异

一般来说，矛盾的产生基于事物之间的差异性。唯物辩证法认为，世界万事万物都不是绝对同一的，它们之间或多或少、或大或小都有一定的差异，正是由于事物间这种差异或差别造成了事物之间的矛盾。人类社会也是如此。民族是历史上形成的具有共同语言、共同地域、共同经济生活以及表现在共同文化特点上的共同心理素质的稳定的人们共同体。一个民族之所以是该民族而不是别的民族，正是由于其基本特征的差异，以及在这些特征上形成的独特的生活方式、风俗习惯等等。各民族在接触和交往过程中，这些各不相同的特点和差异，便是造成互相矛盾的因素。差异就是矛盾，有民族差异就会有民族之间的矛盾。所以，民族差异是民族问题产生的最基本的因素。

民族之间的差异和特点，是在长期历史发展中形成的。然而它一旦形成以后，便具有相对的稳定性。当然，随着社会历史的发展，生活条件的不断改变，民族特点也会发展变化，但是它并不像社会的阶级关系和生产方式的更替那样急剧地变化。只要有民族差异存在，就会存在民族问题，二者之间是同生同灭的。

二、民族差异的形成，起决定作用的是生产力水平的差异

民族差异形成的原因很多，既有各个民族生产力水平的差异，也有各个民族文化传统的不同，还有民族发展的社会历史不同等等。但对形成民族差异起决定性作用的是经济因素，是生产力水平的差异。人类之所以分成许多不同的民族，在某种意义上说，是因为生产力发展水平的不平衡，还不足以克服社会和自然条件的局限性所造成的。民族之间的差异，是各自在不同的自然条件和社会经济条件下独立发展的结果。

我们知道，生产力是人们改造自然、征服自然的能力，包括劳动者、生产工具和劳动对象三个要素。劳动者素质的高低、生产工具的先进落后、劳动对象的不同，体现了生产力水平的高低。由于生产力水平的差异，造成了劳动者的技能特长、使用的生产工具和劳动对象的不同，人们对自然界的认识能力、征服能力、改造能力的不同，也就产生

了其创造的物质文化上的差异。

生产力决定生产关系，生产关系适应生产力的发展。随着生产力的发展，生产关系也随之发生变化，不同的生产力水平，对应着不同的生产关系。生产力与生产关系的统一，构成了生产方式。由于自然、历史、社会等多方面的原因，各民族的生产力水平差异很大，由此决定了各民族有不同的生产方式，不同的生活方式和文化、风俗等。如农耕民族和游牧民族，生产方式、生活方式和文化传统都各有特点，农耕民族主要种植水稻、玉米等粮食作物和棉花等经济作物，主食大米、玉米等；游牧民族主要在较寒冷的草原放养牲畜，饮食则常年以肉食为主。农耕民族以定居为主，而游牧民族则到处迁徙。在音乐、舞蹈、戏剧、体育、节日、禁忌等精神文化方面的表现也不相同。

随着生产力的不断发展，科学技术的日新月异，社会和自然条件对人们的限制不断克服，地区间、民族间的差异，将在各地区、各民族高度发展的基础上逐步消除，民族间的共同性、统一性将日益增多，但民族差异和民族特点依然存在。民族差异、民族特点的最终消失将依赖于生产力的高度发展。

三、生产力水平的差异对民族问题的产生起决定性作用，但并不是唯一的因素

民族问题是一种复杂的社会现象，生产力水平的差异对民族问题的产生起决定性作用，但并不是唯一的因素。如人为的主观行为也是民族问题产生的一个重要根源。这里既包括剥削阶级对民族的错误的看法、错误的政策引起的问题，也包括革命阶级在某些时候或某些地方、某些方面对民族及与此有关的问题的认识不足和处理不当等引起的问题。前者在私有制社会里大量地产生。

在私有制社会里，民族内部存在着阶级矛盾和阶级斗争，存在着阶级剥削和压迫。民族内部的这种阶级压迫和剥削一旦扩展和延伸到民族

之间，势必造成民族之间的压迫剥削和矛盾斗争，民族内部阶级之间的对立关系势必造成民族之间的敌对关系等。而且由于剥削阶级的贪婪、掠夺财富的本性，决定了这种扩展是不可避免的。

马克思、恩格斯在《论波兰》一文中指出："要使各国真正联合起来，他们就必须有一致的利益。要使它们利益一致，就必须消灭现存的所有制关系，因为现存的所有制关系是一些国家剥削另一些国家的条件。"① 列宁说："民族压迫政策是专制制度和君主制度的遗产，地主、资本家和小资产阶级支持这种政策，是为了维护其阶级特权，分化各民族的工人。现代帝国主义正在加紧征服弱小民族，它是加深民族压迫的新因素。"② 这就是说，生产资料私有制是造成一些民族剥削另一些民族的原因，是民族不平等、不团结的社会经济基础，也是产生民族冲突的根本原因。

在社会主义社会，公有制取代了私有制，民族内部的阶级对立已经消失，造成民族问题的阶级因素基本上已经不复存在。但是，作为这种社会因素的延伸，旧社会遗留下来的民族间的发展不平衡、民族之间的隔阂、民族主义的思想残余等还会起作用；一定程度上存在的阶级斗争还会反映到民族问题上来。除此之外，在推翻了私有制制度并实现了社会主义的多民族国家，还存在着工农差别、城乡差别、体力劳动和脑力劳动的差别，这些都有可能成为造成民族差别的因素，都有可能造成民族不平等的矛盾。还有，社会主义国家和执政党由于某些方面的主观认识不足或其他原因导致的有关民族的政策、措施、方法的不当等，也可能引起民族问题。所以，即使到了阶级对抗已经消失的社会主义社会，民族问题产生的社会根源也还没有完全消失，它们还起着不可忽视的作用。

---

① 《马克思恩格斯选集》第 1 卷，人民出版社 1995 年版，第 308 页。
② 《列宁全集》第 24 卷，人民出版社 1957 年版，第 269 页。

第三节　民族问题的表现形式

民族问题发生在民族与民族之间，在不同的社会条件下，其性质各不相同，表现形式也多种多样，有唇枪舌剑的摩擦，也有真刀真枪的搏杀；有时发生在一城一地，有时则可能连洲跨国。涉及的领域也非常广阔，可以在政治、军事、经济、思想文化等社会生活的各个方面表现出来。

一、政治对立

政治对立是民族问题的主要表现形式之一，尤其在阶级社会里，其表现更为突出。政治是经济的集中表现，任何阶级和民族的利益都会在政治上得到直接或间接的反映。在阶级社会里，民族是由不同的阶级组成的，民族都是有阶级的民族。例如在奴隶制度下的民族的成员，分别属于奴隶主和奴隶两个主要的对立阶级；在封建制度下的民族的成员，分别属于地主和农民（农奴主和农奴）两个主要的对立阶级；在资本主义制度下的民族的成员，分别属于资本家和工人两个主要的对立的阶级。在这种情况下，人与人的关系受制于阶级与阶级的关系，主要是剥削与被剥削、压迫与被压迫、统治与被统治的关系。这种关系如果仅仅发生在民族内部，并不具有民族问题的性质。但是，任何一个民族的剥削阶级并不满足于对本民族劳动人民的压迫和剥削，而总是要千方百计地去压迫和剥削其他民族。这种剥削和压迫必然要遭到各被压迫民族的反抗和斗争，以推翻反动统治阶级。因此，广大的被压迫民族与压迫民族的统治阶级在政治上是对立的。

在多民族的国家里，民族问题导致的政治对立还表现在各个民族对政治权力分配的要求上，包括领导权、自治权、立法权、选举权与被选举权等。这种政治对立，有温和的，也有激烈的；斗争形式有合法的，也有非法的。例如，印度在 1956 年按语言划分邦界时没有充分考虑一些较小民族的合理要求，致使他们没有享受到与其他民族平等的政治权力。随着民族意识的觉醒，这些较小民族为改善这种不平等待遇，要求自治的呼声日益强烈。其中以旁遮普的锡克族最具代表性。当他们希望享有更大的自治和扩大旁遮普的领土以使锡克人在该地区占有稳定的多数的要求遭到拒绝后，便采取了一些激烈的行动。态度强硬的英·甘地派兵攻占金庙，打死锡克族原教旨主义极端派领袖宾德兰瓦尔等数百人，并围歼了数千名反叛锡克士兵，而英·甘地也成了这场民族冲突的牺牲品。

在一些国家内，政党与民族的关系也甚为密切。如在非洲，由于各政党的领导人往往出自部落首领或部落酋长，与其说是政党领导不如说是部族首领更为贴切。所以，各个政党都代表着各个民族的自身利益，部族势力对政党的影响和控制可以说是决定性的。这就使这些国家各民族间的政治冲突不断。例如安哥拉，在上世纪 50 年代中期以后，以安哥拉三个最大的民族奥文本杜族、姆本杜族、巴刚果族为基础，分别成立了三个政党："争取安哥拉彻底独立全国联盟"、"安哥拉人民解放运动"和"安哥拉民族解放阵线"。为了推翻葡萄牙殖民统治，三党并肩作战十余年，于 1975 年元月迫使葡政府与三党达成关于安哥拉独立的《阿沃尔协议》，并成立了过渡政府。但就在这个分享胜利果实的关键时刻，由于种种原因，导致代表不同民族利益的三党反目，兵戎相见，一直到 1991 年 6 月，历时 16 年之久的流血内战才得以停止。

二、军事对抗

民族冲突的最高形式是军事对抗。当两个民族之间或不同民族集团之间的矛盾发展到不可调和时，便会发生军事上的对抗和冲突。它既有不同国家不同民族之间的冲突，如犹太人与阿拉伯人之间的阿以冲突、伊拉克人与伊朗人之间的两伊战争，也有同一国家内不同民族之间的冲突，如波黑的穆、塞、克三民族之间的战争。二战后至上世纪 80 年代末，世界各地先后发生过各种规模的局部战争和武装冲突 190 多起。其中相当一部分是由于民族问题引起的。据不完全统计，二战后，在世界各地先后爆发的 40 多个局部冲突和战争中，因民族问题引起的地区冲突和局部战争占了 70％；而在 90 年代延续和新发生的 64 起局部战争和武装冲突中，有 41 起是由于民族和种族间的武装冲突，占了 65％。

这些战争和冲突的性质和后果是不相同的。90 年代以非洲民族解放运动为标志的世界各地的反帝、反殖的民族解放运动，主要是针对帝国主义的殖民统治的，斗争的结果是摆脱了殖民统治，取得了国家的独立。而 80～90 年代的民族冲突则主要发生在已获得独立的多民族国家中，斗争的结果往往是社会动乱，以致国家分裂。例如前南斯拉夫的内战就是现实的写照，战火从斯洛文尼亚烧到克罗地亚，又蔓延到波黑共和国。旷日持久的内战已夺去数万人的生命，使 20 多万人受伤致残，200 多万人离乡背井，沦为难民。无情的战火使南斯拉夫的经济遭到严重破坏，社会生产大幅度下降，经济损失高达近 2000 亿美元。由于战乱，数百万人生活水平降到贫困线以下。尤其在冲突地区，老百姓整天担惊受怕，处于战争、饥饿和疾病的威胁之中。残酷的战争给南斯拉夫各族人民造成了难以弥合的创伤。

三、经济利益冲突

经济关系是一切社会关系的基础，民族问题大量地表现在经济关系上。正如马克思、恩格斯在《德意志意识形态》一书中所指出的："各民族之间的相互关系取决于每一个民族的生产力、分工和内部交往的发展程度。"[①] 从民族形成到现在，经济利益上的对立和摩擦一直是民族问题最直接的表现形式。

---

① 《马克思恩格斯选集》第 1 卷，人民出版社 1995 年版，第 68 页。

民族形成以后，各民族的人们为了获取自己所需要的物质生活资料，为了拥有生存空间，就出现了经济利益上的对立和摩擦。进入阶级社会以后，压迫民族的统治阶级通过占有生产资料、商品交换、商品输出和资本输出残酷地剥削被压迫民族的人民，形成二者之间经济利益上的直接对立。历史发展到今天，仍然存在着不合理的国际经济秩序，使广大的发展中国家在国际经济生活中处于十分不利的地位，发展中国家的利益受到严重损害，加剧了南北之间的矛盾。当前，广大的发展中国家要求建立国际经济新秩序的呼声日益高涨。

在一个国家内部，民族之间的经济利益冲突表现在国家在资源分配上忽视一些民族的发展，使不同民族之间的发展严重不平衡，从而引发了各种矛盾。例如，前南斯拉夫的解体，既有历史的、民族的因素，但还有一个更深层次的原因，就是各民族之间发展差距拉得太大。如果把1947年前南斯拉夫人均社会产值定为100，到1987年，最发达的斯洛文尼亚已从1947年的163.2上升到202，波黑由85.8下降到68，马其顿由70.3下降到67，而最不发达的科索沃则更是由49.2下降到27。斯洛文尼亚与科索沃相比较，两者的差距已由1947年的3.3：1，扩大到1987年的7.5：1。再如墨西哥的"恰帕斯问题"，从根本上说，也是由于政府忽视了一些民族的实际利益，致使一些民族长期落后而引发的。

此外，在一些国家内部，民族之间的经济利益冲突还表现在国家与地方在经济权益上的矛盾，国家同地方群众在经济权益上的矛盾，以及民族之间为争夺土地、山林、草场、水源等自然资源而引起的矛盾等等。

四、文化碰撞

民族文化是民族生活的历史遗存，也是该民族现实生活不可缺少的重要内容。从广义上讲，民族文化包括了该民族独有的语言文字、宗教信仰、生活习俗、民族历史和人文景观等较为广泛的内容。一个民族之所以区别于其他民族而存在，原因之一是它具有本民族特有的文化。在民族群体广泛认同的基础上，民族文化升华为民族意识和民族感情。民族意识与民族文化密切相关，民族文化是民族自我意识和民族群体意识继承和发展的土壤，而且民族文化也是民族意识的极端表现——民族主义得以生存和发展的土壤。在不同民族文化体系下的人民，对世界的看法和价值观念都不相同，当两种不同的文化交会在一起时，往往会发生碰撞。民族文化具有互相吸纳和相互排斥的双重特性，尤其是对于那些威胁本民族文化或与本民族格格不入的异文化因素，民族文化更会作出拒绝的反应。民族文化的差异性和排他性，是导致民族冲突的重要根源。当然，一个民族对于异民族的优秀文化和有利于本民族文化的因素，也常常会作出兼收并蓄的举动。

从世界范围来看，存在着不同层次的文化冲突，既有东西方文化、传统文化与现代文化等之间的冲突，也有一个国家内不同民族之间的文化冲突。不同民族之间的文化冲突，正成为当今世界的一个热点问题。美国《外交》季刊 1993 年夏季号刊登的亨廷顿的文章《文明的冲突》认为："一种文明就是民族的最高文化组合"，"不同文明之间的断层线正取代冷战时期的政治和意识形态界限而成为危机和流血冲突的爆发点"。"在欧亚大陆上，历史上遗留下来的文明之间的大断层线上再次火光冲天。从非洲之角到中亚，新月形的伊斯兰国家集团的周边尤其如此。穆斯林同巴尔干地区信仰东正教的塞族人、印度的印度教徒、缅甸的佛教徒和菲律宾的天主教徒也常发生暴力冲突。伊斯兰的边界到处流淌着鲜血"。这种观点正确与否我们姑且不论，但我们从中确实看到了不同民族之间的文化冲突。

第三章
既可兴邦，亦可亡国
——民族与国家

第一节　民族与国家的关系

一、民族与国家的异同

　　民族与国家都是人类社会发展到一定阶段的历史现象，同属于历史范畴。民族是在历史渊源、生产方式、语言、文化、风俗习惯以及心理认同等方面具有共同特征的稳定的人们共同体。有的民族在形成和发展中，宗教起着重要作用。国家则是阶级矛盾不可调和的产物和表现，"是维护一个阶级对另一个阶级的统治的机器"①，是经济上占统治地位的阶级进行阶级统治和管理全社会公共事务的机关。

　　民族与国家二者之间有着天然的、极为密切的联系。在西方一些国家，民族与国家的概念在很多时候可以通用。在英语中，可以译为中文"国家"的词有三个，即 nation、state 和 country。然而，这三个词虽然都指国家，但侧重点不同。nation 是指由人组成的国家，state 主要从

————————

① 《列宁选集》第 4 卷，人民出版社 1972 年版，第 48 页。

政府角度指国家，而 country 则主要指地域意义上的国家。在这里，nation 所指的，就是形成民族的人们共同体。

所以，英语中，nation 既有"民族"的含义，也有"国家"的含义。联合国（The United Nations）也是以 nation 来表示国家的。从这个意义上看，民族与国家就是同一回事，即民族国家，而国家由民族构成。这一点，不仅单一民族国家如此，多民族国家亦如此。

民族与国家的相同之处远不止于此。民族和国家都是人们共同体，都形成于原始社会崩溃和阶级社会确立的时期，而且都是以共同地域为基础成长和发展的。尤其在单一民族国家里，民族的基本特征与国家的某些方面的特点基本上是一致的。如民族语言，同时也就是国家语言；民族共同地域，同时也是国家的版图范围；民族的经济生活，就是国家的经济生活；民族的心理素质，也就是国民的心理素质。因为在单一民族国家里，民族成员与国民、民族地域和国土一般说来是重合的。说某一民族即指某一国家，说某一国家也指某一民族。也许正因为如此，英语中的 nation 才既指国家又指民族。

然而，民族与国家在形成和发展过程中又有着很大的区别。

首先，民族与国家虽然都是人们共同体，但各自形成的基本要素不尽相同。就一般而言，构成民族的人们共同体在历史渊源、生产方式、语言、文化、风俗习惯以及心理认同等方面具有稳定的共同特征。而构成国家的基本要素则是：（1）人口，即生活在特定国度、特定地区的一定数量的定居居民，亦即民族。这是构成国家的第一个基本要素，是国家一切活动的基础和基本出发点。（2）领土，即居民的生息之地，也就是民族的共同地域，在多民族国家，指各民族共同地域之总和，是国家行使权力的空间，是一个国家赖以生存的物质基础。（3）主权，即国家处理其国内外事务的统一而不可分割的最高权力，是国家的根本属性。（4）政府，即国家的最高行政机关，是国家机构中最重要的部分，也是国家实现其统治和专政的最重要的工具。当然，除了这些基本的要素外，国家作为阶级社会的产物，它必定是建立在一定的社会经济基础和阶段关系之上的，否则，就无法说明国家的本质，这也是马克思主义国家学说与资产阶级国家学说的重要区别。

其次，民族与国家同为社会政治实体，但二者的侧重点各不相同。民族凸显的是构成政治和文化单位的人的群体，而国家凸显的则是政治机制。民族以经济、文化、语言、地域等因素把人们联结在一起，有其自身的利益原则和价值取向。尽管在阶级社会民族并非是利益完全一致的整体，各民族中的剥削阶级往往与其掌握的国家的利益是一致的，而与广大人民群众的利益相矛盾。但在多民族的国家里，也有全民族的利益与国家的利益相矛盾的时候。国家是阶级统治的工具，有着一整套统治机构和明确的治下疆域和治下人民。国家以政治方面的原因为主要力量把人们联系起来，即政治利益的一致性。国家主要依靠其政治机制来调整各阶级、集团和民族之间的利益关系，以维护其统治的稳固与秩序。从这两个实体来看，国家的政治色彩更浓些，而民族则文化色彩更重。

其三，民族与国家的稳定性不同。民族一经形成，就具有相对的稳定性，它不会随着政治的动乱或国界的改变而立即发生变化。国家则会由于政治的动乱或国界的改变以及民族的冲突及外来的侵略等而立即发生变化。如苏联，由于国内历史、民族、政治、经济等种种矛盾的激化，使一个立国七十多年的国家顷刻之间大厦倾倒，分裂为众多的民族国家。但其原有的各民族，虽然有的一个民族已分属几个国家，而作为民族共同体却并没有改变。

其四，民族与国家虽然有时都以地域来划分，但二者也有区别。一个民族的共同地域，是该民族赖以生存和发展的物质基础，是民族形成的重要条件之一。但在多民族的国家内部，民族地域只是整个国家版图的一部分。如我国的西藏，是藏族人民世代居住的地方，但对国家来说，则是中国领土的一部分。而且，民族一经形成，共同地域便不是民族必不可少的特征之一。随着民族的迁移、各民族交往的加强，各民族混居杂处的现象越来越多。如我国现在的民族分布特点就是"大杂居、小聚居"。但国家则不同，它对其确定的领土享有绝对的主权，不允许其他任何国家与之分享。

其五，一般来说，共同语言是民族的特征之一，也是民族形成的重要因素之一，而国家则不一定要有一种共同的语言。如瑞士，德、法、意三种语言都是国家语言。在多民族的国家里，虽然都有一种或几种语言为代表国家（官方）的通用语言，但也仍有其他民族语言的存在。如我国，除汉语外，我国还有几十种少数民族语言在同时使用。当然，随着不同民族之间的杂处和相互交流，有些民族在漫长的历史过程中逐渐采用了其他民族的语言。

其六，具有共同特征的生产方式，是许多民族的特点；而国家在经济生活上则因各个民族的不同以及自然地理、气候特征等因素，而呈现出多种多样、多姿多彩的特点。但民族在形成以后，在各民族经济交往不断增加、散居和多民族杂居现象越来越普遍的情况下，一些民族内部的生产方式也呈多样化特点。

其七，文化、风俗习惯以及心理认同等方面具有共同特征是一个民族最显著的特点。一个民族之所以有别于其他民族，不仅在于它们的物质生活条件不同，而且还表现在各自民族文化特点上的精神形态的不同。民族共同心理素质也不是一成不变的，它是本民族物质生活条件的反映，将随着民族生活条件的改变而变化。但是，精神文化的相对独立性，又使得一个民族的共同心理素质具有自己的发展轨迹，有着较强的继承性和稳定性，是维系一个民族存在的牢固纽带，给民族的生存和发展注入活跃而持久的生命力，因而成为民族诸特征中最持久、最顽强的组成部分。在多民族的国家，由于民族的不同，其文化也必然呈现出多元性，表现于各种文化特点上的民族心理素质也必然是纷繁复杂的，甚至差别很大。民族心理上的认同往往是对本民族文化的认同。各民族公民对国家也有共同的认同，主要侧重在政治层面。历史悠久的多民族国家，各民族公民会将整个国家的人民作为一个大民族（如中华民族）加以认同，即产生对整个国家文化上的认同。

二、民族与国家的关系

民族与国家是一对相伴而生又互相依存、互动发展的孪生体。国家在民族形成的过程中起了推动的作用，民族则构成国家存在和发展的重要基础。二者之间的关系极为密切又错综复杂，既互相影响又互相促进。

1. 民族是国家结构形式确立的重要因素之一

国家结构形式，是指国家中央政权机关和地方政权机关之间、国家整体和部分之间的相互关系的性质和方式，也称为国家体制。国家结构形式根据中央与地方的不同关系，主要分为单一制国家和复合制国家两种形式。复合制国家又包括联邦和邦联两种形式。

国家产生之初，由于许多国家领土狭小，人口少，民族单一，交通不发达，国家结构形式比较单一。中央和地方之间、整体和部分之间，基本上都是采取单一的国家体制。但随着近现代政治经济的发展，民族意识和地方意识日益增强，也形成了许多国土广阔、民族众多的国家。就世界范围而言，有追求民族独立而建立的单一民族国家、多民族相互融合形成的统一多民族国家、大民族通过文化同化建立的主体民族国家、民族沙文主义以及殖民主义通过军事征服和政治强制建立的多民族国家等。

无论是单一制国家，还是多民族国家，在其构成和发展中都与民族有直接的关系。因为，每一个国家的人口在一定的社会发展阶段都属于一定的民族，民族的成员同时也是国家的成员，因此，民族对于国家来说，是其生存和发展的基础。尤其是在近现代，多民族国家中的民族及其相互关系，是决定国家政治制度和结构形式、政治稳定程度、国家统一或分裂的重要因素。在国家结构形式选择过程中，各个国家都不能不考虑到这一因素。单一民族的国家，一般都建立单一制的国家。而多民族的国家，往往由于民族因素而建立联邦制国家，如资本主义国家瑞士等，社会主义国家苏联、南斯拉夫等。

资本主义国家结构形式的建立同资产阶级民族运动的发展相联系。在资本主义上升时代，资产阶级民族国家纷纷建立。在消灭封建割据和长期分裂的混乱结束之后，资产阶级建立了统一的市场、统一的国家法律制度，逐渐形成了一大批单一制的中央集权制国家。后来，在殖民地半殖民地国家反帝反封建的民族独立运动中，又出现了资产阶级民族运动的第二次浪潮，附属国在摆脱了宗主国的控制之后，大多数也建成了单一制的国家结构。如英国、法国、意大利、日本、挪威、瑞典等都是单一制的国家；而美国、德国、瑞士、加拿大、澳大利亚、巴西等国则实行联邦制。这些国家的联邦制的建立和发展也各不相同。

社会主义国家的国家结构形式，虽然在形式上也采用单一制和联邦制，但它具有与资本主义类型的国家结构形式不同的特点。

社会主义国家在确定其结构形式时，有两个出发点：一是有利于民族问题的解决；二是有利于社会主义事业的发展。马克思列宁主义最初都是在"原则上反对联邦制"的，认为"它削弱经济联系，它对于一个国家来说是一种不合适的形式"①。但列宁后来在领导俄国无产阶级革命斗争中，根据当时俄国的情况，发展了马克思、恩格斯关于国家结构的思想，提出在真正的民主制度下，特别是在苏维埃国家结构的组织下，联邦制往往是一种向真正的民主集中制过渡的步骤。同时，历史发展所创造的条件也使俄国实行联邦制成为可能。俄国有一百多个民族，很多民族都单独聚居在一个地区，各民族人口比例并不悬殊，俄罗斯民族人口在俄国总人口中不占绝对优势，非俄罗斯民族人口总数超过俄罗斯人口。有些非俄罗斯民族，如乌克兰和波罗的海沿岸的民族的经济、文化教育都比较发达，成立各民族的加盟共和国具备条件。在这种情况下，俄国建立联邦制国家是充分考虑了民族因素的。

中国是一个多民族国家，但却没有采取联邦制而采取单一制的国家结构形式，这也是由我国的民族特点、历史传统和社会主义制度的特点

———————————

① 《列宁全集》第 19 卷，人民出版社 1959 年版，第 501 页。

所决定的。我国是汉族为主体的各民族杂居的国家。新中国成立初，汉族占全国总人口的 94％左右。各民族的政治、经济、文化发展不平衡，实行统一的单一制形式，有利于统一集中我国的优势，加快边疆地区、民族地区的发展。在资源、人才、管理经验和经济发展水平上，可以更好地取长补短，共同发展、共同繁荣。我国在采取单一制的同时，也充分考虑到各民族的特点，在各少数民族聚居的区域内，建立相应的自治机关，实行了民族区域自治。这样，既保证了国家的团结统一，又较好地解决了民族问题。

民族问题，在世界上大部分国家都存在，但各个国家解决民族问题的道路、方式各不相同。然而，在所有国家的国体和政体的建构中，在国家结构形式的选择中，民族都是十分重要的因素之一。也正是因为民族与国家的这种特殊而复杂的关系，才使民族问题走出了人类学的领域，而成为国际政治舞台上引人注目的问题。

2. 民族与国家的相互依存、互动发展关系

民族与国家，相伴而生，相依而存。尤其是进入近现代，国家成为民族赖以生存和发展的重要的政治载体。不依附于国家形态的民族越来越少，而且处于这种境况的民族，要么命运悲惨（如库尔德人），要么在自然而然地、悄无声息地逐渐消失在世界民族的汪洋大海之中（如吉普赛人）。民族的命运与国家的命运也是息息相关的。国家强则民族兴，国家弱则民族衰。这一点在我国近代以来的历史上能得到最好的证明。

民族是一个稳定的人们共同体，自形成之后，便经历着一个漫长的发展过程。民族的发展是随着社会的发展而发展的，是社会发展的重要组成部分。马克思主义历史唯物主义原理所揭示的人类社会发展规律，从历史纵向发展的角度，概括出民族发展的一般规律。民族是在纵向质的演进和横向量的扩展过程中，在社会基本矛盾运动中实现其政治、经济、文化、社会的全面发展的。虽然各个民族具体的发展道路会有所不同，但民族发展的一般历史进程总的趋势是不会改变的。一般说来，民族发展与社会发展是同步的，而且前者决定于后者。同时，前者也会反

作用于后者，如果民族的落后状况长期得不到改变，必然会阻碍社会的进步和发展。所以说二者是互相影响、互相促进的，即是一种互动发展的关系。

在社会主义条件下，国家利益和权力是各族劳动人民利益和意志的体现。因而，国家在促进民族发展方面所起的作用是非常重要的，也是任何其他社会力量所无法替代的。其作用与功能，主要可以从三个方面来体现。

其一，国家能提供有利于民族发展的良好的外部环境。国家通过其外交政策的制定、调整、实施，建立良好的国际关系，从而为民族的发展提供一个相对和平、稳定的国际环境。这既有利于各民族在和平、安定的环境中从事生产和生活，又有利于各民族的国际交往与合作及开拓国际市场等。国家也为民族发展提供了良好的国内环境。主要包括：(1) 良好的政治环境，即指国家宪法、专门法、中央政府或各级民族自治地方所属的地方政府的方针、政策、措施行为等为政治活动所造成的政治环境。(2) 良好的民族关系。民族关系是社会交往关系中涉及民族性内容的社会关系，在民族的生存和发展中，在政治、经济、文化、教育、生活方式、宗教信仰等社会生活的各个方面，都经常遇到来自民族之间的关系的矛盾问题。要协调这种关系，就需要凌驾于民族和社会之上的国家，通过法律的、行政的、教育的、强制的手段来进行。民族关系协调得好，不仅能促进民族的发展，也能促进国家的稳定和发展。(3) 国家为民族发展提供机会。在民族发展的基本内容中，社会经济发展是民族发展基本内容中的其他方面发展的前提和基础。虽然不能否定政治、文化、教育对民族发展的重要作用，但是，归根结底，民族的发展决定于社会经济的发展。

其二，国家能够调整促进民族发展的内部机制。国家在这方面的功能主要体现在：对民族内部结构的优化和合理化起着协调促进作用。民族结构，概括地说，就是民族物质产品生产、精神产品生产和自身生产及其有关方面的有机的排列和组合。民族结构一般包括经济结构、政治结构、文化结构、意识机构以及人口结构和家庭结构。民族发展就是民族结构运动的过程，是协调和优化结构的过程。一个民族内部结构的合理程度与内部活力的能量程度是成正比例的。民族内部结构各组成部分之间的合比例的、协调的良性循环的关系结构，对民族的发展会产生很大的助推力。反之，民族内部结构的不合理，甚至畸形，则会产生很大的阻碍力，缓冲本来就不很强的助推力，从而使民族的发展出现缓慢甚至停滞的状态。国家在促进民族自身发展方面的重要作用，就是协调民族结构，使之优化和趋向合理。比如，民族的教育结构与经济结构不相适应时，不仅阻碍其教育发展，而且还会影响到民族经济的发展。经济不能发展，不能给教育更多的投入，教育落后也不能改观。这就需要国家在这方面通过政策干预和资金投入，促使民族教育事业发展，逐步适应并促进经济的发展。

其三，国家对提高民族素质有着重要的作用。民族素质，是民族在生存和发展过程中，在长期的物质产品和精神产品的生产及人类自身生产的过程中，所形成的认识世界和改造世界的内在和显现的能力。各个民族的民族素质，由于各个民族的历史发展过程不同、发育程度不同而各有差异。民族素质是衡量一个民族发展程度的综合指标。提高民族素质是民族生存和发展的重要条件。国家在提高民族素质、促进民族发展方面起着重要的作用。如我国在少数民族和少数民族地区的发展中，强调加速发展经济、文化事业，就是为了提高少数民族的科学文化素质；强调发展民主政治、发展和完善民族区域自治制度、培养少数民族干部，就是为了提高少数民族的思想政治素质，提高少数民族参政议政、自己管理自己的能力；提倡计划生育、优生优育优教等，就是为了提高少数民族人口、身体素质。原有民族素质状况的改变、民族素质的提高，也就使民族发展获得了新的条件、新的起点和新的速度。

总之，国家为民族发展所提供的各种条件、政策和措施等，对民族发展都是至关重要和必不可少的。而民族在国家的大力扶持和帮助下，政治、经济、文化、人口素质及社会生活各个方面的提高和发展，以及各民族之间的关系的协调和融洽，民族团结的不断加强，又都反过来极大地促进国家各项事业的发展，综合国力的增强以及国家的统一和昌盛。所以说，民族与国家是互相依存、互相促动、共同发展的。

第二节　民族自决权与民族解放运动

民族自决权最早是由资产阶级提出的一个民主革命口号，旨在建立适合于资本主义发展的具有统一民族市场的民族国家。民族自决权最初带有资产阶级民主主义性质，具有历史的合理性。进入帝国主义时代后，列宁针对俄国存在的民族问题，赋予民族自决权以反对帝国主义、促进民族联合的内容，从而使之成为无产阶级社会主义革命的一个重要原则和口号。第一次世界大战后，民族自决权发展成为国际法。二战以后，随着亚非拉民族解放运动的高涨，民族自决权得到广泛地运用。上世纪 80 年代以来国际形势的变化，使民族自决权的实践遇到了新的问题。

一、民族自决权的由来

民族自决权，在 17～18 世纪就被资产阶级作为"天赋"的权利提了出来。1776 年，《美国独立宣言》就把民族"独立与平等地位"说成是"自然法则和自然神明规定"。西欧各资产阶级民族国家的成立和美国的独立，就是资产阶级革命和民族自决的"实现"。资产阶级提出民族自决权，具有的反封建反民族压迫的性质，适应了资产阶级民族主义世界革命的要求，有它的历史进步作用。马克思和恩格斯从支持资产阶级民族革命、争取社会主义的利益出发，赞成民族自决的原则。在《共产党宣言》和《论波兰》等著作中，均有所论述。1878 年，马克思在给国际工人协会总委员会的建议中，明确地提出了民族自决权的问题。

他说："**必须**在运用民族自决权原则的基础上，并通过在民主和社会主义基础上恢复波兰的办法，来消除俄国佬在欧洲的影响。"①

19世纪末，资本主义发展到了帝国主义阶段，殖民地附属国被压迫民族反对帝国主义、争取民族解放的斗争，具有鲜明的革命意义。列宁根据帝国主义时代民族分为压迫民族和被压迫民族的事实和无产阶级革命斗争利益的需要，更新和扩大了民族自决权的概念，把它解释为殖民地、半殖民地、附属国被压迫民族享有完全分立的权利，他指出："民族自决权只是一种政治意义上的独立权，即在政治上从压迫民族自由分离的权利。"② 从而使民族自决权原则变成了有成立独立国家之权的明确的革命口号，变成了反对帝国主义民族压迫、争取民主和社会主义的锐利武器。列宁、斯大林在领导俄国革命的进程中特别强调民族自决权，把它作为俄国党民族纲领的一个重要部分，而且在实际斗争中实践了民族自决权的原则。

二、正确认识民族自决权及其作用

列宁关于民族自决权的核心，就是反对帝国主义的民族侵略和民族压迫政策。由于世界上有了民族压迫，特别是到了帝国主义时代，民族压迫更加剧烈和扩大，因而反对民族压迫，特别是殖民地、半殖民地人民争取民族解放的斗争，也就应运而生。这种斗争历来就是具有进步性的，是无产阶级革命运动的同盟力量。提出和坚持民族自决权，有利于动员和鼓励殖民地半殖民地被压迫民族反对帝国主义和殖民主义的革命斗争，有利于把这种革命斗争吸引到无产阶级革命方面来，有利于充分发挥这种革命运动的积极性。

民族自决权有利于消除各民族工人阶级之间的隔阂和不信任，达到民族的团结和联合。剥削阶级长期实行的民族掠夺政策，加上历史上遗

---

① 《马克思恩格斯全集》第19卷，人民出版社1963年版，第164页。
② 《列宁选集》第2卷，人民出版社1995年版，第564页。

留下来的民族隔阂，这对被压迫民族争取民族解放的斗争，是极其有害的。要消除这种消极因素，各民族的工人阶级就必须同自己民族的资产阶级及其反动的民族政策决裂。对于压迫民族的工人阶级而言，就必须反对一切民族压迫，承认民族平等，直到承认被自己民族压迫的被压迫民族有民族自决权。对于被压迫民族的工人和劳动人民而言，就必须反对本民族资产阶级的民族主义，主张和坚持同压迫民族的工人结成联盟，共同进行革命斗争。也就是说，要把联合革命的利益置于各民族的局部利益之上。只有这样，各民族人民才能相互信任，共同携起手来，达到战胜反动统治阶级、实现民族独立的目的。

民族自决原则符合斗争发展的客观要求。如果说马克思、恩格斯支持民族自决权原则，是从社会发展的客观要求出发的，那么，列宁赋予民族自决权新的内容，则是结合了当时国际和俄国的具体情况。在 19 世纪末期，资本主义发展到了帝国主义阶段。在这种历史条件下，殖民地附属国被压迫民族反对帝国主义、争取民族解放的斗争，具有十分重要的现实意义。当时的俄国，虽然是一个地跨欧亚的大国，但其资本主义发展缓慢，是帝国主义链条上的薄弱环节。在帝国内部，民族成分众多，彼此之间各方面的差异甚大。对此，统治阶级为了巩固统治地位，一方面实行同化政策，即俄罗斯化；另一方面又挑拨民族关系，制造民族之间的冲突。各民族人民对此深恶痛绝。在世界民族解放运动的影响下，纷纷起而反抗沙皇统治阶级的压迫和剥削，要求民族独立。面对方兴未艾的革命局势，无产阶级及其政党应该采取什么样的行动，就成为当时急需解决的问题之一。这在马克思主义看来，一切反对帝国主义的民族解放运动，都是有利于无产阶级革命运动的，无产阶级都必须持明确的支持态度。因此，列宁进一步明确提出了民族自决权的口号。

马克思主义承认和坚持民族自决权，其根本目的完全是为了"联合"，为了各民族在民主和社会主义基础上自愿联合。分离是用来打破帝国主义的强制集中和兼并，达到各民族民主的、自愿的集中和联合。民族自决权并不主张分裂、分立成小的国家，因为并不是任何民族压迫在任何时候引起的民族独立的要求都是合理的。而被压迫民族问题，究竟是以民族分离还是以该民族取得和其他民族平等地位而解决，事前是无法断定的。所以无产阶级为了在各种情况下，都能保证本阶级的发展，而不至于束缚自己的手脚，就只能以所谓消极的要求，即以承认自决权为限，而不向任何一个民族担保或承诺提供会损害其他民族利益和无产阶级整体利益的任何东西。

无产阶级承认民族自决权，是有条件的，是以保证无产阶级斗争利益为前提的。无产阶级承认民族自决权，但并不是在任何情况下都支持分离。这要以是否有利于整个革命和整个人类进步的利益来决定。列宁曾经指出："决不允许把民族有权自由分离的问题和某一民族在某个时期实行分离是否适当的问题混为一谈。对于后一问题，无产阶级政党应当在各个不同的场合，根据整个社会发展的利益和无产阶级争取社会主义的阶级斗争的利益，分别地加以解决。"① 例如，对殖民地半殖民地被压迫民族为推翻帝国主义实行民族独立的民族自决要求，无产阶级应该予以坚决支持。而相反，在消灭了民族剥削和压迫，实现各民族一律平等的社会主义国家里，倘若再提出民族自决的要求，则无益于国家的稳定和各族人民的共同繁荣与进步，因此是必须坚决制止的。

马克思主义承认和坚持民族自决权的原则，是为了用它去反对民族压迫，反对帝国主义，反对反动的大民族主义，达到各民族在平等和社会主义基础上的自愿联合。自决绝不是目的。

民族自决权的原则，在任何时期都应当根据各个民族和不同国家的具体历史条件来运用。列宁提出民族自决权，是根据当时俄国的具体情况而言的。不能把俄国当时的具体情况和实际需要当做普遍适用原则，不能把民族有分离的权利和无产阶级政党的义务混为一谈，主张民族自决不等于赞成建立许多小国家。因此，民族自决权是解决民族问题的一种方式，但绝不能把民族自决权变成反对共产党领导和社会主义国家制

---

① 《列宁全集》第 24 卷，人民出版社 1957 年版，第 269 页。

度的一种武器。

上世纪 80 年代以来，国际形势的变化给民族自决权的理论带来了新的情况。首先，国际形势的变化，特别是以东欧剧变、苏联解体为标志的战后两极格局的终结，使民族问题具有不同于反对殖民主义统治和压迫的性质。随着民族自我意识的增强，维系国家统一的意识形态受到冲击，一些国家历史上的和现实生活中的民族矛盾迅速上升，导致了国家分裂和民族独立。在苏联，长期以来维持这个多民族国家统一的始终是社会主义制度和无产阶级国际主义原则，但社会制度的变迁，使这些纽带荡然无存，各民族的自我意识和民族独立的要求十分强烈。

其次，两极格局的瓦解，不仅使世界政治力量对比关系失衡，东西方意识形态矛盾的制衡效用和美苏两极对峙的政治高压下形成的国际约束机制也同时瓦解，致使原来为两极格局所抑制和掩盖的民族矛盾、种族对立、宗教纷争、历史积怨和边界争端等都显露出来，给第三世界多民族国家带来强烈的冲击。有些国家虽然摆脱了大国的影响，但本国政府的权威还没有建立起来；而有些国家的政府权威在国际形势剧变的冲击下变得衰弱，无力进行有效的治理。特别是民族解放运动胜利后，殖民地各民族同宗主国的矛盾缓冲，其内部相互间的矛盾则上升甚至激化，于是有的少数民族提出要摆脱现政府，建立自己的民族国家。

第三，在众多的民族独立、民族分离事件中，西方一些国家都予以支持，并援引民族自决权加以解释。特别是支持和纵容东欧、苏联及亚、非、拉的分离活动。与此同时，民族主义浪潮也影响到西方国家。法国的科西嘉、英国的北爱尔兰、西班牙的巴斯克和加拿大的魁北克等地的民族问题都有新的发展。

面对变化了的国际形势，我们必须全面、正确地理解和运用国际法中的民族自决权原则。

（1）在国际事务中，民族自决权原则是处理国际关系的原则，而不是处理一国内部民族关系的原则。根据《联合国宪章》、十五届联大《给予殖民地国家和人民独立宣言》（1960 年）、《关于各国依联合国宪章建立友好关系及合作之国际法原则之宣言》（1970 年）规定，民族自决权原则是当今世界公认的国际法的基本原则之一，它适用于国际关系范围内；适用一切根据国际条约有权建立自己的民族国家，但由于种种原因还没有赢得政治独立的民族；适用于殖民地半殖民地各民族。同时，后一《宣言》还强调，不能将这些规定解释为可以局部或全部破坏另一国的国内统一和领土完整。作为被压迫民族的权利，随着国家的建立，它已上升为国家主权的部分。国家主权具有至高无上的权威性、绝对的排他性、无可争议的合理性，是不能分割的，主权制约下的各民族都应恪守并维护主权，外国更无权干涉。

（2）民族自决权是作为民族整体的权利而存在的，不能把民族自决权解释为个人的权利。从国际法的理论看，1952 年联大对民族自决权的提法是"人民与民族的自决权"。人民与民族二者之间应是统一不可分割的。一方面，人民是民族的基本成分，民族的意愿是通过本民族人民来表现；另一方面，每个民族地区又是由许多民族的人民组成的。所以，民族自决权原则的运用，既要反映主体民族人民的要求，也要尊重生活在这个地区的其他民族居民的意愿。从国际关系的实践来看，使所有的民族都拥有"自决权"，建立独立的民族国家，既不符合客观实际，也是无法实现的。

（3）要用发展的观点对待民族自决权。从上世纪 70 年代以来，争取民族自决权主要表现为争取民族经济的独立和自主。但由于国际经济旧秩序的客观存在和制约，由于发展中国家经济环境的恶化，这一斗争并未取得实质性进展。相反，由于冷战结束后南北对话搁置起来，南北经济差距愈加悬殊，国际经贸关系中的不平等现象及经济强国操纵弱小国家经济的现象也更加突出。因此，争取民族经济自决权的斗争必须同推进南北对话，缩小南北经济差距，逐步建立国际经济新秩序联系起来。而在政治领域，民族自决权的问题，主要体现在各民族及其国家能够自由地决定其政治地位及自由地发展其经济、社会与文化，反对西方国家对发展中国家现存政治制度的颠覆和对占统治地位意识形态的渗透。这是现阶段坚持民族自决权的基本内容。

三、民族解放运动

民族剥削、民族压迫是阶级社会的普遍现象，反抗民族剥削和压迫的斗争由来已久，但这些民族斗争并不一定都能演变为旨在改变现存所有制关系的民族运动。从广义上说，只有那些由广大社会阶层普遍参加的以争取民族独立和解放、建立民族国家为目标的，并对世界历史进程将产生巨大影响的民族斗争，才能称之为"民族解放运动"。从狭义上说，即是指殖民地、半殖民地人民和一切被统治民族反抗殖民主义、帝国主义的压迫剥削，争取民族解放，维护民族独立的革命运动。

在资本主义以前的社会里，因为民族压迫、民族剥削的存在，很多被压迫民族纷纷起而反抗，但由于受到当时社会历史条件和民族本身的发展程度的限制，以及参加运动的主体力量即奴隶或农民提不出完整而明确的、以改变现存社会制度为目标的阶级斗争和民族斗争的革命纲领等条件的限制，所以，这种民族斗争终归是不成功的。因而，也不可能纳入民族解放运动的范畴之内。

随着资本主义生产方式的产生，即资产阶级的形成和发展，民族运动有了广泛而深刻的经济基础，并由此逐渐形成了具有强烈民族意识的思想基础。这是民族解放运动形成所必须具备的两个条件。组织单一的民族国家，形成统一的民族市场，最适合也最能满足资产阶级发展资本主义生产关系的需要。资本主义彻底战胜封建主义的时代，是同民族运动联系在一起的。这种运动的经济基础就是：为了使商品生产获得完全胜利，资产阶级必须夺得国内市场，必须使操着同一种语言的人所居住的地域以国家形式统一起来，同时消除阻碍这种语言发展和阻碍把这种语言和文字固定下来的一切障碍，以便确保资本主义的生产畅通无阻地向前发展。

经过18～19世纪一系列革命斗争，西欧的资产阶级民主革命已经完成，建立了一系列适合资本主义发展的民族国家。而在东欧和亚洲地区，却形成了一些多民族国家，封建主义还占据统治地位。到了19世纪中叶以后，资本主义在东欧和亚洲也开始发展起来，统治民族和被统治民族的资产阶级在争夺市场、原料产地和投资场所的过程中，展开了激烈的斗争。统治民族中的资产阶级所采取的民族压迫的一切形式，不仅阻碍了被统治民族中的资产阶级的发展，而且也使被压迫的劳动人民深受其害。被统治民族的资产阶级便利用这种情况，打着"全民族"的旗号，以"民族独立"、"民族解放"相号召，掀起了民族运动。而劳动群众为了自身的解放，也参加到这个"民族解放"的斗争中来。但从实质上看，这场斗争是压迫民族和被压迫民族的资产阶级之间的斗争。到了帝国主义时代，民族压迫已超出一国范围了。这时整个世界已被英、法、德、美、日等国分割完毕，亚洲、非洲、拉丁美洲成了帝国主义的商品市场、投资场所、原料产地、农业附庸和军事基地。帝国主义殖民体系已经形成，世界划分为压迫民族和被压迫民族。殖民主义、帝国主义的掠夺和剥削，使殖民地半殖民地国家民族经济发展停滞，人民生活极端困苦，帝国主义同被压迫民族之间的矛盾成为当代的基本矛盾之一。于是，反对帝国主义的民族解放运动便成为帝国主义时代一股强大的历史潮流。

第一次世界大战和俄国十月革命，加速了殖民地半殖民地人民的觉醒，使民族问题从欧洲反对民族压迫的国内问题变为各被压迫民族、各殖民地和半殖民地从帝国主义压迫下解放出来的国际问题，即民族殖民地问题。在十月革命影响和共产国际的推动下，亚、非、拉许多国家先后建立了共产党，组成了反帝民族统一战线。民族解放运动的浪潮席卷全球，帝国主义殖民体系的危机已经开始。第二次世界大战以后，进一步加深了这种危机，加速了殖民体系瓦解的进程。

二战以后，民族解放运动出现了两个特点：一是反帝运动风起云涌，此起彼伏。二战结束时，被压迫民族获得解放独立的国家只有 29 个，但战后以来，亚、非、拉广大地区被压迫民族解放运动方兴未艾，连绵不断，殖民体系土崩瓦解，新兴独立国家已达 126 个之多，占联合国成员国的 78％，这些国家已成为当今国际舞台上举足轻重的一支强大力量。二是出现了被压迫民族团结合作，共同对付殖民主义和帝国主义的新局面。1955 年万隆会议有力推动了亚、非人民反对殖民主义、争取和维护民族独立的斗争，促进了亚非国家间的友好合作。上世纪 60 年代以来，出现了许多由被压迫民族组成的地区性、洲际性和国际性的组织，如不结盟运动、七十七国集团、非洲统一组织、阿拉伯国家首脑会议、伊斯兰国家首脑会议、安第斯条约组织、石油输出国组织等。1982 年初召开的"南南合作"会议，也充分表现了第三世界国家力求摆脱帝国主义和霸权主义的控制，加强联合和促进发展的愿望。

民族解放运动的兴起，使殖民地半殖民地从过去的帝国主义的大后方，变成了反对帝国主义的前线。第一次世界大战和十月革命后，世界上建立了第一个无产阶级专政的国家。亚洲、非洲、拉丁美洲民族解放运动的蓬勃发展，使帝国主义的力量受到了严重削弱，国际阶级力量的对比发生了重大变化。民族解放运动的发展和胜利，动摇了帝国主义体系，造成了资本主义的总危机，直接打击和削弱了帝国主义的统治，对无产阶级革命斗争十分有利；对社会主义国家粉碎帝国主义的侵略、干涉和封锁的斗争，也是一种有力的支援。

至 70 年代，民族解放运动的巨大历史潮流终于以不可阻挡之势彻底摧垮了帝国主义殖民体系，亚、非、拉及其他地区已有一百多个国家摆脱殖民统治，取得了民族独立。这些国家正在国际事务中发挥着越来越重要的作用，成为推动世界历史前进的主要力量。

第三节　多民族国家中民族与国家的关系问题

一、多民族国家的不同类型

有关资料表明，如果以人口 90％以上属于同一文化民族的标准确立民族国家的话，当今世界近 190 个国家中只有不到 1/10 的国家属于民族国家，即单一民族国家，且其中多数位于欧洲。实际上，单一民族国家是西欧资产阶级登上历史舞台后对国家领土与民族地域一致性的理想追求，从西欧国家格局形成的最后结果看，这种理想并没有真正体现。不仅以四海为家的吉普赛人和犹太人就使西欧许多国家做不到民族单一，而且一些大民族在追求或建立自己的"民族国家"的过程中，也都是尽可能地把许多周边的小民族囊括在自己民族国家的势力范围之内。过去被认为是典型的"民族国家"的英国和法国，英格兰人和法兰西人都只占全国人口的80％多。英国还有苏格兰人、威尔士人、爱尔兰人、盖尔人和犹太人等。法国还有阿尔萨斯人、布列塔尼人、巴斯克人、加太隆人和科西嘉人等。德国也还有一定数量的丹麦人、荷兰人。而且这些少数民族不是在上述民族国家形成后的移民，而是作为世居的土著民族被包括到同一国家之中的。因此，即使是在西欧，真正的单一民族国家也是凤毛麟角，国家结构的主调仍是多民族的。在亚洲，即使像朝鲜、日本这样的主体民族占 99％的国家，也还有其他民族成分存在。如日本还有 2.5 万的土著阿伊努人，有 60 多万的朝鲜人。而世界上其余约 90％以上的国家都是多民族国家。这些国家少则两三个民族，多则上百甚至数百个民族。一般来说，凡是疆域辽阔的大国，以及那些在历史上民族聚合和民族同化进行得不够剧烈、广泛和深透的国家，都拥有众多的民族。如中国、巴西、澳大利亚、加拿大、墨西哥各有数十个民族，美国、印度、印度尼西亚、俄罗斯各有 100 多个民族，尼日利亚有 250 多个民族，扎伊尔有 254 个民族，苏丹有 570 多个民族，等等。

从多民族国家的形成，以及多民族国家内部的民族结构来看，为数众多的多民族国家又分属不同的类型。

从多民族国家的形成来看，约有三种类型。

一是自古（或从新中国成立开始）就是多民族国家。这类国家一般在历史上就是多民族，在此基础上形成了现代的多民族国家。这类国家的特点是各民族有着长期的政治、经济、文化交往和历史渊源，有共同的斗争经历和命运，因而民族关系比较稳定，不易出现分裂问题。

二是通过侵略扩张而建立的多民族国家。这类国家是在侵略、兼并和征服其他民族的基础上建立的多民族国家。其特点是压迫、歧视和同化其境内的少数民族，甚至采取种族灭绝政策，民族间的历史积怨很深。

三是从殖民地独立的多民族国家。这类国家是在反对帝国主义和殖民主义的斗争中建立的，虽然建立国家的历史较短，但因各民族有为争取民族独立而共同奋战的经历，有统一的国家意识和相同的价值观念。虽有民族矛盾以及土著居民与政府的矛盾，但很难使国家分裂。其矛盾多表现为政权之争及土著居民要求提高其地位和改善生存条件、维护文化传统等斗争。

从多民族国家的民族结构上看，约有以下三种类型。

双主体民族结构，即指在单一制的主权国家里，有两个主体民族。两个主体民族的人口之和占全国人口的90％以上，但人数占优势的主体民族不超过全国人口的80％，而人数占劣势的主体民族不少于全国人口的15％。尽管在统一的国家内二者时有矛盾，但双方都不要求或不可能单独建立主权国家。

单主体民族结构。这类国家是指单一制的多民族国家，只有一个主体民族，其人口占全国人口的一半以上。

多主体民族结构。在这类国家里在民族成分上存在着两个以上的主体民族。

不同类型的多民族国家，由于其形成和内部民族结构的不同，社会制度的不同，因而，其民族关系、民族问题的具体内容也不尽相同。

二、多民族国家的特点及其优势

世界上各多民族国家，尽管彼此之间在历史传统、政治制度、发展水平、文化特点、地理位置等方面有很大差异，但有一点是相同的，那就是民族成分众多、民族结构复杂。一般来说，多民族的国家较之单一民族国家有着相对较多的特点，而在某种意义和某种程度上，这些特点也正是或可能成为多民族国家的优势。

从政治上看，一般来说，多民族国家也都是相对较大的国家，人多势众。马克思主义在国家建设问题上也曾主张坚持民主集中制，坚持建立统一而不可分的尽可能大的国家的原则。因为，在其他条件相等的情况下，大国比小国更能顺利地解决发展经济的任务，解决无产阶级同资产阶级斗争的任务；也更有利于经济的发展，而且有利于民族自身的发展。在竞争激烈的世界上，任何民族要求得到发展，都必须依附于一定的国家形态，国家的强弱与该国民族的命运息息相关，一些弱小的国家在世界竞争中往往处于劣势地位，也很难在国际政治中发挥作用，甚至无力独自抵御外来势力的侵略、压迫和控制。而由多民族结合的大国则有很多机会、很强的实力可以在世界政治舞台上显示其力量并产生影响。因此，目前世界上在一些多民族国家出现分离倾向的同时，一些具有相似历史、民族、文化背景的弱小民族和国家则开始谋求区域性的政治、经济联合，甚至在集体安全、对外关系方面也采取步调一致的共同行动，以保障本国及本地区的共同利益和安全，如欧洲联盟、东南亚联盟等。这是世界发展的另一种趋势。

此外，多民族国家一般都有一些跨国界民族，通过这些民族的特殊关系，也可以与邻国建立睦邻友好关系。这样，既为自己创造了良好的周边国际环境，有利于本国的和平发展，也有利于提高自己的国际地位和影响。

从经济上看，多民族国家因各民族地理环境、气候条件等情况的不同，生产力水平以及各民族拥有的自然资源、生产技术及文化生活方式的不同，形成了各种各样的经济活动类型，形成了多种经济结构和生活方式。在多民族国家，这种经济结构很容易形成互补，既有利于整个国家的经济发展和综合国力的提高，也有利于各民族取长补短，共同发展。由于国家政治上的统一和经济文化上的整体性，各地区之间，无论是发达还是不发达地区，无论是民族较多的地区还是民族较少的地区，都可以互相依存、互相联系、互相帮助，各民族地区的优势都能充分发挥，而劣势则都能互补，形成共同发展、共同繁荣的局面。

从文化上看，民族文化是民族生活的记录，是各民族人民独特的历史经历在人们心理上的积淀，是一定的社会、经济和政治在观念形态上的反映。这种特性比各个族体的政治和经济属性更难发生根本变迁，更具有持续性和持久性。因而，各民族之间的差异在一定意义上是文化上的差异。多民族国家各民族历史、社会、政治、经济、文化传统以及生活方式、民族性格等的不同，所表现的民族文化也各具特点。但彼此之间也还有许多相通之处，甚至在价值观、道德观方面都有相通之处。因此，各种民族文化又都具有相互渗透和吸收的特性，不同的文化可以相互融会贯通和分享价值观念，可以形成共同的利益。在多民族国家中，随着民族间经济、文化、社会、政治等方面的长期交流和各民族文化的共同发展，必然会形成各民族普遍认同的一种全新的文化——族际文化或国民文化。这是一种进步现象，符合社会进程和民族进程的发展规律，因为这种文化是在吸收各民族文化的优点和精华的基础上形成的。不仅形式上异彩纷呈，内容上也丰厚广博，因而也更具有凝聚力，并充满了生机和活力。

三、多民族国家中民族与国家的关系问题

多民族国家的优越性是显而易见的，多民族国家的民族问题也是客

观的、大量的和不可避免的。

对于现代国家来说，无论行使哪种职能，都需要使自己具有民族这一普遍的形式。虽然各国的统治阶级在其阶级属性上各不相同，国家的阶级内容有本质上的差异，但无不以民族的外观出现，以民族的代表者的资格活跃于世界的舞台上。而每个民族也都依附于一定的国家形态。因此，每个民族的生存和发展都与它所依存的国家有着密切的关系。同时，也难免会有各种各样的矛盾。民族与国家的矛盾，主要表现在四个方面。

（1）国家的构建与民族的个性发展的矛盾。民族国家构建是世界现代化进程的一项根本要求和本质内容，其内涵是：从各个方面打破国内各个地区、各个族体间的壁垒，建立和发展统一的国民经济体系和商品流通市场，建构能够促进社会、经济现代化的统一的文化模式。在这一过程中，由于国家目标很难与各民族的要求完全一致，这就要求也必然导致有关民族放弃一些东西，由此必然会产生矛盾，这是不难想象的。如果在单一民族国家，所遇到的困难要小得多。而在多民族的国家里，国家构建作为现代化的政治方面的一项基本任务，就是尽可能地将国民对各自族体的忠诚转变为对多民族国家的忠诚，这是国民成为现代公民的先决条件，也是所有民族国家的政治体制得以生存的前提。但在多民族国家中，每一个人都具有两重性，即国家属性和民族属性，国家属性是第一位的，民族属性是第二位的，二者既矛盾又统一。如果过于突出民族属性，就会减弱国家的凝聚力甚至导致社会动荡和国家分裂；而如果忽视民族属性的存在或压制民族意识，也会导致民族不满，影响民族团结，甚至发展为民族争斗，影响经济建设和社会稳定。

（2）国家与民族的政治权力分配问题。就多民族国家而言，国家与民族关系方面的问题，从政治关系上看，主要是国家与各民族的权力分配是否适度的问题。有人认为，在当代世界各国，"少数民族日益坚持自己的要求并谋求权力，是一个正在影响着发达和发展中的、西方的和东方的、中央集权化的和尚未中央集权化的国家的全球性现象"。越来越多的少数民族要求在国家的政治生活中能够起到一定的作用，如在中央和地方的立法机关中有本民族的适当数额的代表，在中央和地方的行政机构中占有一定的位置，在国家文职人员和警察、宪兵、军队中拥有一定的数额，国家的决策在总体上反映他们的愿望和代表他们的利益等。这些要求又分为两种情况，有些是适当的、合理的；有些是不当的、过分的。这时候，如果政府和少数民族的思想或判断相一致，便会相安无事。否则，就会有冲突产生。当今世界一些国家和地区的民族冲突就是因此而起的。如缅甸，几个较大的民族因族际权力分配而引发了长期低烈度的战争；阿富汗错综复杂的派系和民族之间的暴力冲突也是围绕着权力分配而展开的。在联邦制国家里，联邦和地方政府之间在立法、行政权力等方面发生冲突也是屡见不鲜的。

（3）国家与民族的经济利益分配问题。在多民族国家，各民族与其所寄寓、所依存的国家之间，既有着共同的利益，如国家的安全、领土完整、发展繁荣等，也有着各自的特殊的利益要求。这一点与单一民族国家也不同。而各个民族的具体的利益要求，有的与国家的利益相矛盾，有的与其他民族的利益相矛盾。这些矛盾都需要由国家来进行调节。国家权力对于多民族国家内部各族体间的权益分配起决定性的作用。国家权力在本质上意味着国家能够或者具备做某事并产生某种结果的能力，它体现于统治阶级旨在实现特定的利益或原则的实际政治过程之中。权益在多民族国家内部各民族间的分布不平衡，是族际冲突发生和存在的根源或起因。这种不均衡表现为结构性不均衡和分配性不均衡。结构性不均衡在很大程度上由自然的、客观的因素所造成的，一般来说，短时期内较难改变。而分配性不均衡分布，则基本上是国家权力运行的结果，具有一定的主观性，当然也受结构性不均衡分布的制约。如果多民族国家的经济权益分配制度会造成族体间的不平等，再加上结构性不均衡的存在，那么国内各族体间的关系就呈现为一种事实上的等级关系，而属于较低等级的那些族体就会产生受剥夺的心理，他们势必要求公共权力机构对分配制度和政策做出某种程度的修改。当这种期望和要求得不到重视或满足时，冲突也就不可避免。

当然，国家权力的运行，要受结构性不均衡的制约。因此，从权益的分配性不均衡造成族体间事实上不平等这一点来说，并不一定或不完全是民族国家的统治阶级的剥削阶级本性使然，因为，即使无产阶级国家也无法完全摆脱权益的结构性分布不均衡对现行分配制度和政策的制约。例如，对于一个谋求实现经济现代化的国家来说，要建设一个面向国际市场的高技术经济开发区，是把地址选在海陆交通方便、基础设施健全、劳动力资源丰富而且文化层次较高的甲族聚居区，还是选在高寒多山、交通困难、基础设施很差、熟练的劳动力缺乏的乙族聚居区，不管这个国家的统治阶级是资产阶级还是无产阶级，作出的抉择都可能是一样的。而这种抉择就是国家权力作出的权益分配方案：甲族聚居区将因此而更加繁荣和富庶，乙族聚居区相比之下显得更加贫穷和落后。结果是不言自明的：乙族居民由于受到地区间贫富反差的刺激就有可能不满。由此可见，不仅结构性价值分布不均衡导致的族体间存在的不平等，是由于自然的社会的极其复杂的历史与现实原因造成的，而且对于分配性权益失衡导致的族体间的不平等，也不能简单地从国家权力的阶级性上去寻求全部解释。但对国家来说，作这种选择的时候必须考虑民族关系，并有相应的补救措施。

民族与国家的矛盾还表现在国土开发与利益分配问题上。国土开发是几乎所有的发展中国家和部分发达国家在建立或发展统一的国民经济体系和市场的过程中面临的突出问题。一方面，经济的现代化进程迫切要求在全国范围内进行原料、资金、技术、生产力和商品流通网络的合理配置，这就要打破历史上形成的国内各个地方及各个民族传统的、既定的状态，使生产资料、财产和人口重组；另一方面，由于资金、技术、熟练劳动力往往集中居住在发达地区的民族那里，或者集中在国家那里，而相当一部分资源，甚至主要资源则分布于少数民族聚居区，这样就可能在开发者和开发地区之间形成比较错综复杂的利益关系。如果多民族国家的国土开发政策能够使各有关方面都合理地分享利益，那么，国土开发不仅能够有力地推动经济现代化进程，而且能够促进国内各民族之间的团结、互助和共同繁荣。相反，如果国土开发政策失当或者不能够恰当地协调有关方面的利益要求，那就会影响族际关系，甚至直接触发族际冲突。如斯里兰卡的泰米尔人和土耳其的库尔德人同他们各自的政府之间的冲突，就是由此而引发的。美国在国土开发时对印第安人的剥夺更是造成了旷日持久的民族矛盾和冲突。

（4）国家民族政策的正确合理与错误失当的问题。各多民族国家无不奉行一定的民族政策，民族政策的制定对民族的发展、民族关系的调整、民族问题的解决有着重要的直接的影响。也就是说，国家政权的活力，与民族问题的激化或解决有着重要和直接的关系。在阶级社会里，政府长期对少数民族实行强迫同化、歧视和隔离的政策，会直接导致民族矛盾的产生和激化。目前世界上一些国家的民族矛盾和冲突，有的就直接导源于国家的法律和政策的制定。如缅甸各少数民族分享国家权力的要求导致与国家之间以及族际之间的矛盾由来已久。1974 年，缅甸第二部宪法取消了包括民族院在内的两院制，改行单院制的人民议会；放弃了民族邦自治的原则，规定通过所有公民的平等来达到民族的平等。这一重大变化意味着：从此缅甸少数民族不得以群体的资格要求分享国家权力。可是，这一权力分配方案，不仅不被少数民族所接受，反而激化了矛盾。少数民族特别是那些实力较强的族体纷纷以武力为后盾建立起地方割据式的权力体系，使得中央政府不能够有效地在一些少数民族聚居的地区行使权力。结果，长期的族际武装冲突消耗了缅甸的国力，对国家的经济现代化进程造成相当大的阻滞。苏联民族政策的失当，也是导致国家分裂的主要原因之一。

就当今多民族国家而言，或多或少都存在民族问题。民族问题处理得如何，不仅直接决定着国家治乱荣辱和兴衰存亡（这已为中外历史所反复证明），而且直接影响到国际关系及国际政治格局的变化。据统计，20 世纪 90 年代以来延续和新发生的各类局部战争和武装冲突中，属于一些国家内部民族和种族之间的武装冲突，占总数的 65％。有些民族问题已直接导致了多民族国家的分裂，如苏联已分裂为 15 个国家，捷克斯洛伐克一分为二，南斯拉夫四分五裂，最终不复存在；有些则由国内民族矛盾而上升为武装冲突，甚至局部战争，如纳卡冲突、波黑战争、利比里亚内战等等；有些多民族国家虽未爆发战争或冲突，但却面临着严重的民族分离主义运动的困扰。

就世界范围而言，凡是民族问题处理得好的国家，国力就强盛，国家统一就稳固。反之，不仅经济遭受破坏，国内动荡不已，国力也必然下降。由此可见，民族问题，既可兴邦，亦可亡国。

第四章
一个至关重要的社会子系统
—— 民族与社会

第一节　民族是社会的巨型细胞

一、人类社会系统

人类乃天地万物之灵，人类与动物的根本区别就在于人类有思维，有理性，并在此基础上，人类结成了各种层次、各种形态的社会关系，或者社会结构。人类是自然进化的产物，是自然界的一部分，人类有自然属性的一面；同时，人类又高于自然，有社会属性的一面。

人类逐渐进化的过程，就是人类超越自然属性和生物本能而社会属性逐渐增强的过程。由猿进化而来的类人猿自其超越自然属性和生物本能的那时起，就转变成了真正的人。人类自一开始就以其特有的群体为单位共同生活、共同劳动。这样的人类群体就是初始的人类社会。人类的社会属性，就是人类在这种群体生活即社会生活中，不断地进行互相交往并结成各种社会关系的过程中逐渐形成和增强的。民族则是在这样的群体单位的基础上，历经氏族、部落等群体阶段发展而来的。

按马克思主义的观点，社会是人们相互交往的产物，是各种社会关系的总和。没有人们之间的交往，便没有社会。而人们的交往首先是在生产、分配和交换过程中发生的经济交往。最开始的人类群体为了生存，需要集体劳动、生产分工和协调配合，以及对生产劳动成果的分配和交换。这是一种初级的经济交往，经济交往建立生产关系。人们在生产过程中的交往，乃是其他任何交往的基础。在经济交往的基础上发生政治交往和思想沟通，从而建立与生产关系相适应的政治关系和意识形态。在不同的生产关系基础之上，又会形成各种各样其他的社会关系。所有这些关系总和起来就构成社会。所以说，社会的基础和本质就是生产关系。不同的生产力发展阶段，人类生产关系不同，社会形态和性质也就不同。

除了生产关系之外，人们在社会生活中相互作用而形成的其他社会关系也多种多样。比如，政治关系、文化关系、家庭关系、朋友关系等等。这些关系也受生产关系的制约和影响。生产关系是制约其他社会关系的基本关系。在不同的社会关系结构之上，人们组成不同的社会组织或社会构成单位（社会细胞）。例如，家庭关系结成"家庭"这个社会小细胞，同民族成员组成"民族"这个社会大细胞。由不同的生产关系状况所决定，每一个民族作为一个社会细胞，它的社会经济形态和社会组织结构也各不相同。

总之，社会是由人组成的，人们之间存在着种种由社会规定的关系，按照社会的规范发生交互行为，分工合作地进行必要的生产及其他社会活动，满足社会成员不断增长的物质和精神需要。人类是一个处在不断发展变化之中的有机的社会整体，一个由各种社会细胞、经过各种程序和规范组合在一起的有机的大系统。

社会现象是人类的群体生活现象。这种现象主要不是出于本能，而是人们自己创造的一种以生物本能为基础而又超越了生物本能的现象。人类的群体生活是在行为规范的控制之下进行的。行为规范是人们在群体生活中，为了协调相互行为，共同创造并遵守的行为方式。行为规范随着社会的发展而发生变化。

人类群体生活是建立在物质生活资料生产的基础上的。人类社会的历史，归根到底就是社会的物质生活资料生产的历史。从原始社会到现在，虽然人类经历了各种社会经济形态，但是，所有这些社会经济形态，都只不过是物质生活资料生产长河中不同社会生产关系相继更替的几个时代。

人类的群体生活依赖于两个方面，一是社会的物质生活条件，一是社会的精神生活条件。这是影响人类社会发展的缺一不可而又互相关联的两个方面。

物质生活条件，包括自然环境，也就是通常所说的地理环境，还包括人类的生产和物质生活资料的生产方式。其中对社会发展起决定作用的是物质生活资料的生产方式。

人类社会异于一般动物除了物质的生活条件之外，还有精神生活条件。人们在物质生活的基础上，创造出精神财富，过着人类社会所特有的精神文化生活，并反作用于其物质的生产和生活。因此，自从人类诞生之后，它所特有的精神文化也就成了影响社会发展的重要条件。

民族作为人类的一个群体单位，或曰社会细胞，每一个民族的物质生活资料的生产方式都各有特点；精神生活条件也各不相同并丰富多彩，构成民族特征的重要内容。

人类创造了自己的社会和文化，还要使它们能够一代一代地传递下去，并且在此基础上予以发展和弘扬。这就需要对人类新成员进行社会化。社会化的内容，包括社会针对儿童和青少年的有关社会生活的基本知识、技能、本领和行为规范等的一切影响和一系列有组织的教育活动。所谓社会化，就是把某个社会、某个民族的文化传递给下一代。由于人们所处的文化环境不同，譬如出生于不同的民族，或不同的社会制度，或不同的地方（乡村或城市），甚至自然环境的不同，社会化的内容和形式都会有很大的差别。社会化是人类社会系统得以维持和延续的必需的方式。

二、民族的社会性

世界上的人们无一例外都有民族身份，每一个人、每一个民族，都无不生活在这个社会大系统中，并且参与各种各样的社会关系和社会生活。现在的人类社会，可以按民族成分划分为大大小小三千多个群体集团单位，即使有人是两个或者两个以上民族的混血，但也没有人找不到自己的民族归属，或者能够脱离于自己的民族起源。

人类社会的发展状况，常常是因地区（或国家）和民族的不同而各异。因为民族的不同，所以社会生产方式不同，社会精神生活也不同（文化不同）。民族是人类社会的一个至关重要的子系统，民族的社会性主要体现在如下几个方面：

第一，民族的产生、发展和消亡，是以人们的物质生产活动和物质生活条件为基础的，是由物质生产的生产方式制约的。同时在物质生产活动和物质生活条件的基础上，人们的精神生活条件也对民族的产生、发展和消亡起着重要的作用。恩格斯在《自然辩证法》中谈到"劳动在从猿到人的转变过程中的作用"时指出："劳动本身经过一代又一代变得更加不同、更加完善和更加多方面化了。除打猎和畜牧外，又有了农业、农业之后又有了纺纱、织布、冶金、制陶器和航行。伴随着商业和手工业，最后出现了艺术和科学；从部落发展成了民族和国家。"① 在一定的地域内，每一个民族成员都由于物质关系和物质利益而团结在一起，结合而形成民族共同体。不同民族，其物质生活和精神生活是不同的，更具有民族这个社会子系统的独特的规定性。

第二，从各民族内部来说，也构成一个相对独立的社会体系。民族虽然以共同地域为其显著特征之一，但是，民族这个社会子系统并没有完全脱掉血统联盟的脐带，成员之间以一定的血缘和婚姻关系为基础，民族成员按照一定的规范共同劳动、共同参加集体活动，并由于这些交

---

① 《马克思恩格斯选集》第 4 卷，人民出版社 1995 年版，第 380～381 页。

互行为和社会关系而形成共同的文化。

　　社会是人们相互交往的产物，没有人们之间的交往，便没有社会。而一个民族正是如此，是人们共同的物质生活和精神生活这些相互交往活动的产物。别的民族的成员只有通过加入这些社会关系和社会生活并融入其中，产生相互认同，才可能为这个民族增添非血缘关系的新成员。同一个民族的成员之间有着共同的物质利益和精神利益，共同的生产、分配、交换等物质交往关系，共同的娱乐、风俗、艺术、巫术、信仰、科学等精神交往关系，还有共同的政治组织和政治制度，共同的法律制度（包括习惯法）等制度关系。正是由于这些社会关系，一个民族构成一个社会单位。

　　第三，一个民族，还有自己的社会行为规范，有自己独特的维系其内部交往关系和对外交往关系的种种规定性。这些规范属于文化的范畴，它决定某一个人是属于这个民族或不是，它决定以民族为单位的社会关系。在民族内部，大家是同胞成员关系；对外，与另一个民族的关系，属于民族关系、民族问题的范畴。

　　第四，一个民族的生产方式、生活方式与其他民族是不同的，社会化的方式和内容也是与其他民族不同的；即使是在同一个社会形态下的不同民族之间，生产方式、生活方式也都各有自己的特点。而这些也都是以民族为单位的社会性活动。譬如有的民族是畜牧业生产方式，而另一些则是农业生产方式。在农业生产方式中，有的民族实行刀耕火种，有的民族实行牛耕，有的民族则是机械化耕作，等等。生活方式更是千差万别，文化传统也各具特色。

　　总之，民族作为在共同地域的基础上经过有其自身特点的交互行为而形成的人们共同体，具有明确的社会规定性。

三、民族与社会的关系

　　社会是人与人之间的关系的总和。具体地说，它是由一群人组成的，这群人之间存在着种种社会规定的关系，按照社会的规范发生交互行为。人类就是由各种不同的人群按一定规范和结构组合在一起的一个社会大系统，是一个有机的整体。这些各种不同的人群根据不同的标准而形成内容各异、层次多样的社会子系统。这些子系统又按一定的规范和程序组合在一起就构成社会大系统。这些子系统包括：家庭、邻里、部落、民族、国家，还有学校、单位、行政区等。譬如，家庭是建立在婚姻和血缘关系基础之上的亲密合作、共同生活的小型群体，是社会的基本单位，或曰初级子系统，是社会的最小细胞。

同时，民族也是人类社会的子系统之一。也就是说，民族也是人与人之间的关系的重要内容。每一个人都属于社会的一分子，同时，每一个人都属于一个民族。人类社会由许多社会经济发展程度各异的民族单位组成。与家庭这个社会基本单位（或曰细胞）相比，民族这个单位（细胞）就巨大得多。

民族与社会的关系十分密切，这种关系体现在几个方面：

第一，民族是人类社会的组成单位，人类社会依赖于民族这样的各种具体社会单位而存在。自民族诞生以来，没有脱离民族这个社会单位而发展的人类社会整体；也不存在独立于人类社会整体之外的民族。二者是整体与部分的关系。

第二，民族是一种普遍的和历史的社会现象。自有人类群体生活，便有了人类社会。事实上，人类自其形成之始，即过着群体生活，不存在脱离人类社会的单一的个人。而民族则是一个历史的概念。民族是人类社会发展到一定阶段的产物。一般地，民族产生于原始社会末期，由部落发展而来。随着社会的发展和各个民族单位之间的交互行为，不同的民族之间还会发生分化组合。

社会现象就是人类的群体生活现象。而民族便是人类社会历史发展过程中的群体生活现象之一，它不是人类自来就有的，也不是永生不灭的，它有其产生、发展、消亡的过程。民族的产生、发展和消亡以及各民族之间的关系都取决于社会生产力、社会分工和各民族内部外部的交往等人类社会这些基本活动的发展程度。因此，民族是人类历史上的一种普遍而显著的社会现象。因民族之间的关系而产生的民族问题也相应的是一种重要的社会现象。

第三，民族是一个独立的社会子系统。民族这个社会子系统与其他内容和形式的子系统有着截然不同的质的规定性，有着不同的内涵和外延。一个民族，在其内部有其独立的、与别的民族不同的社会规范、行为准则、社会关系、制度体系和精神文化体系，决定着民族这个子系统内部的单独运作。而其他的社会子系统一般没有功能如此全面、系统性如此强的社会关系体系，包括生产关系、政治法律关系、制度和精神文化关系。当然，这并非是说，它可以独立于人类社会整体。民族是人类社会这个整体中重要的组成部分，人类社会自从原始社会末期开始，即以各个不同的民族为单位而形成各自的子系统。在民族这个子系统内部形成私有财产、个体家庭、阶级以及其他一些社会关系，有的以民族为基础而形成国家。

每一个民族在其形成和发展过程中，必然与其他民族发生关系，或冲突对抗，或交往合作。一些民族在这种关系中逐渐壮大的同时，另一些则逐渐消亡。开始时以单一民族为基础形成的国家，由于民族关系（包括民族战争和民族压迫制度）的发展，有的地区形成了多民族国家。尽管在一个多民族国家内，每一个民族也还是一个小社会（子系统）。

因此，可以说，一个民族即一个社会（子系统），许多民族可以组合为一个国家（也是一个社会子系统），所有民族及民族之间的关系构成人类社会的整体。民族是人类社会一个至关重要的子系统。

因各个民族单位（子系统）之间的关系而产生的民族问题，也是一种社会关系。在各个社会子系统内部充分发展的基础上，各个子系统（民族）之间的关系也日益紧密，人类社会的整体性也日渐增强，尤其是近代资本主义社会以来，人类社会每个子系统（民族）都被纳入到这个整体的运转之中。正是由于民族及以民族为基础建立起来的国家的发展，和民族之间、国家之间关系的交互运作，带动着人类社会整体的运行和发展。人类社会发展的过程，就是民族之间、国家之间、各个子系统之间联系日益紧密的过程。在此过程中，各部分之间共同性逐渐增多，整体感逐渐增强，直到民族消亡。这是一个非常久远的历史过程。

第四，民族是社会的巨型细胞。言其巨，乃是因为：（1）民族是一个能够独立运转的社会系统，其内部可以包括独自的生产关系、政治结构、意识形态这些社会关系。（2）一般来说，经过充分发展的民族其人口数比较多，规模比较大。在这样巨大的系统规模之下，其内部结构十分复杂，分支小系统、基本单位较多。相对于家庭、邻里这些社会基本单位来说，民族无疑是人类社会的巨型细胞。

总之，民族是人类社会一个至关重要的子系统，是社会的巨型细胞。民族的产生和发展依赖于社会生产力和生产方式的状况，民族和国家的发展带动人类社会整体的发展。我们认识民族必须把它放到社会大系统中去认识，对待民族问题，也必须把它放到社会总问题中去理解和解决。

第二节　民族问题制约着社会的进退

一、民族问题的产生和发展受社会发展规律的制约

民族问题，不仅表现于各民族之间，渗透于每一个民族的内部，并且贯穿于民族兴亡的始终。这种情况，除了自然的和社会的外部原因之外，主要的是由民族本身的特点，即它的内部原因所决定的。

民族问题，其核心部分是民族之间的关系问题，它是人类社会生活中复杂而又重要的一个问题。民族问题的产生及其内容和形式，是随着民族的产生和发展而不断变化的。在不同的民族发展形态和不同的社会发展形态之下，民族问题的内容、性质和表现形式是不同的。民族问题

的内容、形式和性质由有关民族的社会发展形态，尤其是在民族关系中以及国家地位中处于主导地位的一方的社会发展形态所决定的。或者说，就是由社会生活中民族关系各方的社会生产关系、国家的社会性质和社会环境状况决定的。民族问题，还取决于相关民族的社会地位和权利以及民族之间的相互关系。它涉及自己独特的问题范围，但是这个问题的范围又是与国家和人类社会的总体发展状况紧密相连的，不能把它看成是脱离国家和社会整体的孤立的问题。

民族问题的产生和发展受社会发展规律的制约。随着人类物质生产活动和物质生活生产条件的发展变化，人类社会形成了一定的发展规律。所谓社会发展规律就是社会现象或过程之间普遍的、必然的、本质的联系和关系。总的来说，社会发展是多种多样的。其中，有为一切社会发展阶段所共有的一般规律，如社会存在决定社会意识的规律，生产关系一定要适应生产力状况的规律等。有为几个社会形态所具有的规律，如阶级斗争规律、商品生产的价值规律。还有仅为某一种社会形态独有的规律，如资本主义社会运行规律。社会发展规律是不依人的意志为转移的客观规律，但是可以被人类所认识和利用，为人类自身的发展服务。

生产关系与生产力之间、上层建筑与经济基础之间的矛盾是一切社会的基本矛盾。这两对基本矛盾，前者居于主导地位，后者是前者的表现，并受其制约，它们是推动人类社会不断地由低级向高级运动发展的根本动力。社会基本矛盾归根到底是由生产力的发展引起的，它的解决也是生产力发展的客观要求。

基于不同的生产力和生产关系状况，人类社会经历了蒙昧时代、野蛮时代和文明时代三个历史发展阶段。从社会形态来说，经历了原始社会、奴隶社会、封建社会、资本主义社会和社会主义社会五个发展阶段。

民族不是自来就有的，而是历史的产物。民族问题是随着民族的产生而产生的。民族和民族问题都属于社会现象，自然也受社会发展规律的制约。

在原始社会末期，人类处于野蛮时代，各部落之间的联合和战争行为日益增多。由于人类物质生产的发展，又相继促成了三次社会大分工的出现。随之，私有财产开始出现，阶级分化日益明显，旧的氏族制度已不能适应新生产力发展的要求。于是，在共同地域的基础上，从氏族、部落的胚胎中孕育出了"民族"这个社会大细胞，并以部落联盟为基础出现了国家的雏形。从各民族内部来说，虽然还没完全脱离血统联盟的脐带，但是很明显，它已开始吸收非共同血缘的一些成分，如战俘奴隶、外来商人和手工业者等。民族产生了，民族问题随之出现。这个时期的民族问题主要是，在部落联合和部落战争的基础上各个民族本身的形成和发展问题。由此可见，民族和民族问题的产生明显而直接地受社会发展规律的制约。

在人类步入文明时代的同时，社会也就出现了剥削阶级与被剥削阶级的分裂和对立，即人类社会开始进入阶级社会。在阶级社会里，社会基本矛盾表现为，占统治地位的剥削阶级同被剥削被统治阶级之间的剧烈的对抗和冲突，支配着社会发展的规律除了生产力与生产关系的矛盾规律之外，还有阶级斗争规律。奴隶制是人类社会所经历的第一个剥削形式，继之而来的是封建制和近代的雇佣劳动制。这就是阶级社会的三大奴役形式，它们对应着三个不同的阶级对抗形式：奴隶与奴隶主，农奴与农奴主（农民与地主），无产阶级与资产阶级；对应着三个不同的社会形态：奴隶社会、封建社会、资本主义社会。

在阶级社会里，民族问题的内容和特点是与相应的社会发展阶段、社会形态和阶级剥削形式相一致的。

在奴隶社会，民族问题表现为一种敌对状态下的实力对抗，依据实力的消长决定着民族间的统治与被统治、奴役与被奴役的关系。奴隶主阶级为了掠夺奴隶和财物，连绵不断地发动对异民族的掠夺战争。民族问题的特点是，被征服民族的成员变成征服者的奴隶，或者向他们贡献财物。

在封建社会，各民族之间以隔阂和对抗为主，民族问题的性质仍然基本上是征服与被征服、奴役与被奴役、同化与被同化的关系。作为这个社会形态下民族问题的特点是，征服民族对被征服民族实施地租剥削（包括土地占领）和劳役剥削。

人类步入资本主义社会以后，民族的发展形态和民族问题的内容有了更大的变化。在资本主义上升时期，通过资产阶级民主革命，并随着统一的民族市场和独立的民族国家的建立，资本主义的现代民族开始在一些地区形成。资本主义的发展使得全世界各个地区的各个民族（包括还没有发展到资本主义阶段的民族）都围绕着资本主义的市场而发生紧密的联系，全世界所有的国家和民族逐渐地成为一个整体，从而，民族问题也成为世界性问题。世界被区分为少数几个压迫民族和大多数被压迫民族，民族问题表现为世界范围内的民族殖民地问题。其特点是殖民剥削，被压迫民族所生活的地区或国家沦为压迫民族（资本主义）的殖民地、半殖民地，作为资本主义的商品市场和原料产地，资本主义向那里输出商品和资本，掠夺剩余劳动价值。第二次世界大战以后，亚、非、拉广大被压迫民族通过长期的武装斗争和其他斗争形式，相继挣脱了帝国主义的殖民枷锁，取得了国家独立，帝国主义体系土崩瓦解。二战后，不发达国家结成广泛的统一战线，采取各种形式，反对超级大国和霸权主义的控制，争取建立国际经济新秩序的斗争，是新时期世界范围内民族问题的主要内容。

民族问题从产生直到帝国主义阶段，基本上是在阶级社会中发展着的。社会发展规律，包括剥削制度的更替和阶级斗争形势的变化，直接地影响着民族问题的内容和发展进程。总的来说，在阶级社会里，民族问题的实质是阶级斗争问题，也就是说，民族压迫、民族对抗的实质是，统治民族中的统治阶级压迫被统治民族的广大人民群众，被统治民族的广大人民群众与统治民族中的被统治阶级具有共同的阶级斗争利益，他们常常联合起来反抗统治民族的统治阶级。这是由阶级斗争规律所决定的。

无产阶级革命的胜利和社会主义制度的建立，使民族问题进入了一个新的发展阶段。在社会主义制度下，产生民族压迫的阶级根源已不复存在，阶级剥削作为一种制度已被消灭，民族间的对抗已为平等、团结、互助的新型民族关系所代替。社会主义社会的民族关系基本上是劳动人民之间的关系。这就为过去的被压迫民族的复兴和各民族平等自由的发展，开辟了广阔的前景，为民族问题的彻底解决，提供了坚实的基础，并为民族问题的最终消失，不断创造着有利的条件。

综上所述，民族问题的产生和发展受社会发展规律的制约，在不同的社会发展阶段，民族问题的内容、性质及表现形式各不相同。在阶级社会里，民族问题主要表现为民族对抗、民族压迫、民族不平等。在消灭了阶级的社会主义社会，那种因阶级对立而产生的民族问题已不复存在，民族问题以人民内部矛盾的性质和新的内容及形式长期存在。

二、民族问题影响着社会的进程

在民族问题的产生和发展受社会发展规律制约的同时，民族问题的状况也会影响社会的进退。民族和民族问题，是人类社会中的人群关系现象，是一种特殊的社会现象，它有其自身的内容、形式、性质和特点，有其自身的与其他社会现象和社会问题不同的产生和发展规律。民族问题，并不仅仅被动地接受社会发展规律的制约，机械地从属于社会总问题。民族问题，基于民族的特点和民族问题的自身规律，具有强大的能动性，它能在很大程度上影响着社会的发展和进步。

民族是社会大系统中至关重要的子系统，社会是由众多的民族组成的。没有具体民族的发展，也就没有社会这个有机整体的进步。而任何一个具体民族，都是在社会大系统中，在与其他民族的相互行为过程中获得发展的，没有任何一个民族能够孤立地、封闭地发展。这个至关重要的社会子系统——民族与民族之间在各种相互行为和社会关系中，必然会产生各种各样的问题，即民族问题，就像其他社会问题的产生一样。在人类历史长河中，包括民族问题在内的各种社会问题，不断地产生。人们不断地发现问题、解决问题的过程，就是人类社会不断地进步的过程。因此，民族问题的产生、存在和解决影响着社会的进退。

这一点，在中外历史发展进程中，在现实的国家政治生活中，都表现得十分明显和十分重要。

18 世纪，北美资产阶级的民主运动使北美殖民地从英国殖民统治下取得了独立，新兴的资本主义国家——美国迅速崛起。19 世纪，南美各殖民地获得了解放，欧洲巴尔干半岛各国摆脱了异民族的封建专制统治，各自成立了资本主义的民族国家，使这个历史时期有关地区和民族的民族问题获得初步解决，推动了人类社会的进步。

在近代，由于资产阶级在世界范围内的殖民统治和殖民掠夺，殖民地问题、民族解放问题成为人类社会在资本主义发展阶段主要的民族问题。全世界大多数的民族成为被压迫民族，被少数的几个压迫民族统治着。人类社会的发展进程在民族问题的风浪中飘摇着，人类社会的进步等待着民族问题（或者说是殖民地问题）的解决。在俄国十月革命胜利、苏维埃社会主义政权建立的有力推动下，在第二次世界大战以后，亚、非、拉广大的被压迫民族经过长期革命斗争，相继摆脱了帝国主义的殖民枷锁，取得了国家独立，人类社会也因此而向前迈出了巨大的一步。

在中国历史上的春秋战国时期、秦汉时期、魏晋南北朝时期、唐朝时期、辽宋金元时期、清末民初时期，民族问题对社会发展所产生的巨大影响，对中华民族的形成、中国历史的发展所产生的巨大影响都是十分典型的。可以这样说，中华民族的历史，就是中国各民族之间及其先民之间的关系的历史。民族问题始终伴随着中国历史发展的过程。自从有了民族以来，民族问题就未曾一时一刻脱离人类社会而存在。以中国历史为例，可以看出它起到的重要作用。

譬如，魏晋南北朝时期，在中原的汉族与北部和西部的各少数民族之间，频繁地发生着以民族政权为形式的民族对抗、民族战争和民族之间的文化交流。基于这些,各民族之间发生着程度剧烈的、规模宏大的民族同化和融合。正是这样的民族对抗与交流、民族同化与融合,为唐王朝的再次统一和强大鼎盛奠定了基础,对中国封建社会后半段的历史产生了巨大的影响,对中华民族大家庭的构成产生了积极的作用。总之,当时的民族关系促进了中国社会的进步和中华民族统一国家的发展。

在近代,中国由于帝国主义的侵略而逐步沦为半殖民地半封建社会,当时民族问题十分尖锐,中国各民族对外要求抵御和反对帝国主义侵略,以求得中国各民族的解放,对内要求消灭民族压迫。从清政府到北洋军阀再到国民党政府,都一直未能彻底解决这个时期的民族问题,都以不同的形式、在不同的程度上与帝国主义相勾结,压迫和剥削国内各民族人民,内战不断,民不聊生。中国社会陷入半殖民地化的程度越来越深,社会发展十分缓慢甚至停滞、倒退,特别是在清朝末期表现得尤为突出。

在现实的国家政治生活中,尤其是多民族国家中,民族问题关系到国家的统一、社会的稳定和进步。每一个民族都有自己的特点、自己的优秀文化和独特的生活方式,每一个民族都有自己的政治经济权益要求。在国家事务中,如果民族关系问题处理得好,民族权益分配得当,民族团结,必将有利于社会的稳定,人民的和睦;必将增进民族间的文化交流,丰富人民的精神文化生活;必将促进经济的增长,社会的进步,民族的发展,国家的富强。如果民族关系问题处理不好,民族权益分配不公,民族冲突不断,内战连绵,社会动荡,民不聊生,国家四分五裂,则绝无社会进步可言。在多民族国家,民族团结是国家统一、社会稳定的基石,同时,只有社会稳定才是发展的前提保证。

在国际上,苏联的解体,社会主义制度在苏联、东欧的失败,也在很大程度上说明了民族问题制约着社会的进退。其他如波黑内战、阿富汗内战、非洲国家的部族仇杀等,也都直接间接地与国内民族问题有关,结果导致有关国家经济萧条、社会倒退。

　　我国在中国共产党的领导下，历来十分重视民族问题，注意妥善处理民族问题，这也是我国社会主义革命和建设取得成功的重要原因之一。

　　总之，民族问题是社会总问题的一部分，它既受社会发展规律的制约，也反过来影响着人类社会的进退。在阶级社会，民族矛盾、民族斗争从属于阶级矛盾、阶级斗争，但是民族矛盾、民族斗争并不等于阶级矛盾、阶级斗争，民族问题并不等于阶级问题，民族问题有其自身的特点和发展规律、运行规律。每一个阶级对待民族问题都有其各自的立场、原则、纲领和政策，每个阶级对待与处理民族问题的政策和措施，都将直接地影响着社会的发展。不管在什么社会发展阶段，只要民族还存在，民族问题就是不可忽视、不可回避的重要的社会问题，民族问题处理得好，就能推动社会的进步和经济的发展，处理不好，则导致社会动乱，甚至造成社会倒退。人类社会就是在不断地解决矛盾、解决问题，包括解决民族问题的过程中前进的。

第三节　民族问题，社会总问题的一部分

一、社会问题与民族问题

　　人类社会是一个处在不断发展变化过程中的有机整体。但在一定的社会发展阶段，社会的各个组成部分，各种社会结构，并不总是能够正常地发挥其职能，也不总是互相配合默契、非常协调地发展的。这是因为，各种社会矛盾总是不断产生，社会关系或者环境失调，致使社会全体成员的正常生活乃至社会进步发生障碍，从而引起了人们的关注，需要采取社会的力量加以解决，这样的问题就是社会问题。

　　不管在什么社会，社会矛盾、社会问题总是普遍存在的。民族关系

就是社会关系的一种。民族问题从属于社会问题。

社会问题往往具有鲜明的时代特征。比如，原始社会的社会问题、奴隶社会的社会问题、封建社会的社会问题都是各不相同的。即使是一些表面相同的或对象相同的问题，都因其所处的社会性质不同而内容不同。在阶级社会里，社会问题往往与阶级矛盾有着密切的联系，有些社会问题就是由于阶级斗争引起的，如地主与农民的矛盾、劳资冲突等。每一个不同性质的社会，都存在着本身固有的社会基本矛盾。而各种重大的社会问题，都在不同程度上与这个基本矛盾联系着。

社会问题因此而分为一般社会问题和社会总问题。由社会基本矛盾所决定的、将制约整个社会的问题，就是社会总问题。像在帝国主义阶段，无产阶级要求推翻资产阶级统治、建立社会主义的革命问题，就是这个时期的社会总问题。不是由社会基本矛盾直接决定，而只是间接地联系着的问题，就是一般社会问题，比如，资本主义社会一般的劳资纠纷、战争难民问题、殖民地问题等。与社会基本矛盾紧密联系着的社会问题，例如民族问题，其根本解决都必须与社会基本矛盾的解决和社会性质的改变联系起来，否则是无法彻底解决的。

社会主义社会的社会问题与资本主义社会等阶级社会的社会问题，是两种不同性质的社会问题。社会主义社会的社会问题，由于人民的根本利益是一致的，一般是劳动人民内部的矛盾问题，其解决办法也与阶级社会有根本的不同。社会主义社会从根本上是通过社会主义建设，实现真正的民主、平等和经济繁荣来消除和解决社会问题。

民族问题是社会总问题的一部分。民族问题从内容、形式到特征、性质都是由特定社会条件所决定的，民族问题的解决，也必须在特定的社会条件下才可能获得实现。总之，民族问题是社会问题的具体表现形式，是社会关系和社会矛盾在民族这个社会子系统中的具体反映，民族问题当然是社会总问题中的重要组成部分。社会环境发展的进程决定民族问题的发展进程，社会性质的不同决定民族问题的内容、性质和表现形式，社会总问题的解决决定民族问题的解决。

二、民族问题的内容、性质受特定的社会条件和社会环境的制约

民族和民族问题是人类社会活动中极为普遍的现象。随着人类社会生活的变化，社会形态的进化，社会环境的变迁，民族问题也随之会发生变化。而且每一个社会发展阶段的每一个阶级都是按照自己的观点来理解和处理民族问题的。民族问题在不同的社会条件下，其内容、性质和表现形式都明显不同。这些社会条件是指诸如社会性质、社会经济形态、有关国家上层建筑、历史上的民族关系基础、民族政策现状、社会变革的环境等等。它们都会在不同程度上影响民族问题，但是从实质上说，起关键性作用的还是社会经济形态和社会性质。

从社会性质来看，前面我们已经论述过不同社会发展阶段民族问题的内容、性质和表现形式。在奴隶社会、封建社会，民族压迫、民族对抗的实质就是阶级压迫、阶级对抗，这一点十分明显。经济文化相对发达的民族，统治和剥削相对落后的民族，使它们没有平等权和自主权。这个问题的实质就是统治民族的统治阶级压迫和剥削被统治民族的广大劳动人民，被统治民族的统治阶级或上层人物主要基于本阶级的利益考虑，常常与统治民族的统治阶级勾结起来一同压迫和剥削本民族人民，有时他们也会以民族利益的代表自居，与统治民族的统治阶级发生矛盾和对抗，那都是因为他们的阶级利益被统治民族的统治阶级侵犯，这就是社会环境的状况影响着民族问题的状况，它使民族问题时而表现得尖锐，时而表现得缓和，民族矛盾时而是激烈对抗性的，时而是暗流潜伏性的。不过，无论它怎么变化，都离不了当时社会大环境，即当时的主要阶级矛盾。如果这种阶级矛盾发生变化，譬如奴隶主阶级与奴隶阶级的矛盾经过社会变革，变成了封建地主与农民的矛盾，民族问题也会发生质的改变，民族压迫、民族剥削的形式和内容都会发生变化。例如，在封建制下的民族冲突中，不会像奴隶制社会那样，把别的民族成员俘虏来当做奴隶，而是占地索款、掠夺财富等。

在资本主义时代，民族问题也是由社会发展的进程和具体的社会条件所决定的。民族问题的内容，在资本主义发展初期，主要表现为民族运动的兴起，要求建立资产阶级民族国家，发展资本主义民族经济。其特点是反抗封建专制统治，促进现代民族的形成，其性质是新兴资产阶级及其代表与封建统治阶级的对抗，它有利于民族发展和社会进步。在帝国主义阶段，民族问题主要表现为殖民地问题，即资本主义国家的殖民统治、殖民剥削和殖民地半殖民地人民的民族解放斗争。其性质是资本主义性质的被压迫被剥削民族与世界性的资产阶级统治者的对抗。

在这里，再举一个不同性质的社会革命对民族问题产生影响的例子。在俄国二月革命之后，革命成果被资产阶级所攫取。这个时期俄国各民族的民族运动是各民族的资产阶级民主主义知识分子领导的、带有资产阶级解放运动的性质。但沙皇制度的消灭和资产阶级的当政并没有消灭民族压迫。几个月后，无产阶级领导的十月革命推翻了地主和资产阶级的政权，建立了各民族的工农苏维埃政权，一举解决了二月革命的矛盾。由于社会环境发展进程的改变，民族问题也有了质的改变，民族运动有了质的突破。十月革命结束了旧的资产阶级的民族解放运动，开辟了被压迫民族工人和农民的社会主义建设的新纪元，它对内反对一切压迫（包括民族压迫），对外反对整个帝国主义，支持和推动了各民族的民族解放运动。

即使在同一种社会经济形态下或相同社会性质的国家里，民族问题也有不同的表现。一如前面所提到的，同属资本主义社会，在自由资本主义时期和帝国主义时期，不仅民族问题的内容、形式截然不同，性质也有差异。

再从现实社会中不同的国家来看，同是资本主义国家，美国、法国、加拿大、南非等每个国家的民族问题的具体内容和表现形式都不相同。直到20世纪90年代以前，南非还实行种族隔离制度；在美国社会中，种族歧视、种族冲突时有发生；在加拿大，法裔公民与英裔公民也不时发生矛盾，但是80年代以来，加拿大实行多元文化政策，民族关系相对缓和。上述这些差异主要是由于历史的原因和政策的原因导致的。

在社会主义社会，民族问题虽然与资本主义国家的民族问题有质的不同，但社会主义各国的民族问题及民族政策也有差异。比如苏联、中国、朝鲜、越南等，民族问题的内容也都各不一样。苏联的解体与其民族问题的状况及民族政策的实践是密切相关的。

总之，从一个长的历史发展过程来看，民族问题的产生和发展受社会发展规律的制约，对此，前一节我们已有详细论述。从一个短的历史时期来看，民族问题是由社会环境发展的进程和社会政治背景所决定的。民族问题不可能脱离社会发展规律而凭空地产生、而独立地发展，民族问题也不可能脱离社会总问题而独立地存在或解决。

三、民族问题从属于社会发展总问题

民族问题是社会总问题的组成部分，它的内容、形式和性质由特定的社会条件所决定，同时，民族问题也从属于社会发展总问题。比如，清朝末年，政治腐败，外侮肆虐，全国各族人民都希望推翻清朝统治，抵御外国入侵，这是当时突出的民族问题。社会发展的趋势便提出了与以前不一样的要求：它不是一般地要求改朝换代，而是要求废除封建帝制、建立民主国家、富国强兵。孙中山等革命者顺应了社会发展的大趋势，在领导资产阶级革命推动社会发展的同时，也改变了民族问题的内容和性质。虽然他没有根本解决民族问题，因为他未能从根本上解决社会总问题，但是他仍然把社会发展向前推进了一大步。只是在中国共产党领导全国各族人民推翻了"三座大山"，建立了社会主义共和国，才从根本上解决了半殖民地半封建社会中的社会总问题，同时也就解决了这个时代的民族问题。从这里，我们可以看出，民族问题对社会总问题的从属性。

在资本主义时代，民族问题从属于工人问题和无产阶级革命问题；

在社会主义时代，民族问题从属于社会主义建设事业。

由于资本主义经济的充分发展，带动了全世界各个地区的原有经济体系都纳入到资本主义经济体系之中，而成为它的一个组成部分，全世界的经济从而成为一个系统整体。在经济基础之上的社会政治体系也随之使世界一体化。各个地区先是作为资本主义经济原始积累的支点，以资本主义经济的市场和原料提供地的角色而存在与运转。继之，随着资本主义经济的发展，各个地区相继成为资本主义世界的殖民地和半殖民地，资本输出成为帝国主义国家对外的重要的民族压迫和剥削的手段。殖民地和半殖民地的国家和民族也就成了帝国主义国家的资产阶级压迫和剥削的对象。

自从人类社会进入资本主义发展阶段，世界经济和社会政治逐渐一体化，受社会发展规律所制约的民族问题也一样，在世界范围内不再局限为一个国家、一个地区的问题。民族问题成为世界性的社会问题。在自由资本主义阶段，民族问题从属于工人问题；在帝国主义阶段，民族问题从属于社会主义革命问题。

在社会主义社会，民族问题从属于社会主义建设事业。民族问题会影响社会主义建设事业的成败，必须予以认真对待和解决。民族问题的解决又必须在社会主义建设的过程中获得实现。比如说，我国现阶段的民族问题，就必须通过发展经济文化、加速社会主义建设解决。民族问题中利益分配，必须服从社会主义建设大局和国家战略规划。

无产阶级及其政党就是既要注意和重视民族问题，又要注意局部利益必须服从根本利益和整体利益，民族问题要服从代表各民族人民根本利益的社会主义革命和社会主义建设。

中国共产党不论是在新民主主义革命时期还是在社会主义革命和社会主义建设时期，都是把民族问题当做革命和建设总问题的重要组成部分，在革命和建设的过程中认真加以处理的。

民族问题是在一定的社会条件下，随着民族的产生而产生的，也是伴随着社会的发展而不断变化的，民族问题的解决也要在一定的社会条件下才能获得实现。

民族问题历经奴隶社会、封建社会、资本主义社会，从未得到过实质性的解决，除了内容和形式上的改变以外，民族压迫、民族不平等的实质也从未有改变。事实上，在阶级和私有制消灭以前的社会也不可能有所改变。在资本主义发展到帝国主义阶段以后，民族问题成为无产阶级革命和专政问题的一部分，民族问题离不开无产阶级革命和无产阶级专政。其实，民族问题的真正的彻底的解决，只有在无产阶级革命的总目标下，沿着无产阶级革命的总方向去获得实现。因为，民族压迫和民族矛盾的根源是私有制，只有消灭造成阶级压迫和民族压迫的这个根源，才能实现民族平等，才能真正解决民族问题。所以，在阶级社会，消灭民族压迫，必须同无产阶级推翻资本主义及一切剥削制度、建立无产阶级专政的社会主义革命联系起来、结合起来。社会主义铲除了一切剥削制度及其经济基础，实行公有制经济，建立民主制国家，就使完全铲除民族压迫成为可能。只有社会主义的民族平等，才是在经济地位平等基础上的真正的完全的民族平等；只有在真正的民族平等的原则之下，才有可能逐步解决和消除民族问题。

第五章
国别实践的异同与是非
——世界上几种处理民族问题的模式

民族问题是世界上所有多民族国家都不可回避、不可忽视的问题。各国都在探索解决国内民族问题的途径，力求使国内民族关系和谐，保持社会稳定和国家的统一。目前，国外处理民族问题的模式，大致有以下几种。

第一节　多元文化模式

"多元文化主义"一词最早出现于 20 世纪 60 年代的加拿大，它有三层意思：一是指不同民族、不同文化并存；二是指多元文化社会里各民族、各文化相互尊重；三是指政府对多元文化社会采取的相应政策。多元文化主义是目前世界上解决国内民族问题比较成功、颇有影响的模式，正式宣布推行多元文化主义政策的有加拿大和澳大利亚。此外，瑞士等国也采取了类似多元文化主义的政策，但是没有冠以多元文化主义的称谓。下面就加拿大和澳大利亚的情况作一个简单介绍。

一、加拿大

就疆域而言，加拿大是世界上第二大国，面积 992 万多平方公里，为多民族国家。目前，加拿大居民有一百多个民族成分，几十种宗教信仰。加拿大是一个移民国家，来自世界各国的不同民族的移民，到加拿大以后，许多同一民族的新老移民的民族意识和文化认同不断增强。1971 年以前，由于英裔加拿大人和法裔加拿大人占全国人口的绝大比重，其经济、文化地位也比较高，使得盎格鲁化政策在加拿大历史上长期推行。但 60 年代以后有色少数民族和土著民族人口显著增加，加上魁北克省的法裔加拿大人独立倾向日益严重，为了国家的统一和各民族的团结，加拿大政府于 1971 年宣布实行多元文化主义政策，英语和法语都是官方语言，英裔文化和法裔文化以及所有其他加拿大人的文化都是平等的。具体包括以下四个方面。

一是在资源许可的情况下，政府将对那些愿意和努力发展其能力来为加拿大作出贡献、而又明显需要帮助的弱小民族进行帮助；

二是政府帮助所有文化集团人员克服文化障碍，全面参与加拿大社会；

三是政府在保证国家利益的前提下，促进加拿大各文化集团之间的接触和交流；

四是政府将继续帮助移民学习加拿大一种官方语言，以便使之全面加入加拿大社会。

与此相应的，在研究、文化、教育、语言、出版等诸多领域制订了援助措施。

但是，有色少数民族在很多方面仍然受到不平等待遇，他们要求对国家的多元文化政策作进一步调整。1985 年，联邦政府召开全国会议，讨论多元文化主义，同年成立了多元文化常务委员会，决定对多元文化政策进行修改。1987 年，联邦政府向议会提交了多元文化主义政策的原则、立法和具体政策方案，并获得通过。

多元文化主义政策的原则有八条：

——多元文化主义是对所有加拿大人的政策，而不仅是对小民族的文化社区政策；

——提高多元文化主义在双语范围内的作用；

——所有加拿大人在政治、经济、文化上平等；

——保护和提高文化的多样性；

——消除一切种族歧视；

——帮助不发达民族改善落后状况；

——保护各民族的传统语言；

——支持移民一体化，而不是同化。

这八条原则较之 1971 年的四个方面有了较大进步：原来是对少数民族集团，而现在是针对所有加拿大人；增加了政治内容，提出了各民族在政治上平等和消除种族歧视；在理论上提出了一体化理论，而不是同化理论。

根据上述新的原则，加拿大对多元文化主义政策作了重新调整：

进一步了解加拿大社会不同文化和不同种族的情况，并确认加拿大社会所有成员有自由保护和享受其文化传统的权利；

宣传多元文化主义是加拿大的传统和加拿大的特点，多元文化主义为加拿大未来社会提供了无法估价的资源；

促进不同出身的个人和社区全面地和公正地参与加拿大社会各方面的发展和创造，帮助他们消除在参与这些活动中的任何障碍；

承认各个社区对加拿大历史的贡献，并帮助他们发展；

在尊重和评价差异性时，要保证所有人在法律面前受到平等的对待和相同的保护；

鼓励并帮助加拿大的社会、文化、经济、政治机构对加拿大多元文化特点给予全面照顾；

促进和理解不同起源的社区之间和不同起源的个人之间相互影响而产生创造力；

提高加拿大社会不同文化的认识和评价，并促进反映和表现这些文化的措施；

在加强加拿大官方语言的地位和作用的同时，重视英语、法语以外其他语言的使用；

在与官方语言和睦相处的情况下，提高多元文化主义在加拿大的地位。

以上这些政策，为促进不同种族、不同民族、不同社区的加拿大人为加拿大经济社会的发展和国家的统一作出贡献，发挥了重要作用。加拿大政府从推行多元文化主义政策中获得了巨大好处。竞选政府总理，如果倡导多元文化主义，就可以赢得少数民族的信任。但是，加拿大的多元文化主义政策也并不是尽善尽美的，魁北克问题一直是加拿大政府头疼的事情。1994年，主张独立的亚克·帕里佐当选魁北克省总理，魁北克再掀独立浪潮，1995年10月30日就独立问题进行全民公决，结果独立派以49.4：50.6败给联邦派，亚克·帕里佐"引咎"辞职。有色少数民族在加拿大主流社会的政治地位仍然不高，其权利仍然不能得到很好的保障。

二、澳大利亚

第二次世界大战以后，大量移民涌入澳大利亚，使长期以益格鲁—撒克逊人占绝大多数的澳大利亚，变成了拥有不同种族、众多民族的国家，不同民族的文化差异很大。这与澳大利亚原来推行的种族主义政策发生尖锐矛盾。世界上任何角落的民族冲突和民族矛盾都可能对澳大利亚国内的民族关系产生影响。种族主义政策已经不能适应变化了的国内情况。1973年，澳政府宣布执行多元文化政策，并逐步调整，使现在的澳大利亚多元文化主义政策在世界上最具代表性。澳政府也有意将其推向世界，1995年4月，"全球多元文化会议"在澳大利亚悉尼举行，来自50个国家的近千名代表参加了这次会议，联合国秘书长加利专程赴会发表演讲，使澳大利亚的多元文化政策得到了越来越多的国家的了解和肯定。

澳大利亚多元文化政策基本内容包括八个目标：

——所有澳大利亚人应对澳大利亚承担义务，对国家利益负有责任；

——所有澳大利亚人应享有基本人权，反对建立在种族、民族、宗教和文化上的歧视；

——所有澳大利亚人应该享有平等的生活机会及公正地得到和平等分享政府代表社区管理的资源；

——所有澳大利亚人必须有充分机会参与制定直接影响他们的各项决定；

——所有澳大利亚人应该能够发展并利用他们的潜力为澳大利亚的经济和社会发展作贡献；

——所有澳大利亚人都应有机会使讲英语的能力提高到流利的程度，还要学习其他语言和发展跨文化的理解；

——所有澳大利亚人应该能够发展和享用他们的文化传统；

——澳大利亚各机构应该了解、反映澳大利亚社区文化的多样性。

概括起来说，澳大利亚的多元文化政策在维护国家利益的前提下，政治上承认各民族地位平等，经济上机会平等，各民族的优秀文化可以平等地得到继承和发展，交流融合，使之更加丰富多彩，每个人可以充分地利用其文化资源，发挥每个人的长处。1989 年，联邦政府制定了《国家议程》文件，将多元文化政策上升为基本国策，要求各部门的工作计划都必须贯彻这个基本国策。澳大利亚政府设立专门机构管理多元文化事务，积极调动民族社团和中介组织的作用，并制定了实施多元文化政策的具体措施。

澳大利亚的多元文化政策促进了各民族的团结、和睦，各民族特别是移民的文化技术特长在澳大利亚的经济社会发展过程中得到了很好地发挥，促进了澳大利亚文化事业、经济贸易的发展。澳大利亚的口号是

"多元文化就是力量",这里包含了由此获得的政治的、经济的、文化的、外交的等各方面的利益。

澳大利亚多元文化政策并不能"包治百病"。民族歧视依然存在,澳大利亚土著人依然没有进入主流社会,土著居民与白种人的斗争仍在继续。土著人对澳大利亚政府的多元文化政策心存疑虑,担心实施多元文化会影响他们的土地所有权,尽管澳大利亚政府已经承认了土著人的土地所有权,但土著人对白人还是不完全信任。此外,亚洲人在澳大利亚的地位虽然在上升,虽然逐步进入了主流社会,但社会地位较低。在实施多元文化的过程中,种族之间、民族之间的政治权利和经济利益的矛盾和斗争还将存在,而且在一定情况下也有可能变得尖锐起来。

第二节　联邦制

联邦制是由若干成员国(州、邦、共和国等)组成联盟国家的一种国家结构形式。也是一种解决国内民族问题的模式。它使分散的政治单位联合在一起,同时又使每一单位都保持其基本的政治完整性。联邦制原则的实质就在于既要实行联合,又要实行分权。

联邦制的历史,可以追溯到古希腊城邦联盟,但一般认为,美国1787年宪法,确立了资产阶级联邦制历史上的第一个联邦国家。1848年,瑞士制定了联邦宪法。1867年,加拿大实行联邦制。1900年澳大利亚建立联邦。1917年苏联实行联邦制。之后实行联邦制的还有德国、捷克斯洛伐克、南斯拉夫、奥地利、比利时、巴西、阿根廷、印度、尼日利亚、缅甸等等。联邦成员国是联邦的主体,有自己的领土和行政区域,联邦领土由成员国领土构成。

联邦拥有自己的宪法,联邦成员国一般也具有立宪权,但成员国宪法必须同联邦宪法一致。如苏联的15个加盟共和国都有自己的宪法。

有些联邦的成员不具有立宪权，如巴基斯坦的四个省，印度的绝大多数邦。联邦是国际交往中的主体，它设有最高立法机构和行政主管机关，行使国家的立法、外交、军事、财政等主要权力。联邦成员国依据联邦宪法的规定，也设有自己的立法机关和行政机关，但对内、对外关系上，只能在自己的领土上，在宪法和法律规定的权限内行使主权。他们通常在法律上没有参与国际事务的权利。除了有些国家的法律规定联邦成员国有自由退出联邦的权利，一般无权单方面退出联盟。

联邦成员国具有自己的法律体系和司法制度。联邦成员在职权范围内有制定法律的权利，但这些法律只在成员国领土上有效，而且必须同联邦立法一致。联邦及其成员国的宪法，规定了联邦成员国司法机关的组织和审判范围。司法制度一般都是按照统一的模式建立的。联邦国家一般存在双重国籍，但是许多国家只承认联邦国籍。

联邦及其成员国之间的职权划分，由联邦宪法规定。进入 20 世纪后，联邦职权扩大，成为联邦国家发展的一般趋向。职权划分的方式有多种：美国、瑞士、澳大利亚等国宪法对联邦职权作了规定，规定之外的职权属于联邦成员国。加拿大宪法对联邦及其成员国的职权都作了规定，但联邦职权可以补充和扩大。印度、马来西亚和前捷克斯洛伐克宪法，则同时规定了联邦及其成员国管辖以及联邦及其成员国共同管辖等三种职权范围。德国和奥地利宪法的有关规定，使联邦有权在必要时完全停止联邦成员国的立法活动，从而实际上取消联邦形式。

资产阶级联邦国家，一般不是按民族特征建立的，不是民族国家的联盟，而是地区的联合。它一般不是用于解决民族问题的。而马克思主义经典作家把联邦制看做是多民族国家解决民族问题可以采取的一种政治结构形式，是各民族劳动者走向完全统一的过渡形式。民族地域、民族平等、自愿联合、民主集中制等原则，是这种联邦的基础和基本特征。

马克思主义经典作家原则上反对实行联邦制，而主张实行民主集中制，不赞成建立小的独立国家，强调建立大的、集中的国家。列宁、斯大林在十月革命以前也坚持这种观点，主张在多民族国家实行地方自治。然而，列宁在《论民族自决权》和《国家与革命》这两部著作中谈到马克思和恩格斯就英国爱尔兰民族问题，提出在一定"特殊条件"下可以实行联邦制，作为向集中制共和国的过渡形式。俄国二月革命推翻了沙皇专制制度，然而资产阶级民主革命的胜利并未消灭民族压迫，边疆各民族仍然遭受俄罗斯统治民族的压迫，于是边疆地区的民族掀起了反抗民族压迫的民族运动。十月革命爆发以后，边疆一些少数民族建立了独立的苏维埃政权，如乌克兰、爱沙尼亚、拉脱维亚、立陶宛、白俄罗斯等，俄罗斯联邦共和国承认了这些共和国的存在。当时俄国事实上已经处在分裂和各地区相对隔绝的状态。在这种情况下，要建立集中统一的共和国是不现实的，也是不可能的。只有实行联邦制，才能将分散的独立的各共和国重新统一起来，将各族群众团结和联合起来，才能集中力量对付国内外反动势力的武装干涉和挑衅，保持国家的统一，保障各民族的团结，保卫和发展十月革命的成果，并向完全统一的国家过渡。列宁根据当时的"特殊条件"采用联邦制是符合各族人民的利益的。列宁同时强调各民族的自决权，保障各加盟共和国的权利。那么，又如何防止各加盟共和国各自为政和地方民族主义呢？列宁通过加强党的建设，强调党组织无民族性，不分民族的利益，党内坚决贯彻集中制原则，加强党内团结统一，以保障各民族的团结统一，巩固苏维埃社会主义共和国联盟。但列宁去世以后，苏联的政策有误，民族意识膨胀，大俄罗斯主义和地方民族主义日益严重，在导致党内分裂的同时，加盟共和国离心倾向加剧，导致民族问题大爆发，各加盟共和国纷纷宣布独立，苏联联邦制最终解体。

南斯拉夫也是用联邦制解决民族问题的有代表性的国家。南斯拉夫是一个多民族、多信仰的国家，民族问题历来错综复杂，在二战期间，法西斯占领者又在南各民族间挑起民族仇恨和残杀。二战以后，铁托及其领导下的南斯拉夫共产党以胜利者的身份宣布了南斯拉夫各民族的"团结与友爱"，并在联邦制的基础上创建了由六个共和国组成的联邦国家——南斯拉夫共和国联盟。南联盟建立以后，铁托凭借个人威望和政治经验处理国内的民族问题，将塞尔维亚人分而治之，南部塞尔维亚变为马其顿共和国，在塞尔维亚人内部则建立了两个联邦席位——科索沃自治省（居民大多为阿尔巴尼亚人）和伏依伏丁那自治省。1971年人口普查时，又将波黑境内信仰伊斯兰教的斯拉夫人单独列为穆斯林族，使之成为与塞尔维亚族、克罗地亚族等平起平坐的主体民族。在联邦党政机构领导人配备上也是各联邦成员"机会均等"、"轮流坐庄"，都具有否决权。这引起了人口和面积都占优势的塞尔维亚族的强烈不满。1980年铁托去世以后，特别是1989年东欧形势剧变，南斯拉夫国内局势急转直下，铁托高压下蛰伏的民族主义、民族情绪迅速迸发出来，各民族主义政党在各共和国纷纷上台掌权，南斯拉夫联邦解体。于是，边界问题和本民族居住在其他共和国的地位与归属问题，摆在了各民族的面前，一场旷日持久的波黑内战由此爆发。

　　苏联、南斯拉夫的实践证明，用联邦制解决民族问题并不成功。而美国、澳大利亚、印度等国家搞联邦制，更多是解决区域联合问题，很少考虑民族因素。可见，要找到并实施正确的政策和制度去解决好国内的民族问题并非易事。

第三节　同化与一体化

　　历史上，居于统治地位的民族和侵略民族往往用本民族的文化去同化被统治民族和被侵略民族。实践证明，这种政策会遭到激烈的对抗，并在大多数情况下以失败而告终。于是，一些国家用一体化政策代替同化政策，来解决国内民族问题。

一、同化政策

　　同化政策是统治阶级压迫少数民族的一种表现。这种政策在第二次世界大战后遭到了普遍反对，一些国家开始调整政策，出现了尊重少数民族权利的迹象，但是同化政策并没有消失，有些国家还公开声称执行同化政策，还有些国家虽没有宣布实行同化政策，但其实际措施带有同化性质。执行同化政策最具代表性的国家是美国。

美国是一个以移民为主的国家，不同的种族、民族从世界各地汇集到美利坚，绝大部分美国人在美国的居留时间不过五代或六代。在美国，大部分美国人除了认为他们是美国公民外，还深深地记得自己的民族归属。即使土著人，除了认可他们的统称——美国印第安人外，还有自己的民族称谓。因此，无论是土著人还是移民，其民族意识依然保留着。经过不同民族的移民长期地和源源不断地汇入，美国已成为当今世界典型的多民族国家。有人戏称：世界上有什么民族，美国便有什么民族。

面对众多民族，居于统治地位的、最早移民美国的英格兰人，采取了盎格鲁化政策。所谓盎格鲁化，就是把不是来自英格兰的人变成英格兰人。特别是在17~18世纪，力图把不同民族集团都同化为盎格鲁人，特别是要把从北欧和西欧来的移民同化为盎格鲁美利坚人，但不包括黑人和印第安人，一些人想以此形成美利坚民族的特征。对于被迫进入保留地的印第安人，美国政府在19世纪末到20世纪30年代推行了强制同化政策。通过土地分配法案，取消印第安人的保留地，并答应给予获得分配土地的印第安人以美国国籍，条件是他们必须接受"文明习惯"，讲英语、穿时髦服装、当白人雇员、改变宗教信仰。但是此举最终归于失败。

盎格鲁化现在改称"美国化"，并有了较清晰的轮廓。持美国化观点的人，认为不同民族和种族的移民来到美国后，接受美国的文化，认同美国社会，热爱美国，便成为一个真正的美国人。其中还有一些人认为，不同的民族和种族相互通婚，融合成为一种新人，即美利坚人，并逐步脱离了父辈的民族文化联系。但事实是，几乎各民族的主要居民的文化依然保留了下来。因为美国是一个移民国家，不断有新的移民来到美国，新的移民都会加入到自己民族的行列，从而加强了各个民族的语言和文化联系。事实还证明，通过通婚来融合一个民族的文化和民族意识几乎是不可能的。

"美国化"政策，尽管做了某些妥协，但在民族间造成了紧张气氛和彼此敌视的态度。新的移民本身十分贫穷，在看到盎格鲁人的地位之后，感到他们受到了不公正待遇。从南欧和东欧来的移民，又多为天主教、东正教徒和犹太人，而不是新教徒。

盎格鲁化政策的实质是主体民族同化非主体民族，也可以说是资本主义多民族国家普遍推行的政策。在一些前殖民地国家里，也还可以看到同化政策的痕迹。可见盎格鲁化政策的影响是何等深远。

美国的同化政策，已经遭到不同形式的抵抗，民权运动高涨，各民族的民族意识不断增强。美国一些学者推崇澳大利亚的多元文化政策，想将它引进到美国去。但是，在美国这样一个盎格鲁意识深厚的社会，要推行多元文化政策，并非易事。

二、一体化政策

不同国家、不同地区对一体化有不同理解。从民族学的角度看，一体化是一个新术语。它既不同于同化，也不同于融合，可以说是介于同化与融合之间的一个概念。美洲学者理解为政治上的一视同仁，人类学家也逐步赞成这种看法。欧洲学者认为是不同民族之间在保持自身文化特点基础上的一种相互的文化承认。实行一体化政策的代表有墨西哥和新西兰。

墨西哥是拉美的一个重要国家。世界闻名的玛雅文化和阿兹特克文明，分别形成于墨西哥中央高原和尤卡坦半岛。墨西哥是一个长期被西班牙殖民统治的国家，西班牙移民与印第安人之间产生了大量混血人，墨西哥独立后，居于统治地位的就是这些混血人，在墨西哥被称为"拉诺迪人"，以西班牙文化特征为主。墨西哥的一体化政策是针对印第安人，特别是山区农村印第安人的，而城市印第安人与本民族已经基本失去了联系，一体化政策并不针对他们。山区农村印第安人经济文化落后，与处于资本主义发展阶段的墨西哥社会相矛盾，因此墨西哥政府希望借助一体化政策，解决山区农村印第安人的发展问题。墨西哥的人类学家认为，印第安人与混血人具有共同的文化渊源，印第安人与拉诺迪人是不可分离的，忽视一方的自由与发展，另一方也不可能发展。不论是欧洲移民、混血人，还是亚洲、非洲、美洲本土移民，都是墨西哥国民。据此，墨西哥政府制定了一体化政策。

墨西哥一体化政策的提出和执行已有半个多世纪，具有十分丰富的内容。

首先，在全国建立了一体化政策执行机构。墨西哥在全国建立了84个印第安人协调中心，一般按经济地理原则设立，直接听命于全国印第安研究所，是一体化政策的具体执行者，它在研究所的领导下，制定地区的中长期发展规划，并协调有关职能部门保证计划的实施。当然，协调中心没有行政权力，更没有司法权力，因为它既不是行政单位也不是自治单位。

第二，建立了民族问题研究决策机构。墨西哥全国印第安研究所是墨一体化印第安人政策的最高研究决策机构，最初直接归总统领导，后来归教育部。与一般的研究机构不同的是，它集政策研究与政策制定于一身，并负责指导政策的执行。

第三，提供财政支持。墨西哥政府对印第安人的财政支持，是通过全国印第安研究所的财政预算实现的。从1971年开始，每年都有大幅度上升。这些资金是直接用于印第安人地区各项事业建设的，如兴办学校、改善住宅、提供医疗保健、技术培训、改良牲畜和农作物品种等，但不包括行政费用。

第四，实行双语教育。墨西哥实行双语教育主要是为了让印第安人更好地学习使用西班牙语，而不是对已经失去民族语言的印第安人实施民族语言教育。双语教育也是为一体化服务的。

第五，分层次一体化。墨西哥政府根据印第安人"大杂居、小聚居"的特点，对印第安人先进行各个印第安民族内部的一体化，然后实现地区印第安人与各族的一体化，最后实现全国的一体化。地区一体化是一体化政策的核心。

墨西哥一体化理论和一体化政策是一个比较完整的民族政策理论体系，代表了当今世界民族发展的一种趋势。它的一体化是在承认多元化的基础上进行的一体化，因此它在处理国内民族问题时避免了像美国那样的民族剥夺。墨西哥的一体化政策促进了印第安人的经济社会的发展和人们生活水平的提高。但是，墨西哥的一体化理论与一体化政策对印第安人的政治要求重视不够，对印第安人的公社制和酋长政治在印第安人中的影响认识不够，因而在一体化过程中没有充分调动印第安人的积极性，出现了政府"一头热"的情况。而且，墨西哥在一体化过程中也不很注意发展和保护印第安人的文化，而印第安文化是世界文化遗产中的宝贵财富，也是墨西哥的全民财富，应该受到全面保护和尊重。

新西兰也是一个多民族国家，但从民族成分上看，主要是欧洲移民的后裔帕克哈人和当地土著居民的后裔毛利人两大民族，帕克哈人是主体民族，毛利人是最大的少数民族。在殖民统治年代，英国殖民当局在新西兰推行同化政策，认为毛利人是落后民族，应该学习英国的政治、经济、文化和意识形态以及风俗习惯，使毛利人在政治、经济、文化方面遭到巨大的压制，毛利民族奄奄一息。从 20 世纪初开始，毛利人改变了对帕克哈人的敌视态度，并振作起来，复兴自己的民族文化，发展民族人口。经过多方面的努力和不断进取，毛利人现正与帕克哈人一起为新西兰的经济社会发展作出贡献。

长期的殖民统治和同化政策在新西兰执行了一个世纪，使毛利民族的社会基础和传统文化受到了削弱。但从客观上讲，毛利人学习了帕克哈人的先进生产方式和科学技术，使本民族在现代社会中立足，社会地位越来越高，使帕克哈人认识到实行同化政策不利于社会的发展和新西兰的稳定及团结。在这种背景下，新西兰政府于 1961 年最终宣布放弃民族同化政策，而采取了一体化政策。当时新西兰给一体化政策下的定

义是"结合（Combine）而不是融合（Fuse）毛利人和帕克哈人的成员
以形成一个国家（Nation），毛利人文化在其中保持自己的特性"。推行
一体化政策的目标有两个：一是消除民族之间的隔阂，使包括毛利人和
帕克哈人在内的所有民族的社会地位真正实现平等，使包括毛利人在内
的所有民族平等地参与新西兰社会，成为新西兰人；二是积极帮助和鼓
励毛利人主动保护和发扬自己的民族文化，增强民族意识，引导帕克哈
人尊重毛利文化。这是政府的战略性决策。

通过一系列政策，毛利人的民族自豪感增强，整个社会研究毛利文
化，学习毛利语言的人越来越多。但是，毛利人还没有真正实现与帕克
哈人的平等，一些毛利人也认为一体化政策只不过是同化政策的翻版。
毛利人提出的很多要求得不到满足，毛利人对一体化政策意见颇多。这
实际上是帕克哈人与毛利人之间民族关系的反映。帕克哈人的大民族主
义思想根深蒂固，新西兰的一体化进程也将是十分漫长而曲折的。

第四节　种族歧视与种族隔离

在一些多民族国家，种族问题依然存在，有的还很严重。随着社会
的发展，特别是世界进入帝国主义时代，白人殖民主义者进行对外殖民
扩张，少数白人统治者对被征服的有色人种进行歧视、掠夺、奴役乃至
杀戮，而被压迫的有色人种对少数白人的种族歧视、种族隔离、种族压
迫、种族灭绝进行了坚决的斗争，致使种族问题一度成为国际问题。可
见，殖民制度是产生种族问题的根源。

种族主义者认为，人们在遗传上的体质特征同个性、智力、文化之
间有一种因果关系，从而认为一些种族天生就比其他种族优越。种族主
义的表现形式，包括种族偏见、种族歧视、种族隔离等。

一些学者认为，种族主义的思潮是近代历史的产物。随着殖民主义

的扩张，种族主义思潮泛滥，其策源地在欧洲。有人则认为它最早始于古罗马社会。其实，在古罗马社会，人们的社会地位是根据文化差异而不是根据种族不同划分的。古罗马的奴隶制是由于经济和宗法的原因，而不是种族原因造成的。在中世纪的欧洲，曾出现过反对闪米特人（异教徒）的浪潮，但这也是基于宗教的原因而不是种族的原因。只是到了19世纪，各种各样的种族主义理论才开始出现。许多学者对种族主义的形成原因进行了探讨，有的人从历史方面找原因，有的人从心理、生理方面去解释。一种理论认为，种族主义的出现与18世纪的欧洲环境主义的影响有关。达尔文创造的生物进化论被引用到社会领域，这就是社会达尔文主义。这种思潮在19世纪很盛行。但到了20世纪初，种族主义的外衣被揭穿。科学使人们开始确信，人们的行为主要不是由生理、体质等因素决定的，而是由社会和文化的因素决定的。到了20世纪50年代，在有关人类行为的研究中，遗传和生理因素再次受到重视，但这与赤裸裸的种族主义和社会达尔文主义毫无关系。

种族主义的思潮危害极大，这种思潮为少数人在政治和经济上的垄断提供了依据。种族主义在人类历史上犯下了滔天罪行，20世纪30年代席卷德国的排犹运动，导致数百万犹太人惨遭屠杀。旧南非的极端种族主义政策，继承了纳粹德国的衣钵，实行种族隔离，遭到国际社会的一致唾弃。

第二次世界大战以后，联合国为消除种族歧视和种族隔离作出了积极努力，《世界人权宣言》、《消除一切形式种族歧视国际公约》、《防止及惩治灭绝种族罪公约》和《禁止并惩治种族隔离罪行国际公约》，为消除种族歧视发挥了重要作用。但种族歧视、种族压迫并没有消除，种族隔离也是直到20世纪90年代初才从地球上遁迹。

一、种族歧视

种族歧视政策，主要包括剥夺被歧视民族的选举权、受教育权和其他权利，压低其工资收入，甚至可以任意拷打、逮捕和杀害被歧视民族的成员，强制其居住在"保留地"等。在一些国家，仍然存在种族歧视现象。

由于美国是移民国家，种族众多，因此存在着种族问题。来自欧洲的殖民统治者对土著人印第安人采取了掠夺、驱赶、杀害、划定保留地等政策，在 20 世纪初之前，印第安人没有公民权，不能参与全国选举。在白人到达美洲大陆后，贩运黑人的交易开始，黑人被用做奴隶，处于种族歧视的最下层。南北战争以后，奴隶制被废除。但黑人为争取自己的权利的斗争，一刻也没有停止过。白人与黑人的政治、经济权利仍然没有实现事实上的平等。美国政策制定者利用"种族"一词来区分"优等"种族和"劣等"种族，为种族主义服务。在美国的政府机构中，所谓"诺迪克种"人占绝大多数。他们的优越感经常表现出来，他们甚至不承认白人与黑人所生的混血人中有白人血统，把他们划为"黑人"。这说明，在美国，种族不仅仅是生物学、人类学的概念，而且是一种社会现象，种族名称成为人为的产物，种族歧视在美国根深蒂固。20 世纪 90 年代以来，在美国各地泛起的焚烧黑人教堂的浪潮，就是种族主义、种族歧视的重新泛滥。

二、种族隔离

种族隔离是种族主义的极端表现形式，是指将某（某些）种族的人的活动限制在一定范围的做法，如一定的居住区、一定的机构（学校、教堂）和一定的社会设施（公园、运动场、餐馆、休息室）。20 世纪以来，它被看成是白人利用肤色界限维护其支配地位的肮脏手段。但各种征服者历史上也实行过包括种族隔离政策在内的种族歧视。种族隔离制在很多多民族地区都存在过。在美国南部各州从 19 世纪晚期到 20 世纪 50 年代，公共设施的法定种族隔离，还是相当流行的。种族隔离也出现在中非和东非的一些多民族国家中，在南非尤为严重。

　　南非位于非洲大陆的最南端，1990 年人口 3380 万，是南部非洲第一大国。种族成分和民族成分相当复杂。南非土地上最早的居民为科伊科因人（旧称"霍屯督人"）、桑人（旧称"布须曼人"）和班图尼格罗人。有十来个民族，人口最多的是祖鲁族和科萨族。以祖鲁族为背景建立的政治组织有"祖鲁民族文化解放运动"（简称"英卡塔"），以科萨族为背景建立的政治组织是"南非非洲人国民大会"（非国大）。1652 年，荷兰殖民者来到这块土地上，建立殖民据点，建立农场，始称"布尔人"（荷兰语，意为农夫），他们便是今日阿非利坎人的祖先。18 世纪下半叶，英国殖民者趁荷兰衰败之机，占领了南非的开普殖民地，导致布尔人的大迁徙。19 世纪中叶，在南非发现了钻石和黄金矿，欧洲殖民者便蜂拥而至。布尔人在迁徙过程中对土著人也进行驱赶及屠杀。19 世纪末爆发了两次"英布战争"，布尔人战败，与英国人媾和，共同对当地非洲各族实行种族主义统治。南非也有十多万犹太人，他们从欧洲移民而来，长期以来地位优越，与白人一起对非洲人进行种族主义统治。另外，就是有色人种，他们一部分是白人违禁与当地黑人私通产生的黑白混血儿，一部分是白人与从马来西亚买来的女奴私通产生的，还有一部分是从亚洲地区输入的劳工的后裔，有印巴人和华人。

　　英布战争以后，白人处在班图黑人的汪洋大海之中，时时感到"黑色风暴"的威胁。白人为了维护自己的殖民利益，英、布殖民者相勾结，于 1910 年建立"南非联邦"，种族隔离制开始出台。从 1910 年至 1948 年，通过了 50 多项法律，建立了"保留地"制度。从地域上实行了白人与非白人的"隔离"。其中最主要的法律当推 1913 年的《土著土地法》和 1936 年的《土著赊购土地法》，其结果是，400 万南非黑人被"保留"在占全国 8.5％的地区内，而 100 多万的白人则占有其他所有地区。这个时期殖民统治者从亚洲输入契约工，从而产生"亚裔人集团"，这个种族集团从产生开始就没有地位，主要从事商业、手工业或当雇佣工人。

　　从 1948 年到 1959 年，南非通过了 60 多项法律，种族隔离制度从地域隔离扩大到社会其他领域。建立和发展了特定住区制度、通行证制度和职业保留制度，并在教育、科学、文化和通信上实行隔离。1953年通过的《班图教育法》尤为突出，从幼儿教育到高等教育都实行种族隔离，白人子女有优越的受教育条件，黑人基本不可能受到高等教育。新闻出版机构为白人服务，一切确保"白人至上"。

1959年至1976年，又通过了100多项法律，种族隔离制恶性膨胀，一方面使"保留地"制度发展为"班图斯坦"制度，强化其他方面的隔离制；另一方面就是大规模地使用暴力，造成震惊世界的数次流血惨案。南非政府将"保留地"建成10个"自治区"，把黑人划进区内，按照1970年通过的《班图斯坦国籍权利法》规定，南非黑人必须取得他所属的班图斯坦的"国籍"，将南非的真正主人变成这块土地的外国人，引起了班图各族的强烈不满，种族主义者面对黑人反抗，以暴力残酷镇压。

1976年以后，种族隔离制进一步恶性发展，不管是统治民族，还是被统治民族，民族心理都严重扭曲。一些白人开始对种族隔离制度产生怀疑。对于被统治民族，在被分化安置的过程中，普遍产生了"部族主义"，形成了新的班图各族和新的民族地理及民族心理。这是不以白人种族主义者的意志为转移的，是一种畸形社会发展的必然结果。

"有色人"和"亚裔人"在隔离制发展过程中，没有自己的法定地域，但二者却在历史过程中形成了自己相对集中的居住地域，他们在白人居住区域里开展反压迫的斗争，同样冲击着南非的种族隔离制度。

种族隔离制度作为一个多种族和多民族国家的国策，是对人类历史的一种嘲弄和反动，理所当然地遭到了非洲各族人民乃至世界人民的反对。由于遭到了英联邦中其他成员的批评，南非于1961年退出英联邦。但南非各被压迫民族的民主呼声日益高涨，要求以和平谈判的方式解决种族矛盾问题，加上国际形势和国际舆论的压力，在这种形势下，具有进步思想的南非国民党新领袖德克勒克在大选中上台。他宣布释放了非国大副主席曼德拉和其他黑人领袖，恢复了非国大和泛非大及共产党的合法地位。德克勒克和曼德拉谈判达成和平协议，非国大宣布放弃武装斗争，南非的民主进程迅速发展。接着，废除了一切与种族隔离有关的法律，进行了宪法修正。在1994年的南非全国民主选举中，非国大主席曼德拉在大选中获胜，成为南非历史上第一位黑人大总统。南非人民终于冲破了种族隔离的藩篱，种族隔离制也终于在20世纪90年代的人类历史篇章里画上句号。

种族隔离制已经成为历史，但种族主义思想依然像幽灵一样在人类居住的地球上游荡，种族歧视、种族压迫在一些民族、一些国家中仍然存在，国际社会向种族主义开展斗争的任务还十分艰巨。种族主义作为人类历史的毒瘤，它既违反了"人类平等、友爱"、"生而平等"的道德法则，也违反了人类社会的发展规律，具有极大的反动性。随着社会的进步，其理所当然要遭到全人类的反对和摒弃。

第六章
国际社会的共同"关注"
——国际社会中的少数民族人权保护问题

第一节　国际社会中少数民族人权保护问题概况

保护少数，是国际社会人权保护的重要内容之一。在国际上，少数民族问题往往被放在人权的议题下讨论，从而产生了国际社会中的少数民族人权保护问题。

一、国际社会中少数民族人权保护问题的由来

国际社会对少数民族人权问题的关注可以追溯到 17 世纪欧洲一些国家间的条约或战争和约。如 1606 年匈牙利国王与特兰西瓦尼亚王储签订的《维也纳条约》，其中就有相互保护居住在本国境内而民族主体在对方国家的少数民族的规定。在随后的 18～19 世纪里，这种规定在一些多边国际条约中时有出现。当然，这一时期，还谈不上国际社会对少数民族人权的保护。这些条约只涉及少数几国，谈不上国际社会；条约中规定的对少数民族人权进行保护的内容也只涉及国籍、宗教宽容等少数几个方面。但这类条约毕竟提出了少数民族人权的保护问题。

第一次世界大战后，国际形势发生了重大变化。国界的变动使少数

民族问题在国际社会特别是欧洲变得日益突出。战后如何保护少数民族问题一度成为巴黎和会的议题。但起草国际联盟盟约的大多数国家不同意将有关保护少数民族权利的问题作为盟约内容。这说明,当时的国际社会还没有把保护少数民族的人权作为国际法原则。国际联盟秘书长在其办事机构中设立了少数民族问题办公室。国际联盟在 1920 年 10 月 25 日通过的一项决议中决定设立"少数民族委员会",调查对少数民族造成的损害情况。国际联盟是一战后成立的最重要的国际常设机构之一,它的这些举动说明,少数民族人权的保护问题越来越引起国际社会的注意。

第二次世界大战爆发后,法西斯对犹太人的迫害,震惊了全世界。民族矛盾和少数民族问题对世界和平的深刻影响引起了全世界的思考。在这种背景下,国际社会对少数民族人权保护问题再也不能漠视了。第二次世界大战结束后,联合国建立。《联合国宪章》开宗明义,在第 1 条第 3 款申明:"联合国宗旨为:促成国际合作……且不分种族、性别、语言或宗教,增进并激励对于全体人类之人权及基本自由之尊重。"《联合国宪章》的颁布开创了少数民族人权国际保护制度的新时期。《联合国宪章》对少数民族人权保护的意义在于:作为当代最重要的国际法律文书,确立了少数民族在享有各项人权方面的"平等待遇"原则,使少数民族人权问题与联合国各方面人权活动联系起来;少数民族的人权跨国保护不再局限于几个国家,而涉及世界上所有国家和地区。1948 年 12 月 10 日,联合国大会通过了一项题为《少数民族命运》的决议,它强调,国际社会对于少数民族的命运不能再继续采取漠然态度。此后,从联合国的活动看,国际社会关于少数民族人权的保护问题成为联合国的重要的工作领域之一。

二、联合国人权文书确立的少数民族人权范围

联合国成立以来,制定了近 80 个重要的国际人权文书,其中专门

论及少数民族人权的内容占相当比重。从这些内容中，我们可以看出，国际社会保护的少数民族人权的范围有两个层次。

第一个层次，是少数民族在"平等待遇"原则和"不歧视"原则下，与他人或他民族平等享有的各项人权。

《世界人权宣言》（1948 年）、《经济、社会、文化权利国际公约》（1966 年）、《公民权利和政治权利国际公约》及其任意议定书（1966 年）被称为国际人权宪章。国际人权宪章明确而具体地阐述了人权领域的平等待遇原则。《世界人权宣言》在第 2 条宣布："人人有资格享受本宣言所载的一切权利和自由，不分种族、肤色、性别、语言、宗教、政治或其他见解、国籍或社会出身、财产、出生或其他身份等任何区别。"《公民权利和政治权利国际公约》和《经济、社会、文化权利国际公约》也作了类似的规定。

《公民权利和政治权利国际公约》同时还明确地提出了"不歧视"原则，该公约第 26 条规定："法律应禁止任何歧视并保证所有的人得到平等的和有效的保护，以免受基于种族、肤色、性别、语言、宗教、政治或其他见解、国籍或社会出身、财产、出生或其他身份等任何理由的歧视。""不歧视"原则和"平等待遇"原则的实质内容是一致的，但侧重点有所不同。

"不歧视"原则在联合国制定的《联合国消除一切形式种族歧视宣言》、《消除一切形式种族歧视国际公约》、《禁止并惩治种族隔离罪行国际公约》等人权文书和联合国系统的政府间组织制定的公约中进一步具体化了。《消除一切形式种族歧视国际公约》将"种族歧视"定义为"基于种族、肤色、世系、民族或人种的任何区别、排斥、限制或优惠，其目的或效果为取消或损害政治、经济、社会、文化或公共生活任何其他方面人权及基本自由在平等地位上的承认、享受或行使"。

从"平等待遇"和"不歧视"原则可以演绎出少数民族人权的广泛的范围。按照这两个原则，少数民族，作为一个民族或作为个人或作为一个集体中不可分割的部分，应享有国际人权文书规定的所有人权种类——既包括个人人权,又包括集体人权;既包括政治权利,又包括经济、社会、文化权利;既包括联合国已制定的人权文书规定的权利,又包括未来国际人权文书规定的新类型人权。

第二个层次,是少数民族依据"特殊保护"原则,拥有保护和发展本民族特征的某些特殊权利。《公民权利和政治权利国际公约》第27条规定:"在那些存在着人种的、宗教的或语言的少数人的国家中,不得否认这种少数人同他们集团中的其他成员共同享有自己的文化,信奉和实行自己的宗教或使用自己的语言的权利。"《消除一切形式种族歧视国际公约》第1条第4款规定:"专为使若干须予必要保护的种族或民族团体或个人获得充分进展而采取的特别措施以期确保此等团体或个人同等享受或行使人权及基本自由者,不得视为种族歧视。但此等措施的后果须不致在不同种族团体间保持各别行使的权利,且此等措施不得于所定目的达成后继续实行。"这些规定不同于"平等待遇"原则和"不歧视"原则,其重点在于要求采取一些"特殊的"、"积极的"、"具体的"措施保护常常处于弱势地位的少数民族,以期使少数民族达到事实上的平等地位。有的国际法学者认为《公民权利和政治权利国际公约》第27条在某种意义上确立了少数民族应给予"特殊保护"原则的国际法依据。《消除一切形式种族歧视国际公约》第1条第4款则澄清了以特殊措施保护少数民族是否违反平等原则问题,并说明了特殊措施适用的界限。但是,少数民族享有哪些"特殊保护",当时的国际人权文书并没有系统的具体的规定。1978年,第三十四届人权委员会会议决定设立一个所有成员国均可参加的非正式工作组,以审议起草《在民族或种族、宗教和语言上属于少数人的权利宣言》,该宣言的目的即是试图宣布少数民族享有的特殊权利。1992年,人权委员会通过了这个宣言。

三、几个关于少数民族的重要的国际人权文件

1.《防止及惩治灭绝种族罪公约》

1946 年 12 月 11 日，联合国大会在其第一次会议上通过第 96 [1]
号决议，确认灭绝种族属文明世界一致谴责的、国际法上的一和罪行，
无论何人，无论以何种理由犯有灭绝种族罪者，一律在惩办之列。注意
到为达到此目的，有必要组织国际合作，大会要求联合国经济和社会理
事会承担必不可少的调研，以拟订一份灭绝种族罪公约草案。该理事会
委托秘书长，在三位专家的协助下，起草公约初稿。在理事会下属灭绝
种族特设委员会的协助及秘书长的工作基础上，理事会于 1948 年向大
会提交了公约草案。大会补充完成了草案，最终于 1948 年 12 月 9 日以
第 260A [Ⅲ] 号决议通过并开放供签署、批准和加入。该公约于 1951
年 1 月 12 日生效。

该公约共 19 条。其第 2 条将灭绝种族罪定义为"蓄意全部或局部
消灭某民族、人种或宗教团体，犯有下列行为之一者：（a）杀害该团体
的成员；（b）致使该团体的成员在身体上或精神上遭受严重伤害；
（c）故意使该团体处于某种生活状况下，以毁灭其全部或局部的生命；
（d）强制施行办法，意图防止该团体内的生育；（e）强迫转移该团体的
儿童至另一团体。"该公约规定，对灭绝种族、预谋灭绝种族、直接公
然煽动灭绝种族、意图灭绝种族、共谋灭绝种族等类行为都应予以惩
治；无论其为依宪法负责的统治者、公务员或私人，概莫能外。该公约
还规定，灭绝种族罪行不得视为政治罪行，缔约国应承诺遇有此类案件
时，依照其本国法律及现行条约，予以引渡。

截至目前，已有一百多个国家批准或加入了该公约。

2.《联合国消除一切形式种族歧视宣言》和《消除一切形式种族歧
视国际公约》

自联合国成立以来，它在《联合国宪章》、《世界人权宣言》以及在
联合国一系列决议中均申明了平等待遇和不歧视原则。然而，世界的一
些地区仍然存在着种族主义和种族歧视。1960 年 1 月，联合国防止歧视
及保护少数小组委员会对在西欧若干地区发生的一系列种族偏见和宗教
上不容异己的现象表示极大的关切。联合国大会 1962 年 12 月 7 日第

1780（XVII）号决议要求该小组委员会起草关于消除种族歧视的宣言草案和条约草案。在详尽研究之后，小组委员会首先拟订了宣言草案，其后又起草了条约草案。宣言草案经提交联合国第 18 届大会，于 1963 年 11 月 20 日作为第 1904（XVIII）号决议通过；条约草案经提交联合国第 20 届大会，于 1965 年 12 月 21 日作为第 2106A（XX）号决议通过并开放给各国签字和批准。按照第 19 条的规定，《消除一切形式种族歧视国际公约》于 1969 年 1 月 4 日生效。

《联合国消除一切形式种族歧视宣言》共 11 条，《消除一切形式种族歧视国际公约》共 25 条。宣言和公约均认为："任何种族差别或种族优越的学说在科学上均属错误，在道德上应受谴责，在社会上实为不公，且有危险，无论在理论或实践上均不能为种族歧视辩解。"宣言和公约均认为，人与人间基于种族、肤色或人种的歧视，是国际友好和平关系的障碍，足以扰乱民族间的和平与安全，甚至共处于同一国的人与人间的和谐关系。宣言号召各国在政治、公民权利、法律、司法、教育、新闻、就业等社会生活各方面，不得基于种族、肤色或人种的理由实行歧视。这些号召在公约中被进一步完善，并具有了法律拘束力。公约对"种族歧视"给予了明确的解释，认为基于种族、肤色、世系或民族或人种的任何区别、排斥、限制或优惠，只要其目的或效果损害了平等人权的享受，即为种族歧视。公约要求缔约国谴责种族歧视并承诺立即以一切适当方法实行消除一切形式种族歧视并促进所有种族间的谅解的政策；承诺不对人、人群或机关实施种族歧视行为，并确保所有全国性及地方性的公共当局及公共机关均遵守此项义务行事；承诺对任何人或组织所施行的种族歧视不予提倡、维护或赞助；承诺于适当情形下鼓励种族混合主义的多种族组织与运动，以及其他消除种族壁垒的方法，并劝阻有加深种族分野趋向的任何事务。公约还要求缔约国对于一切宣传及一切组织，凡以某一种族或属于某一肤色或人种的人群具有优越性的思想或理论为根据者，或试图辩护或提倡任何形式的种族仇恨及歧视者，概予谴责，并承诺立即采取旨在根除对此种歧视的一切煽动或歧视行为的积极措施。公约文本还突出强调了一些重要人权，如司法裁判中的平等待遇、人身安全、选举权、迁徙自由、享有国籍的权利、宗教自由、主张及表达自由、结社自由、同工同酬、受教育权、平等参加文化活动的权利、享受社会保障和社会服务的权利等。公约要求缔约国不分种族、肤色或民族或人种，保证人人享有这些权利。截至目前，已有一百三十多个国家批准或加入了该公约。

3.《禁止并惩治种族隔离罪行国际公约》

典型的种族隔离模式，是前南非政府强加给其本国居民及独立前的纳米比亚的种族分离和歧视政策。自 1948 年以来，联合国大会通过了许多决议，谴责种族隔离的政策和做法为危害人类的罪行。为促进南非种族隔离制度的废除，以及改变或预防其他一些地区发生的或可能发生的种族隔离、种族歧视的做法，1973 年 11 月 30 日，联合国大会第3068（XXⅧ）号决议通过了《禁止并惩治种族隔离罪行国际公约》，并开放给各国签字和批准。

该公约共 19 条，其第 2 条对何谓"种族隔离罪行"作了详尽解释：

第二条 为本公约的目的，所谓"种族隔离罪行"，应包括与南部非洲境内所推行的相类似的种族分离和种族歧视的政策和办法，是指为建立和维持一个种族团体对任何其他种族团体的主宰地位，并且有计划地压迫他们而作出的下列不人道行为：

（a）用下列方式剥夺一个或一个以上种族团体的一个或一个以上成员的生命和人身自由的权利：

（一）杀害一个或一个以上种族团体的成员；

（二）使一个或一个以上种族团体的成员受到身体上或心理上的严重伤害，侵犯他们的自由或尊严，或者严刑拷打他们或使他们受残酷、不人道或屈辱的待遇或刑罚；

（三）任意逮捕和非法监禁一个或一个以上种族团体的成员；

（b）对一个或一个以上种族团体故意加以旨在使其全部或局部灭绝的生活条件；

（c）任何立法措施及其他措施，旨在阻止一个或一个以上种族团体参与该国政治、社会、经济和文化生活者，以及故意造成条件，以阻止一个或一个以上这种团体的充分发展，特别是剥夺一个或一个以上种族团体的成员的基本人权和自由，包括工作的权利、组织已获承认的工会的权利、受教育的权利、离开和返回自己国家的权利、享有国籍的权利、自由迁移和居住的权利、自由主张和表达的权利以及自由和平集会和结社的权利；

（d）任何措施，包括立法措施，旨在用下列方法按照种族界线分化人民者：为一个或一个以上种族团体的成员建立单独的保留区或居住区，禁止不同种族团体的成员互相通婚，没收属于一个或一个以上种族团体或其成员的地产；

（e）剥削一个或一个以上种族团体的成员的劳力，特别是强迫劳动；

（f）迫害反对种族隔离的组织或个人，剥夺其基本权利和自由。

该公约宣布：凡是犯种族隔离罪行的组织、机构或个人即为犯罪。公约要求缔约国承诺采用任何必要的立法或其他措施，来禁止并预防对于种族隔离罪行和类似的分隔主义政策或其表现的鼓励，并惩治触犯此种罪行的人。

截至目前，该公约已有近百个国家批准或加入。

4.《关于在民族或种族、宗教和语言上属于少数人的权利宣言》

1992年举行的人权委员会第48届会议通过该宣言。宣言共9条。宣言宣布：属于少数的人有权享受其文化，信奉其宗教，使用其语言；有权有效地参加文化、宗教、社会和公共生活；有权以与国家法律相容的方式切实参与国家一级和适当时区域一级关于其所属少数群体或其居住区域的决定；等等。宣言要求：各国应在各自领土内保护少数人的存在及其民族或种族、文化、宗教和语言上的特性并应鼓励有助于促进该特性的条件；各国应采取适当措施，在可能的情况下使属于少数的人有充分的机会学习其母语或在教学中使用母语；各国应酌情在教育领域采取措施，鼓励对其领土内的少数人的历史、传统、语言和文化的了解；各国应考虑采取适当措施，使属于少数的人充分参与其本国的经济进步和发展；等等。

除上述五个人权文件外，联合国及其相关组织还制定了一些关于少数民族问题的人权文件，如：1985 年，联合国大会通过的《反对体育领域种族隔离国际公约》；1958 年，国际劳工组织应联合国的要求而制定的《关于就业及职业歧视的公约》；1960 年，联合国教育、科学及文化组织大会通过的《取缔教育歧视公约》；1978 年联合国教育、科学及文化组织大会通过的《种族与种族偏见问题宣言》，以及历届联合国大会通过的关于少数民族人权问题的许多决议等。特别需要指出的是，一些国际人权文件虽不是专门就民族问题而制定的，但它们中关于民族问题的一些条款所阐述的一般人权原则，在少数民族人权的国际保护活动中有着至关重要的地位，并发挥着非常重要的作用，如前面提及的《联合国宪章》、《世界人权宣言》、《公民权利和政治权利国际公约》、《经济、社会、文化权利国际公约》以及世界人权大会通过的宣言等。

四、联合国系统关于少数民族人权事务的主要机构及监督方式

严格地说，联合国大会、安全理事会、经济及社会理事会等联合国系统内的许多机构都有涉及人权事务包括少数民族人权事务的职能。

联合国大会可以讨论宪章范围内的或有关宪章规定建立的任何机构的任何问题。根据《联合国宪章》第 13 条，大会的职责之一是发动研究，并提出建议，"以促进经济、社会、文化、教育及卫生各部门之国际合作，且不分种族、性别、语言或宗教，助成全体人类之人权及基本自由之实现"。联合国成立以来，大会通过了许多关于少数民族人权问题的决议、宣言或公约。联合国大会还设有非殖民化特别委员会、联合

国纳米比亚理事会、反对种族隔离特别委员会、调查以色列侵害占领区居民人权行为特别委员会、巴勒斯坦人民行使不可剥夺权利委员会等关注某一方面或某一地区民族人权问题的附属机构。

联合国安全理事会是根据《联合国宪章》第7条建立的，它是联合国中唯一有权做出根据宪章规定全体会员国都有义务接受并执行的决定的机构。安理会可以调查任何争端或可能导致国际摩擦的任何局势，可以建议或采取强制措施以求解决这种争端。因此，当少数民族人权问题导致国际争端或导致对人权的大规模侵犯时，安理会有权提出建议或采取措施。

经济及社会理事会是在联合国大会权力之下，协调联合国及专门机构的经济和社会工作的机构，它可就人权问题以及其他经济及社会问题提出建议并开展活动。经社理事会一般每年举行两次常会，每次为时一个月，第一次会议通常讨论社会和人权问题，关于少数民族人权问题的议题也常在讨论范围之内；第二次会议通常讨论经济和发展事项。

除了联合国大会、安理会、经社理事会之外，还有其他一些机构也常涉及少数民族人权问题。但是，联合国系统中最经常最集中地关注少数民族人权问题的机构主要有前人权委员会、新成立的联合国人权理事会、人权高专、防止歧视及保护少数小组委员会，以及根据公约设立的消除种族歧视委员会和禁止种族隔离三人小组。

1. 前人权委员会

前人权委员会是经社理事会的职司委员会，由经社理事会于1946年根据《联合国宪章》第68条的规定设立。委员会原先由18个委员组成，1961年增加到21人，1966年增加到32人，1979年以来由53个会员国的代表组成。委员会成员根据地域分配名额由经社理事会选举产生，任期三年。委员会每年举行为期六周的会议，可讨论和处理与人权有关的任何问题，是联合国系统处理人权问题的主要机构。因此，少数民族人权问题亦在人权委员会的重要关注范围之内。

从人权委员会的工作实践看，它关于少数民族人权的工作内容主要有：进行专题研究、拟具建议和起草与少数民族人权有关的国际文书；受联合国大会或经社理事会委托调查关于侵犯人权的指控和处理与这种侵犯有关的来文；协助经社理事会协调联合国系统内关于少数民族人权的活动等。人权委员会经常根据需要设立工作组或特别报告员就某一领域的少数民族人权问题进行研究、提出报告或建议。

2006年3月15日，第60届联合国大会通过第60/251号决议，决定成立人权理事会，取代人权委员会。3月22日，经社理事会通过了废除人权委员会的决议，结束了人权委员会的工作。

2. 联合国人权理事会

2006年3月15日，第60届联合国大会通过第60/251号决议，决定成立人权理事会，取代人权委员会。5月9日，联大选举产生了包括我国在内的理事会47个首届成员国。6月19日至30日，人权理事会首届会议在瑞士日内瓦召开。6月29日，会议通过了《反对强迫消失公约》和《土著人民权利宣言》。会议通过了13个文件，涉及反对强迫消失、土著人民权利、发展权、巴勒斯坦和阿拉伯被占领土人权状况、煽动种族和宗教仇恨、扣押人质等。会议决定成立两个工作组，分别负责细化普遍定期审议机制和评估前人权委员会下属机构的工作，并决定特别延长前人权会下属所有机构1年。人权理事会首届会议的召开，标志着联合国人权领域的工作进入一个新阶段。

根据第60届联合国大会通过第60/251号决议，人权理事会的职责包括：（a）促进人权教育和学习以及咨询服务、技术援助和能力建设；这些工作应与有关会员国协商并在后者同意下开展。（b）充当关于所有人权问题的专题对话的论坛。（c）向大会提出关于进一步发展人权领域国际法的建议。（d）促进全面落实各国承担的人权义务以及联合国各次主要会议和首脑会议有关促进和保护人权的目标和承诺的后续行动。（e）根据客观和可靠的信息，以确保普遍、平等地对待并尊重所有国家的方式，定期普遍审查每个国家履行人权义务和承诺的情况；审查应是一个基于互动对话的合作机制，由相关国家充分参与，并考虑到其能力建设需要；这个机制应补充、而不是重复条约机构的工作；理事会应在举行首届会议后一年内，拟定普遍定期审查的方法并作出必要的时间分配。（f）通过对话及合作，协助预防侵犯人权行为，并及时应对人权紧急状况。（g）承担大会 1993 年 12 月 20 日第 48/141 号决议决定授予人权委员会的与联合国人权事务高级专员办事处工作相关的作用和责任。（h）在人权领域与各国政府、区域组织、国家人权机构和民间社会密切协作。（i）提出有关促进和保护人权的建议。（j）向大会提交年度报告等。

与人权委员会相比，新成立的人权理事会有以下特点：第一，它将不再归属联合国经社理事会，而是暂时作为直属联大的机构运作，其地位将在运作五年后确定。这标志着其地位的提升，也标志着人权、发展与安全并列成为联合国的三大支柱。第二，在理事会组成上更体现公平公正的原则。由于历史原因，亚洲、非洲、拉美、东欧和西方五个地区在人权会里的成员数目比例不平衡，亚洲国家代表性尤其不足。现在的理事会弥补了这一缺陷。理事会还设立了普遍定期审议机制，将在平等基础上审查所有联合国成员国的人权状况，排除了人权会原有的选择性做法。第三，理事会将同等重视发展权和经济、社会、文化权利，同时更加注重倡导建设性的对话与合作。第四，在具体层面上，人权理事会的工作会期延长了，由人权会每年六周会议变为一年三次会议，会期不少于十周，还可随时召集紧急会议。

人权理事会的成立为国际社会通过合作促进人权提供了历史性机遇，各国对此寄予厚望。

3. 联合国人权事务高级专员

1993 年 12 月 20 日，联合国大会通过决议决定设置联合国人权事务高级专员的职位。人权高专为副秘书长级，由秘书长任命，经大会批准，固定任期为四年，可以连任一次。人权高专是在秘书长的指导和授权下主要负责联合国人权活动的联合国官员。在联合国大会、经济及社会理事会和人权委员会总的权限、授权和决定的框架内，人权高专的责任主要包括：执行联合国系统人权领域各主管机构所指派的任务；应有关国家的请求和酌情应区域人权组织的请求，通过秘书处人权事务中心及其他适当机构，提供咨询服务和技术及财政援助，以期支助人权领域的行动和方案；协调联合国在人权领域的有关教育和新闻方案；协调整个联合国系统内促进和保护人权的活动；全面监管人权事务中心；等等。人权高专依照其授权，应每年就其活动向人权委员会提出报告，并通过经济及社会理事会向大会提出报告。

4. 防止歧视及保护少数小组委员会

根据经社理事会 1947 年 9 号决议的授权，人权委员会设立了防止歧视及保护少数小组委员会。小组委员会由人权委员会选出的人权领域的专家组成。初建时由 12 名专家组成，1949 年改为 13 名，1950 年又恢复为 12 名，1954 年增为 14 名，1965 年增为 18 名，1968 年增至 26 名。根据经济及社会理事会第 1334 号决议和 1978 年第 21 号决定，小组成员名额按以下地域分配：非洲国家 7 名，亚洲国家 5 名，西欧和其他国家 6 名，拉丁美洲国家 5 名，东欧国家 3 名。小组的专家虽然由各国政府提名，但以个人身份任职而不作为国家的代表。从 1988 年开始，专家的任期为 4 年。

小组委员会每年举行为期四周的会议。1947 年第一届会议上，人权委员会规定它的职责主要是：承担研究项目，特别是根据《世界人权宣言》进行研究，就防止与人权和基本自由有关的任何类型的歧视和保护在种族、宗教和语言上属于少数人等问题向人权委员会提出建议；履行经社理事会或人权委员会赋予的任何其他任务。1988 年，人权委员会通过了 1988/43 号决议，适当地提高了小组委员会在促进和保护人权方面的独立地位。

1970 年 5 月，根据经社理事会第 1503 号决议，小组委员会设立了来文工作组，审查载有关于侵犯人权指控的来文，并提请小组委员会注意那些表明某地有一贯侵犯人权迹象的来文。这个工作组由 9 名专家组成。小组委员会还设立了两个工作组，即奴役问题工作组和土著居民工作组。工作组在小组委员会每届年会之前定期举行会议，以协助小组委员会进行某些工作。此外，小组委员会可成立会期工作组，在年会期间举行会议以审议特定的议程项目。各工作组将其报告交小组委员会审议。在有些问题上，包括那些与履行职责有关的问题，小组委员会可通过自己的决议和决定。在其他问题上，小组委员会可拟制决议案和决定草案，供人权委员会和经社理事会审议。小组委员会就其每届会议的工作向人权委员会提出报告。

新的人权理事会成立后，根据第 60 届联合国大会通过的第 60/251 号决议的决定，将在一年内审查并在必要时改进及合理调整人权委员会的所有任务、机制、职能和职责，也包括对小组委员会的审查、改进和调整。

5. 消除种族歧视委员会

消除种族歧视委员会是根据《消除一切形式种族歧视国际公约》的规定设立的机构。根据该公约的规定，委员会"由德高望重、公认公正的专家 18 人"组成。成员由公约缔约国选出。任期四年，每两年改选半数成员。在委员会任职的专家以他们的个人资格任职。委员会可自己制定议事规则，不接受外来指示。

消除种族歧视委员会是联合国为监督和审查各国为履行其根据某一具体人权协定的义务所采取的行动而设立的第一个监督机构。根据公约规定，公约缔约国应在公约对本国开始生效一年内，及其后每两年，就其实施公约情况，向联合国秘书长提出报告。消除种族歧视委员会的主要任务之一就是审议这些报告，并就审查情况拟具意见和建议。如缔约国对另一缔约国提出控诉，委员会可要求被控诉国提出书面说明或声明，以解释此事。自称种族歧视的受害者的个人或一群人在一定条件下亦可向委员会控诉其本国，但条件是：该国为公约缔约国且公开宣布承认消除种族歧视委员会有权接受此种控诉。

6. 按照《禁止并惩治种族隔离罪行国际公约》设立的三人小组

该三人小组根据公约第 9 条规定设立。三人小组成员由人权委员会指派兼任该公约缔约国代表的人权委员会委员三人组成。三人小组每年在人权委员会召开届会之前，举行为期不超过五天的会议，审议缔约国执行公约采取的立法、司法、行政或其他措施的情况的定期报告。三人小组也可就其活动向人权委员会提出报告或就执行公约的有关事宜提出适当建议。

从以上联合国有关少数民族事务的人权机构的活动看，联合国系统监督成员国履行保护少数民族人权的义务的方式主要有四种：报告制度、国家控告制度、决议谴责、制裁。

报告制度是根据国际人权公约规定监督缔约国履行国际人权文书义务的一项制度。它要求缔约国在公约规定的期限内，或有关国际机构要求时，经公约规定的程序，向公约设定的有关机构提交本国在履行条约义务方面所采取的措施和所取得的进展的报告。

国家控告制度是指，如果公约的一缔约国认为另一缔约国未实施该公约的规定，可依公约规定的程序将此事项通知公约设定的有关机构，提请该机构注意，并依公约规定进行处理。

决议谴责方式是指，联合国有关机构，如联合国大会、经社理事会、人权委员会，根据会议表决程序通过决议谴责损害少数民族人权的现象的方式。

制裁方式是指，国际社会对公认的严重侵犯少数民族人权的国际罪行采取集体的、带有不同程度强制性的措施的方式。这种制裁主要是经济制裁。

第二节　国际社会关于少数民族人权
保护问题的分歧和斗争

与一般人权的国际关注一样，国际社会关于少数民族人权保护的活动中也充满了分歧和斗争。世界是由主权国家组成的世界。各个国家之间存在着共同的利益和愿望，所以才有国际合作。但是，各个国家或政府意志毫无疑问有它自己的利益，国际分歧和矛盾的存在也就是必然的。当我们从少数民族领域人权保护的国际合作这个角度讨论问题时，我们是暂时撇开了矛盾的因素，其实，在少数民族人权国际保护的合作中，矛盾自始至终存在，合作和斗争交织在一起。在斗争的原因中，有国家利益因素，有意识形态因素，有一国政府当政者利益因素，也有缺乏相互了解的因素。

一、理论上的分歧

仅从理论上看，与一般人权理论的分歧相联系，国际社会关于少数民族人权保护的一些基本认识存在着重大分歧。

1. 对人权概念和人权规范的解释并不相同

在这里，一些西方国家和大多数第三世界国家之间存在分歧。西方国家谈人权主要是指公民权利、政治权利，而广大第三世界国家强调人权既包括个人权利，又包括集体人权；既包括政治权利，又包括经济、社会、文化权利，各种权利是互相联系而不可分割的。

从人权概念的历史演变过程看，只包含公民权利和政治权利的人权概念是传统的资产阶级人权概念，主要流行于 17～19 世纪的西方资本主义国家。这也是最初的人权概念，有的人权学者将这种人权称为"第一代人权"。20 世纪以来，特别是二战以后，人权概念发生了深刻的变化。首先，经济、社会、文化权利得到强调。有的学者认为这与 19 世纪末 20 世纪前期的反剥削、反压迫的社会主义运动有关。经济、社会、文化权利纳入人权的范围，大大丰富了传统的人权概念，弥补了传统人权概念的缺陷。很显然，不谈人的经济、社会和文化权利，人的公民权利和政治权利往往流于法律形式而达不到增进人的幸福的目的。其次，许多国家渐渐认识到个人权利与集体权利的不可分割性，一些重要的集体权利是个人权利实现的前提，于是，民族自决权、和平权、发展权等集体权利被视为重要人权而提了出来，人权的概念得到了进一步充实。现在的人权概念与它在 17～18 世纪初出现时已经截然不同。联合国人权文件对人权概念的演进提供了最好的证明。1948 年《世界人权宣言》只有少数几条谈到经济、社会、文化权利，而 1966 年联合国大会专门通过了《经济、社会、文化权利国际公约》。该公约确认："只有在创造了使人可以享有其经济、社会及文化权利，正如享有其公民和政治权利一样的条件和情况下，才能实现自由人类享有免于恐惧和匮乏的自由的理想。"这个公约与《公民权利和政治权利国际公约》及其任择议定书一起被称为"联合国人权公约"。1952 年 12 月 16 日，联合国大会通过了《关于人民与民族的自决权的决议》，确认"人民与民族应先享有自决权，然后才能保证充分享有一切基本人权"，其后，《给予殖民地国家和人民独立宣言》（1960 年 12 月 14 日）宣布："所有的人民都有自决权，依据这个权利，他们自由地决定他们的政治地位，自由地发展他们的经济、社会和文化。"1966 年《公民权利和政治权利国际公约》和《经济、社会、文化权利国际公约》都在第 1 条对民族自决权作出了规定。民族自决权作为一国或一殖民地的全体人民的集体权利，被作为一种新类型的人权纳入了人权的范畴。1986 年联合国大会第 41/128 号决议通过的《发展权利宣言》宣布"发展权利是一项不可剥夺的人权，发展机会均等是国家和组成国家的个人一项特有权利"，这样，平等的发展权就不仅是一种个人权利，而且它作为国家权利被视为一种集体人权。1978 年 12 月 15 日联合国大会通过了《为各社会共享和平生活做好准备的宣言》，该宣言"重申个人、国家和全人类享有和平生活的权利"；1984 年 11 月 12 日，联合国大会通过了《人民享有和平权利宣言》，确认"全球人民均有享受和平的神圣权利"，宣告"维护各国人民享有和平的权利和促进实现这种权利是每个国家的根本义务"。联合国这些人权文件说明，国际社会所谈论的人权概念不仅仅指公民和政治权利，而已经是包括经济、社会、文化权利和一些重要的集体权利的一个内容非常丰富的范畴。在这种形势下，一些西方国家和学者依然不肯承认或不愿重视人权内容的发展显然是不明智的。

关于一般人权概念的分歧与少数民族人权概念理解上的分歧直接相关。如果人权概念包括经济、社会、文化权利，则少数民族人权也应包括少数民族的经济、社会和文化权利。新型的集体人权的享受主体多指国家或一国之全体人民，一国内的少数民族作为国民的一部分，同样与这些集体人权休戚相关。

2. 共同标准并不等于各国都要遵守的具体标准

国际社会有没有保护少数民族人权的共同标准？回答应该是肯定的。那么共同标准是什么呢？这就是：大多数主权国家普遍接受的、表现在国际人权文书中的有关少数民族的人权原则。若没有共同标准，各主权国家就不可能进行对话，就不会坐在一起起草和通过我们前面提到的那些宣言和公约了。但是，共同标准是普遍原则，不是一个具体标准，不能把共同标准简单化。这是因为：各国经济基础水平不同，历史传统不同，文化特征不同，各国少数民族的情况也千差万别，这些不同和差别必然使各国在落实少数民族人权普遍原则的具体做法上产生差异，形成多种模式。同时，人权的实现表现为一个历史过程，各国发展程度不一致，各国少数民族的发展水平也不一致，所处的人权进步过程中的阶段也不同，落后或超过人权进步的本来步伐，因此，采取与本国少数民族发展水平不一致的人权标准，不但不会促进少数民族的人权，反而会带来损害。一些国家，特别是一些西方国家往往想把本国的少数民族人权实现模式推向他国，把本国的具体人权标准说成是普遍标准或共同标准，要他国遵守，其结果是既损害了国家关系，又损害了他国的少数民族的人权享受。一些西方国家的这种做法必然会遭到其他国家的反对。

3. 少数民族人权的国际保护与国家主权的关系

对这个问题有这样两种主张：一种主张认为，国际社会对少数民族人权的保护权高于国家主权，人权无国界，人权问题不属于内政；另一种主张认为，国家主权至高无上，国际社会对主权国家无任何施加影响的权力。一方面，我们应看到，保护少数民族人权的主要责任是由主权国家承担的，少数民族人权的国际保护主要还是通过国家主权来实现的。加入或不加入某一个国际条约是一个主权国家的独立决定。一个主权国家加入一公约，则有履行公约规定的义务；反之，则没有法定义务。另一方面，我们也要看到，《联合国宪章》是所有成员国家都应遵守的国际原则，宪章既然把保护人权问题，包括保护少数民族的人权问题，作为一项重要内容加以规定，联合国所有成员国家就有遵守宪章原则促进国际合作以保护人权的国际义务。主权国家不能借口主权至上而拒绝承担国际义务。主权国家加入相关人权条约，则受该条约约束，即使不加入任何人权公约，它一样要受到国际社会基于《联合国宪章》宣布的人权原则的约束，当然这种约束不是一种具体的法律拘束。

人权无国界论和人权问题不属于内政的论调在理论上是错误的，在实践上是极其有害的。它直接损害了国际法规定的国家主权原则和不干涉内政原则，给国际领域人权保护的正常合作涂上了浓浓的阴影。

联合国如何才能既保护少数民族的人权又不干涉国家的内政呢？根据国际人权文书和联合国人权保护活动的实践，可以划如下界限：凡是大规模地侵犯少数民族人权、种族主义、种族隔离、种族灭绝、殖民主义等国际罪行或严重违反在国际条约中承担的义务，国际社会应采取适当行动予以制止或纠正，这类行动不视为干涉主权国家内政，如前不久才撤销的对南非种族隔离制度的制裁；其他涉及少数民族人权的保护事项主要属于主权国家国内管辖，国际保护手段不得干涉主权国家的内政。

二、"人权外交"及其实质

理论上的分歧背后往往有利益的动机，在少数民族人权的国际保护问题上亦是如此。这一点可以从以美国为首的西方国家实行的"人权外交"政策中得到验证。

"人权外交"最初盛行于 20 世纪 70 年代的美国卡特政府时期。卡特政府认为，前几届政府的外交政策缺乏影响力，是因为缺乏一种道德锋芒，而人权则是给予美国外交政策以道德锋芒的不可缺少的"完美的统一性原则"，"必须把国际人权因素纳入美国外交政策制定与实施的全过程中"。在卡特政府时期，人权一时间被奉为"美国外交政策的灵魂"。卡特后几届政府，虽然外交政策有许多调整，但"人权外交"一直是美国外交政策的一个显著特点。所谓"人权外交"，其主要内容是：在外交活动中，高举维护人权的旗号，将军事援助、经济援助、贸易交流甚至外交关系等与人权问题挂钩，视所谓对方国家人权状况的"好坏"而采取相应的行动。如 1961 年美国对外援助法案 502B 款修正案规定"不得向其政府一贯违反国际公认的人权的任何国家提供安全援助"，对外援助法案第 116 条哈金修正案规定："不得向任何一贯严重违反国际公认人权，包括酷刑或残酷、非人道以及屈辱性的待遇，未经起诉就延长拘留，导致人员的失踪，或者其他对个人生存权利、自由权利以及人身安全的严重剥夺的国家的政府提供任何援助。"美国 1977 年国际金融机构法案第 701 条款规定："美国政府应利用它在国际复兴开发银行、国际开发协会、国际金融公司、美洲开发银行、非洲开发基金、亚洲开发银行和非洲开发银行中的发言权和投票权"，对所谓"侵犯人权"国家之外的国家提供援助。美国政府和议会还经常借口关注别国人权状况，对别国政府施加各种压力，要求"改善"人权状况。在多边外交场合，如在联合国人权会议上，以美国为首的西方国家多次策划谴责第三世界国家人权状况的议案。美国国务院每年发表一个各国人权状况的报告，对他国横加指责。

美国人权外交的实质是，借维护人权之名，向社会主义国家和第三世界推行自己的价值观、社会制度和意识形态，必要时，人权外交亦是推行霸权主义、强权政治，遏制他国发展的漂亮外装。苏联和东欧的演变就是例子。1981 年 12 月 13 日，当时的波兰政府为了平息动乱，宣布全国军管，取缔团结工会，美国认为这是践踏人权，当天就宣布对波兰实行"制裁"，其他西方国家相继仿效，结果使波兰经济损失 150 亿美元。1989 年 1 月，波兰决定实行政治多元化和工会多元化，6 月团结工会在大选中获胜，9 月组成了非共产党人领导的政府，美国马上又积极行动起来，慷慨解囊，并联合欧共体国家和日本，制定向波兰提供经援的"小马歇尔计划"。

美国等一些国家的人权外交的"政治性"和"虚伪性"还表现在下述三个方面：首先，美国等一些西方国家所"关注"的人权始终是少数几种公民权利和政治权利，对经济、社会、文化权利和发展权等集体权利从不热心，而且，他们最关心的是所谓"专制国家"的一些"民主分子"、"持不同政见者"。他们的目的是想通过他国的"民主派"、"反对派"改变该国的政治制度。其次，在人权问题上持双重标准。凡属西方体系的国家违反人权时，美国等国家或是听之任之，或是发表一纸声明轻描淡写地谴责一番了事，而不实行有效的制裁，甚至反对别国制裁，如对前南非政府和以色列政府的人权政策。对社会主义国家和一些美国认为的"独裁"国家，态度就大不一样，有时甚至不问事实，仅凭道听途说之词，大加谴责和干涉。第三，美国等西方国家在高喊维护人权的口号时，自己国内却存在着严重的人权问题，如美国就存在着严重的种族歧视问题。虽然美国早在 19 世纪 60 年代就宣布废除黑人奴隶制，但直到今天，美国的黑人仍然受到严重的种族歧视。他们的参政权、就业权、受教育权等各方面的权利一直受到严重的侵害。政治上，美国的两千多万黑人始终是二等公民。在相同的条件下，黑人的受雇率不及白人的 1/3。自二战以来，除极少数年份，黑人的失业率一直是白人的两倍。据美国国情普查局 1991 年 9 月报告，美国有 13.5％的人生活在贫困线以下，以人种划分，黑人的贫困率达 32％，而白人为 11％。由于受到歧视和隔离，大部分黑人学生只能进黑人占多数的质量差的学校。黑人只占美国人的 13％，但是，黑人被谋杀的人数比白人多 6 倍；囚犯中的 54.2％，死刑犯中的 40％以上，无家可归者中的 48％，都是黑人。

1995 年以来连续发生的烧毁黑人教堂事件就是美国种族歧视的大暴露。美国在联合国人权讲坛上大谈保护少数民族的权利，但至今没有加入《禁止并惩治种族隔离罪行国际公约》和《消除一切形式种族歧视国际公约》。

三、中国政府在关于少数民族人权的国际活动中的态度和立场

在关于民族问题的国际人权领域的活动中，我们看到，既有成功的合作，又有激烈的斗争。中国政府在这个领域中有鲜明的态度和立场，归纳起来，包括以下四个方面。

1. 积极参加少数民族人权保护的国际合作，坚决反对种族主义、种族歧视以及排外和不容异己等现象

中国确认，种族主义、种族歧视和种族隔离等严重侵犯人权的制度和行为是一种国际犯罪。在联合国的各种会议上，中国多次发言反对和谴责种族主义，并投票支持反对种族主义的各种决议。如在第 28 届联大第三委员会的大会上，中国对"向种族主义和种族歧视进行斗争行动十年"等三个决议都投了赞成票。中国认为，前南非政府长期推行的种族歧视和种族隔离政策，严重侵犯了广大黑人的基本权利，违反了国际法。中国始终无条件地支持南非黑人反对种族隔离的斗争。在包括中国在内的国际社会的敦促下，南非终于于 1994 年举行了不分种族的大选，废除了种族隔离制度。

中国还注意到，在一些发达国家里，以煽动对外国人尤其是难民、有色人种的移民的仇视为特征的种族歧视新形式正在泛滥，中国呼吁有关国家应吸取二战前德国法西斯主义迫害犹太人的惨痛教训，对这一现象予以足够的重视。

中国积极参与起草、支持和加入联合国各种反对种族主义、种族歧视和种族隔离的国际文书。如中国政府代表积极参与起草了《在民族或

种族、宗教和语言上属于少数人的权利宣言》。中国政府加入了保护少数民族人权的主要国际公约：1981 年 12 月 29 日交存加入《消除一切形式种族歧视国际公约》的加入书（对公约第 22 条提出保留），该公约 1982 年 1 月 28 日对我国生效；1983 年 4 月 18 日无保留地提交加入《禁止并惩治种族隔离罪行国际公约》加入书，同年 5 月 18 日该公约对我国生效；1983 年 4 月 19 日交存批准《防止及惩治灭绝种族罪公约》批准书（对公约第 9 条保留），该公约 7 月 17 日对我国生效。中国政府还按照条约规定，多次向联合国有关机构提交执行《消除一切形式种族歧视国际公约》和《禁止并惩治种族隔离罪行国际公约》的情况报告。

对于国际社会少数民族人权领域活动中的分歧，中国主张平等对话，相互交流。

中国政府在国际社会少数民族人权领域中的正义主张和积极合作态度得到许多国家的赞许和钦佩。事实证明，中国是积极推动国际社会在保护少数民族人权领域进行正常合作的一支重要力量。

2. 坚决反对所谓的"人权外交"，反对借"关注"少数民族人权之名干涉中国内政、分裂中国的图谋

"人权外交"具有浓厚的意识形态色彩和政治目的，这一点现在已经是众所周知了。在中国少数民族人权问题上，"人权外交"的目的有时表现得更为露骨，如一些西方国家在所谓"西藏人权问题"上的表演。

所谓"西藏人权问题"的提出，可以追溯到上个世纪 50 年代末 60 年代初。1959 年 7 月，即第 14 届联合国大会开会前两个月，受某些西方大国操纵的"国际法学家委员会"抛出了一份所谓"西藏问题"的调查文件，在这个文件中首次提出了所谓"西藏人权问题"。接着，在第 14 届联大中，美国又指使一些国家向联大提出动议，要求讨论"西藏问题"。1959 年 10 月 21 日，联大通过了所谓"西藏人权"的决议。之后，联大又在 1960 年、1961 年和 1965 年三次把所谓"西藏问题"列入

大会议程，其中两次通过了所谓"西藏问题"的决议。在东西方冷战的背景下，在新中国在联合国的合法席位未被恢复的情况下，一些西方国家将联合国大会作为工具，不顾事实，颠倒是非，恶意中伤他国，完全违背了《联合国宪章》的宗旨。这些决议显然是非法的和无效的。中国政府当即对这些决议给予了有力的驳斥。

美国等西方国家在中国政府平定西藏少数分裂主义分子发动的叛乱之后，提出所谓"西藏人权问题"，从另一个角度看，不过是武装支持西藏叛乱图谋失败之后的无奈而已。据 1975 年 9 月 5 日香港出版的《远东经济评论》所载《美国中央情报局对西藏的阴谋》一文揭露，早在西藏叛乱之前，美国中央情报局即训练特务、空投和陆运武器弹药给叛乱分子。中国政府平定西藏少数分裂主义分子的叛乱之后，这种支持不可能了，支持西藏"独立"的阴谋只能掩盖在"人权"鼓噪的背后。

苏联解体和东欧剧变后。西方国家把少数民族问题作为西化、分化中国的突破口之一。因此，所谓"西藏人权问题"又成为这些国家大做文章的重点领域。他们不断地在人权委员会、防止歧视及保护少数小组委员会等场合抛出包括"西藏人权问题"内容的反华议案，虽多次失败，仍乐此不疲。

众所周知，自 13 世纪中叶西藏正式归入中国元朝版图之后，尽管中国经历了几代王朝的兴替，多次更换过中央政权，但西藏一直处于中央政权管辖之下。1951 年西藏和平解放，西藏与中央政府的关系更加密切了，1959 年西藏实行民主改革后，旧的封建农奴制被废除，西藏人民获得了空前广泛的人权。现在的西藏与旧西藏相比，人权状况发生了翻天覆地的变化。一些国家无视这个事实，打着"人权卫士"的旗号，四处散播翻身做主的藏族人民丧失了人权，并支持达赖集团分裂祖国的活动。他们的目的是什么呢？正如中国政府发表的《西藏的主权归属与人权状况》（白皮书）所说："他们的目的无非是混淆视听，制造混乱，以达到梦寐以求的分裂中国、攫取西藏，进而颠覆社会主义中国的野心。所谓西藏的人权问题，实质在此。"

　　近些年来，一些西方国家又对中国的新疆、内蒙古地区的"人权状况"产生了"兴趣"，其"醉翁之意"仍在图谋分裂中国。中国政府和人民对这些打着人权旗号，行分裂中国之实的"关注"，不能不保持高度的警惕。

　　3. 反对片面理解人权概念，坚持和主张科学的、正确的人权观点

　　人权是一个综合性的权利范畴，国际人权文件对传统人权概念的发展，说明世界对人权概念的理解加深了，这是一种进步。各项人权是互相联系的，不可分割的，如果承认一些人权而不承认另一些人权，只能使人权概念受到歪曲，其结果只会有损人权的实现。因此，必须承认并全面促进各项人权，重点解决那些需要优先考虑的人权事项。就少数民族人权而言，也必须承认并全面促进少数民族的政治、经济、文化和社会生活各方面的人权享受，并根据实际情况重点解决那些制约少数民族人权享受的关键问题。

　　人权又是一个社会的、历史的范畴，不仅要全面地理解人权概念，而且要动态地分析人权发展的不同阶段，努力促进一定条件下的人权的具体进步。少数民族人权保护也是这样，不能抽象地谈论人权，必须结合一国的国情，结合各少数民族的政治、经济和文化的发展水平和传统特点来谈论具体的人权。这就要求各国在普遍的人权原则的指导下，创造性地制定出符合本国少数民族情况的促进人权实现的政策和法律。一些国家自认为自己的价值观和社会制度是唯一能保护少数民族人权的模式，企图强行输入他国，这种做法是行不通的。

　　如果我们考虑到人权的历史性和具体性特点，再审视一下当今世界的历史和现实，我们会发现，对中国等广大发展中国家来说，国家和人民的独立权、生存权和发展权是首要的人权。

　　从历史上看，争取国家和民族的独立和生存，是沦为殖民地半殖民地的广大亚非拉国家首先必须解决的人权问题。从15～16世纪到20世纪初，帝国主义列强通过大规模的侵略、占领和瓜分，建立了庞大的殖民体系。据统计，到1914年，沦为殖民地半殖民地国家的人口达9.3

亿，占当时世界人口（16.57亿）的56％。殖民地半殖民地国家的人民沦为亡国奴和半亡国奴，遭到殖民者疯狂的屠杀和迫害。在北美，印第安人1482年有150万～300万人，由于欧洲殖民者的剿灭，到1910年只剩下22万人。在殖民地半殖民地，罪恶的贩卖黑奴行为使非洲损失2亿人口。

中国与其他第三世界国家一样，有过受帝国主义列强欺凌的屈辱历史。据不完全统计，在近代，帝国主义的历次侵华战争中，有3000万中国人遭屠杀；从1845年到20世纪20年代，被贩卖到世界各地的华工达1200万人，而且还不包括大量途中死亡的人数。帝国主义列强在中国开办的工厂矿山中虐杀华工的事实也令人发指。现已发现的"万人坑"有80处，埋有劳工尸骨70多万具。那个时候，外国侵略者在中国享有"治外法权"，他们在中国领土上的犯罪包括对中国人的犯罪，不受中国法律制裁。中国人在自己的国土中沦为二等公民，毫无人格尊严可言。

帝国主义列强对近代中国进行大肆掠夺。据统计，在1840～1949年的一百多年中，西方列强通过强加给中国的一千一百多个不平等条约，共掠夺赔款1000亿两白银。巨额赔款加上经济掠夺，中国民族经济凋敝不堪，人民生活每况愈下，因饥寒而死者不计其数。

殖民地半殖民地的这段悲惨历史说明，国家丧失独立后，人民的生命和人身自由都无保障，更谈不上其他人权。因此，在任何时候，我们都必须珍惜国家的独立，维护国家的主权。

殖民历史造成的恶果，今天依然深深地影响着这个世界。几百年的殖民掠夺直接促成了今天一些国家的发达，而广大发展中国家则陷入了贫困和落后的泥潭之中，经济发展缓慢，人民的生存权利和发展权利受到威胁，并形成了不合理的国际经济秩序。据统计，目前发展中国家占世界总人口的70％，但收入只占世界总收入的20％左右。20世纪80年代，赤贫人数已增加到11.56亿，占发展中国家人口的1/3，其中有5.5亿人处于饥饿状态，占世界人口1/10以上。发展中国家每年因饥饿而死者达 1300 万～1800 万人，每年有 1520 万 5 岁以下的儿童由于营养不良而死。仅非洲就有 2700 万人濒临被饿死的境地。严峻的现实说明，生存权依然是当今世界最重要的人权之一。生存权没有保障，其他人权则都是空谈。正如联合国前秘书长佩雷斯·德奎利亚尔所说："如果你没有足够的食物来生存，那么谈何人权。"

中国已基本解决了温饱问题，但仍有几千万贫困人口，而这些贫困人口中的很大一部分是少数民族群众。而且中国人口基数大，一旦发生外来侵略或内部动乱，粮食问题依然是一个令人忧虑的问题。因此，人民的生存权，包括少数民族的生存权，对中国来说，依然是一个需要关注的首要人权之一。

在这个充满竞争的世界，要生存必须要发展，要发展必须有平等的发展机会。然而，在旧的国际经济秩序中，各国之间的平等的发展机会是不存在的。1974 年联大通过的《建立新的国际经济秩序宣言》指出："事实证明：在现有的国际经济秩序下，国际大家庭是不可能取得均匀和平衡的发展的。发达国家和发展中国家之间的鸿沟在这样一种制度下继续扩大；这种制度是在大多数发展中国家甚至还没有作为独立国家存在的时候建立的，而且它使不平等状况长久保持下去。"在 20 世纪 70 年代，广大发展中国家为配合建立国际经济新秩序的斗争，提出了发展权的概念。不合理、不公正的国际经济秩序严重阻碍了广大发展中国家的发展和进步，阻碍了这些国家的人民的人权享受，甚至威胁着一部分人的生存，广大发展中国家理所当然地强烈要求改变这种不公正的状况，实现各个国家平等的发展权利。

国家发展权的实现是个人发展权实现的前提。同样，国家的发展权得到了维护，一国国内少数民族的发展权的实现才有了坚实的基础。

生存权和发展权作为两项重要的人权，已被联合国人权文件确认，但一些西方国家的代表仍顽固地否认和贬低这些至关重要的人权。有的西方国家的学者竟诬蔑生存权是"兽权"。在 1986 年联大通过《发展权利宣言》时，当时的联邦德国代表认为宣言损害了个人权利，美国的代表说宣言扰乱了正常的人权程序，英国的代表则认为把促进人权与建立国际经济新秩序联系起来是错误的。西方国家对人权概念的片面理解只能说明他们鼓吹"人权"的虚伪性，说明不了别的什么。

4. 坚持走自己的路，建立有中国特色的少数民族人权保护制度

新中国成立五十多年来，中国已经初步形成了一套有自己特色的少数民族人权保护体系。表现在法律上，中国已初步形成了一个以宪法关于民族问题的条款为根本法，以民族区域自治法为基本法，包括其他法律关于民族问题的规定、国务院关于民族问题的行政法规、国务院有关部委关于民族问题的部门规章、省级人大和政府关于民族问题的地方性法规和规章、民族自治地方自治条例和单行条例等在内的法规体系。这个体系有力地保障了少数民族的人权享受。这个体系具有中国特色，因为它是从中国实际出发的；这个体系是成功的，因为它已被实践证明行之有效；这个体系赋予了中国少数民族广泛的人权，其中一些权利，如受国家帮助的权利、民族区域自治权、共同繁荣权等，超出了国际人权文件所规定的权利范围，这些都说明了中国政府在保护少数民族人权上的真诚态度。当然，对人权享受的追求是无止境的，我们相信，在中国政府的领导下，在中国各族人民的努力下，中国少数民族人权保护制度会更加完善，中国各少数民族的人权享受也会越来越向更高层次发展。

第三节 民族问题与西方 "人道主义干涉"

一、人道主义干涉的界定

所谓干涉或干预，一般有狭义和广义两种理解。按照狭义的理解，干涉指专横的强制性行为。国际法权威奥本海将干涉界定为"一个国家

对另一个国家事务的专横干预",奥本海认为,"真正的干涉总是专断的干预,而不是单纯的干预",干预不应与斡旋、调停、调解或合作混为一谈,因为这些都不包含有专断的干预。① 广义的理解,是将不同程度的干预行为都称为干涉。

那么什么叫人道主义干涉呢?对人道主义干涉的概念也有广义和狭义的不同理解。《牛津法律词典》将人道主义干涉定义为"一个或多个国家使用武力手段干预另一国内部事务,目的是让被干预国实行更人道的政策",这是狭义的理解。一般来说,狭义的人道主义干涉有以下特征:(1)干涉的目标限于人道主义目的;(2)干涉不一定取得被干预国的同意;(3)干涉是为了保护被干涉国公民的生命和人权,而不是本国公民;(4)干涉是一种使用或威胁使用武力的行为。广义的界定,在干涉手段上将非武力的手段也包括在内。这里主要是讨论狭义的国际人道主义干涉理论和实践。

人道主义干涉与联合国制裁行动和维和行动是什么关系呢?学者们也有不同的看法。一些学者将联合国基于人道主义目标,按照《联合国宪章》规定程序进行的国际制裁和维和行动也称为人道主义干涉。因而将人道主义干涉分为两类:经联合国安理会授权的人道主义干涉和未经联合国授权的人道主义干涉。另一些学者认为,所谓人道主义干涉仅指一些国家或国家集团未经联合国授权,单方面对另一个或一些主权国家采取的所谓基于人道主义目标的武力或武力威胁行动。

联合国制裁制度和维和行动的根据源自《联合国宪章》第7章。制裁制度和维和行动的实施主要分四步进行,首先依据第39条规定,由安理会"断定任何和平之威胁、和平之破坏或侵略行为之是否存在";然后依据第40条规定,为"防止情势之恶化","促请关系当事国遵行安理会所认为必要或合宜之临时办法";最后依第41条规定,安理会"决定所应采取武力以外之办法,以实施其决议,并得促请联合国会员

① 参见《奥本海国际法》上卷,第一分册,商务印书馆1981年版,第229~230页。

国执行此项办法。此项办法得包括经济关系、铁路、海运、航空、邮电、无线电及其他交通工具之局部或全部停止，以及外交关系之断绝"。但是，如果安理会认为第 41 条所规定之办法为不足或已经证明为不足时，要根据第 42 条规定，"采取必要之空海陆军行为，以维持或恢复国际和平与安全"，"包括联合国会员国之空海陆军示威、封锁及其他军事举动"。基于第 42 条采取的武力或武力威胁行动即是联合国维和行动。一般来说，制裁制度是介于单纯的口头谴责和直接诉诸武力之间的一种强制性措施。它包括武器禁运、外交孤立、旅行限制、航空制裁和贸易限制以及冻结资产和全面经济制裁等。制裁制度和维和行动往往并不是截然分开的，而是相互联系的，有时甚至是两种手段同时使用。联合国制裁制度和维和行动，依照《联合国宪章》，最初主要是针对"和平之威胁"，是国际社会处理国家间冲突的一种手段，是一个集体安全机制。但冷战后，处理一国国内的所谓人道主义危机也成了联合国制裁制度和维和行动的重要内容，也就是说，许多所谓人道主义干涉是通过联合国制裁制度和维和行动实现的。因此，如果我们将联合国体制内的所谓人道主义干涉行动排除在人道主义干涉的界定之外的话，也应该说，人道主义干涉的思想已严重地渗透到冷战后联合国的制裁制度和维和行动之中了。

二、人道主义干涉与民族问题

人道主义干涉的实践与民族问题联系甚多，许多事例是以保护他国内的少数民族的人权为借口进行的。西方国家首次以人道主义为由进行对外干预的实践出现在 19 世纪初。欧洲列强进行人道主义干预的对象主要是奥斯曼土耳其帝国，大多数是以保护土耳其境内的基督徒少数民族免受宗教迫害为由。如 1827 年英国、俄国、法国对土耳其的干涉，1860 年英国、法国、奥地利、普鲁士、俄国联合干涉土境内的叙利亚，1875 年欧洲列强对波斯尼亚、1877 年对保加利亚、1887 年对马其顿的干涉等，均以保护那里的基督徒免遭土耳其穆斯林的镇压为理由。欧洲列强声称上述对土耳其的干预行动是出于单纯的人道主义动机。但是，这些干涉行动明显与当时欧洲列强的"东方政策"相关，与各国争夺势力范围的战略相联系，如英国参与干涉是想约束俄国的势力扩张到地中海，而俄国对土耳其的多次干涉则与它竭力想控制黑海出海口的野心直接相关。

冷战以后，国际人道主义干涉再度兴起。1991年4月海湾战争结束时，伊拉克北部出现难民潮，数百万库尔德少数民族不断地涌向土耳其，引起国际社会的关注。西方国家由此强烈谴责伊拉克政府对库尔德少数民族的迫害。1991年4月16日，英、美、法等国组成的多国部队对伊拉克进行军事威慑，以保护伊拉克北部的库尔德人。此外，英、美、法与土耳其宣布，在伊拉克北部建立了一个禁止所有伊拉克军队进入的前所未有的安全区，以及不允许伊拉克飞机进入的更大的"禁飞区"。这次干预行动是冷战后西方所谓人道主义干涉的重大事件。

冷战后影响最为深远的一次人道主义干涉行动也与民族问题相关联，这就是北约对南联盟科索沃问题的干涉。科索沃是前南联盟塞尔维亚共和国南部的一个省，面积一万多平方公里，人口约两百万，其中90％以上为少数民族阿尔巴尼亚族人。长期以来，作为少数民族的阿尔巴尼亚族人要求独立，而另一方面，塞尔维亚族也非常珍爱科索沃，将其视为他们文明的摇篮。那里有许多古老的塞尔维亚东正教教堂。前南联盟总统铁托在世时制定的1974年的宪法规定，科索沃享有自治权。1980年铁托去世后，科索沃开始要求独立。在不断的骚乱和政府越来越强硬的控制的交错中，民族关系越来越紧张。到20世纪90年代，南斯拉夫社会主义联邦的解体刺激了科索沃问题不断升级。从1991～1992年，南斯拉夫社会主义联邦的斯洛文尼亚、克罗地亚、波斯尼亚和黑塞哥维那、马其顿四个共和国相继宣布独立。塞尔维亚内的科索沃在这种环境的刺激下独立活动越来越激烈，科索沃的塞族和阿族的武装冲突不断，西方对科索沃危机的介入也越来越深，而且明显偏向阿族。1999

年初，欧安组织驻科索沃观察团团长沃尔科作出"塞尔维亚警察屠杀阿族平民"的判断。1999 年 3 月 24 日晚 8 时起，北约开始了对南联盟持续 78 天的轰炸。北约 28 个国家先后部署了 3.8 万名维和人员，派出了 1000 多架飞机，出动了 3.8 万多架次，向仅有 10 万平方公里的南联盟土地上扔下数千枚导弹、两万多吨炸弹。南联盟上万名军人和平民伤亡，大量军用和民用设施被摧毁，经济损失高达 2000 多亿美元，国民经济和人民生活倒退了十多年。最后，1999 年 6 月 8 日，经过双方 5 天艰苦的谈判，南联盟与北约签署一项关于塞尔维亚军队撤出科索沃的军事协议。科索沃问题又由北约转交给联合国安理会，6 月 10 日，安理会通过了关于政治解决科索沃问题的第 1244 号决议。

冷战后，因民族问题和种族冲突引起的所谓国际人道主义干涉突然增多的主要原因有二。一是冷战后，两极对立的相对均衡被打破，国际格局的原有框架的束缚力量消失，一些国家内部由种族、民族和宗教问题积聚的矛盾和冲突得以释放。这些冲突造成政局混乱、经济衰退、各族人民的生命和生活受到严重威胁，而且影响到周边国家的稳定和发展。这种状况如旷日持久，极易引起他国的干涉。二是冷战后，世界力量的对比发生了总体上有利于西方的变化。美国等西方国家把冷战的结束视为"民主"的胜利，加紧推行西方的民主和人权思想。当联合国能为其目的所用时，就利用联合国，否则，就撇开联合国而在人道主义名义下对他国进行干涉，谋求建立以西方为主导的世界新秩序。

三、当代西方人道主义干涉论评析

如前所述，西方人道主义干涉思想在近代就有了。而且，人道主义干涉是否合法一直存在着争论。第一次世界大战以来一直到冷战结束，人道主义干涉的思潮和活动，总体来说，处于低迷状态。因为这一时期，我们的世界要么是热战状态，要么是备战状态，要么是冷战状态，国际局势总体紧张，如紧绷的弦，大国谁也不愿冒触发新的世界大战的危险而轻易采取人道主义干涉行动，打破暂时的均势状态。换句话说，在国际局势总体紧张的情况下，大国奉行的是其他逻辑，而不是人道主义干涉的逻辑。

冷战结束后，被称之为"新干涉主义"的人道主义干涉思潮再度泛起。一些西方国家的领导人和学者们直言不讳地鼓吹对他国事务进行人道主义干涉的政策。1999年4月22日，英国首相布莱尔在美国芝加哥经济俱乐部发表题为《国际社会准则》的演讲，他说："不干涉原则必须在一些方面加以限制。种族灭绝行为绝不是单纯的内政。当压制导致大规模难民外流扰乱邻近国家时，他们就可以恰当地被称为'危害国际和平与安全'，当政权是基于少数人统治如南非那样时，它们就失去了合法性。"① 布莱尔将科索沃战争定性为"一场不是基于领土野心而是基于价值观的正义战争"②。1999年6月，美国总统克林顿在马其顿对北约军队发表讲话时说："如果有人出于种族、民族背景或是宗教的原因追赶无辜的平民，试图对他们进行集体屠杀，而我们又有能力予以制止，这时我们可以向全世界人民——不管是非洲、中欧或者是其他地方——声明，我们将制止这种行动。"1999年科索沃危机时，联合国秘书长安南也指出："新兴的国际法日益清楚地表明：各国政府绝不能躲在主权后面践踏人民的人权而期待世界其他地方坐视不管。"这些思想被统称为"新干涉主义"，其核心就是鼓吹西方国家可以为"维护人权"、制止人道主义灾乱，即使没有联合国授权，也可以对一个主权国家进行武力干涉。我们可以看到，"新干涉主义"的实质与以前的人道主义干涉的思潮并没有什么不同，只是历史条件有所变化而已。

美英等国鼓吹新人道主义干涉论，果真是为了保护人权、为了维护正义吗？其实不然。说到底还是为了自己的国家利益。布莱尔在美国芝加哥经济俱乐部的演讲中说："现在，指导我们的行动的是，在捍卫我

① 1999年6月13日英国《独立报》。
② 1999年5月30日英国《独立报》。

们所坚持的价值观方面各自的共同利益和道义目标的微妙的结合。归根到底，价值观和国家利益是融为一体的。如果我们能够建立和推广自由、法治、人权和开放性社会的价值观，那也是我们的国家利益所在。我们的价值观的传播将使我们更加安全。"① 1999 年底美国白宫公布的"新世纪国家安全战略"文件说："我们寻求一个越来越多地接受民主、尊重人权和法治的价值观的世界。——我们的国家利益包括——人道主义利益和其他利益。在某些情况下，我国有可能采取行动，因为我们的价值观要求这样做"，"如果我们想要在国内获得安全，我们必须在国外实行领导"。从这些言论，我们不难看出，美英等国的逻辑就是：违反了西方国家的价值观念，就是对人道主义的破坏，就是对他们国家利益的威胁，他们就有理由干涉。

而且，美英等国的所谓人道主义干涉也是有选择性的，如何选择也是基于他们认知的国家利益。布莱尔说："世界上不民主和从事野蛮行为的政权太多。如果我们想纠正现代世界中所看到的所有错误，那我们除了干涉别国内政之外什么事也不能干了。我们是没有能力应付这个局面的。因此，我们需要决定什么时候以及是否需要进行干涉。我认为需要牢记五个重要方面：第一，我们对事件是否有把握？第二，我们是否用尽了所有外交手段？第三，根据对事态的切实评估，从事军事行动是否理智和慎重？第四，我们是否做好了长期准备？第五，是否涉及我们的国家利益？"② 1999 年，美国总统克林顿在联大发表讲话时指出："我知道有些人对美国和其他国家不能对世界上的每一场人道主义大灾乱作出反应感到不安。我们不能做每个地方的每一件事情。但是，这只是因为我们在世界的不同地方有不同的利益，并不意味着我们可以对世界上任何地方的无辜者被毁灭漠不关心。"克林顿总统的国家安全顾问伯杰1999 年 8 月在接受采访时提出美国进行人道主义干涉时应满足四个条

① 1999 年 6 月 20 日美国《洛杉矶时报》。
② 1999 年 5 月 30 日英国《独立报》。

件。首先也是最重要的是必须涉及美国的国家利益；其次，美国还必须能够把愿意干预的国家召集到一起，这样可以缩小美国参与军事干预的范围；第三，军事行动必须能够发挥作用；第四，美国没有能力也没有义务去帮助每一个受害者。①

冷战后，美英等国到处进行人道主义干涉，也是他们急欲建立以他们为领导的国际秩序的战略需要。美国已在其 1998 年 12 月推出的《新世纪国家安全战略》中毫不隐讳地声称，其目标就是要"领导整个世界"。打着维护人权的旗号进行人道主义干涉，是一个漂亮的借口。

从当代国际法来看，这种所谓"人道主义干涉"是不合法的。当今国际法没有一项国际条约规定人权可以高于主权，更没有所谓"人道主义干涉"的规定。相反，当代国际法却明文规定要互相尊重国家主权。《联合国宪章》第 2 条规定了各会员国应当遵守的国际法原则，明确把国家主权平等原则列为各项原则中的首项。而人权及其国际保护，本质上属于国内管辖的事项，人权原则尚未成为国际法的基本原则。人权及其国际保护，不能违背或破坏国家主权。国家主权是人权的基本保障，主权原则高于人权原则。任何国家以保护国际人权或人道主义为借口，公然侵略别国或武力干涉别国内政，其行为本身就是破坏国家主权，就是对国际人权的严重侵犯。

根据《联合国宪章》，对一主权国家使用武力，只能是宪章第 7 章规定的、由联合国安理会采取的"对于和平之威胁、和平之破坏以及侵略行为之应付办法"。安理会在执行该应付办法时，最终可以采取空海陆军行动（宪章第 42 条），即可以采取军事行动。但是，对于该应付办法的执行，宪章规定了严格的条件和程序。因此，违背联合国宪章、撇开联合国安理会的所谓西方国家单方面的所谓人道主义干涉毫无合法性可言，相反，只能是对国际正常秩序的破坏，是赤裸裸的强权政治和霸权主义的表现。

---

① 1999 年 8 月 6 日美国《华尔街日报》。

四、努力构建一个保障各国人民和各民族人权的世界新秩序

无论是人道主义干涉行动，还是反对恐怖主义行动，都与美国等西方国家的构建世界新秩序的战略思维紧密相关。所以，无论是谈论人道主义干涉，还是谈论反对恐怖主义，一个核心的问题是：构建一个什么样的国际政治经济新秩序？

冷战后，与其他国家相比，美国成了在经济、军事和科技领域具有绝对优势的国家。美国国内一些人士即开始鼓吹美国应该当仁不让地担负起世界"领导"角色的论调，鼓吹"霸权平衡"论，也就是说，只有在以美国为首西方国家的霸权治理下，世界局势才能维持稳定和和平。"9·11"事件后，这种论调更为发展，出现了"新帝国"论。英国首相的外交政策顾问罗伯特·库珀于2002年4月7日发表在英国《观察家报》上的《我们为什么仍然需要帝国主义》一文，是较早明确提出使用"新帝国主义"政策的代表性论述。库珀将世界分成三类国家群体：第一类是由索马里和阿富汗等前殖民地国家组成的"前现代国家"；第二类是前殖民地宗主国（也就是现代西方发达国家——作者按）组成的"后帝国和后现代国家"；第三类是由中国、印度和巴基斯坦等国组成的"传统的现代国家"。库珀认为，由前殖民地国家构成的"前现代国家"群体是当今世界动乱和威胁的主要来源，主张由西方发达国家组成的后现代国家集团应该习惯双重标准，即在自身内部通过法律和合作来保证安全，而对于欧洲以外的前殖民地国家，则应采取类似19世纪帝国主义的政策，通过使用新殖民化的手段，由"后帝国"对外输出稳定和自由。库珀还为"新帝国主义"设计了多种形式，如将北约的东扩称为"自愿帝国主义"，把国际货币基金组织和世界银行称为"自愿的全球经济帝国主义"，把北约对巴尔干事务的军事干涉称为"毗邻帝国主义"等。

其实，这些论调不过是一些人的一厢情愿的想法罢了。世界新秩序

的确立不是以个别人或个别国家的想法为转移的，它是一个客观的发展过程，是以全世界大多数人民的意志为指导的一个庞大工程。世界真的在向单极化发展吗？不是的。事实上，多极化的趋势显示出了强大的生命力。连亨廷顿教授也不得不在其新著《孤独的超级大国》中承认："现在世界上只有唯一一个超级大国，但绝不意味着世界是单极的"，"超级大国试图建立一个单极体系的努力，促使其他大国作出更大的努力来实现多极体系。几乎所有的地区大国都越来越坚持自己寻求各自不同的权利，它们寻求的这种利益往往与美国相冲突"。"虽然美国经常指责一些国家为胡作非为的国家，但在许多国家看来，美国正在成为一个胡作非为的国家，现在美国实行的是一种全球'单边主义'政策，维护自己特有的利益而很少考虑其他国家的利益。它不大可能成为孤立主义国家退出这个世界，而可能成为孤立的国家，与世界上很多国家格格不入"。

因此，我们主张，新的世界秩序只能以和平共处五项原则为基础来建立。第一，建立国际政治新秩序：各国互相尊重主权和领土完整、互不侵犯、互不干涉内政、和平共处。促进国际关系的民主化。第二，建立国际经济新秩序：各国合作互助，平等互利，共同发展。促进全球经济均衡发展。第三，建立国际文化新秩序：维护和尊重各国、各民族的多样性，承认人类的共同性。只有在这种世界新秩序下，各国人民和各民族人民的人权才能得到真正的保障。

下篇

中国民族问题

第七章
中国，多民族的家园
——历史进程中的中华民族

第一节　中华民族的形成和发展

一、中华民族的含义

中国是一个统一的多民族国家。古往今来居住在中国领土上的各民族总称为中华民族。中华民族现包括 56 个民族，这些民族是：汉、蒙古、回、藏、维吾尔、苗、彝、壮、布依、朝鲜、满、侗、瑶、白、土家、哈尼、哈萨克、傣、黎、傈僳、佤、畲、高山、拉祜、水、东乡、纳西、景颇、柯尔克孜、土、达斡尔、仫佬、羌、布朗、撒拉、毛南、仡佬、锡伯、阿昌、普米、塔吉克、怒、乌孜别克、俄罗斯、鄂温克、德昂、保安、裕固、京、塔塔尔、独龙、鄂伦春、赫哲、门巴、珞巴、基诺等民族。汉族人口最多，其他 55 个民族相对汉族来说人口较少，习惯上被称为"少数民族"。

"中华"，原意与"中国"相通，又与"华夏"相系。《唐律疏义》这样解释："中华者，中国也。亲被王教，自属中国，衣冠威仪，习俗孝悌，居身礼义，故谓之中华。"意思是，凡行政区划及文化、制度自属中国的，都称为中华。"中华"在历史上曾专指汉族，这是由于中华与华夏有关。华夏文化发达，遂以中华自称。到了近代，"民族"一词传入中国，产生了"中华民族"这一词汇。随后，"中华民族"一词就用来指中华大地上的中国各民族。

伟大的革命先行者孙中山在《中华民国临时大总统宣言书》中称多民族统一的民族为中华民族，主张全国各民族团结成一个坚强的整体，以抵御列强欺凌，以求中华民族的独立解放。

伟大的无产阶级革命家毛泽东在他的《中国革命与中国共产党》一文中以"中华民族"为第一节，论述道：中华民族是有光荣的革命传统和优秀的历史遗产的民族，包括汉族和数十种少数民族，中华民族的各族人民都反对外来民族的压迫，赞成平等的联合。在这里，他指明中华民族是一个多民族的集合体。

1949年10月1日，中华人民共和国成立。从此，中华民族各族人民站起来了，伟大的中国屹立在世界东方。

中华民族是勤劳勇敢和富有创造精神的民族。在几千年的历史长河中，以其灿烂的文化艺术和辉煌的科学技术成就蜚声于世界，对于人类社会的进步产生过深远的影响。

二、中华民族的起源

中华民族起源于本土。中华民族的祖先从很早的古代起，就劳动、生息、繁衍在中国这块广阔的土地上。从云南禄丰、湖北建始、云南元谋、北京周口店、陕西大荔、广西柳江、台湾左镇等数千处大量的考古发现和研究证明，中华大地上具有从腊玛古猿、南方古猿、早期直立人、晚期直立人、早期智人、晚期智人等人类起源各个阶段较为完整的进化序列。古人类学界从中华古人类的体质特征、面部特征等证明，中华大地是蒙古人种的主要起源地。中华民族绝大多数人属于蒙古人种的各个类型。

从旧石器时代到新石器时代，直到青铜时代，中华文化系列完整，考古发掘出的器物形制及类型上互相都有联系。这说明中华文化起源于本土。旧石器时代产生的采集渔猎经济，到了新石器时代晚期，有了很大的发展，使用间接打击法打制复合工具，生产工具有了改进，生产技术也有了一定程度的提高。

已经发掘出的新石器文化遗址遍布全国各地，而在黄河和长江流域的中下游地带比较集中。早在六七千年前的新石器时代，居住在中华大地不同地区的人们共同体，已经表现出以细小打制石器为特征的北部草原地带狩猎游牧民族文化、黄河中下游的仰韶文化及龙山文化和长江下游的河姆渡文化及马家浜文化等系统特征。

这一时期最重大的物质文化发明，就是出现了畜牧业和农耕业。在内蒙古伊克昭盟杭锦旗发掘的墓葬群中，出土的随葬品有马、牛、羊的头和蹄以及动物形饰牌，反映了草原游牧民族畜牧业文化的起源和发展。在黄河流域、东北地区、西南地区和台湾等地的遗址中，发现了粟的碳化遗物以及碳化蔬菜种子，这说明产生了农耕粟作文化。在长江流域和东南沿海的遗址中，发现了七千多年以前的碳化稻粒，这是世界上最古老的稻作文化遗存。粟、稻的早期种植和广泛分布，证明了中国是世界上粟、稻栽培作物的起源地。还发现了大量的以石、骨、蚌、木为主要原料制作的农耕工具，这些农耕工具一直沿用到青铜时代。稻、粟、蔬菜的种植和农耕工具的使用，说明了中华民族先民的勤劳勇敢和富于创造的精神。

三、中华民族的形成

中华民族的形成和发展经历了一个长达数千年的历史过程。在这个历史过程中，以中原族体和文化为中心，周围边疆族体和文化不断与中原文化交流汇聚，使中原文化不断丰富，族体不断壮大；中原文化和族体也不断向边疆扩散，大量的人力资源和科学技术输送到边疆，中原与边疆互相交流，不断丰富，逐渐形成和发展成为共同的中华文化和中华民族统一体。

黄河中下游平原以及关中平原这些地区地势平坦，土质松软，气候温和，比较容易开发耕作，所以成为原始农耕业发展较早的地区，中原地区最早成为中华民族先民汇聚的中心。周代以前，中华民族最早的凝聚中心华夏族逐渐形成。

传说中的炎黄是汉族的先祖、华夏的始源，也是许多少数民族的始源。炎帝氏族从母氏族中分离出来以后，生活在陕西的渭水流域以及姜水一带。八百里秦川丰腴肥沃。炎帝氏族逐渐发展成为一个强大的部落，然后向东迁徙到中原地区，在黄河两岸发展起来。黄帝氏族则早已从渭水流域东迁到中原地区，发展成为势力强大的黄帝部落。炎帝部落和黄帝部落结成强大的部落联盟，称雄于中原。

在公元前22世纪前后，与黄帝部落有直接族源关系的夏民族在黄河中游的黄土地带首先崛起，建立了中国历史上第一个朝代——夏朝。到了大禹时期，青铜工具开始使用，大禹"开九州，通九道"，制伏水患。青铜文化使原始农耕发展为灌溉农业经济，生产力大大提高，原始社会逐渐解体，于是出现了阶级，产生了国家，形成了民族。

后出自东夷、臣属于夏王朝的商部落，也完成了从血缘关系向地缘关系的转化，崛起于黄河下游，发展成为商民族，代夏而起，建立了商王朝。

居住在陕甘渭水上游、原来是商王朝部属的周部落，崛起于陕甘岐丰之地，完成了从原始社会向阶级社会的过渡，入主中原，克商建周，发展成周民族。

周武王称为"华"，大禹之裔夏后氏称为"夏"，之后，夏、商、周诸族后裔统称"诸华"、"诸夏"，"华"、"夏"通用，连称"华夏"，成为中原最早的凝聚中心。

夏、商、周三族在黄河流域相继崛起之后，楚、越两族在长江流域也相继崛起。长江流域的各氏族、部落的社会发展进程，相对于黄河流域来说比较缓慢，所以在相当一个时期内被称为"蛮"。居住在江汉地区的蛮被称为"荆楚"。他们崇尚武功，纵横捭阖，在战争扩张中迅速强大起来，并形成楚民族。分布在江浙到两广及云贵高原的百越集团，逐步发展，产生了阶级，以吴、越两国的建立为标志，越民族逐渐形成。

从春秋到战国，是中国从奴隶社会向封建社会转化的大动荡和大分化的历史时期，也是民族大变动和大发展的历史时期。在这个时期，各民族间长时间的接触和斗争，使民族矛盾由激化而化解并走向融合。夏、商、周、楚、越诸族在发展民族自身的同时，互相往来，互相渗透，互相吸收，在交流中逐渐融合。这种融合，还扩展到蛮、夷、戎、狄各族。边疆各民族，特别是西北、北方各游牧民族不断进入中原。泰山东南的东夷，长江下游的吴、越，四川地区的巴、蜀，都逐渐融于华夏。属于犬戎的秦，先是在西部战胜诸戎，继而打败韩、赵、魏三国，再向西、南、北扩充，兼并了周围的一些少数民族，一跃成为华夏民族的核心。华夏民族在民族大融合的熔炉中铸成，为统一的汉民族的形成奠定了基础。

秦始皇结束了战国时代地方割据、诸侯纷争的局面，建立了中央集权的"大一统"封建国家——秦王朝。秦始皇推行郡县制，规定书同文、车同轨，统一货币、度量衡标准，使华夏民族在地域基础、语言文化、经济生活和政治上成为一个稳定的人们共同体。七雄兼并实质上是华夏民族的统一过程，民族融合促进了华夏民族共同体的稳定和壮大。

汉代继承秦制，中央集权的封建国家更加强大。币制进一步统一，商品流通大大发展，社会经济发展加快。在思想文化方面，确立了儒家学说为统治思想。秦王朝时统一的华夏民族发展得更统一、更稳定。汉王朝国势强盛，统治长达四百多年。在对外交往中，其他民族称汉朝的使者为"汉使"，汉朝的军队为"汉兵"，汉朝的人为"汉人"。在汉王朝与周边少数民族频繁进行的各种交往活动中，汉朝之名遂被其他民族称呼为华夏民族之名。以汉族的族称确定为标志，华夏民族经过交流、结合并融合其他民族，形成了世界上人数最多的民族——汉族。

汉族形成以后，不断发展壮大，经济、文化及科学技术迅速发展，民族意识增强，人口迅速增多。千百年来，不断有其他民族的一部分乃至大部分融合于汉族当中。中国历史上曾经强盛兴旺的南匈奴人、鲜卑人、羯人、氐人、羌人、契丹人、沙陀人、女真人等，都在中原建立王朝以后接受了汉文化，他们的民族和文化或融于汉族当中，或由同族的一部分人延续发展。历史上少数民族大量移居汉族地区的次数和人数都很多，后来大都与汉族融合。这种融合使汉族更加兴旺壮大。另一方面，历代都有一部分汉族人因戍边屯垦、组织移民、逃难谋生、被掳掠等种种原因迁徙到其他民族地区，在那里长期生活，与那里的民族通婚，与那些民族融合，成为其中的一部分。这样，就把汉族的文化科学技术带到各民族地区，促进了那些地区的发展。这种融合，主要方面是汉族人吸收其他民族而更加发展壮大，同时也是相互吸收，中华民族各个成员你中有我，我中有你，联结成一个整体。

在魏晋南北朝民族大融合、各民族互相吸收和共同创造的基础上，强盛的唐代经济文化迅速发展，中华民族大家庭繁荣兴旺。唐王朝广泛联系边疆各少数民族，在全国统一建置府州，维护国家统一。在统一国家中的少数民族地区，确立了对边疆各族首领册封的制度，由少数民族首领担任都督、刺史和县令，保持各民族的组织机构及其相对的独立性，保持各民族风俗习惯和民族特点。朝廷大量提拔突厥等少数民族将领，有上万家突厥官民移入长安居住，享受优厚待遇。在唐朝宰相中，有相当一部分是少数民族出身，各民族都参与了政权。这种同各少数民族的联系与交往包括青藏高原。藏族的祖先吐蕃族的经济文化在当时已有了相当的发展。文成公主与松赞干布联姻，向吐蕃地区传播先进的文化技术，促进了唐蕃友好关系的发展和经济文化交流。这一时期，汉民族文化源源西去，西域各族文化滚滚东来，唐都长安成为各民族文化的荟萃之地，融会成空前繁盛的唐文化。建立在经济繁荣的统一的多民族国家基础上的盛唐文化，吸收了国内各民族文化的精华，反映出统一的多民族国家的意识形态。

活跃于中国东北地区的契丹族，在唐朝灭亡以后的五代动乱时期建立了多民族封建政权的辽王朝，统治范围扩大到华北地区。迅速崛起的女真族灭辽以后接着灭北宋建金。金王朝的统治范围进一步扩大到淮河以北。由不同族体所建的与南宋并立的辽、金、西夏、回纥、大理等政权，在继承和发展中华文化方面都作出了出色的贡献。辽、金进一步开发和巩固了祖国东北边疆，把东北边陲与华北和中原连成一片，为中华民族的发展壮大输进了新鲜血液，扩大了民族文化交流，发展了经济。

崛起于漠北高原的蒙古族结束了唐末以后三百六十多年的分裂割据状态，建立起统一的多民族的大元帝国。元朝在全国实行行省制度，又在南方部分少数民族聚居的府、州设立土官，把西藏纳入中央王朝直接施政的范围，西藏从此成为中国不可分割的一部分。元代全国政治上的统一，加强了南北之间、内地与边疆之间的经济文化交流，促进了民族融合，科学文化有了新的发展。

明朝统治期间，聚居于中国东北黑龙江、松花江流域的满族，在继承辽、金文化和吸取汉文化的基础上，逐渐强大起来。17 世纪中叶，满族进入山海关，建立了清朝。清朝政府在西域设伊犁将军，建新疆行省。在西藏册封达赖、班禅，建立噶厦地方政府。修建避暑山庄和外八庙，联系和安抚各少数民族。在西南各少数民族地区实行"改土归流"政策，废除土司制度，由中央王朝派流官直接统治。这些政策措施的推行，对于团结中华各民族，巩固祖国边疆，繁荣和发展南北方、内地与边疆的经济文化，具有历史的进步意义。到清代，中国少数民族大都已进入相当的发展阶段。

中华人民共和国的成立，开创了中华民族发展进步的新纪元。各民族发展进步，成为社会主义时代的民族，中华民族以崭新的姿态屹立于世界民族之林。

四、中华各民族共同缔造了多民族的中国

中国辽阔的疆域和富饶的土地是中华各民族人民共同开拓和共同守护的。

在古老的中华大地上，从夏、商、周到春秋战国时代以至秦汉的漫长历史时期，华夏、苗蛮、百越诸族开拓了黄河流域、长江流域和东部沿海一带，其他各民族开拓了辽阔的边疆地区。肃慎、东胡、乌桓、鲜卑、匈奴、狄等族开发了东北地区、蒙古草原和华北北部的广大地区；戎、羌、氐诸族开发了青藏高原地区；乌孙、月氏、塞种诸族开发了今新疆及其以西广大地区；濮、越等族开发了长江中下游以南地区；西南夷开发了西南边疆广大地区。以后相继又有更多的少数民族陆续在开发祖国的历史中贡献力量，如敕勒、吐蕃、突厥、回纥、契丹、党项、女真、蒙古、朝鲜等很多民族。中华民族的各民族先民辛勤劳动，艰苦创业，共同开拓了祖国辽阔的疆域。

统一的多民族的祖国是中华各民族人民共同缔造的。随着社会生产力的发展，实现国家统一成为社会发展的历史潮流。中华各民族为国家的统一贡献了力量。春秋时神州大地有一百多个国家，经过合并，到战国时就只有七个大国了。从秦朝时起，中国开始成为统一的多民族国家。中国的疆土、历史和文化，是中华民族历代各民族共同开拓和缔造的。随着全国的统一集中，边疆各民族地区和中原的经济文化联系不断加强，中华民族各族人民的依存关系进而加深。历史说明，中国的统一是由各民族共同缔造和完成的。

五、中华各民族共同捍卫了祖国的统一

中国自秦汉成为统一的国家以后的两千多年来，特别是经过汉、唐、元、明、清各朝的努力，国家的统一不断发展和巩固。各民族和睦相处和国家统一始终是历史的主流。在漫长的历史过程中，全国统一的局面占三分之二以上的时间，虽然其中也有短暂的分裂割据，但是时间

很短，而且越到后期分裂的时间越短，统一是历史发展的主旋律。元、明、清三朝的统一局面连续六百余年。各族人民共同为祖国的统一和国家的昌盛进行了坚持不懈的努力。如果出现局部的动乱、纷争和割据，各族人民总是积极参加平定内乱、维护统一的斗争。唐代爆发"安史之乱"，朝廷从全国各地调集武装力量平定内乱，当时西域的维吾尔族等少数民族将士参加了平乱。在清代平定噶尔丹分裂政权和"三藩之乱"的斗争中，各民族勇士冲锋陷阵，作出了应有的贡献。

在遭受外敌入侵、中华民族面临危亡之时，各族人民更是团结一心，奋勇抗争，以血肉之躯筑起中华民族坚固宏伟的万里长城，不屈不挠，守疆卫国。18世纪，东北各族人民在黑龙江流域抗击沙俄入侵，英勇捍卫了国家疆土；新疆各族人民协同清军歼灭了阿古柏主力，挫败了英、俄帝国主义的阴谋。18世纪末19世纪初，西藏军民在隆吐山之战和江孜保卫战中两次重创英军，狠狠地打击了侵略者的嚣张气焰。中华民族具有强大的凝聚力。近代以来，西方帝国主义列强武装侵略中国，阴谋瓜分中国，中华各族人民同仇敌忾，奋起共御外侵，显示了中华民族的整体性。中华各族人民英勇顽强，反抗侵略，在最艰苦的历史条件下保卫了祖国的统一和领土的基本完整。在八年抗战中，全国各族人民在中国共产党的领导下，经过艰苦卓绝的斗争，赶走了日本侵略者。回民支队、蒙古抗日游击队、东北各族人民组成的东北抗日联军等许多以少数民族为主的抗日武装力量，都在抗日战争的史册上写下了光辉的篇章。在对外抗击侵略、维护国家主权和独立的斗争中，各族人民捍卫祖国统一，表现了崇高的民族气节和伟大的爱国主义精神。

帝国主义入侵中国之后，出于政治阴谋和扩张野心，总是极力在中国制造民族分裂。极少数民族败类在帝国主义侵略势力的扶持下，策划和制造"西藏独立"活动、新疆的所谓"东突厥斯坦"活动、内蒙古的"蒙古独立"活动、东北的"伪满洲国"活动。这些罪恶活动违背了历史发展趋势，违背了国家利益和民族大义，在包括其本民族人民在内的全国各族人民的坚决反对下，或仅仅是一出短命的闹剧，或化为泡影。

在分裂与反分裂的斗争中，中华各民族更加团结，祖国的统一进一步加强。在人类历史的长河中，世界历史上有些幅员极其辽阔的国家现已不复存在了，而统一的多民族的中国一直屹立在世界东方，悠久的中华文明延续发展，最根本的原因就是，中华民族和衷共济，团结合作，维护祖国统一，反对分裂，不息地创造和奋斗。历史、地域、文化的紧密联系把中华各民族紧紧连在了一起，中华各民族血肉相连，荣辱与共，这是历史的结论，是各族人民的共识，是不可抗拒的历史潮流。中华民族虽然饱经忧患，历尽沧桑，但始终威武不屈，奋斗不息，不仅获得了独立解放，而且经过艰苦奋斗，奋发图强，发展得越来越强大。

六、各民族共同推动着中国社会的进步

中华各民族人民在共同开发、缔造和建设统一的多民族中国的长期历史中，创造了发达的经济和灿烂的文化，为祖国的经济文化发展，对世界文明的发展，作出了重要的贡献。

中华民族对人类文明作出的重大贡献，其中包括少数民族的伟大贡献。中国的造纸、印刷术、指南针和火药四大发明，是中华民族对世界突出的贡献，对于世界文明的发展起了重要的促进作用。中国是世界农业起源的中心之一。中国人最早从野生植物中培植了粟、稷、稻等农作物，公元前6世纪发明了先进的铁犁，公元前2世纪设计出很好的犁壁并装在犁铧上。维吾尔族农学家鲁明善著的《农桑衣食撮要》，在中国农学史上占有重要地位。早在汉代，新疆就已广泛种植棉花和使用棉布，种棉和织棉技术从南北两道传入内地后广泛流传。中国人最早发明了养蚕缫丝和纺织。汉代人发明了纺车，13世纪传入欧洲。中国天文学有悠久的历史。中国有世界上最早和最完整的关于日食、月食、恒星、彗星、太阳黑子等天象的观测记录。中国元代回族科学家扎马鲁丁制造了多环仪、方位仪等七种天文仪器，又撰写了《万年历》和地理巨著《大元一统志》，对天文地理等学科有重大贡献。中华民族在物理学、

化学等方面都有悠久的历史和卓著的贡献。在医学方面，藏医学历史悠久，《四部医典》是西藏医学史上著名的古典文献。回族建筑家亦黑迭儿丁规划了元大都（今北京）并领导修建，为以后北京城市建筑的发展打下了基础。明代的回族航海家郑和，七次下"西洋"，访问了三十多个亚非国家，闻名世界。

中华各民族人民在共同开发、缔造和建设统一的多民族国家的长期历史中，创造了灿烂的精神文化成果，共同为祖国的文化繁荣作出了重要的贡献。在中国各时代各类体裁的文学作品中，汉族和各少数民族都作出了重大贡献。《诗经》是各地区各民族民歌的总汇。《楚辞》中有相当一部分是记录或者整理的少数民族的仪式歌和民歌。《元曲》的繁荣有着少数民族多方面的贡献。满族作家曹雪芹的《红楼梦》是中国文学史上的不朽名著。各少数民族历代都流传下来许多用本民族文字或用汉文创作的各类文学作品，还有大量优秀的口头文学作品。中国的三大史诗即藏族的《格萨尔》、蒙古族的《江格尔》和柯尔克孜族的《玛纳斯》，是饮誉世界的英雄史诗。闻名中外的敦煌石窟、云冈石窟、龙门石窟、克孜尔千佛洞，是汉族、鲜卑族、藏族以及西域各民族的艺术家和劳动人民共同创作的。

中华民族的形成和发展，经历了长期的历史。它既是众多民族各自形成发展的历史，又是由众多民族共同创造的中华民族整体形成发展的历史。自秦汉以来的两千多年中，中国境内各民族之间一直存在着政治、经济、文化上密切的联系和交流，从而形成了互相依存、互相促进、共同发展的关系。在长期的历史发展过程中，生活在中国境内的各民族，都有各自所独有的鲜明的民族特点，同时各民族又有共同之点，即中华民族的共同性。中华民族是一个不可分割的整体。这个整体又是由许多相互不能分离的民族组成的。与统一的多民族中国的形成和发展相适应，各民族的根本利益互相关联，发展和巩固了中华民族的共同性。

第二节 中国少数民族的社会和人文状况

一、中国各少数民族人口及分布状况

在中国辽阔的土地上，生活着中华民族 56 个民族成员。据 2000 年第五次全国人口普查，中国内地总人口为 12.42 亿人，其中汉族人口 11.37 亿人，55 个少数民族人口 1.04 亿人。在这些少数民族中，人口在百万以上的有：蒙古、回、藏、维吾尔、苗、彝、壮、布依、朝鲜、满、侗、瑶、白、土家、哈尼、哈萨克、傣、黎等 18 个民族；人口在 100 万以下 10 万以上的有：傈僳、佤、畲、高山、拉祜、水、东乡、纳西、景颇、柯尔克孜、土、达斡尔、仫佬、羌、仡佬、锡伯等 16 个民族；人口在 10 万以下 1 万以上的有：布朗、撒拉、毛南、阿昌、普米、塔吉克、怒、乌孜别克、俄罗斯、鄂温克、德昂、保安、裕固、京、基诺等 15 个民族；人口在万人以下的有：塔塔尔、独龙、鄂伦春、赫哲、门巴、珞巴等 6 个民族。

中国少数民族主要分布在内蒙古、新疆、宁夏、广西、西藏、云南、贵州、青海、四川、甘肃、辽宁、海南、台湾等省、自治区。各民族的居住状况并不是区划齐整、界线分明的，而是大杂居、小聚居、互相交错居住的。少数民族人口虽少，但分布很广。全国各省、自治区、直辖市都有少数民族，绝大部分县都有两个以上的民族居住。各少数民族既有自己的聚居区，又散居在全国各地，与汉族及其他少数民族交错居住。这种分布特点是在中国长期历史发展过程中各民族间相互交往、流动而形成的。

少数民族地区地域广大，大多是山区、高原、牧区和林区，人口稀少，人口密度与内地沿海汉族地区相比，差距悬殊。每平方公里人口密度，江苏、山东、河南等地为五六百人，西藏、青海、新疆等地只有几人。

少数民族地区多处于祖国边疆、国防要冲。在 21000 多公里的陆地边境线上，大都是少数民族居住区。很多边境口岸是中国与相邻国家贸易往来的重要通道，进行政治、经济、文化交流的重要桥梁。有三十多个少数民族与境外同一民族相邻而居，与他们有着悠久的友好往来和亲友关系，对于开发边疆、促进经济文化交流、发展与周边国家的睦邻友好关系，有着积极的重要的作用。

地域辽阔的少数民族地区，物产资源十分丰富。少数民族地区水利资源在全国居于重要地位，大江大河都发源于少数民族地区；煤、铁、石油、稀土等矿藏储量丰富；拥有全国草原面积的 90％以上。少数民族地区山川秀丽，有众多的名胜古迹和历史文物，具有得天独厚的旅游资源。西藏的珠穆朗玛峰、布达拉宫，云南的西双版纳、大理风光，广西的桂林山水，湖南的张家界及整个武陵源风景区，四川的九寨沟、黄龙，贵州的黄果树瀑布，台湾的日月潭、阿里山，海南的天涯海角，内蒙古的大草原，新疆的吐鲁番，等等，都是享誉世界的风景名胜，开发和发展这些旅游资源对于发展祖国的经济文化具有十分重要的意义。

二、各少数民族经济社会发展不平衡

中国各民族的经济社会发展很不平衡，甚至在同一民族内部的不同地区之间也不平衡。一般来说，汉族地区发展水平较高，新中国成立前，不但有发达的封建农业经济，而且近代资本主义工商业也有相当程度的发展。同汉族杂居的少数民族，同汉族聚居区相连接、相交错的一些少数民族地区，经济上达到或者接近汉族地区的水平。而大多数少数民族地区则还处在资本主义社会以前的社会发展阶段，有的是封建农奴制，有的是奴隶制，有的甚至还保存有浓厚的原始公社残余，并存着各种社会经济形态。

在民主改革前，社会经济结构与汉族相同或大体相同的民族，有壮、回、维吾尔、朝鲜、满、白、纳西、布依、土家、侗、苗等三十多个民族以及蒙古族、彝族、黎族的大部分，藏族的小部分，占当时全国少数民族人口的80％左右。这些民族大都居住在汉族聚居区周围或与汉族杂居，在新中国成立前夕封建地主经济已经占了统治地位，其中在回、满、维吾尔、壮、朝鲜等民族中资本主义经济已有不同程度的发展，一部分地区有了一些现代工业。如回族大多居住在城镇和交通沿线，又有经营工商业的传统，其资本主义经济因素有较多的发展，居住在一些大中城市的回族中，已经有了开办纺织、制革等行业的资本家。一般来说，少数民族经营工商业的为数不多，尤其是很少有工业资本家，有的多是小商小贩和商业资本家。居住在汉族聚居区周围或与汉族杂居的那些少数民族的地主、富农以及他们所占有的田地、山林的比重一般低于汉族，那些少数民族深受阶级和民族的双重压迫剥削。有些民族虽处于地主经济的发展阶段，却还存在着奴隶社会、原始社会的明显痕迹。

在大部分藏族地区及部分傣、哈尼等民族地区，在民主改革前还存在着封建农奴制。西藏的封建领主即农奴主由官家（封建政府）、寺院、贵族三者组成。占人口5％的封建农奴主占有全部的土地和大量的牲畜。"政教合一"的地方封建政府，有封赐、调整和没收土地的权力，还有对所耕地摊派或增减差役的权力。贵族是世袭的。西藏封建政府的全部权力掌握在少数贵族尤其是大贵族的手中。西藏封建政府的重要官员都由贵族和上层喇嘛担任。上层喇嘛一般也是贵族家庭出身。农奴只有小块瘠薄的"份地"，每年要用一部或大部分时间为领主服无偿劳役，还要负担名目繁多的差役和交纳各种捐税。农奴没有人身自由，世世代代遭受地租和乌拉差役的重重盘剥。农奴主不仅可以随意将农奴出卖、抵押和转让，甚至还可以用暴力镇压。农奴主对外逃者或者其他被认为是违法的农奴，可以任意施以挖眼、剥皮等酷刑。西藏的封建农奴制直到1959年民主改革才被彻底废除。西双版纳的土地、山林、河流都属于傣族封建领主所有。农奴耕种领主分给的"份地"，必须交纳定额的官租。不种地的，也要买地住房，买路走，买水吃。猎获野兽要拿一半献给领主。农奴主对农奴的剥削，主要手段是利用"份地"向农奴征收役税。农奴对"份地"没有私有权。农奴除负担沉重的官租，有的还要担负修路、架桥、养马、抬轿等无偿劳役。云南红河两岸的哈尼族的封建领主即土司还有劳役、杂派等多种特权，那里的封建农奴制处于向封建地主制过渡的社会形态。

内蒙古的一些牧区，到中华人民共和国成立前还存在着封建牧奴制度。贵族拥有全部牧场，他们用强制手段，把牲畜交给牧奴牧放，无偿占有牧奴的劳役。有自己的牲畜的牧奴，也必须向贵族交纳赋税和负担劳役。

中华人民共和国成立时，彝族的大多数早已进入封建地主经济，但在四川和云南的大小凉山地区约 100 万人口的彝族中，还保存着奴隶制度。在这些地区，社会内部等级森严，分为黑彝、曲诺、阿加和呷西四个等级。黑彝即贵族，占人口的 7%，绝大多数属于奴隶主阶级，享有政治、经济上的特权。他们占有 70% 的土地和大量牲畜，而且不同程度地占有其他三个等级的人身，残酷地剥削和压迫奴隶。曲诺约占人口的50%，有少量土地和生产资料，人身隶属于黑彝奴隶主，不能搬迁出主子的辖区，每年必须服一定时间的无偿劳役，并受其他各种剥削。阿加是业已成婚安家的生产奴隶，占人口的 33%。他们的人身完全被奴隶主占有，可被买卖虐杀，大部分时间为奴隶主服无偿劳役，无自婚权和对子女的亲权，所生子女部分或全部被主子抽去当呷西。呷西即家奴，是被俘、买来或抽来的单身成年男女，在奴隶中是最低等级的，占人口的 10%，他们一无所有，终年为主子从事繁重的家务劳动和田间劳动，毫无人身自由，被主子任意赠送、买卖甚至虐杀。

还有一些少数民族，如鄂温克、鄂伦春、独龙、怒、傈僳、佤、布朗、景颇、黎、珞巴等民族和台湾省少数民族的一部分地区，在中华人民共和国成立时有些还处于原始公社末期，还保存着浓厚的原始公社制度残余。这些民族居住地区，已经在不同程度上出现了生产资料私有制，有的还出现了剥削的萌芽，但基本上还没有形成剥削阶级，而在相当程度上保存着生产资料公有、共同生产、平均分配的原始公社制度残余。居住在内蒙古自治区的鄂温克族大部分已进入封建社会阶段，极少数尚处于父系家庭公社阶段。那些使用驯鹿的极少数鄂温克人，其驯鹿、猎枪等生产工具属于个人私有，生产以乌力楞（家族公社）为单位，猎获物平均分配。随着与外界隔绝的打破，私有制的出现，产品分配也相应发生变化，但还是保留了不少以往的习俗。云南的独龙族的社会组织是家族公社，土地所有制为家族共有共耕，产品按户平均分配。家族公社出现了"火塘小家庭"，土地占有上也出现了向私有发展的趋势。佤族、傈僳族等已基本上过渡到以一家一户为生产单位的小农经济社会，普遍出现了阶级分化和剥削现象，但是原始公社制度残余还很浓厚，私有自耕往往与共同劳动、平均分配的制度并存。一般来说，存在浓厚的原始公社残余的以上这些民族只是同汉族和其他先进民族接触较少的部分，接触较多的部分早已进入阶级社会了。

各少数民族地区与他们的社会结构和经济制度相适应，其政治制度也很复杂。在历代封建王朝，各少数民族地区作为统一的封建国家的一部分，受封建皇帝和朝廷的统治。封建王朝对少数民族地区的统治，在内地委派流官治理，在少数民族地区实行"以夷制夷"的办法，即对少数民族原来的统治者和头人加封官职，作为统一封建国家的地方政权的统治者。特别是元明以后，更形成了一套固定的土司制度和流官、土官共同治理的办法。清朝承袭和发展了元明的办法，在少数民族地区建立了一套更加完整和严密的统治制度，在满洲、内蒙古实行盟旗制度；在新疆实行伯克制度；在西南和甘、青等地沿袭元明土司制度；在西藏保持政教合一制度。随着封建领主经济和其他更落后的经济制度逐步解体，封建地主经济尤其是近代资本主义因素的发生和发展，封建王朝采取了重流轻土和改土归流的政策，来逐步削弱以至消灭土司制度。明代就曾经在广西、云南的一部分地区实行改土归流。清朝更在西南地区大规模地实行改土归流，并在新疆建省并废除伯克制度和札萨克制度，在东北废除八旗制度并改建行省。改土归流促进了封建领主经济的彻底崩溃，加强了祖国统一和各民族之间的联系，也有利于资本主义因素的发展。

历代封建王朝加强封建专制中央集权统治，但是不可能完全消灭封建割据状态。一部分少数民族地区由于落后的经济关系，加上近代帝国主义对中国实行划分势力范围和分割统治的政策，致使土司制度和其他封建领主制度直到新中国成立前还保持着。内蒙古部分地区已经设省、县实行流官统治，同时又保存着由世袭封建王公统治的盟旗制度。西藏地区存在着政教合一的僧侣贵族联合专政制度。大小凉山彝族地区存在着黑彝家支制度，保留着原始氏族组织的躯壳，对奴隶实行野蛮的专政。云南、四川、贵州、广西、青海和甘肃等一些少数民族地区，还保持着不同范围的山官制度、千百户制度、头人制度、土司制度。在一些保持着原始公社残余的少数民族内部，一定程度上实行着原始民主制度，重要事情由公社全体成员民主讨论决定。

三、传统的物质文化成果

各少数民族在长期的历史发展中，发展生产技术，创造了传统的物质文化，对促进祖国多种经济的发展起了重要作用。

在畜牧业生产方面，许多从事畜牧业的少数民族首先培育了为数众多的牲畜优良品种，将养马术、骑术和大批马、驴、骡等牲畜输送到中原，对中原地区的农业、畜牧业生产产生了很大影响，对内地军事上的骑兵和交通、通信事业的发展起了重要作用。蒙古族及其先民培育了蒙古马、蒙古牛、内蒙古白绒山羊等易饲养、抗病力强的优良畜种。蒙古马、宁夏滩羊和东北的驯鹿，至今还闻名于世。新疆各族牧民培育了新疆细毛羊、阿勒泰羊、伊犁马等优良畜种。藏族在青藏高原上驯养了牦牛，培育了犏牛。

在农业生产方面，古代有些少数民族很早就掌握了许多农作物的培植技术，农业发展很早就具有一定水平。许多农作物品种和培植技术是从边疆少数民族地区传入中原的。岭南地区的少数民族早在秦代就开垦农田，修渠灌溉。今新疆地区的西域各族，在秦汉时代就能种植五谷、桑麻和葡萄等多种作物。维吾尔族从事绿洲农耕业，他们的坎儿井水利工程和棉花、瓜果、葡萄种植技术有独到之处。栽培水稻始于西南边疆少数民族。朝鲜族为在东北寒冷地区推广水稻种植提供了成功的经验。藏族在高原上培植出了青稞、豌豆等耐寒作物。

有些少数民族在古代就有比较发达的手工业。开采、冶炼矿产的技术和铸造各种兵器、金玉器具的历史十分悠久。纺织技术是从黎族地区传入汉族地区的。壮族、侗族、土家族的织锦和布依族、苗族、瑶族、仡佬族的蜡染等手工艺品有较高的工艺水平。各少数民族的建筑艺术也很有特色。始建于 7 世纪、重建于 17 世纪的布达拉宫，高耸在红山上，巍峨雄伟。侗族的鼓楼和风雨桥，全部为木质结构，不用一钉一铆，经受了几百年风雨剥蚀仍巍然屹立，可见建筑艺术之高超。回族以擅长经营而著称，有的经营小商业，有的从事海上贸易，在活跃中国城乡经济方面作出了重要贡献。一些少数民族在开辟"丝绸之路"、促进东西方经济文化交流中起了积极作用。

四、多姿多彩的精神文化财富

在长期的历史发展中，中国各少数民族创造了各具特色的精神文化，丰富了祖国的文化宝库。

中国 55 个少数民族除了回族一直通用汉语，满族在近代转用汉语，其他 53 个民族仍然使用自己的语言。各民族使用 80 种以上语言，分属于 5 个语系。属于汉藏语系的有汉语、藏语、门巴语、珞巴语、嘉戎语、土家语、羌语、普米语、独龙语、怒语、彝语、傈僳语、纳西语、哈尼语、拉祜语、白语、基诺语、景颇语、载瓦语、阿昌语、壮语、布依语、傣语、侗语、水语、仫佬语、毛南语、拉伽语、仡佬语、黎语、苗语、布努语、勉语、畲语；属于南亚语系的有佤语、德昂语、布朗语；属于阿尔泰语系的有蒙古语、达斡尔语、东乡语、东部裕固语、土族语、保安语、维吾尔语、哈萨克语、柯尔克孜语、乌孜别克语、塔塔尔语、撒拉语、西部裕固语、图佤语、满语、锡伯语、赫哲语、鄂温克语、鄂伦春语；属于南岛语系的有排湾语、阿眉斯语、布嫩语、鲁凯语、夏赛语、卑南语、邵语、泰雅尔语、赛德语、邹语、沙语、卡语、雅美语等；属于印欧语系的有俄罗斯语、塔吉克语。还有京语和朝鲜语的系属未定。有些民族内部不同支系使用不同的语言，如，瑶族使用勉语、布努语和拉伽语三种语言，景颇族使用景颇语和载瓦语两种语言，裕固族使用东部裕固语和西部裕固语两种语言，高山族十几个支系使用十几种不同语言。

在少数民族聚居区，一般都使用本民族语言。在多民族杂居区，一般使用双语或多语。很多少数民族都能听懂或使用汉语。有些长期与汉族杂居的民族，如畲族、土家族，大多数人转用了汉语。

在 55 个少数民族中，蒙古、藏、维吾尔、哈萨克、朝鲜、彝、壮、柯尔克孜、锡伯、俄罗斯、苗、傣、布依、侗、哈尼、傈僳、佤、拉祜、纳西、景颇、土、羌等 22 个民族使用本民族文字 28 种。其中，苗族使用黔东苗文、湘西苗文、川黔滇苗文、滇东北苗文等四种文字，傣族使用德宏傣文和西双版纳傣文两种文字，蒙古族使用传统蒙古文和托忒蒙古文两种文字，景颇族使用景颇文和载瓦文两种文字。

各民族语言文字是在长期的历史发展过程中逐渐形成和发展起来的，记载着各民族在生产建设、社会活动和科学实验中的宝贵经验，保存着各民族人民丰富多彩的文化传统和思想财富。

在文化艺术方面，各少数民族都作出了重大贡献。

各少数民族在长期的历史发展过程中都创作了许多优美的文学作品。除前面提到的藏族的《格萨尔》、蒙古族的《江格尔》、柯尔克孜族的《玛纳斯》这三大英雄史诗外，还有众多的文学珍品。藏族的《米拉日巴传》是一部具有较高水平的传记文学著作。成书于 11 世纪的维吾尔族古典巨著《福乐智慧》、《突厥语大词典》，卷帙浩繁，具有很高的文学价值。中国很多民族都有自己的创世史诗,其中著名的有:纳西族的《创世记》,壮族的《布伯》,彝族的《勒俄特依》、《阿细的先基》,瑶族的《密洛陀》,佤族的《司岗里》,苗族的《开天辟地歌》,等等。少数民族的叙事长诗题材非常广泛,其中有反映蒙古族牧民斗争生活的《嘎达梅林》;有反映爱情和婚姻生活的叙事长诗彝族的《阿诗玛》,傣族的《俄并与桑洛》、《召树屯》等。这些作品都具有较高的思想性和艺术性,极大地丰富了祖国的文化宝库。

各民族都有独具特色的音乐、舞蹈、乐器和戏剧。维吾尔族的传统大型套曲《十二木卡姆》,共有 12 套 310 多首曲牌和器乐曲,是中国民族传统音乐文化的宝贵财富。民歌方面,蒙古族的"赞歌",哈萨克族的"牧歌",回族、撒拉族、东乡族的"花儿",侗族的"大歌",壮族的"排歌",藏族的"鲁"和"谐",都享有盛誉。有代表性的民族舞蹈如蒙古族的安代舞,朝鲜族的农乐舞和长鼓舞,傣族的孔雀舞,佤族的木鼓舞,土家族的摆手舞,苗族的芦笙舞,哈萨克族的鹰舞,受到各民族人民的喜爱。具有特色的民族乐器有:侗族的琵琶,苗族的芦笙,蒙古族的马头琴,哈萨克族的冬不拉,维吾尔族的热瓦甫,等等。现在全国广泛流传的乐器如胡琴、琵琶、羌笛、箜篌、腰鼓等,都是秦汉以后陆续从少数民族地区传入内地的。汉族剧种有京剧、秦腔、川剧、越剧、黄梅戏等上百种。藏、白、壮、侗、傣、苗、布依、土家、彝、朝鲜、毛南等民族也都有各具特色的民族传统戏剧。

五、多种多样的宗教信仰和风俗习惯

中国地域辽阔,地形复杂,气候差异很大。由于自然地理条件不同,历史文化各异,各民族形成了多种多样的宗教信仰和风俗习惯,这是各民族的重要特征,对各民族的经济文化教育有深刻影响。因本书另有章节(第 16 章)作专门论述,在此不再赘述。

第三节　中国民族的发展趋势

一、各民族之间的交流增多，杂居现象更为普遍

在漫长的历史长河中，中国各民族之间互相友好往来，缔亲结友，经济上互相交流生产技术，互市通商，传播优良的农作物、牲畜品种和生产工具；文化上互相学习语言，交流文学艺术、歌舞、乐器等；政治上共同反对民族压迫、阶级压迫和外敌入侵，在长期的历史发展过程中形成了相互依存、不可分离的密切关系。

新中国成立以后，为各民族的交流合作创造了良好的社会条件，各民族间建立起平等、团结、互助的社会主义新型民族关系，各民族之间的经济社会往来不断增加，各民族间的文化交流空前活跃。

随着各民族之间联系交往日益频繁，规模日益扩大，各民族之间的人口流动数量也日益增多，民族分布特点有了变化和发展。中国人民解放军驱逐国民党反动势力和外国侵略者，解放全中国领土，是由北向南、从内地向边疆进军的。新疆、西藏以及西南大片少数民族地区解放以后，为了保卫边疆和建设边疆的需要，解放军的一些干部、战士留在了少数民族地区。这些干部、战士大部分是汉族，也有其他民族。因工作需要，他们学习当地少数民族的语言，与当地少数民族群众打成一片，密切了中国共产党和中央政府与各族人民群众的关系。中国边疆少数民族地区地广人稀，为了开发和建设边疆，中央政府和内地各省市陆续派遣了一些干部、科技人员、大专院校毕业生到边疆少数民族地区支援社会主义建设，为那里输送了一些有生力量。这些举措扩大了汉族与少数民族的交流。

人口流动是双向的，边疆少数民族的人口也向内地、沿海和城市流动。中国古代各民族都建立过相当数量和规模的城市。比如北京，早先曾由华夏、羯、鲜卑等古代民族建立雏形，以后曾经是由契丹、女真、

蒙古、汉、满等民族所建立的辽、金、元、明、清等朝的京都。随着城市的发展和历史的变迁，这些古代民族不断融合和分化，许多已经消失在历史长河中。在现今的许多城市中，还有居住百年或数百年历史的世居少数民族群落，以回族为多，如在北京有牛街回族聚居区，天津市的红桥区、郑州市的管城区、沈阳市的西关等也都是回族相对集中的居住区。新中国成立以后，国家在北京、成都、武汉等大城市开办了13所民族院校，培养了大量少数民族干部和高级科技人才。这些学生毕业以后，大部分返回民族地区工作，也有一些在内地城市工作。各少数民族当家做主，他们当选为人民代表，参政议政；到中央和各级地方人民政府机关当工作人员。因工作需要，从中央到省市设立了一些民族工作部门以及民族研究所、民族文化和民族语言文字的新闻和翻译出版机构，吸收了一些少数民族人员到城市落户。近年来，有些大城市又新辟了一些"民族园"之类的旅游景点，招收了大批少数民族青年。特别是随着改革开放的深化，边疆少数民族进入内地城市和东部沿海地区从事商业和劳务活动，东部沿海和内地的汉族商贾流动到西部边境地区从事边境贸易，人口流动有增无减。

由于上述诸多原因，内地、城市和沿海的少数民族成分数和人口数不断增长。北京市1949年只有5个少数民族9万多人（当时行政区划面积小，仅限于城市居民统计），1952年有38个少数民族17万人，现有55个少数民族42万人。内地和沿海一些省份的少数民族成分数、人口数和占总人口的比重近半个世纪以来都有不同程度的增长。福建省的民族成分数1982年38个，2001年增加到55个。广东省1949年前只有5个少数民族，1982年增加到43个，1990年以后增加到52个。武汉市1964年有29个少数民族，1982年增加到32个，1990年增加到42个少数民族计4万人，2000年增加到49个少数民族计5.4万人。少数民族人口从原来的聚居区不断向全国各市县流动扩散。如维吾尔族，1964年分布在297个县，1982年分布到478个县，1990年以后分布更广。

移居到城市和内地、沿海省份的少数民族，仍然保留着浓厚的民族特点、传统文化和生活习俗。多民族平等相处，互相尊重，和睦互助。他们中有的人与汉族或其他民族通婚，学习汉族的语言文化，受到城市化的影响。他们作为一个个窗口，向外宣传和传播本民族的文化艺术，发展民族传统文化。他们与西部、边疆少数民族地区有着血肉亲情，有着千丝万缕的联系，对于加强少数民族地区与城市和内地、沿海的联系，对于加快少数民族地区的对外开放，都有积极的作用。各民族的大交流，促进了各民族之间的相互了解和理解，促进了各民族政治、经济、文化和社会的发展进步。

二、在祖国大家庭中阔步前进

中国少数民族地区大多处于边疆地区、高寒地带，交通不便，闭塞偏远，由于地理和历史的诸多原因，发展比较缓慢，相对汉族地区来说比较落后。一些少数民族受原始公社残余的影响，受封建主义的制约，长期处于自给自足的自然经济状态。

随着时代的前进、社会的发展，区域封闭被打破，少数民族群众的商品观念增强了，逐渐从自然经济向商品经济转化。很多人走出大山，走出封闭，经商务工。生产的产品再也不仅仅是满足于自然消费，而是走向商品化，从而改变了那种向发达地区提供廉价的原料的局面，逐渐变产品优势为商品优势，变资源优势为经济优势。少数民族地区的城镇建设步伐加快，努力发挥着城镇中心的商品交换、商品流通作用和对广大农村、牧区的辐射作用。随着旅游业的发展，很多少数民族地区开发了一些少数民族传统工艺品，这些商品与少数民族地区绚丽多姿的旅游风光结合起来，对于发展少数民族地区的经济文化事业起了积极的作用。

在国家的大力帮助和正确方针、政策的指引下，在各族人民的共同努力下，少数民族地区的经济建设取得了辉煌的成就。民族自治地方从实际出发，将国家的帮助与自力更生相结合，发挥优势，经济社会各项事业迅速发展。少数民族地区国内生产总值从 1952 年的 56.57 亿元增长到 2004 年的 1.2 万多亿元，按可比价格计算年均增长 7.7%。少数民族地区城镇居民家庭人均可支配收入 7962 元，比 1999 年增加 2565 元。农村居民人均纯收入 2077 元，比 1978 年的 120 元增长 15 倍多。各少数民族人民生活水平显著提高。

国家扶持民族自治地方扩大对外开放，扩大民族自治地方生产企业对外贸易经营自主权，鼓励地方优势产品出口，实行优惠的边境贸易政策。国家鼓励和支持民族自治地方发挥区位优势和人文优势，扩大对周边国家的开放与合作。边疆少数民族地区利用与边境邻国相近的区位优势，积极开展边境贸易，改善环境，吸引投资，还向周边国家输出劳务，办跨国公司，活跃了边疆少数民族地区的经济。2003 年民族自治地方进出口贸易总额 136 亿美元，其中出口额 79 亿美元，进口额 57 亿美元；有外商投资企业 3263 个，全年实际利用外资 20 亿美元。

少数民族地区交通事业也发展得很快。在新中国成立以前西藏没有一条公路，现在已有通往四川、青海、新疆、云南和邻国尼泊尔的公路干线。新中国成立以来，国家在北方新建了集二铁路、京通铁路、南疆铁路、北疆铁路等，在中南、西南地区新建了十几条铁路干线，还新建了许多铁路支线和专用线，2006 年 7 月 1 日，世界上海拔最高、线路最长的高原铁路——青藏铁路业已全线通车。从 1999 年开始，共投资 1000 亿元用于西部地区交通基础设施建设，新建和改造 22.5 万公里农村和县级公路，使一些少数民族地区的交通条件明显改善。1949 年，民族自治地方铁路营业里程只有 3500 公里，2003 年达到 1.51 万公里；1949 年公路通车里程 1.14 万公里，2003 年达到 54.78 万公里。民族地区的民用航空事业，基本上是新中国成立后逐步发展起来的。各民族自治区和多民族省，陆续开辟了数量不等的航线，有的还有了国际航线。在新疆，以乌鲁木齐为中心，形成了连接全疆各地州市的民航运输网，开通了通向北京、上海等城市的十几条航线，还有对国外的十几条航线。

三、少数民族人口文化素质不断提高

半个多世纪以来，中国政府采取措施大力发展民族教育事业，各少数民族的文化素质大大提高。新中国成立前，中国各少数民族的社会经济发展不平衡，文化教育水平各异，大多数少数民族的文化教育水平都很低。只有新疆和内蒙古各有一所大学，其他民族聚居区都没有大学，中学和小学也很少。有的民族地区没有一所学校，文盲率很高。有的民族还处于结绳记事的原始阶段。新中国成立以来，政府采取适宜于发展少数民族文化教育的各种政策，努力帮助少数民族发展文化教育事业。在北京和几个大城市办有 13 所民族大学和民族学院，在北京大学、清华大学等高等院校办有民族班，专门培养少数民族干部和高级专业技术人才。全国高等学校的少数民族在校学生人数，1950 年只有 2900 人，2003 年达 65.5 万人。国家采取特殊政策和特殊措施，办了许多民族干部学校和民族中学；采取办寄宿制学校，政府免费包吃包住等优惠办法，帮助少数民族学生学习。2003 年，民族自治地方有各级各类学校 83726 所（其中高等学校 104 所），在校学生 2943 万人，比 1984 年增加 29.7%。

中国的少数民族，除回族通用汉语外，都有本民族语言，有一些民族有本民族文字。根据新中国尊重和保障少数民族使用和发展本民族语言文字权利的政策，国家规定，凡有通用文字的民族，用本民族语文教学。国家在人力、物力、财力等各方面大力扶持民族文字的教材、教科书的翻译和出版。人口最多的汉族的语言，是我们统一的多民族国家各民族共同使用的交际语。国家推广全国通用的汉语普通话。一些少数民族的一部分人兼通本民族语和汉语，有的少数民族的一部分人已经转用了汉语。根据这些实际情况，国家在少数民族地区实行本民族语文和汉语文双语教学，以利于学生更广泛地吸收和掌握各种现代科学文化知识，且其效果是显而易见的。

由于国家采取各种措施大力促进民族教育事业，各少数民族的教育水平和文化程度都有了很大提高。教育事业的发展，使少数民族的受教育年限显著提高。据 2000 年全国人口普查，朝鲜、满、蒙古、哈萨克等 14 个民族的受教育年限高于全国平均水平。新中国成立初期文化教育水平参差不齐的各少数民族，都有了本民族的大学生、研究生、作家和高级科技人才。每千人中大学和大专文化程度人口所占比例，有十几个民族达到全国平均水平，朝鲜族、蒙古族、满族和回族超过全国平均水平，朝鲜族比全国平均水平高出两倍多。

四、各民族共同性增多但民族特点将长期存在

社会主义阶段是各民族共同发展繁荣时期。平等、团结、互助的社会主义民族关系，为各民族的亲近与合作提供了良好的条件。在长期的共同生活中，在相互学习与交流中，各民族间的共同因素在不断增多。表现在政治、经济、文化和社会生活等各个方面。随着社会主义政治、经济、文化的发展，特别是随着社会主义现代化建设事业的发展和改革开放的深入，社会主义市场经济的建立和完善，民族地区的封闭状态被打破，各民族间的联系越来越紧密，民族之间的共同性越来越多。在政治上，各民族的爱国主义、社会主义一致性空前增强，只有社会主义才能使国家发展、民族振兴的思想，维护祖国统一和民族团结是各族人民的神圣职责的观念，日益深入人心，成为整个中华民族凝聚在一起的精神力量。在经济上，民族地区对内对外开放，引进资金、技术和人才，开发建设，民族之间和地区之间的经济联系交往的范围和规模不断扩大，民族地区的市场发育程度不断提高，市场经济有了发展，各民族之间在生产、交换和流通领域的联系日益密切，经济发展和社会生活各方面谁也离不开谁。在文化上，各民族之间互相学习，互相吸收，相得益

彰，各民族间互相学习语言文字，很多少数民族作家用双语进行文学创作，民族间互相学习音乐舞蹈艺术，互相邀请参加过民族传统节日，民族建筑形式互相影响，民族饮食大量进入城市而互相影响，现代化、信息化的新的文化成果通过各种现代媒体进入少数民族地区，民族形式及社会主义内容的共同文化愈来愈发展。

民族的产生、发展和消亡是一个漫长的历史过程。社会主义社会是民族全面充分发展的时代，是民族繁荣时期。在社会主义时期，各民族之间共同性愈来愈多，但并不因此失去民族特点和民族差异。民族特点、民族差异和各民族在经济文化上的差距将长期存在。各民族在扩大交往的过程中，因各自所处的自然环境、历史背景和社会发育程度等多方面因素的影响不同而形成的民族特点和民族差别会有所变化和发展。各民族在扩大交往当中，民族特点会得到展现。随着社会的发展和繁荣，民族成员的自我意识增强，民族意识增长，对本民族的历史文化会更加珍爱，要求加快民族经济社会发展、弘扬民族优秀传统文化的愿望会更加强烈。因此，各民族都会继续保持着本民族共同的经济生活、共同的语言、共同的文化形式及共同的风俗习惯和心理素质。所以说，在社会主义时期，各民族的共同性增多，但民族特点、民族差异将继续长期存在。各民族将带着自身的特点和中华民族的共性在历史的轨道上阔步向前，迎接新的时代。

民族的发展是一个有规律的长期发展过程，民族发展的规律性体现了民族特点的长期性和稳定性。民族是一个稳定的历史现象，民族的形成、发展和消亡的过程，也就是各民族各自独有的区别于其他民族的本质特征逐渐形成、发展和消亡的过程。在民族的基本特征中，共同的语言的生命力很强，共同的心理素质更加顽强，它是民族最稳定、保持最长久的特点，是一个民族区别于其他民族的最基本的特点。所以，一定要正确认识社会主义时期的民族特点和民族差异，妥善解决社会主义时期的民族问题。一定要充分理解和尊重民族特点，不能忽视各民族发展进程中形成的不同的历史、传统、语言、文化、风俗习惯和心理特征方面的特点和差异，不能人为地淡化民族问题，也不能人为地夸大或缩小乃至消除民族特点。要是那样的话，就会损害民族关系，不利于中华民族的团结和进步。不能任由各民族间地区间发展水平的差距拉大，而要加快各民族经济文化的发展，使各民族共同团结奋斗，共同繁荣发展。

第八章
历史留下的印记
——中国民族问题的特点

第一节　旧中国的民族问题

　　在旧中国历史上，历代封建统治阶级施行民族压迫政策和阶级压迫政策。民族压迫，突出表现为大民族对小民族、强民族对弱民族的压迫，一个民族对其他民族在政治、经济、文化等方面施行限制、歧视、剥削、掠夺和摧残。这种压迫，在民族关系极度紧张时便酿成民族之间的战争；民族关系比较缓和时，主要表现为强制性的民族同化。历史上民族之间的矛盾，民族间的战争，是由于统治阶级的政治、经济利益需要引起的，也是因为狭隘的民族观念造成的。历代封建统治阶级为了巩固其统治，维护国家的统一，在施行民族压迫政策和阶级压迫政策的同时，对边疆少数民族也采取安抚政策，采取会盟、和亲、通关互市等政策措施，在客观上对各族人民之间的联系，对各民族社会生产的发展，是有利的。在剥削阶级统治的社会里，民族间的压迫和剥削是旧中国民族问题的本质特征。

　　同时，那个时代的民族关系又存在着友善和好的一面。各民族之间在经济上互相交往，文化上彼此交流。各族人民之间的友好关系以及为了共同命运而进行的联合斗争贯穿于中国的整个历史，这是民族关系的主流。

一、民族压迫和阶级压迫

历代封建统治阶级残酷地压迫和剥削其他民族，同时在本民族内部实行阶级压迫。他们歧视和侮辱其他民族，称边疆少数民族为未开化的蛮荒之人、"野人"。在汉文史籍中，对许多少数民族的称谓都带一个"犭"旁，显然是对少数民族的公然侮辱和歧视。

从春秋战国到秦汉时期，中原大国对边疆少数民族小国和部落进行征剿，战争中的俘虏沦为奴隶。从秦汉到唐代、元代、清代，都对边疆少数民族实行过征剿。历代封建统治阶级特别是汉族统治阶级对其他民族和本民族内部的劳动人民进行残酷的压迫和剥削。历代封建王朝对边疆少数民族或采取"以夷制夷"的政策，以少数民族中的统治阶级施行统治，或采取委派流官以加强统治，甚至实行"鞭挞殊俗"，镇压习俗不同于汉族的少数民族，使少数民族深受阶级的和民族的双重压迫。

元朝的民族压迫政策和民族歧视政策是非常突出的。元朝实行等级制，把人分为四等：蒙古人为第一等；色目人，包括西域地区的维吾尔等各族以及回回、党项等民族的人为第二等；"汉人"，包括原辽朝、金朝的契丹、女真、高丽、渤海、汉等民族的人为第三等；"南人"，即原南宋王朝统治下的汉人为第四等。从朝廷到郡、县的行政长官大都由蒙古人担任；次要的职务多由色目人担任；"汉人"、"南人"担任要职的极少。对犯法的犯人的判处，蒙古、色目人判得轻；"汉人"、"南人"判得重。民族压迫的深重，加深了民族间的矛盾和隔阂。

各民族人民不但要受到其他民族特别是大民族的压迫剥削，还受到本民族统治阶级的压迫剥削。在大小凉山的彝族中，人被分为四个等级，奴隶被奴隶主占有人身，为奴隶主服无偿劳役，并受到其他种种剥削。西藏封建农奴制度下的农奴，没有人身自由，世世代代遭受封建领主的地租、高利贷和乌拉差役的重重盘剥。在元代，当时蒙古族虽然是一个居于统治地位的少数民族，但是蒙古族的劳动人民并未因此而成为统治者，并未因此而摆脱了残酷的阶级压迫和阶级剥削。据《元史》记载，当时有不少蒙古族劳动人民因受残酷的阶级压迫和阶级剥削而破产，沦为奴隶，有不少被卖给汉族地主甚至被卖到国外。汉族封建地主阶级和其他少数民族虽然是处于被统治地位的民族，但是他们当中的统治阶级并未因此而沦为被统治被剥削阶级。汉族中的劳动人民，同样也受到汉族统治阶级的压迫和剥削。民族压迫的实质是阶级压迫。某一民族压迫另一民族，其实质是一个民族的统治阶级压迫另一民族的被统治阶级。压迫民族的人民仍然受压迫，被压迫民族的统治阶级仍然压迫本民族的人民。实行民族压迫的，实质上是占统治地位的民族的反动统治阶级。这些民族中的广大人民群众，同样受统治势力的残酷剥削和压迫，处于毫无权利的地位。压迫民族的反动统治阶级总是要用尽一切办法把被压迫民族中的反动统治阶级变成自己的工具和走狗。处于被压迫民族地位的反动统治阶级，对于本民族和其他民族人民，同样也实行民族压迫制度和民族压迫政策。

在近代，中国各族人民遭受到帝国主义的侵略和压迫，中国各族人民都陷入了殖民地半殖民地的地位。帝国主义把中国边疆少数民族地区划为他们的势力范围，处心积虑地要把这些地区从中国分裂出去。他们对于西藏、新疆等较大的民族聚居区，设法制造傀儡政权，企图把这些地区分割出去。他们勾结汉族和少数民族中的反动力量，扶植买办势力，阻碍民族资本的发展，加强了汉族和少数民族反动统治阶级的贪欲，使少数民族人民深深陷入贫困之中。

从清朝专制政府到北洋军阀政府、国民党政府，对各民族劳动人民的统治虽然在具体的策略和方法上有一些差别，但都实行民族压迫制度和民族压迫政策，剥削、歧视、侮辱和残杀各族劳动人民。他们实行民族隔离和民族歧视，阻碍民族间政治、经济、文化的往来，挑拨民族关系，挑起民族之间和民族内部的互相仇杀。国内反动统治阶级同帝国主义相勾结，充当帝国主义统治中国各民族人民的代理人，国内的民族压迫和外来的民族压迫联成一体。国民党政府实行强迫同化，除了汉、满、蒙、回、藏以外，不承认其他民族，公然宣布其他民族只是不同的"宗族"或者信奉不同的宗教。在这种反动制度和反动政策之下，广大少数民族处于毫无权利的地位，许多兄弟民族的人甚至不敢承认自己的民族成分。

历代封建王朝都实行反动的民族压迫政策，但具体做法又有所不同。除了以上列举的，还有征讨掠夺政策、强制同化政策等。

旧中国历史上存在着严重的大民族主义。大民族的统治阶级打着维护"民族利益"（实际上是统治阶级的利益）的旗号，推行民族压迫政策，歧视其他民族，压迫、剥削其他民族，挑拨民族关系，制造民族隔阂、民族纠纷，镇压各族人民反抗民族压迫的斗争。在旧中国，大民族主义突出表现为大汉族主义。大汉族主义否认中国有众多民族存在，政治上限制甚至剥夺少数民族的权利，经济上进行残酷剥削，文化上实行愚民政策，践踏少数民族的风俗习惯，禁止使用少数民族语言文字，挑起民族冲突，破坏民族团结。国民党政府推行的民族政策，是大汉族主义的典型。在旧中国的少数民族中，剥削阶级思想反映在民族关系上，就是地方民族主义。地方民族主义在对待统一的国家和民族大家庭内与其他民族的关系上表现为一种民族主义思想观点。其极端表现是歧视其他民族，煽动民族分裂，破坏国家统一和民族团结。在中国近代史上，少数民族中的极少数代表人物，在帝国主义的扶持下，充当帝国主义的侵略工具，进行分裂祖国的活动。

二、怀柔政策和各民族间的交流往来

历代封建统治阶级在施行民族压迫制度的同时，为巩固其统治，制定并实施了一些解决民族问题的政策和措施。那些政策和措施在客观上对各族人民之间的联系，对各民族社会生产的发展，提供了一些有利的条件。汉代，匈奴强盛起来，不断骚扰侵犯中原。汉王朝兵力不足，便采取和亲政策，以汉室女嫁匈奴单于，与匈奴建立并保持和好关系。汉朝还同西域民族乌孙首领和亲，密切了与西域民族的关系。唐代继承和发展了和亲政策，更为积极广泛地加强同边疆少数民族的政治联姻关系。特别是文成公主、金城公主出嫁吐蕃，促进了内地与边疆的经济文化交流，密切了汉藏关系，为后世所称道。唐王朝实行怀柔政策，提出对少数民族和汉族要一样对待。这虽然在当时民族压迫的历史条件下不可能真正做到，但在一定程度上还是减轻了对少数民族的歧视，改善了汉族与少数民族的关系。任用少数民族首领到朝廷做官，册封各少数民族自己的首领为本民族地区的主要长官。对于归附的各族君长也都加以册封，确定其统治地位。边疆少数民族可以迁居内地，包括到京城长安定居。这样，既改善了民族之间的关系又密切了各民族间的经济文化交流。历代中原王朝与边疆地区通关互市，互换茶、铁、盐与马、羊等，加强了经济文化联系，丰富了各族人民的生活。明代的土司制度，继承了元代的土官制度，任命少数民族土官统治民族地区，将自秦开始的羁縻政策制度化。清朝设立中央机构理藩院专门管理民族事务。清王朝对汉族实行抚纳，采取各种手段利用汉族士大夫参与政事，提高汉官在朝廷和地方上的政治地位与经济待遇。对蒙古族实行联姻，满、蒙贵族间的通婚，密切了相互之间的关系。对藏族则利用其宗教，密切关系，对藏传佛教上层人物给予很多礼遇和政治、经济特权；还在西藏设置驻藏大臣，以巩固清朝对西藏的统治；又广建寺庙，扶植藏传佛教，以统治广大蒙藏人民。面对少数民族地区发展不平衡的状况，一些封建统治者还注意到从不同的情况出发，采取不同的民族政策。"因俗而治"，以实施其统治。不管是汉族统治阶级还是少数民族统治阶级，为了巩固其统治地位，对被统治阶级采取种种笼络手段，实行怀柔政策。这些都在一定程度上缓解了民族矛盾，对于巩固疆域，加强多民族的统一，促进各民族的经济社会发展，发挥了积极的作用。当然，历代封建统治阶级所实行的处理民族问题的政策，其根本目的是为了巩固其封建统治。

在长期的历史发展中，中国各民族之间进行经济文化交流，互相帮助，形成了相互依存、不可分离的密切关系。在经济上，这些关系表现得更为突出。各族人民互相学习生产技术。边疆少数民族大多以畜牧业经济为主，长期以来给汉族地区输入了大量的耕畜、交通和军事用的马匹、畜产品、林产品。汉族给少数民族提供了大量的粮食、生产工具、生活用品和茶叶、盐等。汉族地区和少数民族地区互相引进了许多农作物。汉族人民曾经向少数民族学习棉花等农作物的引种和栽培技术，学习纺织等手工业技术。汉族是中国历史上发展最快的民族，在生产技术发展方面处于领先地位。历史上少数民族从汉族地区学到了铁器、铜器、银器的制造和使用技术以及许多耕作技术。各民族在文化方面的交往也是历史悠久又十分密切的。由于政治、经济联系的需要，各族人民之间特别是在民族杂居或者交错居住的地区，互通语言的情形非常普遍。有的少数民族使用汉语汉文，有些少数民族中的多数人通用汉语汉文，一些汉族人也通用少数民族语言文字。不少民族的语言中借用了许多汉语词汇，汉语也借用了一些少数民族语言词汇。汉族的神话、传说和文学名著在各少数民族地区流传很广；一些少数民族的史诗、故事中的艺术形象也在全国各地流传。边疆少数民族的很多乐器、音乐、舞蹈陆续流传到中原地区。

历史上中国各民族在经济文化方面的交流关系，是在封建时代的阶级压迫和民族压迫制度下通过曲折的道路实现的，并且要受到政治斗争、军事冲突以及其他因素的阻碍，但总的来说这种关系居于主导方面。历史上的统治阶级，主要是汉族的统治者，曾经长期压迫、欺侮少数民族。少数民族中的统治阶级也不断挑起民族冲突和民族战争。各民族之间互相接受对方的语言文字和风俗习惯，各民族之间的互相同化，虽然在某种程度上是政治、经济联系的自然结果，但往往同统治阶级强迫实施的民族同化政策分不开。民族压迫和阶级压迫造成的民族隔阂，给各族人民的经济文化交往和发展进步造成了很大的困难。

三、各族人民反帝反封建和争取民族解放的斗争

中华民族各族人民具有反对封建主义统治和帝国主义侵略压迫的光荣传统，他们在反对历代封建王朝的阶级压迫和民族压迫的斗争中，在反抗殖民主义、帝国主义侵略的斗争中，都作出了重要的贡献。

早在秦末，南方的"蛮族"就举行过反抗暴秦的起义。在其后漫长的历史进程中，各族人民为反对阶级压迫和民族压迫，举行过无数次起义。许多起义多民族参与，跨州连郡，声势浩大。这些起义既反对民族压迫又反抗阶级压迫，给封建统治阶级以沉重的打击，促进了中国社会的向前发展。

各少数民族人民反抗外来侵略，为巩固边防，保卫祖国领土完整，作出了重大的贡献。从宋代起，广西壮族人民多次与其他兄弟民族人民一道奋起反击交趾封建统治者的入侵。明代，由壮、土家、苗、瑶、汉等民族组成的军队与东南沿海地区的军民并肩抗击倭寇的侵扰，屡建功绩。17世纪中叶，民族英雄郑成功率军进入台湾，在汉族和高山族人民的支持下，驱逐荷兰殖民统治者，收复了台湾。黑龙江地区的达斡尔、赫哲等族人民则打败了沙俄以"探险队"为遮掩的武装侵略。清代，新疆地区的维吾尔、哈萨克等族人民先后沉重地打击过沙俄的侵略，粉碎了侵略者妄图变新疆为俄属殖民地的迷梦。

从1840年鸦片战争开始，外国殖民主义疯狂地入侵，逐步把中国变成他们的殖民地半殖民地，中国各族人民共同遭受帝国主义、封建主义和官僚资本主义的残暴统治和深重压迫。帝国主义的压迫是最大的民族压迫，帝国主义又是国内封建主义压迫的支柱和靠山。这样，对外反对帝国主义的压迫，对内推翻封建主义的压迫，就成为近代中国民族问题的基本内容。近代一百多年来中国民主革命的历史，就是一部各族人民共同反抗外国侵略者和国内反动统治者的斗争史。各少数民族人民同汉族人民一起，高举爱国主义的大旗，团结奋斗，进行了长期英勇的斗争。

中国各族人民反对帝国主义侵略，同外国列强进行了长期的英勇的斗争。鸦片战争期间，相当数量的少数民族将士奔赴沿海参战，奋勇抗击英帝国主义侵略。鄂西和湘西的土家族、苗族将士分批赴广州，迎战英军，歼敌于战场。四川的藏族、羌族官兵近千人开赴浙江，在收复定海、镇海、宁波战役中，战功卓著。1842 年，陕甘回、汉族军近千人驻守浙江大宝山，不怕牺牲，奋勇杀敌，使英军遭受沉重打击。数千蒙古族骑兵奉调驻防天津海防，炮击英法联军舰队，获得重大胜利。1875年，清军前往新疆，在新疆各族人民的支持下，讨伐阿古柏，歼灭其主力，挫败了英、俄帝国主义的阴谋。1885 年，一支由壮、汉、瑶族将士组成的黑旗军，迎战侵略越南和中国的法军，取得了威震中外的镇南关、谅山大捷。云南省马关、麻栗坡等地区的苗、汉、瑶、壮等族人民，经过十余年的斗争，狠狠地打击了法国侵略军，保卫了祖国边疆领土。英国侵略军 1888 年和 1904 年两次进犯西藏，受到西藏军民的坚决抵抗，隆吐山之战和江孜保卫战两次重创英军，使英国侵略者始终未能达到占领西藏的目的。云南省班洪地区的佤族人民、片马地区的各族人民也多次抗击过英国侵略军。在 20 世纪初的十多年里，延边朝鲜族人民和其他各族人民一道，冒着日军的炮火举行游行示威，组织抗日队伍开展武装斗争，持续展开反对日本侵略军侵略延边的斗争。

1919 年五四运动以后，中国革命进入到新民主主义革命阶段。中国共产党成立以后，把马克思主义关于民族问题的基本理论同中国的实际相结合，把中国各民族的解放运动同全中国的解放运动结合起来，提出了解决中国民族问题的纲领和政策。在中国共产党的领导下，在中国共产党民族政策的指引下，各族人民积极投入反帝反封建、争取民族自由解放的斗争中。一大批少数民族先进分子加入了中国共产党，许多少数民族地区纷纷建立起党的组织，开辟了革命根据地，创建了革命队伍。如建立了广西左右江苏区，湘鄂川黔革命根据地，等等。红军长征经过少数民族地区时，与苗、瑶、壮、侗、水、布依、仡佬、土家、白、纳西、彝、藏、羌、裕固、回、蒙古等少数民族发生了直接的联系，众多的红军指战员从实践中认识到民族问题对革命的重大意义，增强了感性认识，积累了实践经验。各族人民踊跃参加人民军队，投身到祖国和各民族的解放事业中。

中央红军到达陕北后，中国共产党系统地研究了民族问题，提出了民族工作方针，培养了一大批少数民族干部。抗日战争时期，在少数民族地区创建了一批革命根据地，组织了一些抗日武装力量，如，大青山抗日游击根据地，蒙古抗日游击队，冀中回民支队，陕甘宁回民骑兵团，琼崖纵队，由汉、满、朝鲜、蒙古、回、达斡尔、鄂温克、鄂伦春、赫哲等族人民组成的东北抗日联军，等等。全国各族人民经过艰苦卓绝的斗争，赶走了日本侵略者。又经过解放战争，携手联合，团结奋斗，终于推翻了帝国主义、封建主义、官僚资本主义三座大山。从此，遭受了几千年民族压迫和阶级压迫的各民族人民，获得了翻身解放。

第二节　新中国民族问题的特点

一、社会主义民族关系的确立

在中华人民共和国统一的民族大家庭内，各民族在一切权利完全平等的基础上，自愿地联合和团结起来，这是社会主义新中国民族问题和民族关系的本质特征和崭新的内容。

中华人民共和国成立以后，废除了民族压迫制度，开创了民族平等的新时代。中国共产党和新中国人民政府组织专家、学者和民族工作者进行了科学的民族识别工作；对历史上遗留下来的民族隔阂、民族矛盾和纠纷，做了大量工作，以疏通民族关系，实现各民族的平等联合，使一些问题得到妥善的处理和解决。

中国共产党和中国政府制定了一系列法律、法规和政策，以改善中国各民族之间的关系，保障少数民族的平等权利。《中国人民政治协商会议共同纲领》规定："中华人民共和国境内各民族一律平等，实行团结互助……禁止民族间的歧视、压迫和分裂各民族团结的行为。"1951年，中央人民政府政务院颁布了专门的法令，废止了带有歧视或侮辱少数民族性质的称谓、地名、碑碣、匾联。根据少数民族的意愿，全国从自治区首府到县、乡以及街巷更改或恢复了一大批地名。

为了增进各民族之间的相互了解，疏通民族关系，中央从1950～1952年先后从民族事务委员会、文化教育委员会、内务部、卫生部和贸易部等二十多个部门抽调人员组成中央访问团、慰问团和工作队、民族贸易队、医疗卫生队，分赴各少数民族地区访问，进行社会调查，帮助少数民族恢复和发展生产，解决生活困难，发展民族贸易，为少数民族防病治病，培养少数民族干部，协助建立民族自治地方。西北、西南、中南等各大区军政委员会，以及少数民族较多的省、专区，都派出各种访问团、慰问团或工作团，到少数民族地区开展工作。中央还有计划地组织大批少数民族参观团分批到首都和内地参观，进行爱国主义教育，以增强"祖国"观念，增进各民族间特别是少数民族和汉族间的相互了解。还在全国范围内进行了大规模的民族政策教育和民族政策执行情况检查。这些工作，对于增进各民族间的相互了解，改善民族关系，促进民族团结，维护祖国统一，都有重要的作用和深远的影响。

根据少数民族地区的实际情况，针对各少数民族的不同特点，中共中央和中央人民政府制定了有关在少数民族地区实行民主改革的一系列方针和政策，积极稳妥地进行民主改革。中央提出，既不急躁冒进，也不消极等待，而是积极创造条件，采取"慎重稳进"的方针，稳步地进行改革。社会经济结构与汉族相同或基本相同的少数民族地区的土地改革，大体上与汉族新解放区同步进行，根据这类地区的民族特点和地区特点，采取了一些比较特殊的政策措施。对于存在奴隶制和封建农奴制的少数民族地区，采用和平方式进行民主改革。其中部分地区因农奴主和奴隶主发动武装叛乱，不得不边平叛边改革。牧区的民主改革，旨在废除封建特权，废除奴隶制度，它从有利于发展牧业生产、逐步改善牧民生活出发，慎重稳妥地进行。在宗教方面，党和政府顺应少数民族的要求，为促进少数民族的发展进步，废除了伊斯兰教、藏传佛教中的封建特权和封建剥削制度。在改革中，认真贯彻执行宗教信仰自由政策，保护宗教信仰自由，不干涉、不限制宗教职业者和信教群众正常的宗教活动，立足于团结宗教界一切爱国守法人士。经过稳妥的民主改革，中国少数民族分别从原始公社制度、奴隶制度、封建农奴制度、封建地主制度过渡到社会主义制度，实现了历史性的飞跃。

在社会主义的政治、经济、文化制度确立的同时，社会主义的民族关系也随之确立。在社会主义条件下，中国的民族关系基本上是各民族劳动人民之间的关系。社会主义民族关系的基本特征，就是在民族平等基础上的团结，以及与之相联的互助、友爱、合作。在灾难深重的旧中国，各族人民遭受着帝国主义、封建主义和官僚资本主义的压迫和奴役，有着共同的悲惨命运。近代中国遭受帝国主义列强欺侮，是因为落后才挨打，但也有各民族不团结的因素。现在那个时代永远过去了。中华人民共和国成立以后，中国各民族联合成一个友爱合作的大家庭。共同的民族命运，是民族团结的基础和动力。建设社会主义现代化强国的共同事业和共同理想，把各民族的命运和前途紧密地联系在一起。

二、民族关系发展的曲折历程

从 1957 年到 1976 年，我们党的工作在指导方针上有过严重失误，"左"的错误逐渐滋长蔓延，我们国家经历了曲折的发展过程，中国的民族工作和民族关系同样也经历了曲折的发展过程。

1957 年反右派斗争的严重扩大化错误，也波及民族地区和少数民族知识分子。

1958 年"大跃进"期间，民族工作中刮起一股"民族融合风"，忽视民族特点、地区特点和民族间的差别性，企图人为地消灭民族特点，加速实行民族融合，这背离了党的民族政策，损害了汉族和少数民族之间逐步建立起来的相互信任的关系。为了克服"民族融合风"和"大跃进"中因违反民族政策而在民族关系上造成的后果，中央有关部门曾召开会议，重申党的民族政策，指出，社会主义时期是民族繁荣时期而不是民族融合时期，民族问题是长期的，必须进行长期的工作才能逐步解决。

"文化大革命"期间，林彪、江青反革命集团把50年代后期在民族工作指导思想上出现的"左"的错误进一步推向极端，把民族问题完全混同于阶级问题和阶级斗争问题，根本否认社会主义时期还有民族问题存在，党的民族政策遭到严重践踏，民族工作战线遭受了一场惨重的浩劫。大批少数民族干部遭受迫害，少数民族上层爱国人士都被当做"牛鬼蛇神"而加以批判，凡是带有"民族"二字的，如民族学校、民族商店等都被抹去，民族自治地方名实不符，少数民族传统文化艺术被当做"四旧"扫除，新中国成立以后逐渐建立起来的良好的民族关系遭到损害。

三、民族问题的若干特点

民族问题是社会发展中的重要问题，但它不是孤立的社会存在，民族问题中诸多因素相互联系，相互交织，相互作用，使民族问题错综复杂。

1. 政治因素与经济因素相互交织

中华人民共和国成立后，铲除了阶级压迫制度，消除了民族不平等的阶级根源，疏通民族关系，消除了历史上遗留下来的民族间的隔阂和不信任心理，各民族在国家政治生活中当家做主，实现了各民族在政治上法律上的一律平等，建立起平等、团结、互助的社会主义民族关系，初步形成保障少数民族各项权利的民族法律法规体系。但是，由于地理环境、自然条件和历史社会发展的差距等原因，各民族在经济发展上存在一定的差异，少数民族在经济社会发展上相对落后，民族地区生产力水平相对低下，一些偏僻边远地区少数民族群众生活还比较贫困。有的民族长期处于自给自足的自然经济阶段，还遗留一些旧的社会阶段的遗风，工业化程度很低，交通不便，信息不灵，商品经济观念弱，市场发育迟缓。在改革开放新时期，西部少数民族地区经济社会发展加快，观念转变，商品经济逐渐发展，与商品经济相联系的社会主义市场经济逐渐建立和发展起来，与这些地区的过去相比，经济增量增幅很大，但与东南沿海发达地区的迅速发展相比，它们在经济发展上与发达地区的差距则进一步拉大。当代中国的民族问题主要表现为经济社会发展问题。地区差距拉大，是经济发展问题，也是政治问题和社会问题，如果解决不好，不但会拖全国现代化建设的后腿，而且会引发社会问题，给民族关系带来严重影响。所以必须实现民族间地区间经济协调发展，实现各民族的共同富裕和共同繁荣。民主政治建设是民族发展的标志。少数民族和民族地区在向社会主义市场经济转轨的过程中，民主政治和法制的意识、观念不断增强，民族的心理承受力和包容力进一步强化，竞争意识和能力明显增强，民族整体素质进一步优化，少数民族发展成为现代民族的进程加快。社会主义民主制度、民主政治建设中的民族平等、民族团结，是民族发展的重要的社会环境。社会主义民主政治的发展，对民族平等自治权利的实现，社会主义民族关系的发展，是有力的保障和促进。民主政治的发展，必然为社会主义商品经济、市场经济的发展提供政治保障，必然使民族内部结构各要素间相互协调、互相促进，使少数民族和民族地区经济社会更快发展。

2. 国内因素与国际因素相互交织

世界上大多数国家都是多民族国家，很少有单一民族独居的国家。许多民族跨越国境线居住，国境线两边的同一民族的语言文字、风俗习惯、宗教信仰、民族心理相同或相近，相互间有血缘亲缘关系，但分属于不同国家。此外，随着历史上民族的迁徙，民族成员的移民，一个民族往往在多个国家有其居民。因此，某一国家发生民族矛盾或民族间的社会问题，发生与民族感情紧密联系的宗教问题时，往往会影响到相邻而居的同一民族，影响到越洋跨洲而居的同一民族成员，引起民族心理的感情动荡或社会动荡。如远在北美洲的加拿大如何处理魁北克法兰西民族与英裔民族的关系问题，会受到欧洲法兰西民族的关注；印度尼西亚如何对待其国内华侨，会牵动其他地区的华人的内在感情。我国与14个国家接壤，陆地边境地区绝大部分为少数民族聚居区，有三十多个民族与境外同一民族相邻而居，彼此间语言文字相通，文化习俗和宗教信仰相同，相互交往频繁。这一方面有利于我国与邻国发展睦邻友好关系，扩大对外开放，发展对外贸易。但另一方面，境内外各种社会矛盾、社会问题往往会互相影响，一个国家发生的民族问题会引起其他国家同一民族的反应，表现为对同一民族的同情和支持，这种同情和支持有时会使问题复杂化。而若一个国家内的民族矛盾尖锐化，因民族问题而引起社会动荡，就会受到国际干预，使得国际干预与一个国家内的解决民族问题的机制相联系相交织。现代社会是信息社会，当今世界是开放的世界，网络信息技术具有强大的传递能力和穿透能力，它使得民族与民族之间的联系更加便捷，交往愈益频繁，民族问题上的国内因素会更多且更为密切地与国际因素交织在一起。

3. 历史因素与现实因素相互交织

民族的发展要跨越原始社会以后的人类社会所有历史阶段，几乎没有任何一种社会现象有如此持久的生命力。由于民族群体的民族意识的深厚性和延续性，民族间发生在历史上的交往无论是和谐还是冲突，无论是友好还是对抗，不管是政治、社会的交往还是经济、文化的交流，特别是一些奇峰突起的重要历史事件，会在相当长的时间里留存在人们的记忆中，影响民族成员的思想和行为。各民族间在历史上一般来说是既有友好合作也有隔阂冲突，这种历史的记忆会影响现实的民族关系。民族在历史上有过的友好协作、同心结盟、互相支持帮助等美好的记忆，对现实社会会有良好的影响，促进民族关系的和谐。而历史上曾经存在过的人口多的民族对人口少的民族的压制，统治民族对被统治民族的压迫剥削，则会对现实的民族关系造成影响。民族间在历史上发生的一些不幸事件也可能会作为记忆遗留下来，而对现实社会造成一定的影响，并对民族后代的交往发生作用。对此我们也必须加以注意和引导。

4. 民族因素与宗教因素相互交织

民族问题与宗教问题是两个不同性质的问题，但二者又有着紧密的联系。宗教问题具有群众性、民族性、长期性、国际性和复杂性的特点。宗教在少数民族群众中有着普遍而深刻的影响，有一些民族几乎全民信仰某一种宗教，也有一个民族信仰多种宗教，或多个民族信仰一种宗教的情况。有一些民族信仰宗教的年代久远，宗教信仰对这些民族的历史文化传统、经济发展、风俗习惯、教育和艺术以及社会生活的各个方面都有着长久而深刻的影响。经济社会的发展，民族文化艺术的继承，风俗习惯的传承和改革，也都与宗教有着深刻的联系。如我国有许多少数民族都信仰佛教和伊斯兰教，因而这两种宗教对这些民族的风俗习惯、文化艺术、道德规范、心理素质以至人们的生产生活、社会活动等各方面，都有广泛深刻的影响。所以，民族问题往往与宗教问题交织在一起，使得信奉同一宗教的一国不同民族甚至不同国家不同民族会对涉及那种宗教的有关问题作出反应。我国既是多民族国家，又是多宗教国家。在处理民族问题时，往往会涉及宗教问题，必须慎重对待。而在国际上，西方敌对势力又总是利用民族、宗教、人权等问题干涉我国内政，图谋对我进行"西化"、"分化"。一些民族主义思潮或观点也总是利用宗教进行传播。境内外民族分裂主义势力利用宗教或者打着民族、宗教的旗号煽动民族分裂，策划暴力恐怖活动，制造事端，在一定程度上比较容易鼓动不明真相的信教群众。所以，我们在处理民族问题时，应当高度注意民族问题与宗教问题的联系与区别，高度注意民族因素与宗教因素的交织和密切联系。

四、发展是中国当代民族问题的核心

中国共产党十一届三中全会以后，中国进入了一个新的历史时期。

在民族问题方面，对"文化大革命"中及其以前的"左"的错误理论进行了拨乱反正，平反了冤假错案，落实民族政策，恢复良好的民族关系。1980 年在全国范围内集中进行了民族政策再教育，并结合检查民族政策的执行情况，提高了全党和全国各族人民对民族问题和维护民族团结的认识。党中央对新时期的民族问题，在理论上进行了重要阐述，在实践中采取了许多重要举措。中国共产党十一届六中全会通过的《中国共产党中央委员会关于建国以来党的若干历史问题的决议》指出："改善和发展社会主义的民族关系，加强民族团结，这对于我们这个多民族国家具有重大意义。在民族问题上，过去，特别是在'文化大革命'中，我们犯过把阶级斗争扩大化的错误，伤害了许多少数民族干部和群众。在工作中，对少数民族自治权利尊重不够。这个教训一定要认真记取。必须明确认识，现在中国的民族关系基本上是各族劳动人民之间的关系。必须坚持实行民族区域自治，加强民族区域自治的法制建设，保障各少数民族地区根据本地实际情况贯彻执行党和国家政策的自主权。要切实帮助少数民族地区发展经济文化，努力培养和提拔少数民族干部。坚决反对一切破坏民族团结和民族平等的言论和行为。"

中国社会现阶段的主要矛盾，是人民群众日益增长的物质文化需要同落后的社会生产力之间的矛盾，社会主义的根本任务就是解放生产力，发展生产力，以经济建设为中心，推动社会全面进步。中国一切问题的解决靠发展，民族问题也不例外。在新的历史时期，少数民族和民族地区迫切要求发展生产力，推进经济文化建设事业。邓小平同志早就说过，不把经济搞好，民族区域自治就是空的。江泽民同志在 1999 年中央民族工作会议上的讲话中指出："加快少数民族和民族地区的发展，是我国社会主义事业的本质要求在民族工作上的体现，也是党的民族政策的基本出发点和归宿。"在新的历史时期，搞好民族工作、增强民族团结的核心问题，就是要积极创造条件，加快发展少数民族和民族地区的经济文化等各项事业，促进各民族的共同繁荣。这既是少数民族和民族地区人民群众的迫切要求，也是我们社会主义民族政策的根本原则。

这一论述，指明了新的历史时期民族问题的本质和解决民族问题的方向。

要发展，必须实行改革开放。民族地区除了需要革除与汉族地区一样的那些束缚生产力发展的旧体制和种种弊端外，还有一些特殊的情况，主要是自然经济、半自然经济占主导地位，封闭程度很深，生产力发展水平低下，劳动者的素质较低，分配上的平均主义更多，经济文化建设事业的发展速度更慢。所以，改革开放更加必要，而且十分紧迫。少数民族地区的改革也是从农村开始的，首先实行了家庭联产承包责任制以及其他形式的责任制，牧区则实行了牲畜作价归户、私有私养、草场承包到户的责任制，极大地调动了各民族农牧民的生产积极性，使农牧业生产得到相当快的发展，人民的生活水平得到很大的改善和提高。

中国少数民族大都聚居在内陆边疆地区，边远闭塞，远离内地大城市和沿海发达地区，历来都很封闭，迫切需要对外开放。少数民族地区的对外开放包括对国内其他地区和对国外的开放。近二十多年来，边疆少数民族地区扩大了与内地沿海各省市的联系和交往，通过干部交流、对口支援和经济技术协作，在内地办学办班培养人才，参观学习等，进行经济文化交流。内陆及边疆的省、自治区借助沿海省份的出海通道，搭桥开路，借船出海，对外开放。20世纪80年代中期以来，边境贸易迅速发展，贸易进出口额直线上升。中国的对外开放由东南沿海逐渐向西延伸，向西向北开放，国门全方位打开。特别是1992年邓小平同志南方谈话发表，改革开放进一步深化。国务院批准了一系列沿边和内陆城市进一步对外开放，给予优惠政策。民族地区扩大对外开放，引进外资，到境外独资或合资办企业，边境贸易进出口总额大幅度增长，一些少数民族贫困地区迅速脱贫致富。昔日边远封闭的内陆边境，由"幽静的历史后院"转而成为对外开放的前沿。同时，国家有关部门又联合推出内蒙古呼伦贝尔盟、甘肃临夏回族自治州、吉林延边朝鲜族自治州等七个地州作为民族地区改革开放试验区，分类指导，摸索加快经济发展的路子，以试点引路带动其他民族地区的改革开放和经济发展。

改革开放二十多年来，全国各地区的经济都取得了前所未有的大发展。东部地区由于有较好的经济基础和有利的地理环境，加上国家政策上的支持，发展速度比中西部少数民族地区更快一些，东部地区与中西部地区经济发展中出现了差距扩大问题。这个问题已经引起了中央的重视。党的十四届五中全会提出，要高度重视和采取有效措施解决地区差距问题，并将其作为一条长期坚持的重要方针，作为今后改革和发展的一项战略任务。从 1999 年开始，国家实施西部大开发战略，西部地区陆续新开工重大建设工程 60 个，对带动少数民族地区经济社会发展起了重要作用。国家在民族自治地方安排基础设施建设和开发资源的时候，适当提高投资比重和政策性银行贷款比重。需要民族自治地方配套资金的，根据实际情况减少或者免除配套资金。2000 年以来，国家通过投资建设"西气东输"、"西电东送"、青藏铁路等一批重大建设工程，帮助少数民族地区将资源优势转化为经济优势。国家优先安排民族自治地方基础设施建设项目。1999 年以来，大规模地实施惠及所有民族自治地方的"贫困县出口公路建设"、"西部通县油路工程"、"县际农村公路建设"等交通基础设施建设，新建和改造公路里程 22.5 万公里，使少数民族地区落后的交通条件得到显著改善。还帮助民族自治地方新建和改善通信设施，加快信息化建设。2003 年末民族自治地方固定电话用户达到 2273 万户，移动电话用户达到 2307 万户。中西部少数民族地区只要适应发展社会主义市场经济的要求，加快改革开放步伐，使资源优势逐步变为经济优势，就一定会有更加快速更加持续健康的发展。

社会主义时期是各民族人民在平等团结的基础上共同发展的阶段，是社会主义民族和民族关系充分发展的阶段。虽然社会主义社会生产力的进步促使各民族相互间的关系更趋密切，各民族自身特点在一定程度上发生了变化，但是各民族的语言、心理素质等特点是在长期的发展过程中逐渐形成的，具有历史的传承性和稳定性，它的消失还需要一个长期的缓慢的渐变过程，这一过程的实现在社会主义时期是不可能达到的。只有让各民族人民的聪明才智和创造力充分发挥出来，只有使各民族的经济文化得到极大的发展，只有使各民族的特点得到充分的发展，才能消灭因发展不平衡而产生的民族差别和其他差别，才能造就各民族共同的语言和文化，最终实现民族融合。

随着中国社会主义市场经济和社会主义现代化建设的发展，各民族在政治、经济、文化等各方面的联系会越来越频繁和密切，各民族之间谁也离不开谁的关系就会更加发展，各民族之间的共同性会越来越多。但各民族的特点、民族之间的差别仍将长期存在，民族问题仍然会长期存在。

第三节　动荡世界中的中国民族问题

当代世界有两千多个民族。任何一个民族都不可避免地要与其他民族交往，发生联系，其中既有互相帮助、友好亲善的一面，也难免产生摩擦甚至冲突。当今世界民族问题的表现形式多种多样，归纳起来，大致可以分为三个层次：一是全球性的民族问题，如西方大国推行霸权主义和强权政治，侵害其他民族的利益，以及由此而引起的反抗斗争；二是跨国性的民族关系问题，如泛突厥主义、泛阿拉伯主义、泛伊斯兰主义等，以及某些国家之间的跨境民族问题；三是一个国家范围内的民族关系问题，如，主体民族与少数民族之间，土著居民与外来移民之间，大民族与小民族之间，以及各个不同民族之间的关系问题。

20世纪80年代以来，世界上民族主义浪潮涌动。这次民族主义浪潮发端于苏联和东欧地区。民族主义思潮的抬头普遍起始于语言文化自主权的要求，进而发展为要求经济自主权，最终以要求政治自主权而使民族分离主义势力占据主导，形成了以政治多元为核心的民族主义政治团体和党派。这次民族主义潮流与国际一体化和集团化趋势相背离，大多由富裕民族首先发难。如在苏联，发展水平高的立陶宛人、爱沙尼亚人和拉脱维亚人首先带头分离出去。在前南斯拉夫的六个共和国中，经济最发达的斯洛文尼亚、克罗地亚首先脱离南斯拉夫而宣告独立。领土争端、宗教、语言及经济利益等问题，使民族之间的斗争更为复杂，加剧了民族冲突。民族主义浪潮加剧了世界性的矛盾激化趋势，民族分离主义的发展，助长了大国主义、大民族主义的抬头。民族分布的跨国性，使民族主义发展有被某些政治势力所利用或用来发展其势力范围的可能性，引起日益增多的国际纠纷和国际介入。

一、纷纭复杂的世界民族冲突

当今世界的民族冲突，就其内容和结果而言，可大致分为以下几种类型。

1. 民族问题为主要因素导致国家分裂

苏联、南斯拉夫、捷克斯洛伐克等国家的解体，有政治、经济、军事等多方面的原因，但不可否认，民族问题是其中的重要因素，民族问题在引发社会动乱、加剧政治演变和造成国家分裂中的作用非常明显。苏联、东欧社会主义国家的分裂解体是 20 世纪的重大事件，造成了国际共产主义运动的重大挫折。苏联解体和东欧剧变，宣告了"冷战时代"的结束，标志着世界两极格局的终结，正向多极化方向发展。

苏联和东欧这些国家的分裂并不意味着民族问题的解决。新的国家出现后，彼此之间在分割财产、争夺领土、处理军事或经济关系等方面的矛盾冲突不断。阿塞拜疆与亚美尼亚的纳戈尔诺—卡拉巴赫之争持续了好几年。苏联地区发生领土争端和民族争端多起。新出现的国家内部也存在各种各样的民族冲突。车臣要求独立，冲突不断。大俄罗斯主义兴风作浪，各共和国对此存有戒心。穆斯林和斯拉夫两大民族集团之间潜伏着矛盾和冲突的危机。巴尔干半岛及外高加索地区是这一阶段世界民族冲突中的热点。

2. 民族问题引发局部战争和社会动荡

民族问题对世界局势，对多民族国家的政治社会稳定，都有重大的影响。东西方两极冷战结束以后，国际社会的民族矛盾、种族纠纷、宗教冲突、领土争端和利益争夺加剧，民族问题成为当今世界动荡不安的一个重要因素。民族问题普遍化和国际化，在一些地区引起局部动乱和武装冲突，一些国家的民族问题因外部势力的干预和插手而出现国际化的趋势，国际范围内的泛民族主义思潮抬头，对有关国家的主权形成威胁。除了以上所述的波黑内战和苏联地区的局部战争外，还有许多武装冲突和部族仇杀也是震惊世界的。卢旺达是一个只有 700 多万人口的国家，1994 年的部族仇杀就使 50 余万人惨遭杀戮，150 万人沦为难民。在布隆迪、索马里、加纳、多哥、贝宁、扎伊尔、刚果、塞内加尔等许多国家，都曾发生部族冲突，严重影响着这些国家的发展。墨西哥恰帕斯州 1994 年爆发了印第安农民武装与政府的流血冲突。美国发生了洛杉矶种族骚乱以及多起焚毁黑人教堂事件，反映出存在严重的种族歧视。加拿大魁北克的分离主义运动，长期以来困扰着加拿大历届政府。比利时的民族语言争执已有很长历史，有人已举起北部独立的旗帜，对政局的影响很大。

3. 民族矛盾在"颜色革命"中推波助澜

2003 年以来，苏联加盟共和国格鲁吉亚、乌克兰、吉尔吉斯斯坦等国亲西方的反对派冲击领导机关，掀起"颜色革命"，导致总统下台，政府改组。这几个独联体国家发生"颜色革命"的原因是多方面的，除了多党无序竞争、经济社会发展严重滞后、腐败问题、宗教问题以外，民族关系紧张无疑是一个重要原因，在其中起了推波助澜的作用。格鲁吉亚因为民族冲突造成山河破碎，阿布哈兹、南奥塞梯处于分立状态。乌克兰的东西部既有民族矛盾，又有经济差异，对立状态严重。吉尔吉斯斯坦的南北不和由来已久，南部的吉尔吉斯族与乌孜别克族曾发生过械斗。这三国的执政当局没有处理好民族问题，人民不满。三国领导人过度照顾支持自己的民族利益，纵容主体民族滋长民族主义，使民族矛盾激化。反对派在竞选中利用民众对政府的不满情绪特别是民族主义情绪，喊出民族主义口号。西方敌对势力利用民族问题大做文章，渲染民族矛盾，挑拨少数民族与主体民族的关系，达到扶植亲西方势力上台的目的。这三国民族关系紧张的原因有历史的积怨，更有现实的原因。主体民族的民族主义倾向日益严重，与其他民族的关系紧张，矛盾加深，对其周边国家的社会安定和民族团结带来消极影响。不同民族地区之间不平衡发展，使民族矛盾加剧，导致社会不稳定。

二、中国的民族关系能够经受住国际风云变幻的考验

地球已变得很小。不可否认，世界上特别是周边国家的民族主义浪潮对中国可能产生的影响需要认真对待。土耳其总统曾公开接见流亡在土的艾沙集团头目，宣称将接受重建"东突厥斯坦"的重托。中亚的民族主义对其周围国家和地区产生着影响。西方反共反华势力和敌对势力怂恿和支持民族主义，看到民族问题、民族矛盾在苏联解体、东欧剧变中起了重要的作用，也妄图以民族问题、宗教问题为突破口，来分裂社会主义中国，希望苏联、东欧的悲剧在中国重演。一些西方国家展开和加强对发展中国家的舆论攻势和文化入侵。苏联和东欧社会主义国家剧变后，西方国家把注意力集中转向中国。"美国之音"、英国的 BBC 等广播电台都增加了对华汉语广播节目时间，有的增办了藏语广播节目。这些国家还增办对华电视节目，进行文化渗透。思想文化方面的影响是潜移默化的，其影响不可低估。

流亡在外的达赖集团、艾沙集团等分裂主义势力活动频繁。苏联解体和东欧剧变、世界民族主义思潮的泛滥使他们觉得有机可乘。他们在国际反动势力的支持下，到处活动，宣扬"西藏独立"，搞所谓的"东突厥斯坦"。国内的分裂主义势力与国外的分裂主义分子遥相呼应，进行分裂破坏活动。他们鼓动的分裂主义思潮不得人心，受到广大人民群众的唾弃，没有什么市场，难以形成什么气候。但由于打着民族、宗教

的旗号，可能还是会有一些影响。

　　面对民族主义的风浪和西方敌对势力企图利用民族、宗教问题把中国搞垮的图谋，一些善良的人们不无忧虑，中国会不会像苏联那样出现分裂？会不会像一些国家那样发生动乱？只要根据中国和苏联的历史和现实的情况作出科学的分析，就完全可以得出否定的结论。

　　第一，中国的民族情况和历史与苏联不同。苏联的俄罗斯人约占全苏总人口的一半，其他一百多个民族约占一半。而中国的主体民族汉族占总人口的绝大多数，这就有了一个很大的核心。汉族和各少数民族都是你中有我、我中有你，几十个民族形成了一个非常牢固的民族共同体——中华民族。苏维埃社会主义联盟只有 70 年的时间，十月革命前的俄国是一个帝国主义国家，俄罗斯民族是典型的压迫民族。而中国从秦汉时期就形成了一个统一的多民族国家，形成了各民族间在政治、经济、文化各方面密不可分的联系。世界上许多大帝国都先后瓦解了，而中国统一的多民族国家的基本格局一直保持了下来，长期统一。近代中国各族人民都处在帝国主义、封建主义和官僚资本主义的压迫之下，各族人民在反帝、反封建的寻求解放的斗争中，特别是在中国共产党领导下的新民主主义革命斗争中，休戚与共，结成了深厚的革命情谊，这种感情牢不可破。中国各族人民在共产党的领导下，经过团结奋斗，成立了中华人民共和国。

　　第二，中国制定和实施了正确的民族政策。中国把马克思主义民族理论与中国的实际情况相结合，没有照搬苏联的联邦制，制定和实施了一整套切实可行的正确的民族政策，主要包括：民族平等政策，即各民族在政治、经济、文化及语言文字等社会生活各方面一律平等，国家保障少数民族在国家政治生活中的平等权利和地位，使各民族都能参与国家事务的管理，保障少数民族经济文化方面的平等权利；民族团结政策，即各民族平等相待，友好相处，互相尊重，互相学习，互相帮助，紧密团结，为了建设现代化国家而共同奋斗；民族区域自治政策，即在少数民族聚居的地区，设立自治机关，由少数民族人民行使当家做主、管理自己内部事务的权利；大力培养和使用少数民族干部的政策；致力于各民族共同繁荣的政策。我们解决民族问题的政策是十分成功的。中国的平等、团结、互助的社会主义民族关系更加巩固，各民族共同维护国家的统一，增强民族团结，走向全面进步。

第三，中国改革开放取得的成就奠定了民族团结的物质基础。就在苏联和东欧社会主义国家民族矛盾尖锐化、政局动荡、经济衰退、国家解体，周边一些国家发生"颜色革命"、内乱不断的时候，中国各族人民在共产党的领导下，一心一意进行着现代化建设。在改革开放新时期，中国的经济建设持续发展，少数民族八省区国内生产总值从1978年的324亿元增长到2004年的1.2万多亿元。中国的综合国力迅速增强，生产发展很快，人民的生活水平普遍大幅度提高。中国经济的发展和迅速强大，向各族人民展现了一个美好的前景。主要为少数民族聚居的内陆边境全方位对外开放，民族自治区和多民族省的外贸进出口总额每年都有大幅度的增长。同时，国务院召开了四次全国民族团结进步表彰大会，表彰为民族团结进步事业作出显著成绩的先进单位和模范人物，推进民族团结进步事业向前发展。在建设中国特色社会主义事业中，全国56个民族携手合作，显示出牢固的凝聚力和奋发向前的精神风貌。

当然，苏联解体、东欧剧变和世界上因民族问题引起的动荡，对于我们这个多民族国家处理民族问题留下了深刻的教训和启迪。当今世界四处泛滥的民族主义浪潮膨胀和蔓延，国内外分裂主义势力的分裂活动，西方敌对势力的遏制、高压以及和平演变，对我们的民族团结和国家统一不会绝对没有影响。对此，我们必须引起高度重视，绝不可掉以轻心。

在当今世界纷繁复杂的形势下，我们只要坚持马克思主义民族观，认真贯彻执行党的民族政策，我们的国家统一和民族团结就会更加巩固，统一的多民族的中华人民共和国必将以昂扬的姿态屹立在世界的东方。

第九章
单一制政体下的民族区域自治
——我国解决民族问题的基本政治制度

在国家统一领导下，在单一制政体下在少数民族聚居地区实行民族区域自治，是中国共产党把马克思主义民族理论与中国民族问题的实际相结合，解决我国民族问题的基本政策，也是我国的一项基本政治制度。所谓基本政治制度，其含义不是指某个领域、某个方面的具体制度，而是指在我国政治制度总体架构中关系全局、具有长远的战略地位并在国家政治、经济和社会各个领域发挥重要作用的制度。这一制度与人民代表大会制度、中国共产党领导的多党合作和政治协商制度一道，构成了我国政治制度的基本构架。

第一节　实行民族区域自治是马克思主义民族理论与中国实际相结合的产物

在中国这样一个多民族国家中，采取什么样的民族政策来处理国内民族问题？这个问题，在中国共产党成立之初就被提出来了。实行真正的民族平等政策，无疑应当是一条基本政策。然而，各民族在平等的基础上采取什么样的联合形式作为解决中国民族问题的基本制度呢？现在我们知道，党和国家的选择就是在单一制国家中实行民族区域自治制度。这个选择并不是一个简单而随意的决定。民族区域自治制度的选择有其深厚的马克思主义民族理论基础，同时也凝聚着中国共产党人对中国民族问题实际情况的深刻分析，体现了中国共产党人把马克思主义民族理论与中国民族问题具体实际创造性结合的科学态度和实事求是精神，是经过长期探索后的必然选择。

马克思、恩格斯认为，无产阶级革命胜利后，必须建立无产阶级专政国家政权，作为向共产主义过渡的一个阶段。在这个阶段中，马克思、恩格斯赞成建立一个单一制的共和国。马克思、恩格斯在1848年欧洲大革命前后就主张建立一个"统一而不可分割的德意志共和国"，他们说："……要极其坚决地把这个共和国的权力集中在国家政权手中"，"因为革命活动只有在集中的条件下才能发挥全部力量。"[1] 恩格斯后来又明确指出："如果说有什么是毋庸置疑的，那就是，我们的党和工人阶级只有在民主共和国这种政治形式下，才能取得统治。民主共和国甚至是无产阶级专政的特殊形式，法国大革命已经证明了这一点。"[2]

列宁在十月革命中，也非常注意马克思和恩格斯关于国家结构形式的论述。他在《国家与革命》一书中援引了恩格斯《1891年社会民主党纲领草案批判》一文中的一段论述后写道："恩格斯在这里特别明确地重申了贯穿在马克思的一切著作中的基本思想，这就是：民主共和国是走向无产阶级专政的捷径……恩格斯同马克思一样，从无产阶级和无产阶级革命的观点出发坚持民主集中制，坚持单一而不可分的共和国。"[3] 因此，列宁在十月革命前，一直主张把革命后的俄国建成为一

---

[1] 《马克思恩格斯选集》第1卷，人民出版社1995年版，第373页。
[2] 《马克思恩格斯全集》第22卷，人民出版社1965年版，第274页。
[3] 《列宁选集》第3卷，人民出版社1995年版，第173~175页。

个单一制的共和国，在共和国内实行区域自治。他说："在各个不同的民族组成一个统一的国家的情况下，并且正是由于这种情况，马克思主义者是决不会主张实行任何联邦制原则，也不会主张实行任何分权制的"，"民主集中制不仅不排斥地方自治以及有独特的经济和生活条件、民族成分等等的区域**自治**，相反，它必须**既要求地方自治，也要求区域自治**"①。

1917 年后，列宁在仔细分析了俄国的情况后，却主张建立一个联邦制的俄国，为什么会有这种变化呢？列宁本人作出了正确的解释。他在著名的《论民族自决权》一文中指出："在分析任何一个社会的问题时，马克思主义理论的绝对要求，就是把问题提到**一定的**历史范围之内；此外，如果谈到某一国家（例如，谈到这个国家的民族纲领），那就要估计到在同一历史时代这个国家不同于其他各国的具体特点"，"同时各个国家在民族的发展速度、居民的民族成分、居民的分布等等方面仍各不相同。如果不估计到所有这些一般历史条件和具体国家条件，就根本无法着手考察某个国家的马克思主义者的民族纲领"②。因此，十月革命后，列宁认真分析了俄国各民族的具体情况，认为只能建立联邦制国家。

当时，俄国的具体情况是：俄罗斯族的人口在全国只占43％，而其他一百多个少数民族的人口却占了 50％多。同时，十月革命前的俄国是一个殖民大帝国，沙皇俄国对境内各少数民族的压迫极其残酷，以各族人民的牢狱著称，民族矛盾十分尖锐，在二月资产阶级革命后，俄国边疆地区的民族独立运动风起云涌，实际上各民族已经处于完全分离和彼此隔绝的状态。十月革命胜利后，为了抵御帝国主义的武装干涉，巩固社会主义革命的成果，以及迅速恢复经济，各兄弟苏维埃共和国都希望联合起来，然而，建立统一的、单一制的共和国还缺乏充分的条件，

---

① 《列宁选集》第 2 卷，人民出版社 1995 年版，第 358～359 页。
② 《列宁选集》第 2 卷，人民出版社 1995 年版，第 375～376 页。

所以，只能采取较松散的联盟方式。

在这种情况下，列宁等俄国领导人从俄国的实行情况出发，决定建立一个联邦制国家。1922年，苏维埃社会主义共和国联盟正式成立，在国家的基本结构上采用了联邦制形式。同时，对于不具备建立加盟国家的少数民族实行民族区域自治。到1949年，全苏共建立了16个自治共和国，9个自治省，10个民族州。

从马列主义经典作家关于无产阶级专政国家结构形式的论述和苏联的实践中，我们可以明确地得出以下结论：在一般和可能的情况下，马克思、恩格斯和列宁等马列主义创始人都主张无产阶级革命胜利后建立一个统一的单一制国家，但是这只是一个一般原则，一个国家具体采取什么样的国家结构形式，关键要看该国家的具体情况，看该国民族关系与民族问题历史和现实特点，并从这个具体实际出发。

那么，我国的民族关系和民族问题的特点是什么呢？

第一，中央集权的统一国家的长期存在所形成的历史惯性要求建立统一的单一制的共和国。多民族的中国，早在秦代就形成了中央集权的国家。尽管不能完全消除封建割据状态，而且在从秦到清的两千多年中几经分合，但国家的统一仍是主流。中国各民族即使在分裂割据的状况下，也向往走向统一。各民族对统一的中国有强烈的认同感。即使边疆少数民族的统治阶级"入主中原"，也无不理所当然地以中国各民族的统治者自居。在晚近的几个世纪中，国家的高度统一已经达到不可逆转的程度了。

第二，在各民族长期的交往过程中，经过多民族的融合，形成了汉族这个人口占绝大多数的主体民族，同时，其他民族与汉族形成了紧密的联系。各民族在分布上呈现大杂居、小聚居和交错居住的局面。这种你中有我、我中有你的不可分割的关系只适宜建立统一的国家，然后在少数民族聚居区域内实行自治，而不能也无法建立以民族为单元的联邦制国家。

第三，鸦片战争以来中国的社会性质和国际环境，决定了各民族紧密的联合是民族解放的前提，维护国家的统一是确保民族自由的前提。近代的中国是受多个帝国主义国家侵略的半殖民地、半封建国家，帝国主义和中华民族的矛盾是近代中国社会的首要矛盾。中国各民族只有紧密地联合起来，才能战胜共同的敌人，取得民族解放斗争的胜利，否则就会被帝国主义瓜分乃至吞灭。在反对帝国主义的民族解放斗争胜利以后，特别是在推翻了国民党的反动统治以后，为了抵御帝国主义、霸权主义的颠覆、侵略、分化和渗透，确保民族自由，仍必须紧密地联合起来，不给敌对势力以可乘之机。

第四，中国共产党诞生以来，带领全国各族人民为民族的解放英勇奋斗，形成了一个坚强的领导核心，有能力将各族人民紧密地团结起来，共同建设一个团结统一的共和国。在长期的革命斗争中，各民族的先进分子汇聚在中国共产党之中或周围，迅速成长起来，形成了建立统一的多民族的共和国的干部队伍基础。

第五，汉族人口众多，少数民族地区幅员辽阔，汉族地区经济文化发展水平较高，少数民族地区经济文化发展相对落后，但资源较丰富。这种经济发展和资源分布的不平衡性和互补性，决定了各民族只有紧密联合起来才能最快地实现各民族共同繁荣。

这些特点决定了在中国只适合建立一个统一的单一制共和国。但另一方面，我国各民族之间存在着很多的差异，这也是现实特点。一个民族之所以为一个民族，它必然具有不同于其他民族的特点，这些特点表现在政治、经济、社会、文化和心理等各个方面。为了保护和发扬我国不同民族的民族特点，各民族必须享有一定的自治权利。这是马克思主义民族理论的基本要求，也是我国各民族人民的迫切愿望。

以上两个方面情况说明，在我国新民主主义革命胜利后，建立一个统一的多民族国家，在统一的国家内实行民族区域自治，是合乎国情、顺乎民心的必然选择。

在统一的国家内实行民族区域自治，这把解决中国民族问题的钥匙，并不是一开始就被掌握的，而是中国共产党在新民主主义革命过程中，通过对国内民族关系和民族问题的实际的不懈探索逐步找到的。

1922 年，中国共产党第二次全国代表大会的《宣言》提出："用自由联邦制，统一中国本部，蒙古、西藏、回疆，建立中华联邦共和国。"1923 年 6 月，中国共产党第三次代表大会提出："西藏、蒙古、新疆、青海等地和中国本部的关系由各该民族自决。"1931 年 11 月，中华苏维埃第一次全国代表大会通过的《中华苏维埃共和国宪法大纲》规定："中华苏维埃政权承认中国境内少数民族自决权。一直承认到各弱小民族有同中国脱离，自己成立独立的国家的权利。"1934 年 1 月，中华苏维埃第二次全国代表大会通过了新的《中华苏维埃共和国宪法大纲》，重申了 1931 年宪法大纲中关于民族问题的规定。

以上引文表明，从中国共产党第二次代表大会开始，在相当长的时期内，我党的民族纲领是强调民族自决权，主张实行联邦制的。其所以如此，原因是多方面的。但主要原因是党对中国民族问题的实际还缺乏深入的了解和分析，还不能把马列主义民族理论的一般原则与中国的具体历史条件准确恰当地结合起来。

随着党的成熟和对中国民族问题的认识的深化，党逐渐抛弃了联邦制的提法，开始主张实行统一国家内的民族区域自治。1938 年 9 月，中共中央召开了扩大的六届六中全会。毛泽东同志在题为《论新阶段》的报告中提出："允许蒙、藏、苗、瑶、彝、番等各民族与汉族有平等权利，在共同对日原则之下，有自己管理自己事务之权，同时与汉族联合建立统一的国家。"1941 年 5 月，陕甘宁边区政府颁布了《陕甘宁边区纲领》，其中规定："依据民族平等原则，实行蒙回民族与汉族在政治经济文化上的平等权利，建立蒙回民族的自治区。"根据这个规定，陕甘宁边区建立了两个回民自治区，一个蒙民自治区。

1947 年 5 月 1 日，内蒙古自治区的建立是新中国成立前党的民族区域自治主张的一次重要实践。抗日战争胜利后，内蒙古自治运动迅速兴起。当时内蒙古地区的政治斗争局面错综复杂。国民党反动派大力抢占地盘，笼络蒙古民族上层及敌伪反动势力，内蒙古地方上的各种民族主义政治势力、封建势力也纷纷登台，鼓吹各种不同形式、不同性质的"内蒙古自治"，一些王公贵族成立了"内蒙古人民共和国临时政府"。在这种情况下，中共中央在关于内蒙古工作方针的指示中明确提出："对内蒙古的基本方针，在目前是实行区域自治"，并针对东蒙自治问题指出："根据和平建国纲领要求民族平等自治，但不应提出独立自决口号。"乌兰夫等同志，在晋察冀中央局、东北中央局的领导下，根据党中央的指示，为此进行了艰苦卓绝的斗争。首先粉碎了少数分裂主义分子企图把内蒙古从祖国分裂出去的阴谋，然后在深入发动群众的基础上，团结大多数，说服一些人放弃了所谓"高度自治"、"独立自治"的错误主张，终于在 1947 年 5 月 1 日成立了内蒙古自治区政府。内蒙古自治区的建立为我国以民族区域自治形式解决国内民族问题提供了重要的实践经验。

1949 年 9 月，具有全国人民代表大会性质的中国人民政治协商会议第一届全体会议召开，包括各少数民族代表在内的 662 名代表齐集北平，共商国是。9 月 29 日，会议通过了《中国人民政治协商会议共同纲领》。这份具有宪法性质的文献专列民族政策一章，并第一次以国家根本法的形式规定："各少数民族聚居地区，应实行民族的区域自治。"民族区域自治制度作为新中国政治制度的重要组成部分，由此得以确立。

第二节　新中国实行民族区域自治的历程

新中国成立后，人民解放军向华南和西南未解放区继续挺进，广西、四川、西康、云南、海南等范围内的大批民族地区纷纷获得解放。在此之前，新疆已于新中国成立前夕和平解放。1951 年 5 月 23 日，《中央人民政府和西藏地方政府关于和平解决西藏办法的协议》签订，宣告西藏和平解放。至此，全国除台湾省外全部获得解放。大片民族地区的解放为在全国范围内推行民族区域自治创造了前提条件，同时，在全国范围内推行《共同纲领》规定的"民族区域自治"的艰巨任务也历史地摆在了新中国的面前。新中国成立五十多年来，伴随着我国国民经济恢复、社会主义改造和社会主义建设等各个不同时期的中心任务，推行和不断完善民族区域自治制度，一直是党和国家的一项重要工作内容。

新中国成立后五十多年的民族区域自治实践大体上可分为三个时期。

第一个时期：民族区域自治制度全面推行和初步发展时期

从新中国成立至 1966 年 5 月期间大约 17 年为第一个时期。这一时期是民族区域自治全面推行和民族区域自治具体制度基本形成和初步发展时期。在这一时期，包括四个自治区在内的大部分民族自治地方纷纷建立；在实践经验基础上，民族区域自治制度的具体内容逐步丰富，并逐步制度化、法制化。

1952 年 8 月，《中华人民共和国民族区域自治实施纲要》颁布，这是这一时期具有重要历史意义的事件。新中国成立后，至 1952 年 6 月，全国已建立各级民族自治区 130 个，民族区域自治的推行取得了显著的成绩，积累了若干经验，但也存在一些问题。主要的问题是，由于《共同纲领》关于民族区域自治制度缺乏统一的具体规定，各地无所遵照。因此，根据实践的需要，在前一段推行民族区域自治的经验的基础上，中央人民政府制定了《实施纲要》。这是我国制定的第一部关于民族区域自治制度的行政法规。

该纲要规定了实行民族区域自治总的原则，民族自治区建立的原则，民族自治机关的组成和隶属原则，自治机关自治权力的范围，调整民族自治区内民族关系的原则，以及上级人民政府对民族自治区的领导和帮助的原则等重要内容。这些重要内容的一些基本方面为以后的宪法和民族区域自治法所继承。该纲要的颁布，标志着我国民族区域自治制度初步形成。

在该纲要的指导下，推行民族区域自治的工作迅速发展。当时，广大少数民族地区大多稳步地完成了土地改革，开展了互助合作运动，并且经过三年的国民经济恢复工作，我国财政经济状况基本好转。这些都为在全国进一步推行民族区域自治创造了极为有利的条件。从 1952 年 8 月到 1954 年 9 月，仅两年多时间，全国共建立 53 个民族自治区。其中相当于专区级的自治区有 23 个。这一段时间建立的自治区，与刚解放时相比，具有行政区域面积比较大、实行区域自治的民族数量多、建立前都依照《中华人民共和国民族区域自治实施纲要》的精神进行了认真的筹备工作等特点。

在制定和实施该纲要之前的 1952 年 2 月，中央人民政府政务院颁布了《关于地方民族民主联合政府实施办法的决定》，规范了在民族杂居区及尚未具备实行民族区域自治条件的民族聚居区建立民族民主联合政府的工作。

1954 年 9 月 10 日，第一届全国人民代表大会第一次会议通过了《中华人民共和国宪法》。这是我国第一部宪法，该宪法有九条是关于民族问题的规定，其中第二章第五节规定了关于民族自治地方的自治机关的内容。这部宪法的颁布是我国民族区域自治制度建设中又一具有里程碑意义的事件。

1954 年《宪法》关于民族区域自治制度的规定，是以《共同纲领》的有关规定为基础，并吸取了新中国成立五年来推行民族区域自治的新经验而制定的。这部宪法在对《中华人民共和国民族区域自治实施纲要》的一系列重要原则规定给予充分肯定的同时，对其经过实践检验已不适宜和不完善的某些规定作出了修正和规范。1954 年《宪法》颁布之前，我国成立的民族自治地方，都叫自治区，行政级别包括乡（村）、区、县、专区或专区以上等各级。1954 年《宪法》根据民族地区的实际情况，规定我国民族自治地方为自治区、自治州、自治县三级。据此，国务院相继发布了《关于更改相当于区的民族自治区的指示》、《关于更改相当于区和相当于乡的民族自治区的补充指示》、《关于改变地方民族民主联合政府的指示》和《关于建立民族乡若干问题的指示》等一系列文件，对民族自治地方的建置作了调整和规范。

1954 年《宪法》颁行后，极大地推动了建立民族自治地方的工作，新疆、广西、宁夏、西藏四大自治区的建立和统一的内蒙古自治区行政区域最终形成，成为令人瞩目的重大事件。

新疆维吾尔自治区是新中国成立后最先建立的一个省级民族自治地方。1949 年 9 月新疆和平解放后，成立了新疆省人民政府。但推行民族区域自治的工作一直在准备着。1952 年 9 月，"新疆省推行民族区域自治筹备委员会"成立。1954 年，建立了 5 个自治州，6 个自治县。1955年 2 月，新疆省民族区域自治筹备委员会成立，正式开始了省级自治区的筹建工作。1955 年 9 月，全国人大常委会第 21 次会议，批准了周恩来总理提出的议案，决定成立新疆维吾尔自治区，同时撤销新疆省建制。1955 年 10 月 1 日，新疆维吾尔自治区正式宣告成立。

壮族是我国人口最多的少数民族，新中国成立初其人口的 90% 以上聚居在广西，约占广西总人口的 36%，其居住地区占广西面积的60%。因此，1956 年 9 月，由周恩来代表中共中央倡议，在广西建立与壮族在中华民族大家庭中的地位相应的省级自治区，获得广泛的赞同。在酝酿成立广西壮族自治区的过程中，曾提出过两种方案，一是合的方案，即将广西省改建为广西壮族自治区；二是分的方案，即将广西一分为二，东部保留广西省建制，西部建立省级的壮族自治区。经过充分协商，从有利于壮汉等各民族团结合作和发展进步的目的出发，最后，选择了合的方案。在协商酝酿过程中，大家在自治区名称和自治机关的民族组成上也取得了一致意见。1957 年 1 月，广西省人民委员会通过了《关于赞同建立广西壮族自治区的决定》。4 月至 5 月，广西省当时的 75个市、县、自治县的人民代表大会先后作出了拥护建立广西壮族自治区的决议。7 月，全国人大四次会议批准了国务院《关于建立广西壮族自治区的决定》。1958 年 3 月，广西壮族自治区正式宣布成立。

宁夏自元代起就是回族的一个重要聚居地区。1949 年 11 月，宁夏省人民政府成立。1954 年 9 月，宁夏省建制撤销，其行政区域划归甘肃省。1956 年 2 月，中共中央考虑到回族在祖国大家庭的地位、回族的发展和回族人民的愿望，提出了在甘肃地区建立省级回族自治区的倡议。在酝酿建立回族自治区的过程中，曾提出过几个方案，最后大家倾向于采纳甘肃省委建议的方案，即以原宁夏省（蒙古族地区除外）为基础，再划入甘肃省邻近的地区。这个方案有两个好处：一是回族人口比较集中，占全区人口的 1/3，把原有的 2 个自治州和 1 个自治县连成一片，有利于回族的发展；二是这一区域有发展农业、畜牧业及工矿业的良好条件，交通也方便，有利于自治区经济发展。1957 年 6 月，国务院作出了《关于成立宁夏回族自治区的决定》，7 月，全国人大四次会议通过了这个决定。1958 年 10 月 25 日，宁夏回族自治区正式宣告成立。

1951 年 5 月签订的《中央人民政府和西藏地方政府关于和平解放西藏办法的协议》规定，"西藏民族在中央人民政府统一领导下，实行区域自治"。1954 年 10 月，毛泽东主席分别接见达赖、班禅时，提出把前藏、后藏、昌都各方面代表人物团结起来，组织一个西藏自治区筹备委员会。1955 年 3 月，国务院通过了《关于成立西藏自治区筹备委员会的决定》。1956 年 4 月，西藏自治区筹备委员会在拉萨宣告成立，达赖任主任，班禅、张国华任副主任，阿沛·阿旺晋美任秘书长。西藏自治区筹备委员会成立后，积极开展建立西藏自治区的筹备工作，但由于亲帝分裂势力的破坏，筹备工作难以顺利进行。1959 年 3 月，西藏分裂势力发动全面武装叛乱后，国务院发布命令，解散西藏地方政府，由西藏自治区筹备委员会行使西藏地方政府职权，并改组了筹备委员会。西藏自治区筹备委员会改组后，在平息叛乱、民主改革中培养和锻炼了一批干部，进而建立了专区、县、乡各级人民政权，成立自治区的条件逐渐成熟。1965 年 8 月，全国人大常委会批准了国务院全体会议通过的成立西藏自治区的议案。1965 年 9 月，西藏自治区正式宣告成立。

在新疆、宁夏、广西和西藏自治区的筹建过程中，新中国成立前成立的内蒙古自治区行政区域的调整统一工作也在进行着。1947 年内蒙古自治政府成立时，只管辖着 5 个盟、36 个旗县的行政区域，面积为 54 万平方公里，人口为 200 万人，其中蒙古族有 50 多万人口。东北全境解放后，东北行政委员会于 1949 年将东北省代管的哲里木盟和热河省代管的昭乌达盟划归内蒙古自治区。1949 年 2 月，党的七届二中全会将统一内蒙古自治区的构思列入议事日程。毛泽东主席提出要为恢复内蒙古历史地域积极创造条件，逐步实现统一的内蒙古自治区。1951 年 9 月，察哈尔省的宝昌、多伦、化德三县划归内蒙古自治区的察哈尔盟。1954 年，经政务院批准，绥远省合并到内蒙古自治区，绥远省建制撤销。1956 年 4 月，国务院决定将甘肃省的巴彦浩特蒙古族自治州和额济纳蒙古族自治旗划归内蒙古自治区，改建为巴彦淖尔盟。至此，内蒙古地区结束了几百年来被分割统治的局面，实现了自治区域的统一，自治区的行政区域面积达到 118 万平方公里。

4 个自治区的建立以及内蒙古自治区行政区域的统一是民族区域自治实践的重大成果。这 5 个自治区合计面积为 437.48 万平方公里，占全国总面积的 45.57%。

1954 年《宪法》的颁布也推动了自治州、自治县的改建和新建工作。至 1958 年底，经过改建和新建，全国共建立 29 个自治州，54 个自治县。

这一阶段，民族区域自治制度的建设取得重要进展。1958 年 6 月，根据《宪法》关于民族自治地方财政管理自治权的规定，在系统总结新中国成立八年多来国家对民族自治地方实行的特殊财政管理办法的基础上，经全国人民代表大会常务委员会批准，国务院公布了《民族自治地方财政管理暂行办法》。该办法共 23 条，规定了民族自治地方自治机关财政管理自治权的内容以及国家对民族自治地方财政的优待办法。1963 年 12 月，国务院按照新的财政管理体制，批准了财政部、国家民委起草的《关于改进民族自治地方财政管理的规定（草案）》，该规定（草案）从 1964 年起开始试行。《民族自治地方财政管理暂行办法》和《关于改进民族自治地方财政管理的规定（草案）》体现了国家从财政体制上充分照顾民族自治地方的特点和需要的精神，有力地促进了民族自治地方经济、文化事业的发展，是关于民族自治地方财政管理自治权的有益探索。

　　从 1955 年到 1966 年的 11 年期间，民族自治地方的人民代表大会适应规范自治机关组织的需要，根据 1954 年《宪法》关于制定自治条例和单行条例的规定，从本地方实际出发，制定并报经全国人民代表大会常务委员会批准，颁布了 48 部单行条例，其中自治地方人民代表大会和人民委员会组织条例 46 部，组织简则 1 部，自治地方人民代表大会选举条例 1 部。这些单行条例的制定和施行，对于在当时条件下规范民族自治地方的自治机关，健全民族区域自治制度，发挥了重要作用。

　　民族自治地方的建立和民族区域自治制度的不断完善，极大地调动了民族自治地方建设家园、报效国家的积极性。在各族人民的共同努力下，在国家的大力帮助下，民族自治地方的经济文化建设事业全面发展。到 1957 年我国胜利完成国民经济发展的第一个五年计划时，全国民族自治地方的各项建设事业也获得了巨大成绩。据统计，1957 年，全国民族自治地方工农业总产值由 1952 年的 57.9 亿元增至 92 亿元，增长 58.9％，平均每年递增 9.7％。工业总产值占工农业总产值的比重由 1952 年的 19.7％上升到 1957 年的 32％。1957 年，全国民族自治地方的粮食产量为 376.5 亿斤，比 1952 年增长 19％；牲畜总头数 9914.2 万头，比 1952 年增长 30.3％；铁路通车里程 5489 公里，比 1952 年增长 44.9％；公路通车里程 62700 公里，比 1952 年增长 1.4 倍；社会商品零售总额 39.7 亿元，比 1952 年增长 1.2 倍；卫生机构 13819 个，比 1952 年增长 10.75 倍；卫生技术人员 65649 人，比 1952 年增长 2.67 倍。1957 年，全国在校的少数民族大学生 16101 人，比 1952 年增长 4.46 倍；少数民族中学生 276900 人，比 1952 年增长 2.78 倍；少数民族小学生 319.4 万人，比 1952 年增长 1.17 倍。1957 年，全国用蒙古、藏、维吾尔、朝鲜、哈萨克、壮、彝等 13 种民族文字出版的报纸有 32 种，比 1952 年增长 60％；杂志 35 种，比 1952 年增长 133.3％；各类图书 1204 种，比 1952 年增长 207.9％。

　　新中国成立后的前 17 年，总的来说，是推行民族区域自治的黄金时期，但是，在这一时期的后期，由于受到"左"倾思潮的影响，民族区域自治实践受到了严重的干扰。如果说前 10 年是顺利发展的 10 年，后 7 年则是在曲折中前进的 7 年。

以 1957 年夏季整风运动为开端，"左"的思潮逐渐在党内蔓延。整风运动后期由于对资产阶级进攻的形势估计得过于严重，在全国范围内开展了反对资产阶级右派进攻的斗争。此后不久，民族工作战线也在全国除西藏和个别少数民族地区以外开展了反对地方民族主义的运动。虽然党中央规定了政策界限，但由于"左"的思潮的影响，导致了严重的扩大化。一些少数民族人士被指责为地方民族主义，甚至被指责为反对党的领导。特别严重的是，对于地方民族主义的性质作了错误的判定，把许多本来属于人民内部矛盾范围内的问题，当做敌我矛盾的问题来看待，错误地打击了一部分少数民族干部和从事民族工作的汉族干部。

1958 年 5 月，党的八大二次会议提出了"多、快、好、省地建设社会主义"总路线，接着在全国范围内开始了"大跃进"和"人民公社化"运动，"左"的错误严重泛滥。一些生产力水平极为落后的地区，也大搞"一步登天"，严重地破坏了少数民族地区的生产力。在理论思想意识方面，由于片面强调"民族融合"，在实际工作中，民族特点、民族差别被否认。

"左"的思潮对民族区域自治的实行带来了严重干扰和破坏。一些民族自治地方被取消和合并，民族自治地方自治机关的自治权利受到忽视。1957 年至 1962 年民族自治地方的经济社会发展水平出现了倒退的情况。

1960 年至 1962 年，中央开始对民族工作战线存在的问题有所认识，曾经提出在实际工作中纠正"左"的错误的措施，并督促纠正了民族区域自治实施过程中的一些错误。但由于"左"的指导思想没有根本变化，"左"的错误没有得到彻底纠正。1962 年 9 月，党的八届十中全会提出了"以阶级斗争为纲"的错误口号，把社会主义社会中一定范围内存在的阶级斗争扩大化和绝对化，认为无产阶级同资产阶级的矛盾仍然是我国社会的主要矛盾。因此，"民族问题的实质是阶级问题"被当做任何历史条件下都一律适用的马列主义关于民族问题的普遍真理。对长期以来坚持的民族问题具有长期性、敏感性、复杂性特点的认识也动摇了，甚至否定了。许多少数民族地区的工作中实际上丢掉了"慎重稳进"的工作方针。这一阶段，一方面，为了缓和由于"左"的错误而造成的紧张的民族关系，纠正了一些错误；另一方面，从理论和指导思想上却又发展了某些"左"的东西。在推行民族区域自治的工作中，一方面，解决了一些涉及自治权的问题，新建了一些民族自治地方，改变了一些取消、合并民族自治地方的错误做法；另一方面，也存在应当建立的民族自治地方未能建立，已经建立的民族自治地方没有抓紧自治机关建设等状况。

　　"左"的错误影响了民族区域自治制度的推行和建设，是一个极为深刻的教训。但"左"的错误未能影响民族区域自治工作的全局，这一阶段，推行民族区域自治的工作仍取得了一定的发展。从 1963 年至 1965 年，我国国民经济经过三年的调整，得到了较快的恢复和发展，民族自治地方的经济和各项社会事业也得到了进一步发展。

　　第二个时期：民族区域自治制度遭到全面破坏时期

　　1966 年 5 月至 1976 年 10 月的"文化大革命"，使中国陷入了一场空前的浩劫。这个时期，党的民族区域自治制度和其他政策遭到全面破坏。很多民族工作部门被撤销，民族工作完全处于停滞状态，民族区域自治名存实亡。有些民族地方被划小或被正式撤销。内蒙古自治区被划走五个部分，分别划归黑龙江、吉林、辽宁、甘肃、宁夏五省区管辖，只剩下不到一半面积。这个时期，民族地区发生了大量冤、假、错案，内蒙古的"新内人党"等三大案和延边朝鲜族自治州的所谓"叛国集团"案等涉及的人都以万计，很多人被迫害致死。民族自治地方的生产生活水平下降，民族间的隔阂加深。"文化大革命"后期，在极"左"思想指导下，制定颁布了 1975 年《宪法》。这部宪法虽然肯定了民族区域自治制度，但却删掉或删改了 1954 年《宪法》关于民族区域自治的许多基本规定，我国民族区域自治法制建设大大倒退了。

第三个时期：民族区域自治制度再度发展时期

1976 年粉碎"四人帮"标志着"文化大革命"动乱时期的结束。从 1976 年 10 月开始，我国的民族区域自治工作进入一个新时期。这一时期，伴随着我国中心工作的转移、改革开放政策的实行和建立社会主义市场经济体制目标的确立等一系列大政方针政策的实施，我国民族区域自治的实践，在新中国前 17 年工作的基础上，发展到了一个崭新的水平。

1982 年《宪法》和 1984 年《民族区域自治法》的颁布是我国民族区域自治制度建设走向一个新的阶段的重要标志。在"文化大革命"结束不久的 1978 年，我国颁布了新中国成立以来的第三部宪法。但由于这部宪法是在许多问题尚未拨乱反正的历史条件下制定的，它虽然基本上恢复了 1954 年《宪法》关于民族区域自治的规定，并有所充实，但是还很不完备。

1982 年 12 月，为适应新形势的需要，第五届全国人民代表大会第五次会议通过了新中国成立以来的第四部《宪法》，即我国的现行宪法，这部宪法在党的实事求是的思想路线指导下，不仅全面恢复了 1954 年《宪法》关于民族区域自治制度的规定，而且在总结三十多年实行民族区域自治正反两方面经验的基础上，适应社会主义现代化建设新时期的历史特点，从当时民族自治地方的实际情况出发，作出了一系列重要的修改和补充。主要包括：在"序言"中明确指出，中华人民共和国是全国各族人民共同缔造的统一的多民族国家；明确规定，民族自治地方人大常委会中应当有实行区域自治的民族的公民担任主任或者副主任；自治区主席、自治州州长、自治县县长由实行民族区域自治的民族的公民担任；明确规定，民族自治地方自治机关具有双重职权，即在行使同级地方国家职权的同时，依照《宪法》、《民族区域自治法》和其他法律规定的权限行使自治权，并且可以根据本地方实际情况贯彻执行国家的法律、政策；明确规定，民族自治地方的自治机关，在国家计划指导下，自主地安排和管理地方性的经济建设事业，国家在民族自治地方开发资源、建设企业的时候，应当照顾民族自治地方的利益；明确规定，民族自治地方的自治机关自主地管理本地方的教育、科学、文化、卫生、体育事业，保护和整理民族文化遗产，发展和繁荣民族传统文化。1982年《宪法》这些新的、补充的规定，使我国民族区域自治制度进一步完善。同时，它把发展民族自治地方的经济和文化摆到十分突出的地位，具有鲜明的时代特点。

在制定新宪法的同时，《民族区域自治法》的起草工作也在紧张地进行着。1980年，中共中央批准设立以乌兰夫为首的《民族区域自治法》起草领导小组，领导自治法的起草工作。1984年5月31日，全国人大六届二次会议通过了《中华人民共和国民族区域自治法》，决定于同年10月1日起施行。《民族区域自治法》是新中国成立以来第一部关于民族区域自治的专门法律，它的制定是我国民族区域自治制度建设和法制建设的一个空前的成就。

《民族区域自治法》由序言和7章67条组成，它系统地规定了实行民族区域自治的基本原则，民族自治地方的建立和自治机关组成的原则、自治机关自治权的范围、自治机关调整自治地方内民族关系的原则、上级国家机关对民族自治地方领导和帮助的原则等内容。与1952年《民族区域自治实施纲要》相比，它的突出特点是：扩展和增大了自治机关的自治权和上级国家机关帮助民族自治地方的职责。《民族区域自治实施纲要》关于民族自治地方自治权的规定有11条，《民族区域自治法》增加到27条；《民族区域自治实施纲要》关于上级国家机关帮助自治地方职责的规定有6条，《民族区域自治法》增加到13条。

1982年《宪法》和1984年《民族区域自治法》的颁布，促进了民族自治地方建立工作。到1990年，我国又新建了2个自治州和61个自治县。至此，我国适合建立民族自治地方的少数民族聚居区基本上都建立了民族自治地方。我国建立民族自治地方的任务已基本完成。2003年，作为特殊遗留问题，四川北川羌族自治县成立。

在这一时期，内蒙古自治区的行政区域得以恢复。1979 年 5 月，中共中央、国务院《关于恢复内蒙古自治区原行政区划的通知》指出："为了进一步落实民族区域自治政策，加强民族团结，促进少数民族地区经济建设和文化教育事业的发展，加强国防建设，党中央、国务院决定恢复内蒙古自治区 1969 年 7 月以前的行政区划。"根据这个指示，从 1979 年 7 月 1 日起，"文化大革命"期间划出去的东三盟、西三旗重新划归内蒙古自治区。

在这一时期，根据改革、开放和经济发展的需要，还对一些民族自治地方的行政区划和建制进行了必要的调整。如 1987 年海南建省后，为加强统一领导，减少行政层次，经国务院批准，撤销了海南黎族自治州的建制，将原州属各黎族苗族聚居的县分别改建成 7 个自治县。为适应经济发展的需要，从 1993 年至 2000 年，先后有辽宁凤城满族自治县、广西防城各族自治县、辽宁北镇满族自治县、海南东方黎族自治县、黔江土家族苗族自治县改建为市（或市辖区）的建制。现我国共有 155 个民族自治地方，其中自治区 5 个，自治州 30 个，自治县（旗）120 个。民族自治地方总面积占全国总面积的约 64%，有 44 个民族实现了区域自治的权利。

这一时期，民族区域自治制度建设的发展，不仅体现在 1982 年《宪法》和 1984 年《民族区域自治法》的制定上，而且体现在大批其他法律法规关于民族区域自治的规定和民族地区制定的有关地方性法规和地方性自治法规上。

根据《宪法》的规定，这一时期制定的许多法律都包含有关于民族区域自治的内容。如《民法通则》第 151 条规定："民族自治地方的人民代表大会可以根据本法规定的原则，结合当地民族的特点，制定变通的或者补充的单行条例或规定。自治区人民代表大会制定的，依照法律规定报全国人民代表大会常务委员会批准或备案；自治州、自治县人民代表大会制定的，报省、自治区人民代表大会常务委员会批准。"《刑法》第 80 条、《民事诉讼法》第 17 条、《继承法》第 35 条、《森林法》

第 41 条、《草原法》第 23 条、《婚姻法》第 36 条等都有类似的授权性规定。《选举法》用专章规定各少数民族的选举问题。为推动《民族区域自治法》的实施，1991 年 12 月，国务院发出了《关于进一步贯彻实施〈民族区域自治法〉若干问题的通知》。

2001 年 2 月 28 日，第九届全国人民代表大会常委会第二十次会议通过了《关于修改〈中华人民共和国民族区域自治法〉的决定》，同日，国家主席江泽民签署了第 46 号主席令予以公布施行。自治法的修订是我国坚持和完善民族区域自治制度的重大举措，是新世纪初我国政治生活中的重大事件。修订后的《民族区域自治法》在理论上和实践上都有很大突破，对坚持和完善民族区域自治制度、促进我国民族团结进步事业具有重要意义。具体表现为如下三个方面：第一，正式确立了民族区域自治制度作为我国一项基本政治制度的法律地位。在序言中，将民族区域自治表述为中国共产党运用马克思列宁主义解决我国民族问题的基本政策，是国家的一项基本政治制度。这对坚持和完善民族区域自治制度，维护祖国统一，加强民族团结，促进各民族共同繁荣，具有重大而深远的理论意义和实践意义。第二，充分体现了社会主义市场经济的特点。修正案明确指出要"努力发展社会主义市场经济"，"坚持公有制为主体、多种所有制经济共同发展的基本制度，鼓励发展非公有制经济"，这些原则在有关章、条、款中，得到了具体体现。这些规定对民族自治地方建立与社会主义市场经济体制有机结合的民族区域自治体制具有重要意义。第三，充分体现了发展这个主题，体现了邓小平"实行民族区域自治，不把经济搞好，那个自治就是空的"的重要思想。修正案加大了上级国家机关对民族自治地方的支持力度，强调从基础设施建设、经济建设、科技、教育、文化、卫生等方面加强对民族自治地方的扶持，并在投资、财政、金融、税收、外贸和利用外资等方面作了新的规定。这些规定对加快民族自治地方的发展具有十分重要的意义。

2005 年 5 月 19 日，国务院总理温家宝颁布国务院第 435 号令，公布了《国务院实施〈中华人民共和国民族区域自治法〉若干规定》（以下简称《规定》），该规定于 2005 年 5 月 31 日正式实施。这是《中华人民共和国民族区域自治法》颁布实施以来，国务院制定的实施该法的第一部行政法规。《规定》的颁布实施，是在新世纪新阶段坚持和完善民族区域自治制度、贯彻落实民族区域自治法的又一重大举措，是我国社会主义民主和法制建设的一项重要成果。它的颁布实施，对加快少数民族地区经济和社会事业发展，巩固我国各民族的大团结，构建社会主义和谐社会，都具有重大的现实意义和深远的历史意义。《规定》总计 35 条，突出地体现了各民族"共同团结奋斗，共同发展繁荣"这个新世纪新阶段我国民族工作的主题。其主要内容：一是将帮助民族自治地方加快经济发展放在突出位置，规定了上级人民政府及其职能部门在规划、基础设施项目安排、西部开发、资源开发和生态环境保护、财政转移支付、金融、外贸等方面对民族自治地方给予支持。国家扶持民族贸易和民族特需用品生产、推进兴边富民行动、扶持人口较少民族发展、加强民族自治地方扶贫开发、鼓励对口支援等这些在民族工作实践中行之有效的做法，进一步提炼后也写进了《规定》。二是规定了促进民族自治地方发展教育、科技、文化、卫生、体育和健全社会保障体系的内容，体现了重视民族自治地方经济社会事业协调发展的特点。三是在政治方面强调巩固民族团结，既规定了开展促进民族团结进步的各项活动、加强民族法规政策的宣传教育的内容，又规定了要妥善处理影响民族团结的问题，禁止破坏民族团结和制造民族分裂行为的内容。《规定》还写有违反本《规定》应担负的法律责任条款。

以制定自治条例和单行条例为主要内容的地方民族立法也取得了显著成绩。《民族区域自治法》规定："民族自治地方的人民代表大会除享有一般地方国家权力机关的权力外，还有权依照当地民族的政治、经济和文化的特点，制定自治条例和单行条例。"《中华人民共和国立法法》规定："自治条例和单行条例可以依照当地民族的特点，对法律和行政法规的规定作出变通规定"，"自治条例和单行条例依法对法律、行政法规、地方性法规作变通规定的，在本自治地方适用自治条例和单行条例的规定。"截至 2004 年底，民族自治地方共制定自治条例 133 个、单行条例 384 个，民族自治地方根据本地的实际，对婚姻法、继承法、选举法、土地法、草原法等法律的变通和补充规定有 68 件。四川、青海、甘肃、云南、湖北、广东、辽宁、湖南、河北等十几个辖有民族自治地方的省都先后制定了实施《民族区域自治法》的若干规定，进一步具体规定了上级国家机关对自治州、自治县应履行的职责。

经过这一时期大规模的民族立法活动，目前，我国已初步形成以宪法关于民族区域自治的规定为根本、以《民族区域自治法》为主干、以民族自治地方自治条例和单行条例以及其他法律法规关于民族区域自治的规定为主要内容的民族区域自治法规制度体系。

综观新中国成立以来我国实行民族区域自治的实践，我们可以看到，它大体上经历了一个"V"字形的发展轨迹。新中国成立后的 17 年是辉煌的十七年，"文化大革命"的 10 年是一个低谷，在社会主义建设的新时期，我国民族区域自治工作再度步入辉煌。到目前，我国实行民族区域自治工作已完成了两项基本任务：一是基本完成了建立民族自治地方的任务，二是初步形成了有中国特色的民族区域自治制度，并且以法律的形式固定下来。

第三节　我国实行民族区域自治的基本经验

民族区域自治实行五十多年来的巨大成就充分证明民族区域自治制度的优越性，证明了选择以民族区域自治形式作为解决中国民族问题的道路的正确性。总结五十多年来我国实行民族区域自治的成功经验，主要有以下几点。

一、实行民族区域自治，必须正确认识和处理统一与自治的关系

统一与自治有机结合反映了我国民族区域自治制度的本质特点。首先，统一是自治的前提和基础。没有国家的集中统一，就谈不上民族区域自治，脱离国家集中统一的自治，就不是我们实行的自治。在我们这个单一制政体的国家里，民族自治地方与国家的关系是部分与整体的关系，民族自治地方是整个国家的有机组成部分，国家代表各民族的整体利益和根本利益，在各民族自治地方行使主权，维护国家统一和领土完整。民族自治地方的自治机关是地方国家机关，依照《宪法》和《民族区域自治法》规定的原则，必须保证宪法、法律和国家总的方针、政策和规划在本地方的遵守和执行，积极完成中央和上级国家机关下达的各项任务，实现国家的集中统一。其次，民族自治地方又是少数民族在其聚居区实行区域自治的地方，它不同于一般地方。其自治机关，除行使地方政权机关的权限外，还有依照《宪法》、《民族区域自治法》和其他法律规定的权限，根据本地方的实际情况，贯彻执行国家的法律、政策，并行使自主管理本地方的经济文化教育事业和本民族内部事务的自治权。上级国家机关则负有尊重和帮助其行使自治权的职责。

五十多年来的实践表明，只有正确认识和处理统一与自治的关系，民族区域自治制度才能发挥有效的作用，民族团结进步事业才能顺利向前发展。片面强调集中或片面强调自治，都会使我们的事业遭到损害。片面强调集中统一，看不到民族问题的特殊性，其结果必然会忽视少数民族的特点和需要，损害少数民族利益，导致民族团结的破坏，甚至引起民族关系的紧张，从而影响国家的稳定和发展。"文化大革命"期间，一些地方"取消自治"的极"左"思潮带来的后果说明了这一点。片面强调自治，看不到国家大局和各民族的根本利益之所在，其结果也必然会影响国家大政方针和政策的贯彻，损害国家和本民族、本地方的根本利益，有时还会被分裂主义分子所利用。

实行民族区域自治，正确处理统一与自治的关系，必须坚持党的领导。我国以民族区域自治的形式解决国内民族问题的设想，是中国共产党经过长期探索提出的。新中国成立后，党又带领全国各族人民，将民族区域自治的设想变为现实。可以说，没有中国共产党，就没有中国的民族区域自治；没有中国共产党的正确领导，就没有民族区域自治的顺利实施。坚持党的领导，是实行民族区域自治最可靠的政治保障。

二、实行民族区域自治，必须贯彻民族平等团结的原则

民族平等团结是党和国家的基本民族政策。从某种意义上说，实行民族区域自治制度就是要为各民族在平等基础上的团结合作提供一个恰当的政治形式。实践证明，民族区域自治这个政治形式是成功的，它不仅体现了少数民族与汉族之间的平等团结关系，也体现了少数民族之间和各民族内部成员之间的平等团结关系。如：各少数民族都有依据法定条件建立民族自治地方的权利，在民族自治地方，自治机关不但要保障实行自治的民族的权利，而且要保障其他少数民族和汉族的平等权利；自治机关应鼓励各民族公民之间互相学习、和睦相处、团结合作，共同建设民族自治地方；禁止对任何民族的歧视和压迫等等。法律法规的这些规定构成了民族区域自治制度的重要内容。

坚持民族平等团结的原则，一方面要在全社会大力弘扬民族平等团结的精神，另一方面要妥善处理各类影响民族团结的事件。

党的十一届三中全会以后，开展民族团结进步表彰活动，成为促进民族团结的好形式。1982年，新疆维吾尔自治区率先开展了民族团结进步表彰活动，此后全国各地普遍地开展了这项活动。1988年、1994年、1999年、2005年国务院四次召开全国民族团结进步表彰大会。通过这些活动，学习和争做民族团结进步模范成为一种良好的社会风尚。

妥善处理各类影响民族团结的事件，必须正确认识和分析我国民族问题的主要矛盾。社会主义改造完成以前，我国还存在着民族内部的剥

削和压迫制度。社会主义改造完成以后，我国民族问题的主要矛盾发生了根本变化，阶级矛盾虽然在一定范围内存在，但已不是主要矛盾，各民族公民之间结成了平等、团结、互助的社会主义民族关系。同时，只要有民族差别存在，就有可能产生民族矛盾，只不过这些矛盾大量的是人民内部矛盾。在实行民族区域自治时，我们必须正确分析和处理两类不同性质的矛盾。对分裂主义分子的分裂犯罪等属于敌我矛盾范畴的活动，要旗帜鲜明地反对和坚决打击，而对大量属于人民内部矛盾范畴的民族纠纷和摩擦事件，则应主要采取说服教育的办法，进行引导和疏导，妥善处理。只有认真区分和对待两类不同性质的矛盾，并妥善处理大量的人民内部矛盾，我国的民族团结才能日益加强，我国的民族区域自治制度才能不断巩固和发展。

历史的经验表明，每当民族平等和团结搞得好时，民族区域自治的实施就比较顺利；每当民族区域自治制度贯彻执行得不好时，民族平等和民族团结也必然遭到损害。反之亦然。

三、实行民族区域自治，必须着力促进各民族共同繁荣

实行民族区域自治的根本目的之一，就是要实现各民族共同繁荣。早在上个世纪 50 年代，周恩来就明确指出："我们对各民族既要平等，又要使大家繁荣。各民族繁荣是我们社会主义在民族政策上的根本立场。"邓小平也强调指出："实行民族区域自治，不把经济搞好，那个自治就是空的。"新中国成立后，推行民族区域自治与各民族的发展、繁荣工作始终紧密结合在一起，在建立民族自治地方和划定民族自治地方的行政区域时，有利于民族自治地方的发展是一个重要的着眼点。宁夏回族自治区和广西壮族自治区筹建方案的选定，四川省的西昌地区并入凉山彝族自治州，以及其他一些自治地方的区域划分，就是按照经济因素和政治因素相结合的原则确定的。我国《民族区域自治法》等自治法规许多内容都是关于促进民族自治地方经济和社会发展的规定，充分地

体现了我国实现各民族共同繁荣的原则立场。

我国的民族问题的主要矛盾，在社会主义改造完成之后，主要表现为少数民族日益增长的物质文化需要与落后的生产力发展水平之间的矛盾。因此，社会主义改造完成之后，我国民族工作的中心任务是经济建设，在经济建设的基础上全面发展民族地区的各项事业。实行民族区域自治的工作也必须服从这个中心任务。由于上个世纪50年代末60年代初的"左"的思潮的影响，这个中心任务的执行，与全国其他工作一样受到了严重干扰。在"文化大革命"中，这个中心任务更被彻底否定。结果，给我国实行民族区域自治的工作带来严重破坏。党的十一届三中全会以后，随着党和国家工作重心的转移，这一中心任务才得以确立，由此带来了民族工作的崭新局面。正、反两方面的经验教训告诉我们，在社会主义改造完成以后，必须把经济建设作为我国实行民族区域自治的中心任务。

四、实行民族区域自治，必须坚持改革开放

上个世纪50年代和60年代，我们在民族地区实施了社会改革，即民主改革和社会主义改造。为什么要进行社会改革？周恩来总理非常清楚地阐明了其中的道理。他说："我们新中国就是要帮助各民族发展，这就必须实行一个根本性的措施，就是进行社会改革。社会改革是我们中国各民族的共同性的问题。汉族也要经过改革才能发展。我们所说的改革，最根本的是经济改革。为什么要改革？因为要建设社会主义，要人民生活富裕起来。因此，我们中国要工业化，没有工业化，就不可能使生产发展。而要工业化，就得首先在农业上实行改革，把农业上的封建制度、奴隶制度废除。农民得到了解放，才能够使农业经济得到发展，才能有工业发展的基础。""所以，每个民族都不可避免地要经过经济改革。""如果不进行经济改革，维持奴隶制度、封建制度，多数的人民还是奴隶、农奴和封建制农民，生产力就不能够解放。""这种改革，

不仅是经济制度的改革，也会影响到别的方面。因为经济基础变动了，上层建筑也要受影响，就是说，政治上、思想上也要受影响，政治上的制度要适合社会主义的经济基础，也要改革，要改革成为民主集中制。"① 大部分民族地区的社会改革到 50 年代末期完成，西藏的社会改革到 60 年代中期完成，社会改革完成后，极大地解放了民族地区的生产力，促进了民族地区的经济和社会发展。

党的十一届三中全会以来，我国进入了社会主义建设新的发展阶段。改革开放是新时期的主旋律，是时代的主要特征。20 年的实践充分证明，改革开放是中国强盛的唯一出路，是实现各民族共同繁荣的必由之路，也是推动民族区域自治制度继续发展的重要动力。正如邓小平所说，"不搞改革，少数民族的贫困就不能消灭"。"真正兴旺发达的民族，是开放的民族"。少数民族要摆脱贫困，成为发达的民族，必须改革开放。

近三十多年来，我国实施的最大改革措施是建立社会主义市场经济体制。改革开放政策的实施和市场经济体制的建立，改变了束缚生产力发展的僵化的经济体制，促进了民族地区从自然经济、半自然经济向商品经济的转变，推动了民族地区产业结构的调整，促进了民族地区资源优势向经济优势的转变。扩大了民族地区与国外和国内其他地区的交流。民族地区的经济和各项事业获得了空前的发展，人民生活水平显著提高。

五、实行民族区域自治，必须将国家的帮助、兄弟民族的支援与民族地区的自力更生紧密地结合起来

由于历史和地理的原因，我国民族地区相对于汉族地区来说，总体上还比较落后。新中国成立前夕，我国民族地区有的处于封建地主制发展阶段，有的处于奴隶制和封建农奴制发展阶段，有的还处于原始社会末期。虽然新中国成立以来，民族地区发展很快，但从整体上看，还处

---

① 《中国共产党主要领导人论民族问题》，民族出版社 1994 年版，第 180～183 页。

于社会主义初级阶段的低层次，这是民族地区的实际情况。因此，实现各民族共同繁荣，就需要国家的帮助。对国家来说，帮助民族地区是义不容辞的责任，也是实现国家富强的内在需要。从《中国人民政治协商会议共同纲领》到历部宪法，从《民族区域自治实施纲要》到《民族区域自治法》，都规定了国家对民族自治地方帮助的职责。《民族区域自治法》是专章规定，内容达 19 条之多。《国务院实施〈中华人民共和国民族区域自治法〉若干规定》的主要内容就是规定了上级人民政府加大对民族自治地方支持力度的措施。上级国家机关对民族自治地方帮助的内容成为我国民族区域自治制度的重要组成部分。上级国家机关必须依法履行自己的法定职责。

在新时期，东部汉族地区与民族地区还开展了对口支援和经济技术协作，这充分体现了各民族之间的兄弟情谊和团结合作精神。

新中国成立五十多年来，国家已形成一整套对民族地区的扶持和优惠政策及措施，有力促进了民族地区的发展。五十多年的实践证明，国家的帮助和兄弟民族的支援是民族地区加快发展的重要条件。然而，民族地区的发展，归根到底还是要靠自身的努力，靠民族地区的各族人民发扬自力更生、艰苦奋斗的精神艰苦创业。实践经验表明，只要将民族地区的自力更生与国家的帮助和兄弟民族的支援紧密结合起来，民族地区就能加速发展，最终实现各民族共同繁荣。

六、实行民族区域自治，必须从民族地区的实际出发，将原则性与灵活性结合起来

原则性与灵活性相结合，是我国实行民族区域自治的一条重要的经验。灵活性的依据是民族地区的实际情况。在我国推行民族区域自治时，原则性与灵活性结合的情况随处可见。如：在少数民族聚居区建立民族自治地方是原则，但建立什么样类型的自治地方，我国根据少数民族聚居区的分布特点，采取了非常灵活的办法：一个民族可以在几个聚

居区分别建立自治地方；也可以由几个聚居在一个地方的民族联合建立自治地方；还可以在大的自治地方内由其他民族建立小的自治地方等等。正是原则性与灵活性的结合，有条件的少数民族尽可能地建立了自治地方。这种多类型、多层次的民族区域自治是中国独具的特点。

民族区域自治制度本身也体现了原则性与灵活性相结合的特点。如《民族区域自治法》规定，民族自治地方必须贯彻执行国家的法律，但同时《民族区域自治法》和《立法法》等也授予民族自治地方依据法律规定的原则，制定变通规定的权力。

七、实行民族区域自治，必须大力培养和任用少数民族干部

实行民族区域自治的关键是培养和任用少数民族干部，这已经成为大家的共识。新中国一成立，毛泽东就指出：要彻底解决民族问题，完全孤立民族反动派，没有大批从少数民族出身的共产主义干部，是不可能的。1981年8月，邓小平在民族地区视察时也强调指出：干部问题具有极端重要性。胡锦涛总书记也指出，培养少数民族干部是管长远、管根本的大事。实行民族区域自治，从人的因素看，就是使大量的少数民族干部代表本民族行使管理本民族内部事务的权利。因此，没有少数民族干部，就谈不上民族区域自治。新中国成立以来，党和国家高度重视少数民族干部的培养工作，少数民族干部队伍已从新中国成立初的1万多人发展到现在的290多万人。这支少数民族干部队伍在民族区域自治实践中发挥了关键性的作用。

八、实行民族区域自治，必须加强法制建设，走依法管理之路

新中国成立五十多年来，党和国家一直高度重视民族区域自治的法制建设，在不同时期，制定了一大批民族区域自治法律法规。特别是党

的十一届三中全会以来，民族区域自治的法制建设迈上了一个新台阶，目前已初步形成了有中国特色的民族区域自治法规体系。1996 年，全国人大八届四次会议，把"依法治国，建设社会主义法治国家"作为一个基本的治国方针提了出来，这进一步推动了我国民族自治地方依法管理本民族、本地方事务的进程。法律靠国家的强制力来实施，并具有稳定性、规范性等特点。新中国成立以来的实践表明，将民族区域自治工作纳入法制化轨道，有助于民族区域自治的规范化，增强了民族区域自治制度的权威性，推进了民族区域自治的贯彻实施。

第四节　在新形势下必须坚持和不断发展
完善民族区域自治制度

民族区域自治制度作为我国的一项基本政治制度，新中国成立五十多年来，发挥了巨大的作用。这种作用主要表现在三个方面。

一、民族区域自治制度的推行，进一步巩固了祖国的统一和边防的稳固，增强了中华民族的凝聚力

中国自古以来就是一个统一的国家，但是，纵观中国长期的历史，我国在任何时候都没有能够在政治上完全彻底统一。从中国少数民族地区的情况来看，旧中国的少数民族地区保留着不同的政治制度。例如，内蒙古地区有盟旗和省县并存，省县由中央委派的官员治理，盟旗则由世袭王公统治。西藏地区存在着"政教合一"的僧侣贵族专制制度。西南和西北一些民族地区，还保存着不同范围的土司制度、山官制度、千百户制度、头人制度和伯克制度等。这些传统制度，不仅具有压迫和剥削人民的性质，而且影响中央政府政令的统一，不利于国家统一主权的维护。由于民族地区大都位于祖国的边疆，这种政治上不统一状态，很

容易为外国侵略势力利用，影响祖国边疆的巩固。

新中国成立后，民族区域自治制度的推行，既保障了少数民族实行民族区域自治的权利，又从根本上改变了旧中国许多民族地区存在的不同程度的割据状态，实现了国家在政治上的高度统一，巩固了祖国的边防。

在民族区域自治制度下，各民族之间的交往和联系比历史上任何时候都更加紧密了，民族区域自治制度使祖国所有民族既各得其所，又同舟共济，它为各民族人民把热爱祖国的感情与热爱自己民族的感情有机地结合起来提供了最为恰当的政治形式。新中国成立五十多年来，不管国际局势如何风云变幻，也不管国内建设面临着如何的困难或挫折，各民族人民始终团结一致，共同奋斗。实践表明，民族区域自治制度的实行有力地增强了中华民族的凝聚力，为中华民族的振兴创造了必要的条件。

二、民族区域自治制度的实行，有效地保障了少数民族人民平等的民主权利和管理本民族内部事务的权利

对一个多民族国家内的少数民族而言，有两种权利至关重要，这就是平等的公民权利和管理本民族内部事务的权利。作为国家的公民，少数民族公民应与主体民族的公民享有完全平等的公民权利；作为一个民族，它应享有管理本民族内部事务的权利，这是保持和发扬本民族特征的重要条件。我国的民族区域自治制度有效地保障了这两种权利。

我国的民族区域自治是在统一的国家内实行的民族的地方自治。无论是在民族自治地方之内，还是民族自治地方之外，都要贯彻执行宪法、法律关于保障人民民主权利的规定。在我国，《宪法》和《民族区域自治法》都规定：各民族一律平等。根据这一原则，各民族公民都享有平等的选举权和被选举权，参与国家事务和地方事务的管理；各民族公民在法律面前一律平等；各民族公民的人身自由和人格尊严不受侵

犯；各民族公民都有宗教信仰自由的权利；各民族公民都有自由使用本民族语言文字的权利；各民族公民都有言论、出版、集会、结社、游行、示威的自由；各民族公民都有从事科学研究、文学艺术创作和其他文化活动的权利；各民族公民都有劳动、休息和丧失劳动时从国家和社会获得物质帮助的权利；各民族公民都有对国家机关和国家工作人员提出批评和建议的权利；各民族公民都有保持或改革自己风俗习惯的自由等等。在民族自治地方，根据《民族区域自治法》的规定，民族自治地方的自治机关，不仅保障实行自治的民族的权利，还要保障自治区域内其他民族公民的平等权利。

民族平等不仅表现为民族之间的平等，而且表现为一个民族内部成员间的平等。在上世纪 50 年代（西藏在 50 年代末 60 年代初），为适应推行民族区域自治制度的内在要求，我国在民族地区普遍进行了社会改革，废除了奴隶制、封建农奴制的社会制度，进行了废除封建特权的宗教制度改革，并先后进行了社会主义改造。

纵观我国几千年的历史，可以说，只有在新中国成立后，在民族平等和民族区域自治制度下，我国各少数民族才享有如此广泛而彻底的平等权利。

民族区域自治制度对少数民族管理本民族内部事务权利的保障，是不言而喻的。根据《民族区域自治法》，民族自治地方的自治机关享有制定自治条例和单行条例的权利，变通执行或停止执行上级国家机关不适合民族自治地方实际情况决定的权利，以及享有经济管理自主权、财政管理自主权、教育管理自主权，培养和任用少数民族干部自主权、发展民族文化自主权等广泛的权利。

三、民族区域自治制度的实施，有力地促进了民族自治地方经济和社会的发展

民族区域自治制度的实施，一方面，调动了少数民族发展本民族和

本地方经济和各项社会事业的积极性；另一方面，把国家帮助少数民族的义务制度化、法制化。民族自治地方的自力更生和开拓进取，加上国家有力的扶持和帮助，两方面因素结合，极大地促进了民族地区的发展。新中国成立五十多年来，特别是改革开放二十多年来，民族自治地方的面貌发生了深刻的变化。据统计，2003年，我国民族自治地方国内生产总值（GDP）完成10381亿元人民币，首次突破万亿元人民币大关。1994～2003年，民族自治地方GDP年均增速为9.87%，高于全国平均水平近1个百分点。民族自治地方GDP占全国的比重，由1994年的8.5%上升到2003年的8.9%。1994年民族自治地方人均GDP相当于全国人均GDP的63.5%，2003年升至66.3%。2003年，民族自治地方完成地方财政收入674亿元人民币，比1994年增加了2.3倍。在国家的大力支持下，民族自治地方的基础设施状况明显改善。2003年，民族自治地方全社会固定资产投资完成4734亿元人民币，比1994年增加了2.7倍，其中基本建设投资完成2837亿元人民币，比1994年增加了3.2倍。2003年末，民族自治地方固定电话用户达到2273万户，其中城市电话用户1532万户；移动电话用户达到2307万户。2003年，民族自治地方国有铁路营运里程1.51万公里，比1952年增加了近3倍；公路通车里程54.78万公里，比1952年增加了20倍。内蒙古、宁夏、新疆等地城市化水平已高于全国平均水平。2003年，民族自治地方有各级各类学校83726所，在校学生2943万人，比1952年增加了5倍，比1984年增加了29.7%，比1994年增加了10.6%；各类专任教师154.1万人，比1994年增加了16.0%。教育事业的发展，使少数民族的受教育年限显著提高。根据2000年第五次全国人口普查，朝鲜、满、蒙古、哈萨克等14个民族的受教育年限高于全国平均水平。在国家的帮助和民族自治地方的努力下，截至2003年，用少数民族文字出版的图书有4787种，印数5034万册；杂志205种，印数781万册；报纸88种，印数13130万份。截至2003年，民族自治地方建有艺术表演团体534个，图书馆584个，博物馆163个。2003年，在民族自治地方有使用民族语言的广播机构 122 个，用 21 种少数民族语言播出节目；有使用民族语言的电视机构 111 个，用 11 种少数民族语言播出节目；有广播电台 73 座、广播发射台 523 座，电视台 94 个、电视发射台 830 座，广播电视卫星收转系统 25.49 万座。2003 年底，民族自治地方共有卫生机构 15230 个，比 1952 年增加了 12 倍；卫生机构共有床位 38 万张，比 1952 年增加近 66 倍；卫生技术人员 46 万人，比 1952 年增加近 25 倍；卫生防疫、专科防治机构 934 个；妇幼保健所、站 371 个。2003 年底，民族自治地方农村有乡卫生院 7234 个、床位 5.5 万张。医疗事业的发展，使少数民族人口的预期寿命显著提高，其中有 13 个少数民族高于全国 71.40 岁的平均水平，有 7 个少数民族高于汉族 73.34 岁的平均水平。

在"十五"期间，民族地区经济和社会发展迈上了一个新台阶。据统计，2005 年民族地区（指五个自治区和民族自治地方较多的云南、贵州、青海三省）GDP 达 17333 亿元，"十五"期间年平均增长速度 11.7%，高于"九五"期间 3.1 个百分点。2005 年八省区地方财政收入 1368 亿元，比 2000 年增加 1.2 倍。城镇居民可支配收入达到 8897 元，比 2000 年增加 3270 元；农村居民人均收入 2412 元，比 2000 年增加 781 元。

我国民族区域自治制度已经走过了五十多年的历程，发挥了巨大的作用，其间也积累了丰富的经验。总结五十多年来我国实行民族区域自治的实践，不难得出两条基本结论：一是在中国必须坚持民族区域自治制度；二是必须进一步发展和完善民族区域自治制度。

民族区域自治制度作为我国解决民族问题的基本政治制度，将在我国很长的一个历史时期中发挥作用。这是由民族问题的长期性特点决定的。关于民族问题的长期性特点，革命导师有过许多深刻的论述。列宁曾指出，民族差别就是无产阶级专政在全世界范围内实现以后，也还要保持很久很久，消灭民族差别在目前是荒唐的幻想。毛泽东说，首先是阶级消亡，国家消亡，而后是民族消亡，全世界都是如此。在世界一些多民族国家的政治实践中，常出现急于消除民族间差别的做法，其结果，民族问题不是解决了，而是更为突出了。1961年，苏联宣布：由于各民族间的共同性越来越多，差别性越来越少，民族融合的因素正在逐步增长，苏联已形成"各民族新的历史性共同体——苏联人民"。可是，具有讽刺意味的是，苏联不是更加紧密地联合了起来，而是在20世纪90年代中解体了。导致苏联解体的一个重要因素就是民族因素。美国炫耀自己是一个民族大"熔炉"，但是，两百多年来，美国各民族对本民族的认同感丝毫没有减弱。我国在民主改革和社会主义改造基本完成以后，在"大跃进"和人民公社化运动中，也出现过忽视民族特点，包括民族差别的现象，损害了民族团结。可见，任何忽视民族问题长期性特点的做法都必定是欲速则不达。在我国建设中国特色社会主义的新形势下，我们必须充分认识民族问题的长期性，经常保持清醒的头脑，将我国行之有效的民族政策、制度坚持下去。民族区域自治制度作为我国解决民族问题的基本制度，更是在必须坚持之列。1987年，邓小平在总结社会主义国家解决民族问题的经验时指出："解决民族问题，中国采取的不是民族共和国联邦制度，而是民族区域自治的制度。我们认为这个制度比较好，适合中国的情况。我们有很多优越的东西，这是我们社会制度的优势，不能放弃。"2005年，胡锦涛总书记在中央民族工作会议上也强调指出："在国家统一领导下实行民族区域自治，体现了国家尊重和保障少数民族自主管理本民族内部事务的权利，体现了民族平等、民族团结、各民族共同繁荣发展的原则，体现了民族因素与区域因素、政治因素与经济因素、历史因素与现实因素的统一。实践证明，这一制度符合我国国情和各族人民的根本利益，具有强大生命力。民族区域自治，作为党解决我国民族问题的一条基本经验不容置疑，作为我国的一项基本政治制度不容动摇，作为我国社会主义的一大政治优势不容削弱。"

坚持民族区域自治制度，必须进一步发展和完善民族区域自治制度。这是马克思主义认识论和唯物史观的"绝对要求"。马克思主义认为，任何社会政治、法律制度都不是一成不变的，作为上层建筑，都将随着生产力的发展从而导致的生产关系的变化而变化，都将随着生产关系的调整而调整，都将随着现实情况的发展而发展。民族区域自治制度也是这样。作为解决我国民族问题的一个基本政治制度，它的一些基本原则，将长期适合我国民族问题的特点，因而应保持长期不变；它的一些适合当时历史条件的具体内容，则必须依据变化了的情况进行调整、充实和发展。我们说坚持民族区域自治制度，是指坚持民族区域自治制度的原则和一切仍符合当前实际的具体做法；我们说进一步发展和完善民族区域自治制度，即是指对不适合当前实际的民族区域自治制度的具体做法进行调整、充实和发展，以求有效地、更好地体现我国民族区域自治制度的原则和精神。因此，进一步发展和完善民族区域自治制度，就是对民族区域自治制度基本原则和精神的最好坚持。

坚持和发展完善民族区域自治制度是建设中国特色社会主义民主政治的重要组成部分，在改革开放的新形势下，一直得到了党和国家的高度重视。党的十五大把民族区域自治制度同人民代表大会制度、中国共产党领导下的多党合作和政治协商制度并称为我国三大政治制度，进一步明确了民族区域自治制度在我国政治生活中的重要地位。

坚持和不断发展、完善民族区域自治制度，是党和国家关于民族工作的一项既定方针。在坚持中发展、完善，在发展、完善中坚持，必将使我国民族区域自治制度在建设中国特色社会主义伟大事业中发挥其应有的作用。

第十章
平等、团结、互助、和谐
——巩固和发展社会主义民族关系

第一节　社会主义民族关系的形成和发展

我国是一个统一的多民族国家。在我国漫长的历史发展进程中，我国各民族在政治、生产、生活等方面历来有着团结协作、互相帮助、共同奋斗的传统，形成了民族团结的深厚历史渊源和广泛的现实基础。新中国成立后，社会主义制度的建立为各民族之间的依存关系奠定了根本的政治制度，开辟了民族关系的新纪元。特别是改革开放以来，随着经济社会发展和各民族间共同因素的日益增多，平等、团结、互助、和谐的社会主义民族关系不断得到巩固和发展。各民族之间相互吸收、相互依存，谁也离不开谁，共同缔造了我们伟大的祖国，共同创造了中华民族光辉灿烂、多姿多彩的文化，并不断地推动中华民族的历史前进。这就是我国历史上民族关系的主流。

一、历史上各民族的友好交往

我国现实的民族关系状况和民族大家庭格局是在几千年民族关系历史的基础上形成和发展而来的。我国历史上各民族先民的友好交往自史前时期就开始了。考古学证实，黄河流域的龙山文化、仰韶文化，长江流域的河姆渡文化、良渚文化等各种文化之间早有互相交流、互相渗透。正是各种文化人群集团之间的交流和联系，逐渐增强着中华大地各人群集团的一体感。

从此之后，各民族及其先民之间的友好交往从未间断。在这里，我们略举数例。战国时期，赵武灵王下令全国"胡服骑射"，要求汉族先民华夏族人学习北方胡人的优秀文化：便利的着装和骑马射箭的技能。在南方楚国境内，华夏民族、苗蛮集团、百越民族、巴人、蜀人、滇人等各民族集团之间的文化交流和政治经济联系十分紧密。伟大的爱国主义诗人屈原的代表作《离骚》就充分吸收了苗蛮集团的文化精华。又如少数民族学习汉族的典范之一，北魏孝文帝的改革，要求本民族（鲜卑族）人民习用汉语，改着汉装，学习汉族文化。

"和亲"是中国历史上中原王朝与少数民族地方政权之间以婚姻为基础的友好交往政策。历朝历代和亲次数达 150 次左右，其中以汉朝、唐朝时期和亲次数较多，影响也较大。譬如，汉朝昭君出塞嫁与匈奴呼韩邪单于，唐朝文成公主出嫁吐蕃松赞干布，就是历史上最著名的两次和亲。历史上绝大多数的和亲在客观上起到了良好作用，促进了民族之间的友好关系和经济、文化的交流。

除了统治阶级的"和亲"之外，各民族人民群众之间的结亲通婚也是常事，各种史书尤其是地方志对这类事件记载很多。譬如，明清时期湖广一带苗、汉民族之间的通婚十分普遍，以至清政府屡下禁令都难以制止。

"茶马互市"是汉族等农业民族与从事游牧的少数民族之间在经济贸易领域友好交往的重要渠道。这是民间渠道。与此相对应的还有上层（朝廷）渠道，即少数民族政权的首领或少数民族社会的上层人物与中央王朝之间有朝贡与封赏的关系，这其实是统治阶级之间把政治上的友好或隶属关系与物质文化交流结合起来的一种形式。

元朝的黄道婆是历史上汉、黎两族人民友好往来的一个典型。她少年时期从松江（上海）流落到海南岛，受到黎族人民的热情款待，并得以学会当地的一套先进纺织工艺。她回到家乡后，对黎族人民传授的纺织工艺进一步改进，为汉族纺织业的发展作出了巨大贡献。

随着各民族之间友好交往的增多和频繁，文化的交流和融合，民族之间的融合也不断出现。譬如北方的匈奴、鲜卑、契丹，南方的濮人、越民等古代民族，已不复存在。历史上，一些民族消失了，或同化于别的民族，或与别的民族融合而形成了新的民族，或分化而成为几个民族。有的民族吸收了大量别的民族的成分，经过文化整合，与历史上自己的先民在民族特征上有了质的不同。

由于各民族之间频繁的接触、杂处、交往和融合，中华各民族形成了一个我中有你、你中有我而又各具个性、谁也离不开谁的整体（统一体）。因而，在近代，面对西方帝国主义列强的入侵，在中华民族的危亡关头，各民族同胞都能自觉地抵御外侮，不分你我，共护中华。从而，也更加增强了中华各民族之间的凝聚力。这是历史上我国民族关系发展的必然结果。

二、新中国成立后社会主义民族关系的形成和发展

新中国成立后，以毛泽东同志为核心的党中央第一代领导集体确定了民族工作的大政方针，采取了一系列的措施，首先是废除民族压迫制度，消除民族隔阂，改善民族关系。旧中国，由于受阶级社会主要矛盾的制约，以及民族差别的客观存在，统治阶级推行民族压迫、民族歧视政策，统治阶级的政策和思想常常在民族关系中起着支配性的作用，因此存在民族矛盾，这种矛盾也扩展到对立双方的各个阶级之间，包括双方人民群众之间。这是由民族差别的特点和社会历史条件决定的。新中国成立后，彻底废除了民族压迫制度，实现了各民族政治上的一律平等，针对旧中国遗留下的民族隔阂问题，党和国家采取了许多改善民族关系的方针和措施：明文规定废除、更改对少数民族带有歧视、侮辱性

质的地名、族名和其他历史遗迹；向民族地区派出慰问团，组织参观团、访问团，帮助少数民族群众发展生产，送医送药，团结少数民族上层人士；全面开展民族识别，推行民族区域自治，保障散杂居少数民族的平等权利等等，有效地消除了历史遗留下来的严重民族隔阂，疏通了民族关系。同时，党和政府还根据各民族人民的意愿，采取不同的方式，成功地进行了民主改革和社会主义改造，改革少数民族的社会制度，彻底废除了民族内部的阶级压迫制度，引导翻身解放的各民族人民走上了社会主义道路，各民族之间建立了平等、团结、互助的新型民族关系。这是中国民族关系史上的伟大事件，开辟了中华民族历史的新纪元。但上个世纪 50 年代后期，我国的民族关系也受到"左"倾错误的干扰，在民族地区开展了反对地方民族主义的运动，这场斗争犯了扩大化的错误，使一些少数民族干部受到伤害，民族关系的健康发展受到严重影响。之后，在"民族问题的实质是阶级问题"的错误理论指导下，用阶级斗争的方式来处理民族问题，制造了大量的冤假错案，民族关系受到严重损害。特别是十年"文化大革命"，更把这种错误理论推向了极端，党的民族政策和民族工作遭到破坏，许多少数民族干部、群众受到迫害，一些地方的民族关系一度十分紧张。

党的十一届三中全会后，以邓小平为核心的党中央第二代领导集体，彻底否定了社会主义时期"民族问题的实质是阶级问题"的错误论断，实现了民族工作的拨乱反正，深刻阐明了社会主义条件下的民族关系基本上是劳动人民之间的关系，民族关系方面的主要矛盾是人民内部的矛盾。通过全面落实党的民族政策，大力平反冤假错案，妥善处理历史遗留问题，把民族工作的重心转移到经济建设上，大力帮助少数民族和民族地区加快发展，使民族工作和民族关系重新走上了健康发展的轨道，各民族之间的依存关系得到了进一步的巩固和发展。1981 年，中共中央在转发《中央书记处讨论新疆工作问题的纪要》中指出："在我国建设社会主义中，汉族离不开少数民族，少数民族离不开汉族。""两个离不开"思想是以邓小平为核心的党中央第二代领导集体对社会主义时期形成的汉族与少数民族关系作出的科学概括，是新的历史时期我国民族关系的一个基本特点。1982 年 12 月，修改后的《宪法》在序言中指出："中华人民共和国是全国各族人民共同缔造的统一的多民族国家。平等、团结、互助的社会主义民族关系已经确立，并将继续加强。"这就以宪法的形式明确了我国社会主义的民族关系及其基本特征。

党的十三届四中全会以来，以江泽民同志为核心的党中央第三代领导集体科学阐明："民族问题既包括民族自身的发展，又包括民族之间，民族与阶级、国家等方面的关系"，明确提出"在新的历史时期，搞好民族工作，增强民族团结的核心问题，就是要积极创造条件，加快发展少数民族和民族地区的经济文化等各项事业，促进各民族的共同繁荣"。这是民族理论的一次与时俱进。1994 年和 1999 年，我们党两次召开中央民族工作会议，把加快少数民族和民族地区的发展摆在了一个更加突出的位置，实施了西部大开发战略，把 5 个自治区、30 个自治州全部纳入大开发范围；三次召开西藏工作座谈会，确定了全国支援西藏加快发展的重大部署；根据建立社会主义市场经济的新要求，调整和充实了一系列民族政策，巩固了社会主义民族关系的经济基础。党中央作出的一系列部署和措施，使各民族同呼吸、共命运、心连心的关系得到了进一步的加强，正如 1990 年 9 月江泽民在视察新疆时提出的："汉族离不开少数民族，少数民族离不开汉族，各少数民族之间也相互离不开。""三个离不开"思想是党的第三代领导集体对我国社会主义民族关系发展规律的深刻总结和新概括。随着社会主义市场经济体制的建立和发展，各地区、各民族谁也离不开谁的关系将更趋密切，牢固树立各民族"谁也离不开谁"的思想，符合中华民族的根本利益和长远利益。

以胡锦涛同志为总书记的新一届中央领导集体，结合国际国内出现的新情况和我国现阶段民族问题的实际情况，继承和发展了我党的民族政策，对解决我国民族问题，增进民族关系作出了新的探索和部署。党的十六大提出了全面建设小康社会的宏伟目标。胡锦涛总书记指出："实现全面建设小康社会的宏伟目标，就是要更好地实现各民族的共同繁荣发展。实现各民族共同繁荣发展，需要各民族共同团结奋斗。共同团结奋斗，共同繁荣发展，这就是我们新世纪新阶段民族工作的主题。""两个共同"的提出，是新一届中央领导集体在民族工作理论和实践上的又一次重大突破，从而为在全面建设小康的进程中，促进少数民族和民族地区的加快发展、巩固和发展社会主义的民族关系指明了方向。2005年，胡锦涛总书记在第三次中央民族工作会议上的讲话中，将社会主义民族关系表述为八个字，即平等、团结、互助、和谐，增加了"和谐"二字。这一表述，体现了构建社会主义和谐社会对民族关系的总要求，是我们党基于现实民族问题的特点和规律，与时俱进，对我国社会主义民族关系认识的深化和发展，是一项具有历史意义的重大贡献。

第二节　社会主义民族关系的本质特征和内容

民族关系即民族与民族之间的关系，表现在政治、经济和文化建设等各个方面。在一个多民族的国家，民族之间的关系始终是民族问题的一项重要内容，正确认识和把握民族关系的主要内容和特征，是正确认识和解决民族问题的前提。民族关系的内容和特征是由民族关系的性质决定的，既受社会制度和时代发展的制约，也与民族问题的主要内容和解决的方式及途径相联系。新中国的成立，开启了我国民族关系的新篇章。社会主义制度的建立，为各民族之间的依存关系奠定了新的基础，在社会主义民族关系中，产生民族对抗的阶级根源已经不复存在，各民族都摆脱了阶级剥削制度，在社会主义生产资料公有制基础上，各民族之间的关系基本上是各族劳动人民之间的关系。我国的宪法和民族区域自治法都明确规定，我国建立了平等、团结、互助的社会主义民族关系。2005年召开的中央民族工作会议上，对我国社会主义民族关系作出了新的概括，明确指出，平等、团结、互助、和谐是我国民族关系的本质特征，准确地揭示了现阶段我国社会主义民族关系的基本内容和本质特征。

一、民族平等

坚持民族平等，反对任何形式的民族压迫和民族歧视，是马克思主义关于民族问题的一项基本原则。"民族平等"最初是在 17～18 世纪资产阶级反对封建专制斗争中提出的，并成为资产阶级民主运动的一个原则。但随着资产阶级成为统治阶级，成为新的阶级压迫者和民族压迫者以后，"民族平等"的口号完全失去了历史的进步意义，变为维护资产阶级本阶级利益的工具。无产阶级提出的民族平等具有全新的意义，它进一步提出了平等不仅是形式的平等，不仅要在国家领域中实行，还应是实际的平等，还应在社会的、经济的领域中实行，并提出了消灭阶级本身的要求。马克思主义诞生以后，提出了完整的民族平等的理论和原则，赋予"民族平等"以真实彻底的内容。

马克思主义民族理论关于民族平等的含义主要是：第一，承认和坚持一切民族社会地位一律平等，坚决反对任何民族享受任何特权。民族平等以民族的存在为前提，直接指向的是各民族的社会地位问题。因此，民族平等首先是指各民族，不论其人口多少，历史长短，居住地域大小，经济发展程度如何，其社会地位一律平等，享有相同的权利，履行相同的义务。反对给任何民族以特权，也反对给任何民族以特殊的义务。第二，承认和坚持各民族在社会生活的各个方面完全平等，即不仅在政治上完全平等，而且在经济上也完全平等，还要在文化上完全平等，在一切社会生活领域内完全平等，并无条件地保护一切少数民族的权利。承认和坚持各民族在形式上、法律上乃至事实上的完全平等。第三，主张经过无产阶级社会主义革命，实现各民族真正的平等。只有社会主义革命胜利了，阶级（首先是剥削阶级）消灭了，也就从根本上消灭了产生民族压迫和民族不平等的根源，才能实现各民族真正的平等。第四，主张和坚持实现各民族不仅在形式上，而且在事实上的完全平等。执政的无产阶级政党的党规和国法不仅要明确规定各民族一律平等和在一切权利上的完全平等，而且要在实际生活中加以实施和保障，还要对历史上处在压迫地位、发展相对滞后的民族采取各种优惠的措施，照顾和帮助他们，甚至牺牲自己的某些利益去保证和实现少数民族在事实上的平等。

坚持民族平等的原则，是我们党总结历史经验所得出的正确结论。历史上统治阶级实行民族歧视和压迫政策，是导致民族矛盾和产生民族问题的重要根源。为了彻底地解决民族问题，必须坚定地实行民族平等。民族平等的理论，对于我国处理民族问题极为重要，是党的民族理论中的基础理论，并对我国民族政策的制定和执行有着重要的指导作用。中国民族理论体系中所包含的各项内容都与民族平等理论密切相关，无不体现平等原则。

我国的民族平等表现为民族平等权利的广泛性、真实性、彻底性、完整性和权利与义务的一致性等特征。正如邓小平所说的："中华人民共和国没有民族歧视，我们对西藏的政策是真正立足于民族平等。"①"我们的民族政策是正确的，是真正的民族平等。"少数民族的平等权利受到宪法、法律和国家机关的充分保障。他们在聚居区内享有自治权利，在全国人大和地方人大中的代表数的比重超过了少数民族在人口中的比重。任何损害民族平等的现象，如某些报刊上出现的带有侮辱少数民族的言论，都应坚决加以制止。

二、民族团结

马克思主义关于民族团结的含义，有其特定的范围、阶级基础和实

---

① 《邓小平文选》第 3 卷，人民出版社 1993 年版，第 246 页。

现的前提及手段。从民族团结的主体来看，是民族之间的团结，既包括国内各民族之间的团结，也包括国际各民族特别是被压迫民族之间的团结，还包括民族内部的团结；从民族团结的实质来看，是有特定阶级内容的团结，主要是各民族中无产阶级和劳动人民的团结，强调"全世界无产者联合起来"，"全世界无产者和被压迫民族联合起来"。在剥削阶级作为阶级已经被消灭的社会主义时期，民族团结是指各民族人民的广泛团结；从民族团结实现的前提与手段来看，民族平等与民族团结是辩证的关系，民族平等是民族团结的前提和基础，民族团结是民族平等的体现和结果，是进一步实现各民族真正平等的保证。没有真正的民族平等，就不会有真正意义上的民族团结。在阶级社会里，各民族只有通过平等的团结和联合，通过反对各种形式的民族压迫和民族剥削，反对帝国主义的殖民侵略和统治，才能获得民族的解放和民族独立。进入社会主义社会后，平等、团结、互助的社会主义新型民族关系的确立，民族团结的内容也发生了相应的变化。作为多民族国家解决民族问题的根本政策之一，民族团结在社会主义建设事业中至为重要，它是解决民族问题的基本出发点和归宿之一。

把民族团结作为处理民族问题的原则，其理论基础是马克思主义民族观。（1）根据民族发展的客观事实决定的。马克思主义民族观认为，各民族有先进与落后、大与小之分，但是没有贵贱、优劣之分，各民族劳动人民都是推动历史发展的动力，都对人类历史文化的发展作出了应有的贡献。（2）根据民族问题发展的客观规律决定的。马克思主义民族观认为，民族发展的两个历史趋势要求坚持民族平等、团结，这样才有利于民族的发展繁荣。我们必须按照这个规律去解决民族问题，处理民族关系，而不能违背它。（3）由无产阶级的阶级本质和历史使命决定的。马克思主义的无产阶级民族观认为，压迫其他民族的民族是不能自由的，不能获得解放。无产阶级只有消灭一切压迫（包括民族压迫），只有解放全人类，最后才能解放自己。（4）由无产阶级的斗争利益决定的。无产阶级和劳动人民的团结联合斗争是无产阶级革命取得胜利的基本保证，同样，各民族的团结是社会主义建设事业取得胜利的基本保证，在多民族统一的社会主义国家中尤其如此。

坚持民族团结，也是由中国的民族实际决定的。中国是一个长期统一的多民族国家，各民族共同创造了中华民族悠久灿烂的文化。各族人民在长期的经济交往和革命斗争中结成了深厚的感情，建立了血肉联系。特别是在中国共产党领导各族人民争取民族独立和解放的革命斗争中，各族人民并肩战斗，流血牺牲，作出了不可磨灭的贡献，共同缔造了中华人民共和国。新中国成立后，实现社会主义现代化建设的宏伟目标，仍然需要全国各族人民紧密地团结在一起，万众一心，艰苦奋斗。毛泽东曾说："国家的统一、人民的团结、国内各民族的团结，这是我们的事业必定要胜利的基本保证。"我国宪法也明确规定："禁止破坏民族团结和制造民族分裂的行为。"

三、民族互助

民族互助，指我国各民族之间的互助互济的关系。在社会主义大家庭中，民族之间相互合作，促进共同繁荣发展，是民族平等和民族团结的重要体现。社会主义民族关系反对任何民族的一切形式的剥削，主张各民族之间真诚互助，相互支援，以谋求共同利益，实现共同的目标。

各民族间的互助合作，为不断巩固中华各民族的大团结、促进各民族共同发展繁荣奠定了坚实的政治基础。在中国几千年的历史发展中，我国各民族历来有在政治上团结协作、互相帮助的传统，特别是在1840年鸦片战争以后，面对帝国主义列强入侵和封建专制主义压迫，中国各民族人民在国家存亡的历史关头，休戚与共，同舟共济，兴起了一次又一次维护祖国统一和领土完整的斗争，为各族人民互助合作创造了历史条件。在新中国成立后，各民族在政治上获得解放，实现了民族平等，进行了社会主义改造，从而跨越不同历史阶段走上了社会主义道路。少数民族在得到帮助支持的同时，也在政治上极大地支持了国家的建设。

毛泽东曾经深刻地指出："少数民族在政治上很大地帮助了汉族，他们加入中华民族这个大家庭，就是在政治上帮助了汉族。"[①] 这里所说的政治上的帮助，就是指各少数民族维护祖国统一、领土完整和拥护中国共产党领导的中华人民共和国。我国少数民族地区的面积占国土面积的64%，而且2.2万公里的陆地边境线大多数在民族地区，民族地区政治局势稳定与否，直接关系到国家的统一和团结稳定的大局。在国际局势复杂多变的情况下，少数民族建设边疆、保卫边疆，拥护国家的大政方针和政策，维护国家的领土完整和政治统一，就是在政治上对祖国所作的重要贡献。

历史和现实表明，我国各民族实现了政治上的平等团结之后，必须相互帮助和相互支援，实现各民族的共同发展和繁荣。在实现各民族共同发展繁荣的过程中，单方面强调一个民族的作用而忽视别的民族的作用的观点是错误的，民族间的互助不是单方面的，而是双方面、多方面的相互帮助。毛泽东曾经指出："那种以为只有汉族帮助了少数民族，少数民族没有帮助汉族，以及那种帮助了一点少数民族，就自以为了不起的观点，是错误的。"[②] 从全国发展的大格局出发，汉族地区的现代化建设和发展繁荣离不开少数民族的帮助，少数民族地区的现代化建设和发展繁荣也离不开汉族的帮助，少数民族地区地大物博，资源丰富，汉族地区人口众多，技术先进，要搞现代化建设，必须将民族地区的资源优势和汉族地区的科技、人才优势相结合。在新的历史时期，国家实行优先加速沿海地区的发展，带动内地的发展，然后再由沿海地区拿出更多的力量来帮助内地发展，达到共同富裕的战略。邓小平说："沿海地区要加快对外开放，使这个拥有两亿人口的广大地带较快地先发展起来，从而带动内地更好地发展，这是一个事关大局的问题。内地要顾全这个大局。反过来，发展到一定的时候，又要求沿海拿出更多力量来帮

---

① 毛泽东：《在中国共产党全国代表会议上的讲话》(1955年3月)。
② 毛泽东：《在中国共产党全国代表会议上的讲话》(1955年3月)。

助内地发展，这也是个大局。那时沿海也要服从这个大局。"① 实践证明，这个战略是完全正确和成功的，不但沿海地区很快发展起来，而且内地少数民族地区也在沿海地区的带动之下得到较快的发展。按照"三步走"的战略步骤和"两个大局"的战略构想，上世纪90年代，国家又实行了"西部大开发"战略，东部地区向西部和少数民族地区加大在资金、技术、人才等方面的支持力度，少数民族地区也利用市场大、资源多的优势，加快经济发展，为东部提供能源、原材料等，成为东部继续发展的动力，从而使东西部地区、汉族地区和少数民族地区，形成互惠互利的"双赢"格局，最终实现共同富裕的目标。

四、民族和谐

实现社会和谐，建设美好社会，始终是人类孜孜以求的一个社会理想，也是包括中国共产党在内的马克思主义政党不懈追求的一个社会理想。马克思在《共产党宣言》中明确指出："代替那存在着阶级和阶级对立的资产阶级旧社会的，将是这样一个联合体，在那里，每个人的自由发展是一切人的自由发展的条件。"② 马克思关于自由人联合体和人的全面自由发展的表述，都是指未来高级的和谐社会的目标模式。党的十六届四中全会提出"构建社会主义和谐社会"就是要把马克思的科学论述逐步变成现实，它完全符合人类历史发展规律的要求，体现了广大人民群众的根本利益和共同愿望，是我们党在新时期推进伟大事业的又一个重大理论创新。在新世纪新阶段，我们所要建设的社会主义和谐社会，就是民主法治、公平正义、诚信友爱、充满活力、安定有序、人与自然和谐相处的社会。我们所要构建的和谐社会，是人与人之间、人与社会之间、人与自然之间的和谐，是整个社会的和谐，体现在民族关系上，就是民族与民族之间、民族内部各个成员间的和谐。民族关系的和

① 《邓小平文选》第3卷，人民出版社1993年版，第277～278页。
② 《马克思恩格斯选集》第1卷，人民出版社1995年版，第294页。

谐，既是社会整体和谐的重要内容，也是它的必要前提。在 2005 年召开的中央民族工作会议上，创造性地把民族和谐列为社会主义民族关系的本质特征之一。第一，它体现了我国多民族的国情。家和万事兴，在我国这样一个统一的多民族国家中，和谐的民族关系是胜利推进各项事业发展的必然要求和重要保证。第二，体现了中华民族多元一体的格局。我国各民族在长期历史发展中，形成了你中有我、我中有你的紧密联系。我国各民族既是多元的又是一体的，"多"统一于"一"之中，"一"代表了"多"的发展方向，"多"和"一"是一种辩证的统一，一种和谐的关系。第三，体现了"两个共同"的时代主题。实现各民族共同团结奋斗、共同繁荣发展，具体到民族关系上，也就是要实现各民族的和睦相处、和衷共济、和谐发展。第四，体现了构建社会主义和谐社会对民族关系的总要求。民族关系是我国至关重要的社会关系，实现社会和谐必然要求民族关系的和谐。第五，体现了民族团结进步事业的内在要求。民族团结进步事业是中国特色社会主义事业的重要组成部分。中国特色社会主义包括物质文明、政治文明、精神文明与和谐社会四位一体。把和谐作为社会主义民族关系的重要特征，是建设中国特色社会主义的应有之义。这次中央民族工作会议对社会主义民族关系的科学总结和准确界定，充分体现了我国各民族之间"同呼吸、共命运、心连心"的基本国情。

在历史上，我国就是一个统一的多民族国家，各民族之间相互依存、患难与共的关系有着深厚的历史背景，一是千百年来的中央集权统治，把各民族紧紧地凝结在一起；二是长期以来中原汉族地区与边疆地区和各少数民族地区频繁的经济文化交流，使汉族与少数民族在社会经济生活中相依共存；三是近代以来各民族在面对共同敌人、抵御帝国主义侵略的斗争中结成了患难与共的亲密关系。新中国成立后，社会主义制度的建立为汉族和少数民族之间的依存关系奠定了新的基础，开辟了民族关系的新篇章。我国各民族在长期发展过程中形成的紧密无间、相互依存的关系，是现阶段民族和谐的历史基础和延续，构成了我国社会主义民族关系的主要特征之一。"平等、团结、互助、和谐"这八个字、四个方面的含义，准确和科学地概括了各民族在相互交往联系中所处的地位、状态、义务和目标。民族平等是民族团结、民族互助和民族和谐的前提，民族团结是民族平等、民族互助和民族和谐的保障，民族互助是民族平等、民族团结和民族和谐的条件，民族和谐是民族平等、民族团结和民族互助的结果。平等是基础，团结是保证，互助是本质要求，和谐是理想状态，四者之间是相互联系、相互依存和相互制约的辩证统一体，四者相得益彰，缺一不可。在新形势下，我们还需要进一步巩固和发展我国的民族关系，使各民族谁也离不开谁的关系更加密切，推动各民族的和睦相处、和衷共济、和谐发展，构建一个更加和谐的社会，促进各民族的共同繁荣，实现中华民族的伟大复兴。

第三节　不断巩固和发展社会主义民族关系

当前，我国已进入了全面建设小康社会的新的发展阶段。改革发展二十多年的实践证明，要加快发展，必须有一个和谐的社会环境，其中包括和谐的民族关系。民族关系的和谐，既是社会整体和谐的重要内容，也是它的必要前提。当前，我国民族关系总体上是好的，各民族之间"平等、团结、互助、和谐"的关系构成了民族关系的主流。同时，我们也要清醒地看到，由于国际大气候的影响和历史、经济、社会等方面的原因，一些影响民族关系的问题依然存在，我们也面临着严峻的挑战。从国际上看，国际关系格局正在发生深刻变化，霸权主义和强权政治依然存在，不稳定不确定因素增多，恐怖主义活动日益突出，民族主义浪潮仍未消退。这些都会对国内的民族关系产生重大和深远的影响。从国内来看，当前我国正处于体制转换和利益调整时期，既是加快发展的重要战略机遇期，也是各种矛盾和问题的凸显期，影响国家安全和社会稳定的因素依然存在，各类矛盾相互交织。这些也会对民族关系有所影响或在民族关系上有所体现。据不完全统计，近年来各地发生的涉及民族方面的群体性事件与过去相比，其数量未见减少，并且有的规模有所扩大，形式趋于激烈，波及面较广，处理起来也比较棘手。有的事件因处理不及时或不当，以及其他因素，还演化为规模较大的群体性事件，对我国的民族团结和社会稳定造成了不良影响。今后，这类事件仍将存在，并且随着形势的发展变化，还会出现一些新问题。因此，我们必须站在全局的高度，充分认识巩固和发展民族关系在我国改革和发展中的重要性，切实采取措施，不断促进民族团结和社会稳定，巩固和发展平等、团结、互助、和谐的社会主义民族关系，为加快少数民族和民族地区经济社会发展、全面建设小康社会，提供一个良好的社会环境。

一、当前影响民族关系的主要问题

现阶段影响我国民族关系的情况和问题集中表现在以下九个方面。

1. 国际因素对我国民族关系构成影响

自上个世纪 80 年代末、90 年代初以来，随着冷战的结束，民族因素和宗教因素在国际政治生活中的影响明显上升，各种民族主义思潮趋于活跃，引发了一些国家和地区动荡不安，这必然会对我国民族关系产生影响。特别是以美国为首的西方敌对势力，对我国实施西化、分化的政治图谋没有改变，他们与境内外分裂势力互相勾结，打着"民族"、"宗教"的旗号，对我国特别是边疆民族地区进行渗透、颠覆和破坏活动，对我国的民族关系构成了威胁。

2. 社会转型期各类社会问题在民族关系方面的反映

涉及民族关系的问题不是孤立存在的问题，而是与社会问题密切关联的问题。当前我国正处于社会转型期，既是"黄金发展期"，又是"矛盾凸显期"，各种矛盾和问题纷呈，如分配差距拉大、大学生就业分配难、部分人缺少基本的社会保障、相当多的人口仍然生活在温饱线上、有的地区社会治安状况恶化、有的地方腐败现象有增无减等，这些矛盾和问题都会在民族关系方面有所反映，而且，由于民族地区与内地发达地区存在差距，所以问题更多，问题的影响更明显，处理上的难度也更大。

3. 民族地区发展滞后对民族关系的影响不容忽视

由于历史、自然等方面的原因，民族地区相对还比较落后，在与内地汉族发达地区同时发展中拉开距离，2005 年，民族地区人均国内生产总值只相当于全国人均生产总值的 61％，民族地区农民人均纯收入只相当于全国平均水平的 74％。全国还没有解决温饱的农村贫困人口有 2365 万，低收入贫困人口 4067 万，其中少数民族贫困人口分别占将近一半。民族地区发展落后的状况如得不到及时改变，与内地汉族发达地区的发展差距如得不到逐步缩小，将造成部分少数民族心理上的失衡，对民族关系造成消极影响。

4. 一些民族优惠政策难以落实对民族关系产生影响

从民族地区实际出发，坚持和完善民族优惠政策，是社会主义市场经济条件下促进少数民族和民族地区加快发展的重要手段。但在建立市场经济体制过程中，也会使有的民族政策不易操作，难以落实，如企业招工时照顾少数民族人员、在民族地区开发建设带动地方发展等。另外，《民族区域自治法》和《国务院实施〈民族区域自治法〉若干规定》中关于支持民族自治地方经济社会发展的经济条款，由于国务院一些部门尚未按照要求制定出实施办法和细则，所以难以落到实处。这些会使少数民族和民族地区产生失落感，如不及时解决，也会影响民族关系。

5. 经济权益的纠纷成为影响民族关系的重要因素

现阶段，我国的民族问题，比较集中地表现在少数民族和民族地区迫切要求经济文化的发展方面。各民族都十分关注自身的发展权益，而这方面出现的问题和矛盾，就成为影响民族关系的重要因素。一些国有企业在民族地区进行开发和建设时，不能很好地处理企业与地方之间相互促进的关系，在返还利税、招工、保护环境等方面，照顾地方利益不够，引起少数民族和民族地区不满；地区之间和民族之间，因森林、草场、水源的归属而导致的纠纷时有发生；在城市建设中，因道路拓宽、旧城改造、土地开发等，影响少数民族群众的生产生活，也容易引发一些矛盾；随着各民族间经济交往的频繁，经济纠纷和经济诈骗等违法犯罪行为也有增多趋势等。

6. 因媒体违反党的民族、宗教政策引发的问题占较大比重

在影响民族关系的问题中，因媒体违反民族政策，伤害少数民族感情引发的事件，占较大比例。出现这类问题的原因，主要是媒体从业人员对少数民族的基本知识、风俗习惯和宗教信仰等缺乏了解和尊重，甚至出于赢利的目的，片面追求可读性，进行猎奇、传讹，曲解了少数民族的风俗习惯和宗教信仰，而编辑人员又没有严格把关，致使这些错误的东西发表。由于媒体具有信息传播快、范围广和社会影响大的特点，所以，此类问题往往会引起少数民族的强烈反应。

7. 因对民族特点和民族差异不够了解和尊重不够引发的问题时有发生

我国各少数民族都保留有自己的风俗习惯、宗教信仰和语言文化等方面的特征，各民族成员在相互交往过程中，因对彼此的民族特点和民族差异缺乏应有的了解和尊重，也容易引发一些矛盾和纠纷。这类问题主要发生在散杂居地区，以涉及信仰伊斯兰教的民族居多。

8. 因宗教因素引发的影响民族关系问题日益突出

我国少数民族大多信仰宗教，尤其是对那些大多数群众信教的民族来说，宗教信仰往往渗透在这些民族的生产生活、文学艺术、风俗习惯、道德规范等方面。因此，宗教问题往往与民族问题交织在一起，宗教方面出现的问题，如果处理不好，也会影响民族团结和社会稳定。当前，宗教方面的问题，主要是个别人员擅自开办经文学校或经文班，跨地区招生，进行非法传教活动；违反国家关于"宗教活动坚持小型、从简、就地进行"等规定，跨地区甚至跨境邀请参加宗教活动，致使宗教活动人数过多、规模过大，易引发不安定因素；教派之间因教权、教产

的纷争；恢复已被废除的宗教特权，如教主继承、放口唤、放阿訇等。尤其是近年来境外宗教势力对我国边境民族地区的渗透呈蔓延之势，境内外的分裂主义分子利用宗教煽动民族分裂，造成部分地区因宗教因素引发的影响民族关系问题呈上升趋势，已成为影响民族地区民族团结和社会稳定的一个突出问题。

9. 因人员流动引发的影响民族关系问题呈上升趋势

随着城市化进程的加快和社会主义市场经济体制逐步建立，各民族流动人口日益增多，内地汉族到民族地区开发建设，少数民族到内地城镇经商务工等。这种流动，有利于各民族的经济发展，有利于各民族的了解与合作，但也不可避免地产生一些矛盾和纠纷。如少数民族流动人员进入内地城市后，往往以民族、宗教、地域和职业为纽带，结成利益群体，有着相对固定的生活和交往圈，容易游离于主体社会之外，与其他民族形成隔膜；少数民族流动人员对内地城市的情况不熟悉，加上语言、风俗习惯和宗教信仰的差异，容易与当地居民发生纠纷；一些少数民族流动人员对内地城市的政策法规不够了解，在经商时违章设摊、强买强卖而又不服从有关部门的管理，往往引发纠纷；还有些少数民族流动人员在自己的权益受到损害时，表现出过度的敏感，容易采取过激的行动等。对少数民族流动人员，一些城市的有关部门的工作人员不理解、不欢迎，认为他们的流动不利于城市的管理和社会的稳定，是城市的包袱和累赘，在对少数民族流动人员进行管理如纠正违章经营行为时，存在粗暴行政的现象，伤害了少数民族同胞的感情。另外，少数民族人口的增加，使一些城市中本来就存在的清真寺、清真饮食店和回族公墓缺少的矛盾更加突出，如解决不好，也会引起少数民族群众的不满。

二、今后我国民族关系的发展趋势

民族关系是随着社会发展变化而不断发展变化的。影响民族关系趋势的，既有历史因素，又有现实因素；既有国际因素，又有国内因素；既有政治因素，又有经济因素。总结这些因素，就我国民族关系发展趋势进行预测，我们的基本结论是：我国的民族团结将不断加强，平等、团结、互助、和谐的社会主义民族关系，将在深度上和广度上得到不断发展和完善。这是民族关系的主流。与此同时，影响民族关系的问题依然存在，甚至局部地区还可能出现一些较大的问题。具体说来，民族关系的发展趋势将呈如下四个特点。

1. 各民族政治平等的不断完善与民族间经济上的事实上的不平等并存

民族平等主要包括两个方面，一是政治上实现各民族平等，二是在经济文化上实现各民族的共同发展和共同繁荣。几十年来，党领导全国各族人民已基本上完成了第一个任务，即在政治上实现了各民族平等。但由于历史、地理等方面的原因，民族地区起点低，基础差，发展落后，使少数民族在享受法律所规定的各民族平等发展权利方面受到制约。今后，随着民族法制建设的日益健全，各民族在政治上平等将进一步完善，同时各民族间经济文化事实上的不平等将继续存在。

2. 各民族共同发展与民族间发展差距并存

各民族共同发展，是社会主义本质特征决定的。在党和政府的支持和帮助下，各民族有着共同的发展机遇，得到了共同的发展。但由于各民族本身历史、现实、自然等方面的发展条件不同，所以在发展程度上存在差距。今后，各民族共同发展、共同繁荣的趋势，不仅将继续得到发展，而且还会有所加强，但是民族间发展差距的状况难以在短期内改变，在一定时期甚至有扩大的可能。

3. 民族团结的加强与民族主义有所滋长并存

随着改革开放和现代化建设的深入和发展，各民族的团结将不断加强。这表现在：改革开放将增进各民族各地区间经济上的联合与协作，市场经济体制的建立和西部大开发战略的实施将使各民族间的互助合作在广度和深度上进一步展开；文化上的交流、借鉴将增进各民族间的理解和交往。同时，也不能忽视还存在民族主义滋生和存在的社会土壤，包括大汉族主义及其思想残余，在一些人当中还有市场；个别地区极少数人中民族主义和民族分裂主义思想有所滋长。这些思想在复杂的国际环境和国内环境下有可能引发影响民族关系的问题。

4. 各民族共同性的增多与民族意识增强并存

随着市场经济体制的逐步建立和西部大开发战略的实施，各民族间在政治、经济和文化等方面的联系、交往不断加强，民族间的共同性日益增多。同时，各民族的民族意识也普遍增加。民族意识具有两重性：一方面，民族意识的增加符合发展规律，是民族进步的表现，有利于民族的发展；另一方面，民族意识中也往往含有一些消极因素，如不正确引导，则有可能成为影响民族关系的因素。

三、进一步巩固和发展我国的民族关系

针对现阶段民族关系遇到的情况和问题以及今后我国民族关系的发展趋势，我们应进一步采取措施，不断巩固和发展我国的民族关系。

1. 充分认识新形势下民族、宗教问题的重要性

做好民族、宗教工作，创造一个团结和睦、稳定有序的社会政治环境，对于构建和谐社会，全面建设小康社会，具有十分重要的意义。当前，民族、宗教问题依然是世界的一个热点问题。不少国家和地区发生的动乱、冲突乃至战争，大多与民族、宗教问题有关。国内外的历史和现实都已充分证明，没有民族、宗教问题的解决，就没有民族关系的和谐，而没有民族关系的和谐，就没有社会整体的和谐，就没有社会的稳定和国家的统一。因此，我们一定要站在加强和巩固党的执政地位的高度，牢固树立"民族、宗教无小事"的观念，紧密联系国际国内形势的新变化，充分认识民族、宗教问题的重要性，进一步做好民族、宗教工作，积极防范和妥善处理民族、宗教方面出现的各类矛盾和问题，不断加强民族团结。

2. 加快少数民族和民族地区经济社会发展

解决中国的民族问题，巩固和发展社会主义民族关系，最根本的是要坚持以经济建设为中心，通过大力发展少数民族和民族地区的生产力，加快少数民族和民族地区经济社会发展，不断提高各族人民的生活水平，逐步缩小民族地区与发达地区的差距，实现各民族的共同繁荣。如果民族地区经济社会发展长期滞后，少数民族群众生活水平提高缓慢，民族地区与发达地区的差距越来越大，不仅会影响全国的发展，还要影响民族团结和社会稳定。所以，发展问题既是经济问题，又是政治问题。党的十六大把发展作为我们党执政兴国的第一要务，提出了全面建设小康社会的任务。胡锦涛总书记在中央民族工作会议上指出，加快少数民族和民族地区经济社会发展，实现各民族共同繁荣发展，是全面建设小康社会的重要目标。今后，要把国家的扶持、发达地区的帮助和民族地区的自力更生、艰苦奋斗有机结合起来，一是少数民族和民族地区要树立和落实科学发展观，按照五个"统筹"（统筹城乡发展、统筹区域发展、统筹经济社会发展、统筹人与自然和谐发展、统筹国内发展与对外开放）的要求，科学确定发展思路和目标，充分发挥优势，走各具特色的发展之路；二是积极推进民族地区和少数民族进行社会主义新农村建设。按照《中共中央、国务院关于推进社会主义新农村建设若干意见》中提出的"生产发展、生活富裕、乡风文明、村容整洁、管理民主"的要求，切实加强民族地区农村的"经济建设、政治建设、文化建设、社会建设、党的建设"；三是引导和组织民族地区和少数民族走市场经济道路的同时，进一步坚持和完善民族优惠政策，为促进少数民族经济社会发展提供政策支持。

3. 深入开展党的民族理论、民族政策、民族法律法规和民族基本知识的宣传教育

针对不同对象，重点抓好四个方面的工作：一是对各级党政领导干部，特别是近年来新走上领导岗位的干部和基层领导干部，要加强马克思主义民族观、民族理论和民族政策的宣传教育，使他们树立马克思主

义民族观，切实提高执行民族政策水平和处理问题的能力；二是对各族群众，尤其是汉族群众，要加强民族政策、民族知识和民族团结的宣传教育，使他们牢固树立"三个离不开"思想，增强相互间的理解和尊重，避免在风俗习惯和宗教信仰等方面发生误解和纠纷；三是对青少年学生，要进行民族知识和民族团结的教育，使他们从小就了解我国多民族的国情，树立民族团结意识；四是对各级各类新闻出版、文学艺术、广播影视部门的从业人员，特别是领导和编辑人员，要加强民族理论、民族政策和民族知识的宣传教育，使他们增强民族政策观念，掌握民族知识，防止在媒体上发生伤害少数民族感情和信教群众感情的事件。

4. 坚持和完善民族区域自治制度

民族区域自治是我们党解决民族问题的一项基本政策，也是我国的一项基本政治制度。实施民族区域自治制度，有利于促进民族团结和维护国家统一，有利于保证各民族充分行使自治权利，有利于促进各民族的共同繁荣发展，有利于理顺民族自治地方和国家的关系，为不断巩固和发展我国民族关系提供政治保障。正如 2005 年中央民族工作会议指出，民族区域自治，作为党解决我国民族问题的一条基本经验不容置疑，作为我国的一项基本政治制度不容动摇，作为我国社会主义的一大政治优势不容削弱。在新形势下，我们要进一步坚持和完善民族区域自治制度，把民族区域自治的各项政策纳入法制化轨道，全面贯彻落实《民族区域自治法》，逐步建立比较完备的具有中国特色的民族法律法规体系。此外，坚持和完善民族区域自治制度的关键，是努力造就一支宏大的德才兼备的少数民族干部队伍，积极做好培养、选拔和使用少数民族干部和各类专业人才的工作，充分发挥他们在带领少数民族群众致富奔小康、维护民族团结和社会稳定等方面的作用。

5. 依法加强对宗教事务的管理

依照政策和法律对宗教事务进行管理和监督，是全面、正确地贯彻党和国家宗教政策的重要保证。依法对宗教事务进行管理包括两个方面，一是认真贯彻党和国家宗教信仰自由政策，做到三个保护：保护宗教团体、宗教活动场所的合法权益，保护公民宗教信仰自由的权利和宗教教职人员履行教务的权利，保护正常的宗教活动；二是依法加强对宗教事务的管理，将宗教活动纳入法律和政策范围，要抵制境外宗教势力的渗透，制止和打击一切利用宗教破坏民族团结和国家统一的违法犯罪活动，不允许宗教干预行政、司法、教育，妥善处理因宗教因素引发的问题。

6. 做好少数民族流动人员的服务和管理工作

做好少数民族流动人员工作，必须坚持服务与管理并重的方针，既要积极为少数民族流动人员提供必要的服务和帮助，又要加强对少数民族流动人员的管理。要全面贯彻落实党的民族政策，积极为少数民族流动人员办好事、办实事，在他们的生产经营、子女教育、办理证件、劳动就业、法律援助、权益保障等方面，给予关心、扶持和保护。要加强少数民族流动人员管理工作，将其纳入外来人口管理体系和治安管理的范畴，依靠法律和政策，引导和规范少数民族流动人员的行为，使他们自觉遵守流入城市的各项法律法规，严厉打击违法犯罪活动。城市公安、城管等部门，在对少数民族流动人员进行管理时，要重视民族特点，坚持依法行政，以人为本，以兄弟般的情意对待他们，使他们切实感受到祖国民族大家庭的温暖。在处理涉及少数民族流动人员的矛盾和纠纷时，要坚持属地管理的原则，是哪一级的问题就在哪一级解决。同时，要加强少数民族流动人员流入地和流出地之间的配合与协作，流出地和流入地的有关部门要加强信息交流和工作沟通，共同研究解决少数民族人员流动中引发的一些矛盾和问题。一旦发生少数民族流动人员的突发性事件，根据事件处理的需要，少数民族流入地的有关部门可以请流出地的有关部门派人配合处理。

7. 坚决打击民族分裂主义

长期以来，西方敌对势力对我国实施西化、分化的政治图谋始终没有停止，他们与极少数民族分裂主义分子相勾结，打着民族、宗教的旗号，通过各种渠道和多种手段对我境内民族地区进行渗透、颠覆和破坏活动，妄图达到先搞乱边疆少数民族地区，最终达到分裂中华民族、破坏国家统一的险恶目的。民族分裂活动是破坏民族团结、社会稳定和国家统一的最大危险，是影响少数民族和民族地区发展进步的最大障碍，我们必须采取有力措施，同分裂主义分子进行斗争，最大限度地团结各族干部群众，最大限度地孤立、打击极少数分裂主义分子，坚决维护国家的统一和领土完整。

第十一章
无规矩，不成方圆
——有中国特色的民族政策和法规体系

第一节　民族政策和民族法规的制定

处理民族问题需要制定相应的政策和法规。民族政策是指国家机关或政党机关为解决民族问题而制定并要求有关组织和个人遵循的行为规范。从内容或时效性等角度划分，民族政策又可分为总政策、具体政策或长期政策、中期政策、短期政策等多种类型。民族法规则是指国家制定的、依靠国家强制力保证执行的关于民族问题的法律、法规和规章的总和。从法律效力层次划分，民族法规可分为宪法、基本法律、法律、行政法规、部门规章和地方性法规、地方规章等多个层次。

一、民族政策与民族法规的联系和区别

民族政策和民族法规是两个紧密联系又互相区别的概念。两者的内涵有许多共同和交叉的地方，如民族政策和民族法规都是为解决民族问题而制定的行为规范，几乎所有的民族法规都表达了一定的民族政策要求，民族政策有时也以民族法规的形式表现出来等。但这两者又是两个概念，它们是互相区别的。第一，制定主体有区别。民族政策的制定主

体可以是国家机关，也可以是政党等政治团体；而民族法规的制定主体只能是行使立法权的或经授权的国家机关，制定民族法规是国家行使立法权的一种表现形式，政党不能制定民族法规。第二，体现民族政策的政策主体的行文形式多种多样，而民族法规作为一国的法律、法规、规章，其行文多是条款性结构，有一定的行文范式要求。第三，政党制定的民族政策一般要靠党的组织机构的活动贯彻执行，国家机关制定的民族政策可以靠国家机关的各种活动来贯彻执行；民族法规则由国家机关严格的执法系统来保证实施。

在我国，通常所指的民族政策是中国共产党和国家的民族政策的统称。中国共产党和国家的民族政策实际上是一个统一体。由于这种特点，从内容上看，党和国家的民族政策与国家的民族法规的区别在于：（1）民族政策的范围更为宽广，表现形式更为多样；而民族法规以法规的形式集中体现了党和国家的民族政策；（2）有些民族政策是暂时性的政策，而民族法规一般是成熟的民族政策的法规化，具有长期性和稳定性特点。

二、民族政策向民族法规的转化

由于历史原因，中国共产党长期主要用民族政策处理民族问题。新中国成立以后，党和国家开始了在全国范围内以法律处理民族问题的历程。特别是党的十一届三中全会以后，随着整个国家社会主义民主和法制建设的推进，重视以法律手段处理民族问题成为必然。

由民族政策向民族法规转化是一个发展趋势。这是因为：

第一，依法治国从而建立法治社会是现代社会的发展方向，而加强民族立法和民族法制建设是我国实现依法治国战略目标的重要组成部分。

第二，市场经济就是法治经济，在我国社会主义市场经济体制建立和完善的过程中，也需要加强民族立法，把民族工作纳入法治轨道。

第三,党的民族政策主张不仅要在党内实行,而且要成为全国人民的行动准则,要实现这一目标,将党的民族政策主张转化为国家法规,是一种最佳办法。

第四,由于法规文件具有较高的稳定性,民族政策制定主体为了保证民族政策的稳定性,也会积极地将成熟的民族政策主张法规化。

第五,法规有国家严密的执行系统来保障实施,把民族政策法规化,借助国家的执法体系进行实施,民族政策就能取得较好的实施效果。

在我国,民族政策向民族法规转化一般有两种情况,一种是中国共产党将其民族政策主张通过法定程序转化为国家法规;另一种情况是国家机关将其稳定的、成熟的民族政策通过立法程序法规化。

将民族政策主张法规化,要通过国家的法规制定程序来进行,一般有五个阶段。

第一阶段:起草法规草案,即将民族政策主张转换成法规草案。这就要求将合乎实际的民族政策主张全面准确地表达在法规草案之中,而且行文方式要符合法规行文的范式要求。

第二阶段:提出立法议案,即通过依法享有立法提案权的有关机构或人员,把法规草案按照一定程序向法规制定机关提出立法动议。

第三阶段:审议法规草案,即法规制定机关对列入议程的法规草案进行正式审议。

第四阶段:表决和通过。

第五阶段:公布。

民族政策向民族法规的转化也要实事求是,要看是否适宜或转化的条件是否成熟。民族问题纷繁复杂,许多具体的民族问题具有灵活多变、形式多样等特点,制定相关的政策更为适宜。因此,一方面,要顺应社会发展的趋势,加强民族政策的法规化;另一方面,也要在不适宜制定民族法规的领域制定大量的民族政策文件,使民族法规和民族政策文件互相补充,相辅相成。

三、民族政策和民族法规的制定依据

从总体上看，我国民族政策和民族法规的制定有三大依据：其一，马克思主义的民族理论；其二，中国的国情；其三，宪法。

马克思主义民族理论是理论依据，中国国情是实际依据。制定政策一般都需要理论和实际两方面的依据。理论可以给予指导，实际是问题产生之源，也是政策和法规指向的客观目标。每一项民族政策和民族法规背后都有民族理论的支撑；每一项政策和法规又都依赖于对我国国情的掌握分析，依赖于"一切从实际出发"。正确的民族理论学说的指导和对我国国情的把握，是成功地制定我国民族政策和民族法规的两个根本方面。

马克思主义是我国社会主义革命和建设的指导思想，作为马克思主义重要组成部分的马克思主义民族理论，科学地阐述了关于民族问题的一般观点，是指导我国解决民族问题的思想理论基础。因此，我国民族政策和民族法规制定的理论依据应该是也只能是马克思主义民族理论。

马克思主义民族理论，经过创立、发展和创新已成为一个丰富的科学体系。把马克思主义民族理论作为制定民族政策和民族法规的理论依据，就是要求民族政策和民族法规贯彻和体现这些理论，但民族理论并不能代替民族政策和民族法规本身。

历史上正反两方面的经验教训告诉我们，坚持正确的理论依据必须注意以下两点。

第一，必须注意全面、系统地掌握马克思主义民族理论，注意掌握其精神实质，切忌教条化、本本化。马克思主义民族理论是一个完整的科学体系，应在把握体系上下工夫，而不能断章取义。掌握马克思主义民族理论的关键，在于领会其精神实质，领会其立场、观点和方法。学习马克思主义代表人物的个别论断时，要注意该论断提出时的时间、地点和条件，不能把马克思主义代表人物的个别论断无条件地上升为普遍原则。

　　第二，必须认识到马克思主义民族理论是一个不断发展着的科学理论。它的本质特点要求它不断吸收一切新的理论成果，不断地在实践中充实和完善自己。这正是马克思主义民族理论生命力之所在。因此，掌握马克思主义民族理论，不能只学习马克思主义经典作家的著作，还必须注意它的新发展，注意它的当代发展形态。历史是在发展着的，一些以前没有过的新情况、新问题层出不穷，马克思主义民族理论必须解释这些新情况，回答这些新问题。在解释和回答这些新情况、新问题的过程中，马克思主义民族理论同时得到了充实和发展。作为民族政策和民族法规的制定者，如果看不到马克思主义民族理论的新发展，就不能说是很好地掌握了马克思主义民族理论，在民族政策制定实践中也不能充分发挥马克思主义民族理论的指导作用。

　　马克思主义民族理论是关于民族问题的一般结论，用以指导处理我国民族问题时必须结合我国的国情，从我国的实际出发。我国的国情包括许多方面，如人口多、属于发展中国家、历史悠久等基本国情，对我国民族政策和民族法规的制定都有深刻的影响。其中，我国民族问题的实际，是我国民族政策和民族法规制定的直接依据。

　　我国民族问题的实际是一种客观存在。把握这种客观存在，需要深刻的观察力和综合分析能力。客观实际的"碎片"需要逻辑辨析才能作为制定政策时的依据。把握我国民族问题的实际，有一个由表及里、由浅入深的认识过程。

　　首先，民族问题的表象是什么样的？如各民族人口数量、分布、居住状况，民族关系状况，各民族经济、社会发展水平，其文化、语言、习俗、宗教信仰状况等等。民族问题的表象是可以通过简单的观察、了解和统计得到的，它虽是表面状况，但却是原始的、基本的情况，是进一步认识民族问题的基础。

　　其次，要在观察民族问题表象的基础上，进一步把握民族问题实际的深层次特点。这就需要用唯物史观、辩证方法进行分析、综合、概括。在这一层次上，不仅要看到民族问题实际的静态特征，还要历史地看、动态地看，分析它的过去、演化过程和未来发展趋势；不仅要分别看到民族问题的各个方面特征，而且还要把它们联系起来看；不仅要看到另一个方面，而且要看到两方面之间的对立统一关系等等。

第三，把握民族问题的实际，还要把握民族问题在我国社会主义事业总问题中的客观地位及其与其他问题的客观联系。民族问题不是一个孤立的问题，要了解民族问题，不能孤立地去看它，而要把它放在更大的环境中去分析。只有这样，才会对我国民族问题的实际有更全面的认识。

一个国家有一个国家的民族问题实际，一个省（自治区、直辖市）有一个省（自治区、直辖市）的民族问题实际，一个县有一个县的民族问题实际，只有从各个方面深刻地把握了这个实际，才能制定出合乎本地方实际的民族政策和民族法规。

《宪法》是我国的根本大法，是我国政治、经济、文化和社会生活的基本规范。宪法中关于民族问题的规定，是我国运用马克思主义民族理论的普遍原理解决我国民族问题的实践经验的高度概括。有了宪法以后，任何组织和个人都要服从它，无论是民族法规，还是民族政策，都不能与宪法的规定相违背，而只能贯彻落实宪法。

四、民族政策、法规的制定原则

制定民族政策和民族法规不仅要有正确的依据，还应坚持一些基本原则。从我国民族政策和民族法规制定工作的实践来看，主要有五项原则。

1. 从中国实际出发的原则

我国民族问题的实际是我们制定民族政策和法规的客观依据，也是我们制定民族政策和法规的出发点。一切民族政策和法规的制定，都要从这个实际出发。坚持从这个实际出发，是我国民族政策和法规制定工作的一项重要原则。为什么要从中国的实际出发呢？这是因为：民族政策和民族法规归根到底是要解决我国民族问题中的矛盾,协调各种民族关系,而这些矛盾是蕴涵在我国民族问题的实际之中的,不去探究这个实际,就不能发现矛盾和问题所在;不从这个实际出发,民族政策和法规的制定就失去了客观对象,民族政策和法规的内容就失去了针对性,成为无的放矢。

离开中国实际,或是从"本本"出发,或是照搬外国经验,按照这两种办法制定民族政策和民族法规只能是纸上谈兵,不仅于事无益,还会给民族工作带来损失。

2. 理论与实际相结合的原则

制定民族政策和民族法规,必须把马克思主义民族理论的普遍原理与我国民族问题的实际创造性地结合起来,这是我国制定民族政策和民族法规的一条基本经验和基本原则。从我国民族政策和民族法规制定的历史看,坚持了这一条,我国的民族政策和民族法规就能经受住实践的检验;违反了这一条,所制定的民族政策和民族法规在实践中就难以贯彻,不能发挥效用。制定某一项具体的民族政策和民族法规文件也是这样,没有正确的理论指导,或者脱离实际,即使政策文件和民族法规的内容看起来很好,实际贯彻时却行不通,到头来仍是无效劳动。理论与实际相结合的关键在"结合"二字。这种结合不是简单的算术相加,而是有机的结合。实现这种有机的结合,需要创造性。民族区域自治政策和法规的制定,是党和国家把马克思主义民族理论的普遍原理与我国民族实际创造性结合的一个典范。新中国成立初,在社会主义多民族国家实行民族区域自治并没有先例,当时第一个社会主义国家苏联的模式是联邦制。毛泽东等老一辈无产阶级政治家们认真分析了我国的民族问题实际,从我国实际出发,没有套用苏联的模式,创造了民族区域自治制度。五十多年的实践证明,实行民族区域自治是从制度上解决我国民族问题的唯一正确的选择。

3. 正确处理国家利益和各个民族利益的原则

政策和法规,从利益角度看,是要调整利益关系。民族政策和民族法规也必然涉及各种利益关系，其中非常重要的一种利益关系即是国家与各民族之间的利益关系。从本质上讲，在我们多民族的社会主义国家，各民族人民是国家的主人，国家利益集中体现了各民族人民的共同利益，因此，国家利益和各民族的根本利益是一致的。但是由于种种原因，国家利益与民族的利益也会在一定的时间和空间内表现出某种相对不一致。在这种情况下，民族政策和民族法规的制定者应认真分析这种相对的不一致，在制定政策和法规时把两者的利益有机地结合起来。国家要从民族地区的实际出发照顾民族地区的利益，民族地区也要有大局观念，服从和维护国家利益。如在制定有关资源开发的政策和法规时，在政策和法规文件中要求国家有关部门在民族地区开发资源办企业要注意带动民族地区的经济发展，又要求民族地区要积极为办好国有企业作出贡献等。

4. 民主原则

制定民族政策和民族法规是重要的决策形式，是民主性、科学性很强的工作，必须在制定工作中坚持民主原则。

要坚持"从群众中来，到群众中去"的群众路线。制定民族政策和民族法规的全过程，都要注意倾听各民族群众的呼声，特别是少数民族群众的呼声，反映他们的利益要求，这就是"从群众中来"；把群众的意见集中起来形成政策和法规方案，再征求各民族群众或其代表的意见，这就是"到群众中去"。一项民族政策或民族法规的制定，若多次重复这样的程序，就为正确制定民族政策和民族法规奠定了基础。

在政策和法规制定机关内部，也要坚持民主原则。不同的观点，不同的方案，允许进行充分的讨论，少数服从多数。重大的问题，应集体决策。

5. 保持政策和法规的统一性原则

这包括两方面的内容。首先，民族政策和民族法规与国家其他法规政策要统一和协调一致。一方面，民族政策和民族法规是国家法规政策体系的有机组成部分，国家法规政策的统一性要求民族政策和民族法规与国家其他法规政策相协调、相统一。另一方面，民族政策和民族法规涉及国家政治、经济、文化、教育、科技、体育、卫生和群众生活等社会各个方面，国家在这些领域都有专门的法规政策，这些专门法规政策的范围必然有与民族法规政策范围相交叉的地方。因此，如果这些专门政策不能顾及民族政策的有关内容，或民族政策和民族法规没有考虑这些专门法规政策的完整性和系统性而另作规定，其结果势必导致国家法规政策之间冲突。其次，民族政策和民族法规内部也要有统一性和协调一致性。下级部门制定的民族政策和民族法规不能与上级部门制定的民族政策和民族法规相违背，地方的民族政策和民族法规不能与中央的民族政策和民族法规不一致。

第二节　有中国特色的民族政策和民族法规体系

中国共产党从诞生时起，根据马克思主义民族理论的一般原则，并结合中国民主革命的实际，在根据地曾制定出许多有价值的民族政策和法规。如，1931 年 11 月，在中央苏区，中华工农兵苏维埃第一次全国代表大会通过了《关于中国境内少数民族问题的决议案》，这次大会通过的《中华苏维埃共和国宪法大纲》中也有关于民族问题的规定。从新中国成立前中国共产党及其领导的根据地政府制定的有关文件中，我们可以看出，中国共产党已经初步形成了一些基本的民族政策，如实行彻底的民族平等政策、团结和帮助少数民族的政策、尊重少数民族风俗习惯的政策等。但是，这些政策还很不系统，有些政策还有一个不断认识和发展的过程。

新中国成立前后，随着已解放的和将要解放的民族地区越来越多，民族工作的任务也越来越重，全面确立少数民族政策并制定相应的民族法规不仅是新中国整体工作的需要，也是广大民族地区工作越来越迫切的需要。在这种形势下，党和国家给予民族工作以高度的重视。在上世纪 50 年代，一系列民族政策和民族法规纷纷出台。这一时期确立了我国民族政策的基本框架，并且针对 50 年代的特殊情况制定了行之有效的具体政策。

从 50 年代末起，民族政策和民族法规的制定工作受到了一定程度的干扰。60 年代后期到 70 年代前期的"文化大革命"给民族工作带来了严重破坏，这个时期，已制定的正确的民族政策和民族法规不能得到有效的执行，更谈不上制定新的、合乎实际的民族政策和民族法规。

70 年代末，中国进入了一个新的时期。这一时期，在邓小平建设中国特色社会主义理论指导下，在以经济建设为中心，坚持改革开放、坚持四项基本原则的基本路线指引下，结合我国民族问题新的实际，党和国家制定了一系列民族政策和民族法规，我国的民族政策和民族法规体系在 50～60 年代的基础上得到了进一步发展。

尽管中间经历了曲折，但从总体上说，新中国成立五十多年来，我国已成功地探索出了一条解决我国民族问题的路子，在社会生活各个方面制定了大量合乎中国实际的民族政策和民族法规，初步形成了有中国特色的民族政策和民族法规体系。

一、我国民族政策和法规的主要方面

我国民族政策和法规有丰富的内容，归纳起来，主要有 14 个方面。

1. 保障民族平等权利的政策和法规

民族平等是我国处理民族问题的一项基本原则，宪法规定"中华人民共和国各民族一律平等"。民族平等广泛地体现在社会生活各个领域，因此，这方面的政策和法规规定也散见于许多政策文件和法规中。

如为保障少数民族平等地参与国家最高权力机关，《选举法》规定："全国少数民族应选全国人民代表大会代表，由全国人民代表大会常务委员会参照各少数民族的人口数和分布情况，分配给各省、自治区、直辖市的人民代表大会选出,人口特少的民族,至少应有代表一人","自治区、聚居的少数民族多的省,经全国人民代表大会常务委员会决定,代表名额可以另加5％","有少数民族聚居的地方,每一聚居的少数民族都应有代表参加当地人民代表大会。聚居境内同一少数民族的总人口数占境内总人口数30％以上的,每一代表所代表人口数相当于当地人民代表大会每一代表所代表的人口数。聚居境内同一少数民族的总人口数不足境内总人口数15％的,每位代表所代表的人口数可以适当少于当地人民代表大会每位代表所代表的人口数,但不得少于1/2;实行区域自治的民族人口特少的县,经省、自治区的人民代表大会常务委员会决定,可以少于1/2。人口特少的其他聚居民族,至少应有代表一人。聚居境内同一少数民族的总人口数占境内总人口数15％以上、不足30％的,每位代表所代表人口数,可以适当少于当地人民代表大会每位代表所代表的人口数,但分配给该少数民族的应选代表名额不得超过代表总额的30％。"《法院组织法》则规定,在适用法律上,各民族公民一律平等。《宪法》和《地方各级人民代表大会和地方各级人民政府组织法》规定,国务院和地方各级政府有保障少数民族平等权利的职权。《民族区域自治法》规定,自治机关要保障本地方各民族都享有平等权利。

2. 维护和发展民族团结的政策和法规

促进民族团结作为我国处理民族问题的又一原则,同样体现在许多政策和法规中。新中国成立初,起临时宪法作用的《中国人民政治协商会议共同纲领》就规定,境内各民族实行团结互助。为消除旧中国遗留下来的民族隔阂和民族歧视痕迹,党和政府制定了有关政策和法规,并采取有关措施。如1951年政务院发布了《关于处理带有歧视或侮辱少数民族性质的称谓、地名、碑碣、匾联的指示》,规定对历史上遗留下来的带有歧视和侮辱少数民族意思的地名、碑碣、匾联等分别予以禁止、更改、封存或收管。在50年代,中央政府多次派出访问团深入民族地区慰问少数民族,同时邀请少数民族代表到首都和内地参观访问。

由于这些政策和措施，旧中国造成的不正常的民族关系得到了根本的改变。1954 年颁布的第一部宪法宣布，中国已经形成了平等、团结和互助的社会主义民族关系。以后，包括现行宪法在内的历届宪法都将巩固平等、团结、互助的社会主义新型民族关系作为一项宪法原则。

2005 年 5 月，胡锦涛总书记在中央民族工作会议上的重要讲话中把"坚持巩固和发展平等、团结、互助、和谐的社会主义民族关系"作为新时期做好民族工作的一项重要指导原则。"平等、团结、互助、和谐"是对我国社会主义民族关系进行了新的概括。和谐，是民族关系的一种境界，是指各个民族在中华民族大家庭里各尽所能，各得其所，和谐相处。和谐作为社会主义民族关系的本质特征，体现了我党对社会主义民族关系的新认识，对马克思主义民族关系理论的新发展。和谐是一个综合指标，民族关系的和谐，包括各民族在政治上、经济上、社会和文化发展上关系都和谐融洽、相得益彰。在全党和全国人民正在致力于构建社会主义和谐社会的现阶段，把和谐作为社会主义民族关系的本质特征之一，具有重要的现实意义和深远的理论意义。

此外，许多法规和政策文件也规定了维护和发展这种民族关系方面的内容。如：《中国共产党章程》规定，要维护和发展各民族的平等、团结和互助关系；《民族区域自治法》规定，民族自治地方的自治机关要团结各民族的干部和群众，教育各民族的干部和群众互相信任、互相学习、互相帮助，共同维护国家的统一和各民族的团结；《村民委员会组织法》和《城市居民委员会组织法》规定，在多民族居住地方，村民委员会或居民委员会应当教育村民或居民加强民族团结；《社会团体登记管理条例》规定，社会团体要维护国家的统一和民族的团结。同时，许多法规和政策严禁民族歧视、民族压迫和民族分裂的行为。如：《商标法》规定，商标不得使用"带有民族歧视性的"；《集会游行示威法》规定，对举行"煽动民族分裂的"集会、游行、示威的申请不予许可。

3. 关于实行民族区域自治的政策和法规

关于实行民族区域自治，《宪法》和《民族区域自治法》作了较全

面的规定。各民族自治地方为贯彻《宪法》和《民族区域自治法》制定
了大量自治条例和单行条例。据统计，截至 2004 年底，民族自治地方
共制定自治条例 133 个、单行条例 384 个。此外，四川、青海、辽宁、
湖北等 12 个辖有民族自治地方的省制定了实施《民族区域自治法》的
若干规定。2005 年 5 月，国务院颁布了《国务院实施〈中华人民共和国
民族区域自治法〉若干规定》。除此之外，还有大量其他法规和政策文
件就如何贯彻民族区域自治作了规定。

4. 保障散居少数民族平等权利的政策和法规

散居少数民族一般是指居住在民族区域自治地方以外的少数民族和
居住在民族自治地方内但不实行民族区域自治的少数民族。目前，我国
散居少数民族人口有三千多万人，约占全国少数民族总人口的三分之
一。随着社会人口流动现象愈来愈普遍，散杂居少数民族人口呈增长趋
势。由于散居少数民族占当地总人口的比例小，民族特点容易被忽视，
党和国家特别强调保障散居少数民族的平等权利。1952 年政务院发布
了《关于保障一切散居的少数民族成分享有民族平等权利的决定》。《选
举法》也对散居少数民族的被选举权作了特别规定："散居的少数民族
应选当地人民代表大会的代表，每一代表所代表的人口数可以少于当地
人民代表大会每一代表所代表的人口数。"

为保障散居少数民族的平等权利，1983 年国务院发布了《关于建
立民族乡问题的通知》，通知规定："凡是相当于乡的少数民族聚居的地
方，应当建立民族乡。"1993 年国务院又批准发布了《民族乡行政工作
条例》。这些法规文件有力地保障了民族乡的散居少数民族的平等权利
和管理本地内部事务的权利。目前，我国已建 1000 多个民族乡，55 个
少数民族中有 52 个建有民族乡。

城市散居少数民族人口是散居少数民族人口的重要组成部分，目前
约有 1000 万，为保障他们的平等权利，充分发挥他们的作用，1993 年
国务院批准颁布了《城市民族工作条例》。

散居少数民族居住的地方国家机关和党组织也制定了有关政策和法

规。如河北省、湖南省、上海市、河南省等制定的关于散居少数民族权益保障的"条例",吉林省、黑龙江省、四川省等制定的实施《城市民族工作条例》的"办法"。

5. 加快少数民族地区经济发展的政策和法规

经济关系是一切社会关系的基础,要建立和发展和谐的民族关系,必须着力发展各民族的经济建设。我国的社会主义性质和中国共产党的性质也决定了党和国家要坚持各民族共同繁荣的根本立场。鉴于民族地区由于历史和地理等原因而造成的经济发展水平相对落后的状况,扶持和帮助少数民族和少数民族地区发展经济的任务就显得更为重要和紧迫。为此,党和国家制定了大量的政策和法规以加快少数民族地区经济的发展和少数民族生活水平的改善。这类政策文件和法规的数量约占民族政策文件和法规总数的 1/3。

如《民族区域自治法》、《民族乡行政工作条例》和《城市民族工作条例》的大量条款都是扶持民族地区经济发展和帮助少数民族改善生活的内容。在财政、税收、金融、投资、生产计划、外贸等方面,有关部门在不同时期根据国家相关体制对民族地区制定了优惠政策。从 1979年开始,有关部门发布了多项政策和法规文件,组织发达省市同民族地区开展对口支援和经济技术协作;制定了扶持少数民族贫困地区、乡镇企业、牧区发展的政策和法规;制定了扶持民族贸易和民族特需用品生产的政策和法规;制定了在民族地区设立改革开放实验区、鼓励民族地区边境贸易发展等促进少数民族地区改革开放的政策和法规等。

2005 年,中共中央、国务院发布了《关于进一步加强民族工作,加快少数民族和民族地区经济社会发展的决定》,该决定的核心内容就是在新的历史条件下促进少数民族和民族地区加快发展。

各地方在自己权限范围内也相应制定了扶持本地方少数民族和少数民族地区发展经济的政策和法规。如河北省,1985 年,河北省计委、省财政厅、省民委、省交通厅、省商业厅、省物资局、省供销合作社、省粮食局、省林业厅、省水利厅、省农业厅、省民政厅等分别或几家联合发布了多个有关扶持省内少数民族经济发展的文件；1995 年，河北省计委、省水利厅、省交通厅、中国农业银行河北省分行、省扶贫开发领导小组办公室、省地质矿产厅、省林业厅、中国农业发展银行河北省分行等又分别制定了关于贯彻落实《民族区域自治法》和《河北省散居少数民族权益保障条例》的"实施意见"，就在各行业帮助省内少数民族发展经济的有关问题提出了措施。

2005 年，中共中央、国务院《关于进一步加强民族工作，加快少数民族和民族地区经济社会发展的决定》发布之后，各地也纷纷召开本地区的民族工作会议，制定出台了贯彻落实上述文件的意见和措施。

6. 发展少数民族教育和科技事业的政策和法规

新中国成立前，少数民族的教育事业十分落后，大多数民族地区只有为数不多的几所中小学校，全国没有一所正规的少数民族高等学校。新中国成立后，党和政府十分重视发展少数民族教育事业，制定了一系列的政策和法规。如 1950 年 11 月，政务院批准发布了《筹办中央民族学院试行方案》；1951 年 9 月召开了第一次全国民族教育会议，11 月，政务院批发了《关于第一次全国民族教育会议的报告》；1956 年 6 月召开了第二次全国民族教育工作会议，制定了《1956～1967 年全国民族教育 12 年规划》；1980 年 10 月，国家教育部和国家民委发布了《关于加强民族教育工作的意见》；1984 年 3 月，教育部和国家民委又发布了《关于加强领导和进一步办好高等院校少数民族班的意见》；1984 年颁布的《民族区域自治法》规定，民族自治地方有自主发展民族教育的权利，上级国家机关应帮助民族自治地方发展民族教育；1986 年 4 月颁布的《义务教育法》规定："凡年满六周岁的儿童，不分性别、民族、种族，应当入学接受规定年限的义务教育。"

党和国家同样重视少数民族地区科技事业的发展。如，为加速培养少数民族地区科技人员，1981 年 4 月颁布的《科学技术干部管理工作试行条例》规定："对青年、少数民族中的科学技术干部，要加强培养，关心他们的成长。"1982 年 10 月，中共中央办公厅、国务院办公厅转发了劳动人事部等部门《关于加强边远地区科技队伍建设的意见》。《民族区域自治法》则赋予了民族自治地方的自治机关自主地大量培养科技人才的权利。

各地方也制定了鼓励本地方教育科技事业发展的政策和地方法规。如河北省：1983 年 7 月，河北省民委、省教育厅制定了《关于重点高中、县师范学校招收少数民族学生的两项规定》；1985 年 5 月，河北省教育厅等制定了《关于发展少数民族文化教育卫生事业的通知》；1995 年 11 月，河北省教委制定了《关于加强民族教育工作的意见》；1995 年 11 月，河北省科学技术委员会制定了关于落实《民族区域自治法》、《河北省散居少数民族权益保障条例》和促进省内少数民族科技事业发展的《意见》。

7. 繁荣少数民族文化的政策和法规

我国各少数民族在长期的历史发展中形成了具有民族特色的传统文化，这是中华民族传统文化的重要组成部分。党和国家鼓励各少数民族继承和发扬这些传统文化，大力扶持少数民族发展现代文化事业，并为此制定了有关政策和法规。如《宪法》规定："国家根据各少数民族的特点和需要，帮助各少数民族地区加速经济和文化的发展。"《民族区域自治法》规定，民族自治地方的自治机关可以"自主地发展具有民族形式和民族特点的文学、艺术、新闻、出版、广播、电影、电视等民族文化事业"，"收集、整理、翻译和出版民族书籍，保护民族的名胜古迹、珍贵文物和其他重要历史文化遗产"；1980 年 8 月，文化部、国家民委发出了《关于做好当前民族文化工作的意见》；1981 年 3 月，国务院批转了国家民委、国家出版局《关于大力加强少数民族文字图书出版工作的报告》；1984 年 3 月，文化部、国家民委发布了《关于加强和改善少数民族地区图书馆工作的意见》；1984 年 4 月，国务院批转了国家民委《关于抢救、整理少数民族古籍的请示》，等等。

各地方也制定了相应的法规政策，如，吉林省 1989 年 7 月专门制定了《延边朝鲜族自治州朝鲜族文化工作条例》。

8. 发展少数民族卫生体育事业的政策和法规

继承和发扬各少数民族优良的医疗技术和体育传统，大力发展少数民族卫生和体育事业，提高各族人民的健康水平，也是党和国家民族政策的一项内容。

关于发展少数民族卫生事业，《民族区域自治法》规定："民族自治地方的自治机关自主地决定本地方的医疗卫生事业的发展规划，发展现代医药和民族传统医药"，"加强地方病防治和妇幼卫生保健，改善卫生条件"。国家有关部门制定了有关扶持政策和法规。如：1951 年在北京召开了第一次全国少数民族卫生工作会议，制定了开展民族卫生工作的规划；1983 年召开了第二次全国民族卫生工作会议，会后，卫生部和国家民委转发了《全国少数民族卫生工作会议纪要》，同时印发了《关于继承、发扬民族医药学的意见》；同年稍后，卫生部、国家民委和劳动人事部又印发了《关于发达省市对口支援边远地区卫生事业建设的实施方案》。各地方根据本地实际情况制定有关地方性法规和政策。

关于发展少数民族体育事业，《民族区域自治法》规定："民族自治地方的自治机关自主地发展体育事业，开展民族体育，增强各族人民体质。"国家和各地方采取了有关政策措施，以推动民族体育的发展。如：1953 年在天津举办了全国首次民族形式体育表演及竞赛大会（又称第一届全国少数民族传统体育运动会），上世纪 80 年代以后，每四年举办一届全国少数民族传统体育运动会已形成制度。许多地方也都定期举办这类运动会。

9. 少数民族语言文字的政策和法规

在我国 55 个少数民族中，除回族通用汉语文外，其他少数民族都有自己的语言。新中国成立前，有 21 个民族有自己的文字。党和国家关于少数民族语言文字的政策和法规的主要内容有：保障各民族都有平等地使用和发展本民族语言文字的自由；帮助少数民族使用、创制或改进语言文字；鼓励各民族互相学习语言文字。

《宪法》规定："各民族都有使用和发展自己的语言文字的自由。"

《宪法》还规定："各民族公民都有用本民族语言文字进行诉讼的权利。"
人民法院和人民检察院对于不通晓当地通用的语言文字的诉讼参与人，
应当为他们翻译。在少数民族聚居或者多民族共同居住的地区，应当用
当地通用的语言进行审理；起诉书、判决书、布告和其他文书应当根据
实际需要使用当地通用的一种或者几种文字。我国的《刑事诉讼法》、
《民事诉讼法》、《行政诉讼法》、《人民法院组织法》等也作了类似规定。
国家还制定了有关政策和法规保障少数民族语文在教学和社会生活中的
使用。一些少数民族聚居的省、自治区制定了关于民族语言文字方面的
地方性法规和政策文件。如西藏自治区 1987 年颁布了《西藏自治区学
习、使用和发展藏语文的若干规定》，新疆 1988 年发布了《新疆维吾尔
自治区民族语言文字使用管理暂行规定》，内蒙古、云南等也颁布了此
类法规。为扶持少数民族文字的创制和改进，1954 年 5 月，政务院批复
了政务院文化教育委员会、民族语言文字研究指导委员会和中央民族事
务委员会《关于帮助尚无文字的民族创立文字问题的报告》；1956 年，
国务院发布了《关于各少数民族创立和改革文字方案的批准程序和实验
推行分工的通知》；1957 年 12 月，国务院颁发了《关于少数民族文字方
案中涉及字母的几项原则》；1991 年 6 月，国务院批转了国家民委《关
于进一步做好少数民族语言文字工作的报告》。至今，国家已经帮助 10
个民族创制了文字，帮助一些民族改革或改进了文字。

　　10. 关于少数民族计划生育的政策和法规

　　计划生育是我国的一项基本国策，少数民族也要实行计划生育。为
了促进少数民族人口的发展，党和国家对少数民族的计划生育采取了放
宽和照顾政策。1991 年 5 月，中共中央、国务院发布的《关于加强计划
生育工作，严格控制人口增长的决定》规定："为了提高少数民族地区
的经济文化水平和民族素质，在少数民族中也要实行计划生育，具体要
求和做法由各自治区或所在省决定。"各地方根据本地方实际情况制定
了本地区少数民族的计划生育政策和法规，一般采取了少数民族与汉族
区别对待、对少数民族适当放宽的政策。如《内蒙古自治区计划生育条

例》规定：汉族公民，一对夫妻一般只生育一个子女，符合一定条件，经批准可以生育第二个子女；蒙古族公民，一对夫妻可以生育两个子女，非城镇户籍的蒙古族公民符合一定条件，经批准可以生育第三个子女；对区内达斡尔族、鄂温克族、鄂伦春族公民，提倡优生，适当少生；区内蒙古族、达斡尔族、鄂温克族、鄂伦春族以外的其他少数民族公民，一对夫妻可以生育两个子女，不准生育第三个子女。

11. 尊重少数民族风俗习惯的政策和法规

尊重少数民族的风俗习惯，是一个重要的民族政策问题，也是保障少数民族权利的一个重要方面。少数民族风俗习惯表现在服饰、饮食、居住、礼教、婚姻、丧葬以及生产生活等许多方面，党和国家在这些方面都制定有相应政策和法规。为保障有清真饮食习惯的 10 个少数民族的合法权益，目前，国务院正在抓紧起草《清真食品管理条例》。

12. 保障少数民族宗教信仰自由的政策和法规

宗教信仰在我国少数民族中是一个非常普遍的现象，因此，宗教信仰问题与民族问题紧密相关。党和国家在这个方面制定的有关法规和政策有效地保障了少数民族宗教信仰自由的权利。

13. 培养和任用少数民族干部的政策和法规

新中国成立以来，培养和任用少数民族干部一直得到了党和国家的高度重视。从 1950 年 11 月政务院批准发布《培养少数民族干部试行方案》到现在，党和国家发布了大批有关政策文件，并把有关内容写入了《宪法》和《民族区域自治法》、《民族乡行政工作条例》、《城市民族工作条例》等法规中。各地方党委和政府及其组织和人事部门也制定了有关规定。如，1985 年 8 月，吉林省委制定了《关于进一步做好培养、选拔少数民族干部工作的意见》；1988 年 7 月，辽宁省制定了《关于加强少数民族干部培养、选拔、使用工作的意见》；1994 年 7 月，浙江省委组织部、统战部和省民委印发了《全省培养选拔少数民族干部工作座谈会纪要》；1994 年 9 月，山东省委组织部等制定了《山东省培养选拔少数民族干部工作七年规划及实施意见》；福建省制定了《1995～2000 年培养选拔少数民族干部工作规划》等等。

14. 其他方面的政策和法规

如：关于民族识别和民族成分更改的政策和法规；关于民族自治地方婚姻和财产继承方面的法规规定；关于民族事务机构设立和职能的法规文件；关于民族法规宣传教育的有关文件等等。有些民族政策和法规在历史上曾有效地实行过，由于它们所针对的问题已经解决而自动失效，如 20 世纪 50 年代在民族地区实行的社会改革政策和有关法规。

以上分类只是一种相对的划分。许多方面的民族政策和法规是相辅相成、部分重合或交叉的。如保障少数民族使用和发展本民族语言文字的自由、保障各民族宗教信仰的自由等政策和法规，也是实行民族平等和民族团结政策和法规的重要内容；帮助少数民族发展经济、文化、教育等事业的政策和法规，也是民族区域自治政策和法规的重要内容之一。

二、有中国特色的民族政策体系和民族法规体系

所谓体系，是指若干有关事物或某些意识互相联系而构成的一个整体。我们说一国的民族政策和民族法规形成了体系，是指该国已经制定的民族政策和民族法规的总体具有以下特点：

第一，该国现实民族问题的主要方面或多数方面都制定有相应的政策和法规。

第二，这些民族政策和民族法规互相联系，形成了一个系统。从内容上看，它涉及少数民族的政治、经济、文化、教育、科技、卫生、体育等社会生活系统的各个方面；从政策和法规文件形式上看，既有中央制定的基本政策和法规文件，也有各级地方制定的地方政策和法规文件，这些效力和实施范围层次排列、上下一致的民族政策和法规文件构成了一个文件系统。

新中国成立五十多年来，可以说我国已经初步形成了一个有中国特

色的民族政策体系和民族法规体系。所谓"初步形成",是指体系的骨架基本形成,主要方面已经具有,但还不完备。

1. 我国的民族政策体系的文件构成

如前所述,我国的现行民族政策是指中国共产党组织和国家机关制定的民族政策,虽然我国民族政策的制定主体有两个不同的组织系统,但中国共产党作为执政党与国家机关在制定民族政策上具有高度的一致性。这种高度的一致性,不仅表现在内容上的高度一致,而且表现在制定民族政策文件的过程中,如党的组织系统与国家机构系统的设置具有大体对应性,相对应的党组织和国家机关(如省委和省政府)有时共同发布民族政策文件等。考虑到这些特点,在这里,我们把党和国家的民族政策作为同一个体系看待。

这样,构成我国民族政策体系的文件或有关规定主要包括:

(1) 党和国家中央一级组织机构制定的民族政策文件和有关规定。其中主要有:党中央制定的民族政策文件和有关规定;国家最高权力机关制定的民族法律和有关规定;国家最高行政机关制定的民族法规、政策文件和有关规定。

(2) 党中央的有关部门和国务院有关部门及其党组制定的部门民族政策文件和有关规定。

(3) 省、自治区、直辖市一级的党委和地方国家机关制定的民族政策文件、地方民族法规和有关规定。

(4) 省、自治区、直辖市一级的党委和政府的有关部门制定的民族政策文件和有关规定。

(5) 自治州、辖区县的市一级党委和地方国家机关制定的民族政策文件和有关规定。

(6) 自治州、辖区县的市一级党委和政府的有关部门制定的民族政策文件和有关规定。

(7) 自治县、县、市辖区一级的党委和地方国家机关制定的民族政策文件和有关规定。

（8）县一级的党委和政府的有关部门以及民族乡、乡、镇一级的党委和地方国家机关制定的民族政策和有关规定。

2. 我国民族法规体系的法规文件构成

如前所述，我们所说的法规统指宪法、法律、法规和规章。因此，构成我国民族法规体系的文件和有关规定主要包括：

（1）《宪法》关于民族问题的规定，如宪法第 1 章第 4 条、第 3 章第 6 节。

（2）全国人民代表大会通过的关于民族问题的基本法律或基本法律中关于民族问题的规定。《民族区域自治法》就属于这类法律。有一些基本法律虽不是专门规定民族问题的，但含有关于民族问题的条款，如《刑法》第 249、250、251 条，《民法通则》第 151 条，《刑事诉讼法》第 9 条，《民事诉讼法》第 17 条等。

（3）全国人民代表大会常委会通过的基本法律以外的关于民族问题的其他法律或有关规定。据统计，从 1978 年党的十一届三中全会到 1994 年底，除《宪法》和《民族区域自治法》外，全国人民代表大会及其常委会审议通过的法律共 184 件，其中含有民族问题的有 40 件，这 40 件中大部分是全国人民代表大会常委会通过的法律。

（4）国务院制定的关于民族问题的行政法规和行政法规中关于民族问题的有关条款。如《民族乡行政工作条例》和《城市民族工作条例》等。

（5）国务院各部委制定的关于民族问题的部门规章和其他部门规章中有关民族问题的规定。1990 年 5 月，国家民委、国务院第四次人口普查领导小组、公安部发布的《关于中国公民确定民族成分的规定》，1994 年 12 月国家教委发布的《内地中等专业学校西藏班管理的若干暂行规定》等等。

（6）省、自治区、直辖市的人民代表大会及其常委会制定的关于民族问题的地方性法规和其他地方性法规中关于民族问题的规定。如1988 年 1 月黑龙江省第六届人民代表大会常务委员会颁布的《黑龙江省民族乡条例》，1987 年 9 月湖南省第六届人民代表大会常务委员会颁布的《湖南省散居少数民族工作条例》等等。

（7）省、自治区、直辖市的人民政府制定的关于民族问题的地方政府规章或其他地方政府规章中有关民族问题的规定。如 1994 年 5 月吉林省人民政府制定的《吉林省清真食品生产经营管理若干规定》，1993 年 10 月安徽省人民政府制定的《安徽省民族工作暂行规定》等等。

（8）省、自治区首府市和国务院批准的较大的市的人民代表大会及其常委会制定的关于民族问题的地方性法规和其他地方性法规关于民族问题的规定。如成都市人大常委会 2004 年 8 月制定的《成都市清真食品管理规定》等。

（9）省、自治区首府市和国务院批准的较大的市的人民政府制定的关于民族问题的地方政府规章和其他政府规章中有关民族问题的规定。如 1995 年 3 月昆明市人民政府制定的《昆明市贯彻〈云南省民族乡工作条例〉实施办法》，2003 年 2 月广州市政府制定的《广州市清真食品管理办法》等。

（10）民族自治地方的人民代表大会制定的自治条例、单行条例和变通规定。

民族自治地方的自治条例和单行条例是民族自治地方的自治性地方法规，它们不同于一般地方性法规。首先，制定的机关不同。自治条例和单行条例的制定仅限于自治区、自治州、自治县的人民代表大会；一般地方性法规的制定机关除自治区人大及其常委会以外，还有省、直辖市人大及其常委会，以及省、自治区人民政府所在的市和国务院批准的较大的市的人大及其常委会。其次，制定的程序不同。自治州、自治县的自治条例和单行条例须报经省或自治区人大常委会批准，并报全国人大常委会备案；自治区的自治条例和单行条例要报全国人大常委会批准。省、自治区、直辖市的一般地方性法规只需报全国人大常委会和国务院备案即可。自治条例和单行条例是民族法规体系中的重要组成部分。

变通规定是指民族自治地方根据法律的授权对法律一些内容的变通。如《婚姻法》第 36 条规定："民族自治地方人民代表大会和它的常务委员会可以依据本法的原则，结合当地民族婚姻家庭的具体情况，制定某些变通的或者补充的规定。"据此，已有三十多个民族自治地方对《婚姻法》作了变通规定。另外，民族自治地方还制定有关于《选举法》、《继承法》等法的变通规定。2001 年《立法法》颁布实施后，民族自治地方人民代表大会有权通过制定自治条例和单行条例对所有法律和行政法规依法定条件和程序予以变通。

以上法规和有关规定构成了我国的民族法规体系。在这个体系中，《宪法》是国家的根本大法，具有最高的法律效力，它关于民族问题的规定是民族法规的最根本内容，同时，又是一切民族立法的法律依据和基础。按法律效力层次排列，宪法之后，依次是基本法律、其他法律、行政法规、部门规章与地方性法规和地方政府规章。

三、我国民族政策和法规的特色

我国的民族政策和法规，是依据马克思主义民族理论的一般原则，坚持一切从中国实际出发而制定的，具有自己鲜明的特色。

1. 实践性与创造性相结合

我国的民族政策和民族法规体现了马克思主义民族理论的一般原理与中国实际的创造性结合。这一特点是党和国家制定民族政策和法规的依据、原则的必然结果。

如在制定民族识别政策中，一方面，我国根据马克思主义民族理论关于民族的科学定义对各少数民族群体进行了科学的调查分析和鉴别；另一方面，基于民族平等原则和我国的实际情况，不管民族大小、社会发育程度高低，对各个少数民族共同体皆称为"民族"，而不区分为部族、部落与民族。

再如，从中国实际出发，我国创造了中央统一领导下的民族区域自治制度，在具体做法上也处处体现了创造性和中国特色，如我国在建立民族自治地方时没有简单地以区域内少数民族人口的多少为标准，而是以一定规模的少数民族聚居区为基础，同时考虑到各少数民族的分布状况、如何有利于民族团结和当地经济发展以及历史情况等多种因素。因此，一些地区少数民族人口并不占多数，也建立了民族自治地方。

2. 原则性与灵活性相结合

我国在制定民族政策和法规时坚持了一定的原则，体现了马克思主义民族理论的基本观点，但考虑到各个地方的情况千差万别，又赋予民族政策和法规足够的灵活性。如《民族区域自治法》赋予了民族自治地方可以对上级国家机关不符合本地实际情况的决议、决定、命令、指示停止执行或变通执行的权力，一些法律也赋予了民族自治地方制定变通规定和补充规定的权力。

3. 广泛联系性与自成体系性相结合

与国家一般的行业政策和法规（如国家的农业政策和法规、林业政策和法规等）相比，民族政策和法规的内容涉及政治、经济、文化、教育、科技、卫生和体育等社会生活各个方面，具有综合性和广泛性特点。从民族政策和法规的文件构成看，不仅有专门的民族政策和法规文件，国家和社会生活许多领域内的政策和法规中都有关于民族问题的规定。这些看似繁杂的文件和规定，互相联系，相辅相成，构成了较完整的民族政策和民族法规体系。

4. 稳定性与发展性相结合

从我国民族政策和民族法规制定的历史来看，我国民族政策和民族法规的基本内容是具有连续性的，如民族平等的政策和法规、帮助少数民族发展经济和社会事业的政策和法规、尊重少数民族风俗习惯的政策和法规等等，它们的基本内容五十多年来是一贯的。但是具体的民族政策和民族法规措施，则会根据时代的发展和情况的变化而发展。如发展少数民族经济的政策和法规措施，在计划经济体制下和在市场经济体制下就有很大不同；促进民族平等团结的政策和法规措施也会随着我国社会主义民族关系的发展而发展等等。

第三节　在依法治国进程中加强民族法制建设

我国民族政策和法规的制定工作取得了巨大的成就，可以说，我国能形成和保持目前民族团结进步的良好局面，与一系列正确的民族政策和法规的制定与实施是分不开的。在以后的工作中，在不断完善民族政策的同时，应更多地加强民族法规的制定、宣传和实施工作，将党和国家的民族政策法制化，也就是说，要不断地加强民族法制建设，将民族事务的管理纳入法制化管理的轨道。这是依法治国、建立社会主义法治国家的基本要求，是民族工作面临的新任务。

一、充分认识加强民族法制建设的必要性和紧迫性

加强民族法制建设是贯彻"依法治国、建设社会主义法治国家"治国方略的必然要求。1996 年，江泽民同志在中共中央举办的法制讲座上提出"实行依法治国，保障国家的长治久安"的论断。此后，全国人大八届四次会议根据党中央的建议，把"依法治国、建设社会主义法治国家"作为一个基本方针，明确地载入《国民经济和社会发展"九五"计划和 2010 年远景目标纲要》。党的十五大更是把"依法治国、建设社会主义法治国家"作为治国方略确定下来。把依法治国作为治国方略，在中国历史上尚属首次。这说明，党和国家把法制建设提高到了一个新的高度。所谓"依法治国"、建设"法治国家"就是指，广大人民群众在党的领导下，依照宪法和法律的规定，通过各种途径和形式管理国家事务，管理经济和文化事务，管理社会事务，保证各项工作依法进行，逐步实现社会主义民主制度化、法律化，真正做到有法可依、有法必依、执法必严、违法必究，保证我国各项事业在社会主义法制的轨道上

顺利发展。2002 年,党的十六大提出"到 2010 年形成中国特色社会主义法律体系"的艰巨任务。根据"依法治国"和建立中国特色的法律体系的总体要求,民族工作作为建设中国特色社会主义的重要内容,也必须逐步纳入法制轨道,建立健全中国特色的民族法律法规体系,做到依法管理民族事务。

加强民族法制建设,也是建立和完善社会主义市场经济体制的需要。我们要看到,当前我国正处在努力建立和不断完善社会主义市场经济法律体系的过程中,民族法制建设必须适应和跟上这个进程。市场经济也是法制经济,因此,建立社会主义市场经济体制必然形成一个中国特色的社会主义市场经济法律体系。这个法律体系的建立,不仅仅涉及经济生活领域,而且涉及我国政治、文化、教育、科技、卫生、体育等各个社会生活领域,涉及民族工作。因此,民族法制建设必须与社会主义市场经济法律建设相衔接、相协调。如果民族法制建设进程跟不上社会主义市场经济法制建设的进程,不仅会影响民族工作,而且会影响社会主义市场经济法制建设。

加强民族法制建设,是科学的发展观的要求。新世纪新阶段,党中央作出了一系列重大战略决策,如实施西部大开发,加入 WTO,实现经济、社会和人的全面发展的科学发展观等。这些重大决策已经或将对我国法制建设产生重大影响,也会对民族工作包括民族法制建设产生重大影响,这些大战略、大决策要求民族法制及时和妥善地调整好各种涉及民族问题的关系。如实施西部大开发的战略决策。西部大开发也是民族地区的大开发。要顺利实施西部大开发,没有良好的法制环境作为保障是不可想象的。由于西部少数民族人口众多,民族自治地方众多,所以,在加强西部开发的法制建设时,必须考虑民族因素,全面贯彻党和国家的民族政策,也就是说,必须同时加强民族法制建设,而且,要使民族法制建设与西部开发的其他各项法制建设有机地结合起来。又比如,在民族地区要实现经济、社会、生态环境的和谐发展和人的全面发展,没有法制作为保障是不可能的。我们要通过艰苦的努力,把党和国家对少数民族和民族地区的各项政策上升到法律法规的高度，使之更具有长期性、根本性和可操作性。

加强民族法制建设，不仅是我国法制建设大环境的要求，而且是处理民族问题、做好民族工作的必然要求。法制手段是治理国家的基本手段，法制健全是现代文明国家的基本标志之一，国家各项工作法制化是社会进步的必然。新中国成立以来的很长时期，由于历史原因，民族工作也与其他工作一样，主要依靠政策来调整各种关系。当前和今后，随着依法治国方略的实施，我国的民族工作应当由过去主要靠政策调整转变为主要靠民族法律法规来调整各种关系。因此，我们在民族法制建设方面的任务还很艰巨。

二、现阶段加强民族法制建设的主要任务

加强民族法制建设，包括加强民族立法、法的实施、法的宣传教育、法律法规实施的监督等法制建设的各个环节。现阶段民族法制建设的任务主要有：

1. 进一步健全民族法规体系

首先，要继续完善民族区域自治法规体系。民族区域自治制度是国家的一项基本政治制度。宪法关于实施民族区域自治的规定是实施民族区域自治制度的根本原则，《民族区域自治法》是实施这一制度的基本法律。以贯彻实施《宪法》有关规定和《民族区域自治法》为核心，我国已初步形成了一个民族区域自治法规体系。但是，这一体系还很不完善，主要表现为：完备的民族区域自治法实施细则尚未制定；五个自治区的自治条例尚未出台；《民族区域自治法》和《国务院实施〈中华人民共和国民族区域自治法〉若干规定》的配套法规尚不完整。从内容上看，一些已制定的民族区域自治法规的质量还不高，还需要结合新的形势修改完善。

2005 年 5 月《国务院实施〈中华人民共和国民族区域自治法〉若干

规定》的颁布是实施《民族区域自治法》的一大成果。但这部行政法规主要是就实施自治法第六章"上级国家机关的职责"作了规定。完备的自治法实施细则尚待进一步研究制定。五大自治区的自治条例是实施自治法的重要法规,是需要经过全国人大常委会批准的法律性质的规范性文件。由于我国经济社会体制尚处于过渡期等原因,这几部法规一直未制定出来,需要进一步加强研究。完善的民族区域自治法规体系还包括方方面面的配套法规的制定,如根据《民族区域自治法》第73条"国务院及其有关部门应当在职权范围内,为实施本法分别制定行政法规、规章、具体措施和办法。自治区和辖有自治州、自治县的省、直辖市的人民代表大会及其常委会结合当地实际情况,制定实施本法的具体办法"的规定,由有关部门和地方制定各种部门规章、地方性法规、地方人民政府规章等等。《国务院实施〈中华人民共和国民族区域自治法〉若干规定》也有类似的要求。

第二,要抓紧制定《散居少数民族权益保障法》及其配套法规,我国除实行区域自治的少数民族人口外,还有三千多万散居少数民族人口,占少数民族总人口的三分之一还多。为保障这些散居少数民族公民的权益而立法,有着实际的需要。新中国成立以来,我国为保障散居少数民族的平等权利,制定有行政法规,还有一些政策规定,起了很重要的作用,但已不能完全适应今天的形势。随着经济的发展和人口流动的日益频繁,散居少数民族人口将会越来越多。各民族公民杂居在一起,促进了各民族公民之间的交往,有利于不同民族的公民互相学习、共同进步,同时客观上也增大了各民族公民之间发生摩擦的系数,给调整散居地区的民族关系带来了复杂性。因此,制定《散居少数民族权益保障法》势在必行。《散居少数民族权益保障法》制定后,相应的配套法规也需及时出台。

第三,抓紧制定实践需要的一些单行民族法规。法是为实践服务的,实践也不断地向法制工作提出要求。民族立法工作也是这样。不断演进着的民族问题和民族工作的实际,决定了民族立法工作的先后次序和轻重缓急。因此，民族立法工作，必须根据实践的需要，在条件成熟的一些领域，抓紧制定一些单行法规，如《清真食品管理条例》、《少数民族流动人口管理办法》、《部分少数民族殡葬管理办法》等。

第四，民族法以外的其他法律中涉及民族问题的条款的制定工作也需要进一步加强。民族法规就其表现形式来说有两种基本形式：一是专门的民族法，如《民族区域自治法》，二是专门民族法以外的其他法律中关于民族问题的条款，如我国的《草原法》、《森林法》、《商标法》等法律中有关少数民族方面的特别规定。因此，民族立法不仅指专门的民族法规的制定，而且指一些非专门民族法规中有关民族问题条款的制定。后者与前者同等重要。事实上，由于民族问题渗透在国家和社会生活的各个领域，国家许多法律法规的制定，常常需要对涉及少数民族和民族地区的特殊性问题加以规定；而且在国家和社会生活的某一领域，民族问题的特殊性作为一个局部或特殊问题，只有在该领域的综合立法中加以特殊规定，才能突出其特殊性，也才能更加有利于贯彻执行。

目前，非专门民族法的制定工作中较突出的一个问题就是：常常忽视民族问题的特殊性，即存在所谓的立法上的"一刀切"的问题。造成"忽视"的基本原因主要有两个：一是对民族问题的重要性认识不够；二是对民族问题的特殊性缺乏真切的了解。因此，要改变这种状况，就应加强非专门民族法中民族问题条款的制定工作。

非专门民族法制定中涉及民族问题的特殊性，需要制定相应条款时，根据以往的经验，有两种办法：一种办法是，民族问题的特殊性情况已经很明确且容易规定的，制定具体的规范，如《诉讼法》对少数民族语言文字使用的规定；另一种办法是，民族问题的特殊性比较复杂，难以具体规定的，授权民族地区制定变通或补充的规定，如《刑法》、《刑事诉讼法》、《民法通则》、《婚姻法》等都有过这类授权规定。2001年《立法法》第66条规定："民族自治地方的人民代表大会有权依照当地民族的政治、经济和文化的特点，制定自治条例和单行条例。自治区的自治条例和单行条例，报全国人民代表大会常务委员会批准后生效。

自治州、自治县的自治条例和单行条例，报省、自治区、直辖市的人民代表大会常务委员会批准后生效。自治条例和单行条例可以依照当地民族的特点，对法律和行政法规的规定作出变通规定，但不得违背法律或者行政法规的基本原则，不得对宪法和民族区域自治法的规定以及其他有关法律、行政法规专门就民族自治地方所作的规定作出变通规定。"该规定对民族自治地方的变通立法权进行了统一的规定。

最后，加强民族地区的民族立法，提高立法质量，是完善民族法规体系的一项重要工作。民族地区的民族立法有一种普遍现象：体现地方民族问题特点不够，可操作性不强。最突出的是自治条例的制定。许多自治条例的条文只是简单地重述《宪法》和《民族区域自治法》的规定，结合当地的具体情况不够，体现民族自治地方立法权不够。原则性条文多，可操作性差。民族自治地方的民族立法没有充分突出地方民族问题特点的另一表现是：单行条例制定得很少。单行条例是自治地方就某一方面制定的自治法规，能较好地突出地方特点。按照《民族区域自治法》的规定，一个民族自治地方不仅可以制定自治条例，而且可以制定大量的单行条例。现在的状况是：全国民族自治地方已制定的单行条例总数尚不及已制定的自治条例多。

按照宪法规定，民族自治地方的自治机关可以行使一般地方国家机关的职权，同时可以行使自治权。但由于种种原因，一些民族自治地方的立法机关只是制定了一般地方性法规、规章，而很少制定地方自治法规。民族自治地方自治法规制定工作中的另一误区是：将自治权等同于获得上级国家机关的帮助权。因此，一些自治地方热衷于请求上面"开口子"、"给优惠规定"等，而忽视了对本地方民族问题特点的研究。

因此，加强民族自治地方的民族立法，必须正确认识区域自治立法权的含义和意义，加强对本地民族问题特点的研究，力求本地方的自治条例有鲜明的地方特色和可操作性，大力加强制定单行条例的工作。

2. 加强民族法规的执行和实施工作

"徒法不足以自行"。民族法制建设不仅要求制定民族法规，而且要求通过民族法规的执行和实施，使我国的民族关系和民族问题的处理，在民族法规规范规定的秩序中运行，从而实现我国民族政策和民族法规的既定目标。如果民族法规不能有效地执行实施，将失去其社会价值和社会作用。所以，民族法规的执行和实施对民族法制建设至关重要。

民族法规的执行与民族立法关系密切。下一级立法机关的民族立法措施在一定意义上就是对上一级民族法规的执行。所以，从某种意义上看，执行民族法规首先是一个民族法律的立法配套问题。从民族法规执行现状分析，加强民族法规的执行，重点要加强国务院及其有关部委，以及地方民族法规制定机关贯彻民族法律的行政立法和地方立法（此处指广义的立法，包括行政法规、部门规章、地方性法规、地方自治法规和地方政府规章的制定）工作。

加强民族法规的执行工作，对各级行政机关来说，就是要坚持依法行政。依照民族法规管理民族事务是各级政府的法定职责。《宪法》第89条规定，国务院的职权之一项是："领导和管理民族事务，保障少数民族的平等权利和民族自治地方的自治权利。"《地方各级人民代表大会和地方各级人民政府组织法》第59条规定：县级以上各级人民政府的职权之一是，"管理……民族事务"，"保障少数民族的权利和尊重少数民族的风俗习惯，帮助本行政区域内各少数民族聚居的地方依照宪法和法律实行区域自治，帮助各少数民族发展政治、经济和文化事业"；该法第61条规定，乡、民族乡、镇的人民政府的职权之一是："保障少数民族的权利和尊重少数民族的风俗习惯。"其次，还应该看到，行政机关行使职权与公民行使其公民权利有重大区别。公民权利是一种自主决定的权利，权利主体可以依法享有，也可以放弃。行政机关行使职权就意味着承担了相应职责，不能放弃，不积极主动行使其职权，就是失职。因此，依法管理民族事务不仅是各级政府的法定职责，而且要靠其积极主动的行政措施来完成。当前政府民族工作中，大部分行政机关在依法管理民族事务中积极主动地履行了职责，但确有一些地方，特别是一些多民族杂居地区的政府忽视了其民族事务管理职责，或没有很好地行使其法定职责。为加强民族法执行工作,应在全国各级政府机关中强调依法行政,依法管理民族事务。

行政行为一般分为羁束裁量和自由裁量两类。由于一些民族法规的一些条款规定得比较原则,如《民族区域自治法》的许多条款规定给民族自治地方"优惠"、"照顾",但优惠、照顾多少,没有规定,这就给行政机关一定的自由裁量权。行政机关有一定的自由裁量权,对民族事务管理适应变化多端的实际情况是有好处的。但是,这也给一些行政机关"偷懒"带来了方便。因此,我们认为,在加强民族法规执行工作中,还要加强行政机关具体的民族政策措施的制定工作,利用具体民族政策措施针对性强、适应性强的特点,使民族法规范落到实处。

当前,加强在民族自治地方执行民族法工作的另一个现实的重要措施是:充分运用《民族区域自治法》赋予民族自治地方的变通执行和停止执行制度。《民族区域自治法》第 20 条规定:"上级国家机关的决议、决定、命令和指示,如有不适合民族自治地方实际情况的,自治机关可以报经该上级国家机关批准,变通执行或者停止执行。"这条规定给了民族自治地方一项特殊的权利,充分体现了国家对民族自治地方的尊重。但从这条的实行情况看,实效不大。究其原因,一方面,民族自治地方实行变通执行或者停止执行的主动性和坚决性不够;另一方面,一些上级国家机关对民族自治地方的变通执行和停止执行请求权缺乏重视和尊重。在今后的工作中,充分有效地运用变通执行和停止执行制度,需要民族自治地方和上级国家机关两方面充分认识这一制度的重要意义,加强运用这一制度的自觉性和严肃性。

3. 完善民族法规实施的监督检查机制

民族法规的执行和实施的监督工作在民族法制建设中同样具有重要的地位,也是当前民族法制建设的一个薄弱环节,需要重点加强。加强民族法规执行和实施的监督工作,首先在民族立法环节,要注意民族法规范的量化和具体化以及法律责任规定。如果法律法规规定得太原则,随意性比较大,将给监督工作带来困难,甚至会造成无从监督的情况。

民族法规中需要的法律责任规定，是惩戒违法行为的依据，也是加强民族法规执行和实施监督工作规范化和严肃性的前提条件。

加强民族法规执行和实施的监督工作，要有一个较完善的监督机制。按照现行体制和法律规定，我国所有立法机关和政府机关都有在职权范围内监督民族法规实施的职能，此谓立法机关监督和行政执法监督。此外还有党的监督、政协的监督、司法监督、舆论监督、群众监督等多种监督形式。今后的工作重点应放在使各种监督形式更加规范化、制度化和增强实效上来。加强民族法执行和实施的监督工作，应特别加强国家民族工作机构的监督职能，如加强人大民委、政府民委和政协民委的监督职能。《国务院实施〈中华人民共和国民族区域自治法〉若干规定》第30条规定"各级人民政府民族工作部门对本规定的执行情况实施监督检查，每年将监督检查的情况向同级人民政府报告，并提出意见和建议"。此规定赋予了各级政府民族工作部门监督该行政法规实施情况的职责，是完善民族法规监督机制的重大措施。在多种监督手段中，舆论监督十分重要。由于舆论的广泛影响力，它所起的监督作用有时比专门的监督机关还要大。所以，应注意充分发挥舆论监督的特殊作用。

4. 加强民族法规宣传教育和知识普及

通过"一五"、"二五"、"三五"和"四五"普法活动，以及各种形式的民族政策和民族法规的宣传教育活动，民族法规的普及和宣传教育工作这些年来取得了较大进展。但毋庸置疑，这项工作仍需进一步深入下去。

民族法的普及和宣传教育，必须解决这样一个认识问题：民族法是我国一切公民和组织都应了解和遵守的国家法律体系的重要组成部分，而不仅仅是少数民族和民族地区应该了解和遵守的法律规范。民族法是调整我国民族关系的法律规范，从它的调整对象上看，它不仅涉及少数民族，而且涉及汉族。民族法作为法律，是国家意志的体现，它的效力及于全国，也不仅仅限于少数民族和民族地区。从实践上看，许多民族法规范，涉及的是国家机关与民族地区的关系、汉族与少数民族的关系。因此，民族法规得到有效实施的一个重要前提就是，全社会的公民和组织都应了解它、遵守它。

根据以往民族法规普及和宣传教育工作的经验和教训，以后应着重加强对领导干部、散杂居地区和青少年的民族法规普及工作。领导干部是执行民族法规最重要的群体，他们对民族法规的认识和了解程度，直接关系到民族法规的实施效果。近些年以来，随着干部离退休制度和干部任免调动制度的建立和发展，我国干部制度不断完善，这是一个好的现象。新老干部变化频率加快给民族法规普及和宣传教育工作提出了一个要求：在领导干部中普及民族法的频度和力度也需要加快加强。散杂居地区的一个特点是：因少数民族人口少，民族法规的遵守易受忽视。而同时，在散杂居地区，民族关系常常具有更加敏感的特点。随着我国经济和社会的快速发展，人口流动日趋频繁，少数民族散居化是我国人口流动的一个重要趋势。因此，针对散杂居地区的特点，有重点地加强民族法规的普及和宣传教育工作，实属必要。在青少年中加强民族法的普及和宣传教育工作，是开展民族法规普及和宣传教育工作的一个基本工程。鉴于民族问题的长期性和重要性特点，民族法规的普及工作也应有长远打算。在公民的青少年时代，即注意培养民族法观念和守法意识，对我国民族法制建设必将产生深远影响。目前，有关部门和一些地区已把民族法的有关内容编入中小学教材，这是一种值得推广的做法。在青少年中普及民族法知识，应注意形式。要让青少年们在活泼、轻松、趣味性强的形式中，既能增加民族知识，增强民族团结的观念，又能了解我国处理民族关系的基本政策和基本法律规范，以及作为一个公民遵守民族法的责任和义务。

5. 加强民族法学和民族法制理论的研究

民族法学和民族法制研究对民族法制建设实践具有提供理论依据和进行理论指导的作用。当前理论研究的滞后与民族法制建设实践对理论的渴求的矛盾相当突出。民族法学和民族法制理论研究的滞后主要表现在两个方面：第一，基础理论研究滞后；第二，对当前民族法制建设面临的重大实践问题缺乏深入研究。

民族法学和民族法制研究滞后，有起步晚等多方面的客观原因。但有一个现象值得注意：在民族法学和民族法制研究队伍中，专职研究人员极少，大部分研究者是实际部门的民族工作者，而后者往往是结合工作的一般研究或附带理论研究。这种队伍状况是民族法学和民族法制研究滞后的一个重要原因。因此，加强民族法学和民族法制研究的关键措施是：国家在人才培养和研究经费方面采取扶持政策，增加从事民族法学和民族法制研究工作的吸引力，建立一支包括一定数量的专职研究者或研究机构的高质量的骨干队伍。

第十二章
历史的期待
——民族地区经济发展问题

加快民族地区经济发展，对于处理好民族问题，具有极为重要的意义。民族地区自然资源丰富，市场前景广阔，战略地位重要。长期以来，民族地区为整个国家的现代化发展作出了巨大贡献。但是，由于历史、自然等多方面的原因，民族地区经济发展仍然落后，与发达地区的发展差距仍在拉大，已经成为影响民族关系和谐的重要因素。民族地区存在的矛盾和问题，民族关系中存在的不和谐因素，归根到底要靠经济发展来解决。

第一节　中国的现代化与民族地区发展

整个国家的现代化，离不开民族地区的现代化；中华民族的振兴，离不开民族地区的振兴。本世纪头 20 年，全面建设小康社会是我国社会主义现代化建设事业的总体目标。在整个国家未来的发展战略中，没有民族地区的小康，就没有全国的小康；没有民族地区的现代化，就没有全国的现代化。因此，必须从全局和战略的高度，充分认识加快民族地区发展对中国现代化建设的重大意义。

一、中国的现代化离不开对民族地区丰富自然资源的开发

我国民族地区的自然资源类型丰富多样，主要有四种类型：一是得天独厚、破坏后难以恢复的生态环境资源，如森林草原、河流湖泊、冰峰雪山、珍稀动植物等；二是可再生、污染较小的自然资源，如水能、风能、太阳能、地热能等；三是异彩纷呈、最具特色的民族文化资源，如古迹、寺庙、文物、民族风情等文化旅游资源；四是不可再生、易造成污染的自然资源，如金属及非金属矿产资源，这一类型资源开发必须十分注意对环境污染的治理。

我国民族地区幅员辽阔，面积占国土总面积的 64%，是我国草地、森林、水能和矿产等资源赋存最为集中的地区，不仅自然资源总量大，而且人均占有水平高，在全国占有举足轻重的地位。民族地区自然资源的开发潜力巨大，拥有全国 94% 的草原面积、38.4% 的森林面积、52.5% 的水能蕴藏量；拥有全国 90% 以上的稀土、钾盐、镁、铬矿，80% 以上的云母、盐矿，60% 以上的汞、锡、锰、石棉、砷矿，35% 以上的煤、铜、铅、锌、锑矿等资源储量；拥有储量丰富、品质优良的石油、天然气资源和多种动植物资源，还有秀丽的山川河流、飞瀑流泉和众多的名胜古迹、异彩纷呈的民族风情等旅游资源。

民族地区是我国重要的战略资源后备基地。开发利用民族地区丰富的自然资源，不仅是民族地区经济发展的潜在优势和重要基础，而且也是确保我国经济繁荣稳定和持续发展的重要条件。开发利用民族地区丰富的自然资源，既符合少数民族发展的根本利益，也符合整个国家发展的长远利益。

然而，由于民族地区地处亚洲重要的生态环境屏障地带和水源保护

的特殊地带，位居长江、黄河、珠江等主要大江大河的发源地区，自身环境承载能力极为有限，干旱、风沙、盐碱与水土流失等自然灾害发生频繁，是我国生态环境最为脆弱的地区之一。为此，开发利用民族地区丰富的自然资源，重视保护生态环境，必将对我国社会主义现代化建设产生积极而又深远的影响。

二、中国的现代化离不开民族地区经济的持续稳定发展

我国民族地区经济是整个国民经济的重要组成部分，对国民经济的健康发展具有重要作用。大力发展民族地区经济，开发民族地区潜在的巨大市场，不仅是民族地区发展经济、改善人民生活的需要，而且也是我国国民经济持续、稳定、协调发展的需要。

民族地区的牧业、林业、能源、原材料工业等产业在全国占有十分重要的地位，为我国社会主义的现代化建设作出了巨大贡献。从长远来看，我国经济发展的后劲，在很大程度上取决于民族地区的资源开发和经济发展。民族地区的经济发展，将直接影响我国社会主义现代化建设事业。在我国这样一个多民族国家，民族平等是巩固平等、团结、互助、和谐的社会主义民族关系的基础。只有加快民族地区的经济发展，才能真正实现各民族的平等，才能实现各民族的现代化。

近年来，党和国家采取了一系列加快民族地区发展的重大举措，极大地促进了民族地区各项建设事业的发展。但是，由于历史、自然等多方面的原因，目前一些民族地区的经济发展落后，民族之间、地区之间的发展仍然存在很大差距。这种状况如果长期得不到改变，各民族的平等就不可能实现，发展到一定程度甚至会影响民族关系、引发民族矛盾。若不采取有效措施，加快民族地区经济发展，尽快遏制发展差距不断扩大的趋势，将会严重影响我国的民族团结、社会稳定和现代化建设目标的顺利实现。

第二节　民族地区的经济发展

中华人民共和国成立初期，民族地区的经济发展十分落后，生产力水平十分低下。1949 年，民族地区工农业总产值为 36.6 亿元，只占全国工农业总产值的 7.8％，这是民族地区现代化建设的历史起点。国家从民族地区的实际出发，采取了一系列重大举措，积极帮助民族地区经济加快发展。

一、新中国成立以来民族地区经济发展长足进步

新中国成立以来，党和国家十分重视民族地区的经济发展。从第一个五年计划开始，国家在民族地区安排了一批重点建设项目，如内蒙古包头钢铁基地、宁夏的青铜峡水电站、新疆的石油勘探和内蒙古兴安岭林区的开发等，使这些地区初步奠定了现代工业基础。20 世纪 50～60年代，国家向西北、西南的一些民族地区迁去了一批重点骨干企业，帮助民族地区加快经济建设。20 世纪 90 年代，国家针对民族地区自我发展能力低、基础设施不足、贫困地区面积广大及商品经济落后的特点，提出了民族地区经济发展的指导方针，制定了一系列具体优惠政策，帮助民族地区发展经济。近年来，国家实施西部大开发战略，通过投资建设"西气东输"、"西电东送"、青藏铁路等一批重大工程，帮助民族地区进一步把资源优势转化为经济优势，民族地区特色优势产业发展步伐明显加快，民族地区的电力、煤炭、石油、天然气、有色金属、棉花、畜牧、旅游等产业以及部分装备制造和高新技术产业，在全国市场上已占有重要位置，有力地推动了民族地区的工业化和现代化发展进程。

为了加快民族地区的经济发展，国家在生产力布局和制定经济社会发展规划时对民族地区加快发展作出重大安排，有力地促进了民族地区的经济发展。"一五"计划时期，国家推行优先发展重工业的区域不平

衡发展战略，工业投资的重点主要集中在东北、华北、中南、西北等内地地区，适当照顾了民族地区的经济发展。"二五"计划时期，国家全面推行区域经济平衡发展战略，民族地区积极推进工业化发展，开始改变以农牧业为主的传统单一产业结构，结束了现代产业发展一片空白的历史。"三五"、"四五"计划时期，国家实施向最不发达地区投资建设、加速推进工业化的发展战略，加快推进了民族地区的工业化发展进程。"五五"、"六五"、"七五"计划时期，我国区域经济发展重心逐渐由内地转向沿海，在重点发展沿海地区经济的同时，仍然十分重视民族地区的经济发展。自进入"八五"计划时期以来，国家在资金和政策投入方面加大了对中西部地区特别是西部地区的倾斜力度，实行了产业倾斜和区域倾斜相结合的政策，在民族地区建设了一批大中型工业项目，促进了民族地区的经济发展。

上世纪末以来，国家把民族地区的加快发展摆到了更加突出的战略地位。国家开始实施西部大开发战略，全国5个自治区、27个自治州以及120个自治县（旗）中的83个自治县（旗）被纳入西部大开发的范围，还有3个自治州参照享受国家西部大开发优惠政策。西部大开发战略实施6年来，西部地区陆续新开工70个重大建设工程，投资总规模约1万亿元人民币。随着青藏铁路、西气东输、西电东送、大型水利枢纽、交通干线建设等大批重点项目的陆续建设，民族自治地方基础设施条件得到极大改善，并且有力地带动了民族自治地方经济和社会的发展。"十五"期间，民族8省区（指5个自治区加云南、贵州、青海3个多民族省）全社会固定资产投资累计达到30300亿元，年平均递增速度达到25.8％，比"九五"期间高13.9个百分点。"十五"期间，民族8省区生产总值年均增长速度达到11.1％，比"九五"期间高2.5个百分点。

"十一五"期间，国家将进一步加大对民族地区的扶持力度，重点帮助民族地区建设一批对带动当地经济社会发展起重大作用的基础设施项目；支持民族地区的通路、通水、通电、生态建设、广播电视、基础教育、文化卫生、民房改造、灾后重建等项目建设；优先安排民族地区同各族群众生产生活密切相关的中小型公益性项目；优先在民族地区安排资源开发和深加工项目，带动和促进当地经济社会发展，并充分考虑地方和群众的利益；积极支持民族地区产业结构调整，支持发展民族特色产业、民族特需商品、民族医药产业和其他有优势的产业。同时，国家还制定并实施了少数民族事业"十一五"规划、兴边富民行动"十一五"规划和扶持人口较少民族发展"十一五"规划，极大地促进了民族地区的经济发展。

二、民族地区的经济发展离不开国家的支持和帮助

党和国家历来十分重视支持和帮助民族地区加快发展。在国家长远发展战略和总体布局中，始终把民族地区发展摆到突出重要的位置，不断加大支持的力度，力争取得显著成效。既要在民族地区投入更多的资金，又要给予民族地区更优惠的政策；既要帮助民族地区把经济搞上去，又要帮助民族地区发展各项社会事业；既要继续发挥中央政府的主导作用，又要坚持抓好各地区各部门的对口支援。同时，民族地区各族干部群众要进一步解放思想、更新观念、创新思路，坚持按经济规律和市场规则办事，充分发挥积极性、主动性和创造性，把各项优惠政策和各方面的帮助转化成自我发展的能力，促进经济社会全面协调可持续发展。

加快民族地区发展，必须落实科学发展观。坚持一切从实际出发，科学确定发展的思路和目标，充分发挥民族地区的自身优势，促使民族地区走各具特色的发展之路。统筹区域之间的协调发展，既要努力缩小民族地区与发达地区的发展差距，又要努力缩小民族地区内部以及城乡之间的发展差距。统筹经济与社会的协调发展，既要大力发展民族地区经济，又要大力发展民族地区各项社会事业，促进人的全面发展。统筹民族之间的协调发展，既要支持发展水平较高的民族有更快的发展，又

要帮助特困少数民族、人口较少民族、边疆少数民族、散居少数民族加快发展的步伐，保证各族人民共享发展成果。统筹人与自然的和谐发展，既要加快民族地区经济社会的发展，又要注重民族地区的生态建设和环境保护，转变经济增长方式，增强可持续发展能力，实现生产发展、生活富裕、生态良好。

加快民族地区发展，必须重视基础设施建设。根据民族地区的实际，中央财政性建设资金、其他专项建设资金和政策性银行贷款适当增加用于民族地区基础设施建设的比重。重点帮助民族地区建设一批对带动当地发展起重大作用的基础设施项目，优先安排与群众生产生活密切相关的中小型公益型项目。国家安排的基础设施建设项目，需要民族地区承担配套资金的，适当降低配套资金比例；民族地区的国家扶贫工作重点县和财政困难县确实无力承担的，免除配套资金。其中，基础设施建设项目属于地方事务的，由中央和省级政府确定建设资金负担比例后，按比例全额安排；属于中央事务的，由中央政府全额安排。对民族地区经济技术开发区、国家级高新技术产业开发区的园区内基础设施建设贷款，继续提供财政贴息支持。

加快民族地区发展，必须强化结构调整。国家支持民族地区立足资源优势，发展优势产业和特色经济，进一步把资源优势转化为经济优势。根据国民经济和社会发展规划以及西部大开发战略，优先在民族地区安排资源开发和深加工项目，带动和促进当地经济社会事业的发展。对民族地区具有资源比较优势的产业加大支持力度，在安排生产加工项目时给予倾斜。发达地区加强与民族地区的经济技术交流合作，加速自身产业结构升级，把缺少资源的产业适度和逐步转移到民族地区。支持民族地区优化产业结构，全面提高农业、工业、服务业的水平和效益。优先发展民族地区的旅游、能源、矿业、特色农业和传统药材加工等优势产业，改造和提升卷烟、建材、纺织等传统产业。国家鼓励社会资本参与民族地区的基础设施、公用事业以及其他领域的建设和国有、集体企业改制，积极推行公有制的多种有效实现形式，大力发展非公有制经济。加快培育民族地区农村合作经济组织，推进农牧业产业化和农畜产品深加工。加快民族地区小城镇建设，改变二元经济结构，促进城乡一体化。改善生态环境，促进民族地区可持续发展，要根据开发者付费、受益者补偿、破坏者赔偿的原则，从国家、区域、产业三个层面，通过财政转移支付、项目支持等措施，对在野生动植物保护和自然保护区建立等生态环境保护方面作出贡献的民族地区给予合理补偿。

加快民族地区发展，必须采取扶持政策。完善与民族区域自治制度相适应的政策性转移支付制度，探索建立有利于地区间财力横向平衡的机制。国家通过一般性财政转移支付、专项财政转移支付、民族优惠政策财政转移支付以及其他方式，充分考虑民族地区的公共服务支出成本差异，逐步加大对民族地区财政转移支付力度。上级财政支持民族地区财政保证党政机关正常运转，保证财政供养人员工资按时足额发放，保证基础教育正常经费支出。上级人民政府有关部门各种专项资金分配应当向民族地区倾斜。上级人民政府出台税收减免政策造成民族地区财政减收部分，应在测算转移支付时作为因素予以考虑。国家规范省级以下财政转移支付制度，确保国家对民族地区的转移支付、税收返还等优惠政策落实到县。完善民族用品生产企业和民族贸易企业优惠照顾政策，扶持城市改造中清真饮副食网点建设。中央财政设立的少数民族发展资金要逐步增加。国家加大对民族地区的金融支持，帮助民族地区拓宽直接和间接融资渠道，提高国际组织和外国政府赠款及国外优惠贷款用于民族地区的比重。国家征收的矿产资源补偿费在安排使用时，加大对民族地区的投入，并优先考虑原产地的民族地区。国家收取的新增建设用地有偿使用费，原则上全额下拨给相关的民族地区。

加快民族地区发展，离不开国家的支持和帮助，但最重要的还是民族地区各族群众的自力更生、艰苦奋斗。民族地区的广大干部群众要克服"等、靠、要"思想，增强在市场经济条件下的效率、效益和商品观念，树立敢于在市场大潮中拼搏的精神。只有民族地区各族群众的积极性、创造性被充分调动起来，国家的扶持才能发挥最大效应。只有民族地区不断增强内在活力和自我发展能力，国家的支持才能发挥更大作用。只有把国家的各项优惠政策和各方面的扶持帮助转化成民族地区的自我发展能力，改革发展的成果才能更好地惠及各族群众，才能开创民族地区现代化建设事业的新局面。

第三节　消除贫困

　　贫困问题是当今世界面临的最严峻的挑战之一。世界各国尤其是发展中国家正在奋力进行反贫困斗争。中国为此作出了巨大努力，在消除贫困方面取得了举世瞩目的成就。中国的绝对贫困人口从 1978 年的 2.5 亿人减少到 2005 年的 2610 万人，贫困发生率由 30％降至 2.8％。但是，也要清醒地认识到，在目前我国贫困人口中，少数民族贫困人口比重依然很大。在今后相当长一段时期内，少数民族贫困问题，仍将是我国消除贫困的重点和难点。

一、少数民族贫困问题突出，扶贫攻坚任务艰巨

　　目前，我国民族地区的绝对贫困人口达 1246 万人，占全国绝对贫困人口的 48％。尤其是特困民族地区，长期以来一直是我国扶贫攻坚的主战场。

　　据调查，在滇、黔、湘、桂、川、青、新、陇、宁、蒙、渝等 11 个省（区、市）中，有 20 个民族 390 万群众所在的 77 个少数民族贫困县，属于特殊贫困少数民族地区，分别占全国民族自治地方县的 11％、民族自治地方贫困县的 29％。这 77 个县辖乡镇 1309 个、村委会 13097 个，总人口 1818.03 万人。其中，乡村人口 1631.58 万人，占全国民族自治地方乡村人口总数的 14.2％；绝对贫困人口 390 万人，占全国绝对贫困人口的 13.4％，占民族地区绝对贫困人口的 30％。

总体来看，特困民族地区具有以下特点：一是贫困面大，77 个县共有扶贫攻坚重点特困村 8240 个，占 62.9％；二是大多呈整体贫困状态，77 个县平均贫困发生率高达 23.9％，远远高于同期全国 3.1％和 592 个国家扶贫工作重点县 8.8％的绝对贫困发生率；三是贫困程度深，77 个县 390 万特困人口中普遍存在缺钱、缺粮、缺衣被、缺水和住房难问题；四是生存条件差，77 个县普遍自然条件恶劣，土地匮乏，人口与资源矛盾日益尖锐，生态严重失调，各种自然灾害频繁，一方水土养不活一方人，扶贫难度相当大；五是社会发育程度低，77 个县教育卫生事业十分落后，人口文化素质较差，生产方式落后，一些少数民族仍处于整体贫困状态，返贫现象严重。因此，消除少数民族贫困刻不容缓，已成为我国全面建设小康社会和构建和谐社会的"重中之重，难中之难"。

二、积极采取特殊扶持政策，加快解决贫困问题

党和国家历来十分重视解决民族地区的贫困问题。1984 年，党中央、国务院发出了《关于帮助贫困地区尽快改变面貌的通知》。1986 年，国务院成立了由各部门负责同志组成的贫困地区经济开发领导小组，研究、协调、解决扶贫开发工作中的各种问题。1987 年，国务院召开了"全国牧区工作会议"，决定把牧区（基本上是少数民族地区）的扶贫工作纳入全国的扶贫工作中通盘考虑，确定了 27 个国家扶贫的牧区贫困县。同年，国务院发出《关于加强贫困地区经济开发工作的通知》。1989 年，国务院召开了全国少数民族贫困地区扶贫工作会议，在此之前发出了《国务院批转国家民委、国务院贫困地区经济开发领导小组关于少数民族地区扶贫工作有关政策问题请示的通知》，《通知》明确指出：少数民族贫困地区是我国"七五"最后两年扶贫攻坚战的主战场，并制定了相应的特殊政策措施，落实了"少数民族贫困地区温饱基金"。1992 年，国务院贫困地区经济开发领导小组第十二次会议决定，

"七五"期间国家制定的一系列扶贫优惠政策，必须稳定不变，包括各种渠道的扶贫资金、各部门的扶贫优惠政策，同时增加扶贫资金的投入。1994 年，开始实施《国家八七扶贫攻坚计划》时，重新调整了国家重点扶贫县对象，在确定的 592 个国家重点扶持贫困县中有 257 个少数民族县，占总数的 43.4%。2001 年制定新的《中国农村扶贫纲要》，开始实施新一轮的扶贫开发，再次把民族地区确定为重点扶持对象，进一步加大对少数民族贫困地区的扶持力度。2004 年，中央进一步加大向少数民族地区的资金投入和工作力度，对特困集中的内蒙古、广西、西藏、宁夏、新疆、云南、贵州和青海 8 个多民族省区给予倾斜。

为了尽快消除少数民族贫困，国家制定实施的政策措施主要有 7 条。

（1）把民族地区列为新阶段扶贫开发工作的重点扶持区域。在全国 592 个国家扶贫工作重点县中，民族自治县（不含西藏）增加到 267 个，占重点县总数的 45.1%（比"八七计划"期间增加了 10 个，提高了 1.7 个百分点）。同时，西藏作为特殊贫困片区被整体列入国家扶贫开发重点扶持范围。这样，少数民族地区 267 个重点县和西藏 74 个县总数为 341 个，占少数民族地区总县（旗、市）数的 53.5%。

（2）加大对民族地区的扶贫投入。在每年分配中央扶贫资金时，一直对少数民族地区给予倾斜。2005 年，国家共向内蒙古、广西、西藏、宁夏、新疆 5 个自治区和贵州、云南、青海 3 个少数民族人口较多的省份投入财政扶贫资金 48.4 亿元，比上年增加 4.7 亿元，占全年中央财政扶贫资金的 40.2%。

（3）制定了人口较少民族扶贫开发规划。22 个人口较少民族总人口 63 万人，主要聚居在西部和边境地区的 86 个县（旗、市），238 个乡（镇），640 个行政村、2500 个自然村（屯、寨）。在组织实施好《人口较少民族扶贫开发规划》的基础上，贯彻落实《扶持人口较少民族发展规划（2005～2010 年)》，帮助全国 22 个人口较少民族加快发展。目前，各地对规划的实施工作已经全面启动，进展顺利。

（4）支持民族地区人力资源开发。进入新世纪以来，国家每年都安排专项资金，为民族贫困人口相对集中的区域举办民族干部专题培训班，提高民族干部组织扶贫开发的能力，并加大对少数民族贫困人口的培训力度，因地制宜地开展农业实用技术培训和转移就业培训。

（5）大力抓好整村推进扶贫开发工作。将民族地区尚未实施扶贫规划的贫困村列为优先扶持对象。根据社会主义新农村建设的要求，进一步丰富民族地区整村推进的内容，抓好改善基本生产生活条件的基础设施建设，提高人口素质的社会事业建设，增加农民收入的产业建设，改进村容村貌的文明新风建设，规范有序的民主法制建设，以班子建设为核心的村级组织建设。在重点改善民族地区贫困乡村以水、电、路、基本农田为内容的基本生产生活条件的同时，努力提高民族地区的社会事业发展水平和群众文化素质水平。

（6）加大民族地区社会帮扶工作力度。在组织开展东西扶贫协作、中央国家机关定点扶贫、动员社会各界参与扶贫开发工作过程中，优先考虑民族地区的需要。实施扶贫领域的国际合作项目，根据民族地区的特点和条件，优先覆盖民族地区。

（7）区别不同情况，实行分类指导。民族地区的扶贫工作要坚持"总体推进、重点突破"的方针，重点解决一些国家级贫困地区，并根据不同情况，有针对性地解决不同贫困地区的突出问题。例如，西北地广人稀，应重点解决水资源问题；而西南人多地少，则应重点解决土地后备资源的综合开发和利用。在政策上，也要加强分类指导，对少数民族杂散居贫困地区，要利用本省经济的总体优势，以省内为主加以解决，而在少数民族集中的贫困地区，也要解决重点扶持、优先发展的问题。

总之，在我国社会主义现代化建设进程中，民族地区面临的人口、粮食、就业、环境、贸易、文化多样性丧失、生物多样性破坏等一系列重大发展问题，其解决的困难程度要大得多、复杂得多。如果我国能够在一个相对较短的时间内实现民族地区的现代化，无疑可为世界上多民族的发展中国家提供宝贵的经验借鉴，这对于推动全人类的发展将产生重大的积极影响。

第十三章
以人为本 全面发展
——民族地区的社会发展问题

第一节 民族教育事业的发展及面临的挑战

科学和教育发展水平是一个民族发展进步的重要标志。民族地区与其他地区的差距，表面上看是经济实力的差距，本质上则是包括教育科技在内的综合实力的差距，特别是劳动者的素质差距，尤其是具有创新精神和创新能力的高素质人才的匮乏。民族地区资源丰富，但是生态环境脆弱、人口素质较低，再走传统的发展道路就难以支撑经济的持续快速增长。民族地区要在环境气候恶劣、硬件设施落后的基础上追赶发达地区，必须走依靠内涵发展的新型发展道路。因此，民族教育科技事业的发展，对于民族地区实现长远的可持续发展而言，是管根本、管长远的大事。

民族教育，是我国少数民族教育的简称，是指那些为提高少数民族人口素质而实施的教育活动。我国是一个多民族的社会主义国家，民族教育是我国整个国民教育事业不可分割的重要组成部分，也是民族工作的重要内容之一。

1. 民族教育的特点

加快发展民族教育，提高各民族素质，是帮助各少数民族实现共同繁荣发展的关键和基础。在民族发展这个问题上，民族教育起着基础性、先导性作用。发展教育本身既促进了民族平等，在社会主义市场经济条件下又为各民族在平等起点上参与市场竞争提供了先决条件，是推动社会公平、实现和谐社会的重要一环。因此，不仅要加快发展民族教育，而且要优先发展民族教育。

同其他类型的教育相比，民族教育有自身的特点。从宏观上看，民族教育的文化背景主要由三个系统构成：其一是少数民族自身的文化背景系统；其二是以主体民族为主的统一多民族国家的文化背景系统；其三是世界文化背景。本民族的文化背景系统是民族教育的基础，统一多民族国家的文化背景系统对民族教育具有主导、决定性作用；而世界文化背景系统是制约和影响民族教育发展的外在因素。因此，我国民族教育是一个综合的教育系统，具有多元文化的丰富性。它建立在现代科学文明基础上，以传播现代文明为主要使命，是少数民族文化传统与现代文明的交汇。通过不同文化的激荡、交流、选择、渗透和吸收，实现文化传播和文化更新的过程。

同时，我国民族教育又有其特殊的地理、经济、社会和文化环境。地域辽阔，居住分散，办学条件差，增加了办教育的难度和教育投入的成本。历史上，我国各少数民族的教育有其自己独特的教育方式，但是社会经济形态的落后形成了教育的多样性；低水平的生产力状况制约了教育的发展。民族地区产业结构单一，经济总量很小，地方财政拮据，教育的投入严重不足，满足不了经济发展对人才的需要。我国55个少数民族使用多种语言文字，双语教育必然成为我国教育体制的重要组成部分。宗教作为一种文化形态，将在相当长时期内对教育有广泛的影响，在一定程度上制约着现代教育的发展。一些民族宗教习俗也直接影响着少年儿童接受现代化教育，特别是影响着女童接受教育。在进行民族教育的实践中，要充分注意不同民族的特点和需要，注意教育与民族生活的其他方面的协调发展。

2. 民族教育事业的发展

新中国成立五十多年来，民族教育取得了巨大的成绩。

（1）建立了民族教育体系，少数民族受教育程度大幅提高。新中国成立后，党和政府十分重视民族教育事业，先后召开了五次全国民族教育工作会议，确定了不同时期民族教育的发展重点，有力地推动了全国民族教育的发展。各级政府在民族地区开办了大量学校，建立起了从幼儿教育、学前教育，到基础教育、普通中等教育、普通高等教育，以及职业教育、成人教育的完整教育体系，为绝大多数少数民族青少年创造了接受教育的条件。

据统计，到本世纪初，民族自治地方建立学校 84000 余所。其中，全国共有独立设置的民族学院（大学）13 所，民族小学 20000 多所，民族中学 3000 多所，民族职业中学 100 多所。2003 年各级各类普通学校中少数民族学生 2943 万人，与 1952 年相比，增加了 5 倍，比 1984 年增加了 29.7%。我国少数民族较为集中的 9 省区（内蒙古、广西、西藏、宁夏、新疆、贵州、云南、甘肃、青海），2003 年小学入学率平均为 97.1%。

（2）向普及民族基础教育的目标稳步推进。五十多年来，经过各族人民坚持不懈的努力，我国民族基础教育的落后面貌从根本上得到改变，从而为我国少数民族教育的进一步改革与发展奠定了基础。在广大少数民族地区，基本上形成了村寨有小学，乡有中心小学，县有民族中学的基础教育体系。少数民族学生占中小学总数的比例分别从 1978 年的 3.8%、5.3% 提高到 2003 年的 7.6%、9.6%，已接近或超过其民族人口占全国总人口的比重，内蒙古等 8 个主要少数民族聚居区的小学适龄儿童入学率达到 97.6%，其中女童达到 97.1%。全国民族自治地方的县级行政区划中，已经有 60% 以上实现了"普九"和"两基"的目标。随着国家"两免一补"政策的深入，民族地区正向实现全面"普九"的目标稳步推进。

（3）民族高等教育发展迅速，少数民族专业人才队伍不断壮大。目前，民族院校和民族地区高校已有近150所。民族院校已具备了以本科为主，兼有干部培训及预科，招收留学生、研究生的多层次、多类型办学的能力。初步建立起了以民族学科为特色的文、理、工、农、医、艺、管等学科门类比较齐全的高等民族教育教学体系。全国55个少数民族都已有了自己的大学生，许多民族还有了自己的硕士生和博士生。其中朝鲜、纳西、白族等十几个民族的每万人口拥有大学生数量高于全国平均水平。

（4）职业教育、成人教育稳步发展，已形成具有自己特色的职业和成人教育体系。改革开放以来，民族地区已初步建立起以独立设置的各级各类职业学校、成人学校为主体的民族职业教育、成人教育体系。民族职业教育体系主要有：职前培养，如高职校、各类普通中专、中等职业学校、技工学校、职业高中等；成人教育体系主要有：成人高校、广播电视大学、广播电视中专、自学考试、成人中专等。

（5）民族语文教学和双语教学有了积极的进展。目前，全国有13个省、自治区的21个民族的一万余所学校使用民族语或双语授课，在校生达到六百多万人，使用的民族语达六十余种、民族文字二十多种；有10个省、自治区建立了相应的民族文字教材编译、出版机构，每年编译、出版中小学各科教材近三千种。总印数达一亿多册。

3. 发展民族教育的政策与法规

我国重视民族地区教育事业的发展，并以相应的法律法规来保障民族教育的地位和优先发展。

（1）通过立法，切实保障少数民族享有平等的受教育权利。《中华人民共和国宪法》以及《民族区域自治法》、《教育法》都提出了依法积极发展民族教育事业，保障少数民族享有在受教育上的平等权利；规定了民族教育的总的方针政策和一些具体措施，为民族教育的发展起了根本性的指导作用。同时教育部、国家民委和各级地方政府都制定了相应的部门规章，民族教育发展得到了法律保障。

（2）国家从各方面扶持少数民族教育事业。我国《宪法》和《民族区域自治法》分别指出：国家根据少数民族的特点和需要，帮助少数民族地区加速经济和文化的发展。教育部、国家民委《关于加强民族教育工作的意见》中更是强调国家应采取特殊政策重点扶持民族教育，逐步建立适合少数民族地区特点的民族教育体系。2002 年国务院发布《关于深化改革，加快发展民族教育的决定》，对新世纪民族教育事业的发展做了全面部署，该决定提出，发展民族教育，仍然需要国家和地方继续采取特殊措施，在人力、财力、物力上给予重点扶持。

（3）确定民族教育发展的战略方针，明确民族教育的方向。在民族教育发展总体战略上，要遵循规律，稳固基础，多元发展，因地制宜，分区规划，分类指导，突出重点。坚持自力更生与国家扶持相结合，推动民族地区教育发展；民族教育要紧跟国家经济体制改革和教育体制改革的步伐，通过调整、改革和发展，充分保证民族教育优先发展的战略地位，保证民族教育事业持久、稳定、协调地发展。

（4）坚持宗教与国民教育相分离的原则和政策。

4. 发展民族教育的具体措施

（1）增加民族教育经费投入。自 20 世纪 50 年代起，国家就设立了民族教育专项经费。从 1985 年开始，国家为支持老、少、边、山、穷地区发展基础教育，每年又拨出 1 亿元作为普及小学教育基建补助专款，其中拨给少数民族聚居的 8 个省区经费占 54％以上。从 1990 年开始，中央财政恢复设立少数民族教育补助专项经费。1995 年，国家设立的"贫困地区义务教育工程"专项经费，总计 39 亿元，其中 22 亿元投向少数民族集中的地区，加上地方配套，总共达到 100 多亿元，大部分用在了中西部地区。国家对少数民族地区，除了一般教育经费外，还增设了少数民族教育事业补助费。2000 年以来，民族地区各级地方政府采取各项措施，不断加大对教育的投入；中央财政通过转移支付、专项补助等形式，进一步加大了对少数民族地区教育的支持力度。2005年中央确定：对边境县义务教育阶段农村贫困家庭学生实行免书本费、免杂费、补助寄宿生生活费的"两免一补"政策。"两免一补"是国家资助农村贫困家庭学生接受义务教育的一项优惠政策。"两免一补"政策首先从西部贫困地区开始实行，其后全国普遍实行。

（2）加强对少数民族教育师资的培训和支援。发展民族教育需要大批教师。国家通过派遣大批教师和师范学校毕业生到民族地区支教，不断加强民族教育师资。同时还加强了少数民族师资培训，以提高教师的业务能力和教学水平。国家组织教育发达地区对口支援、帮助少数民族落后地区，结成"一对一"帮扶关系。在西部大开发战略实施过程中，2000年，教育部又组织实施了"东部地区学校对口支援西部贫困地区学校工程"、"西部大中城市学校对口支援本省（自治区、直辖市）贫困地区学校工程"。

（3）在少数民族地区实行多种办学形式。《中华人民共和国民族区域自治法》规定："为少数民族牧区和经济困难居住分散的少数民族山区，设立以寄宿为主和助学金为主的公办民族小学和民族中学。"在这个方针政策的指导下，许多省、自治区政府根据牧区、边远山区少数民族的分布特点和居住习惯，合理安排寄宿制学校的布局，加强师资力量的建设，补充和完善必要的硬件设施，改善学生的食宿条件，逐步提高教学质量和学生的学习、生活条件，提高了其整体办学规模和办学质量。国家还在内地条件较好的学校中举办西藏班、新疆班，专门为西藏、新疆培养人才。

（4）发展农村中小学现代远程教育。发展农村中小学现代远程教育，以信息化带动边远地区农村教育的跨越式发展，是时代发展对普及义务教育所提出的新要求。国家切实做好民族地区"农村中小学现代远程教育工程"的工作，建立现代远程教育在农村地区不同地理环境下的应用、运行机制，从而在一定程度上弥补了广大农村地区教育教学资源匮乏、教育质量不高的问题，以信息化带动农村教育的现代化，努力实现农村教育的跨越式发展。

（5）在高考录取中对少数民族学生给予一定的优惠政策，开办民族班、民族预科班。对于使用民族语言的考生，还在各级学校中开展民族语言教学和对用少数民族语言文字应试的考生实行特殊政策。目前，全国每年招收的民族班、预科班学生为两万多人。

第二节 民族地区科技事业的发展及面临的挑战

科学技术是第一生产力。新中国成立以来，特别是改革开放以来，我国少数民族地区经济社会和科技文化发展取得了巨大的进展。但是，民族地区的科学普及程度及科技创新能力仍然不高，严重制约了经济社会发展。努力做好民族地区的科技工作，促进少数民族地区科技进步，不仅事关经济社会发展，而且还关系到中华民族的和睦、社会稳定、边疆安全。健全科技服务体系和科学普及体系是民族地区科技工作的主要任务。

科技服务泛指整合社会资源所构成的社会科技服务网络，包括科技服务政策制度、基地建设、机构设置、活动开展等要素。科技服务是落实科教兴国战略、繁荣市场经济、促进社会发展的重要举措，是科技创新体系的一个重要组成部分，是在科技创新的过程中，在科技及其成果的供应方和需求方之间起桥梁作用的机构和活动，是科技链上科技与经济的紧密结合的重要环节，是科技与应用、生产与消费不可缺少的服务纽带。

科学普及是以提高公民科学素质，实现个人、社会、自然的和谐发展为目的的全民终身教育和互动过程。科学普及包括三个层面：科学知识的普及和技术技能的推广；科学方法、科学思想和科学精神的传播；使公众理解科学技术与社会的相互作用，具备参与有关科技公共事务的能力。

我国少数民族地区的科技发展一直受到党和国家的重视。国家陆续制定了一系列有关方针和政策，特别是 1994 年印发的《中共中央、国务院关于加强科学技术普及工作的若干意见》，为科普工作的进一步发展指明了方向。

在 2005 年 5 月召开的中央民族工作会议上，胡锦涛总书记和温家宝总理的重要讲话都指出：支持民族地区普及科学知识，推广使用先进适用技术，发展科学技术事业，推进科技进步。刚刚颁布的《国务院实施〈中华人民共和国民族区域自治法〉若干规定》中第 23 条也明确规定："国家帮助民族自治地方建立健全科技服务体系和科学普及体系。中央财政通过国家科技计划、科学基金、专项资金等方式，加大对民族自治地方科技工作的支持力度，积极支持和促进民族自治地方科技事业的发展。"

一、我国少数民族地区科技服务和科学普及的成效和经验

我国少数民族地区的经济和社会发展一直受到党和国家的重视。在各级党委和政府的关心和领导下以及社会各界的积极参与和努力下，科技服务和科学普及事业有了长足的进步。国家陆续制定了一系列有关方针和政策，特别是 1994 年印发的《中共中央、国务院关于加强科学技术普及工作的若干意见》，为科普工作的进一步发展指明了方向。

（1）建立了少数民族地区科普工作队，把科技知识的火种撒向民族地区的村村寨寨。1985 年，国家民委和中国科协分别在内蒙古、宁夏、甘肃、青海、新疆、四川、云南、贵州、广西、西藏等省、自治区建立了 10 支少数民族科普工作队，配备了编制和相应科普宣传设备；2001年，重庆市也成立了少数民族科普工作队。目前，全国少数民族地区省级科协有 11 支少数民族科普队，地县级少数民族科普工作队 8 个。这些科普队被誉为走村串寨的"科普轻骑兵"。青海少数民族科普队和新疆少数民族科普队获得了国家民委"全国民族团结进步先进集体"等多项表彰。

（2）组织实施了"少数民族科普示范工程"，在少数民族地区建立了大批科普示范基地，带动了少数民族群众学科技、用科技。1997年国家在内蒙古、宁夏、甘肃、青海、新疆、四川、云南、贵州、广西、西藏等省、自治区实施了"少数民族科普示范工程"，投入资金帮助少数民族科普工作队更新和增加了部分科普工作设备。1998年在10个省、自治区投入50万元建立了18个少数民族科普示范基地。1999年又投入50万元将少数民族科普示范基地扩大到30个。1998年和1999年共投入20万元支持青海循化县、贵州荔波县、云南富宁县、陕西镇巴县、内蒙古和林县、甘肃甘谷县、广西巴马县、湖南桂东县、宁夏吴忠市、新疆昌吉市肖尔巴特乡建立了10个科技扶贫示范县（乡）。截至2001年，全国共建设了各级少数民族科普示范基地600个，起到了很好的科技推广和示范作用。

（3）积极开展对少数民族地区干部群众的科技培训，提高少数民族地区干部群众科学素质和技能水平。多年来，各地区各部门采取多种形式，大力开展科技培训工作，培养和造就了一大批农村技术人才，取得了显著成绩。特别是中国科协和中共中央组织部联合开展的农村党员、基层干部实用技术培训工作，从1995年至1998年，共举办农村党员、基层干部实用技术和市场经济知识培训班169万期，培训党员、基层干部4653万人次，使少数民族地区基层党员和干部的科技意识和素质显著提高，基层党组织的影响力和凝聚力得到了加强，一批基层党员和干部成为带领群众依靠科技脱贫致富奔小康的领头雁。少数民族地区还通过开展多种形式的常规化、群众化和经常化的实用技术培训工作，使少数民族群众基本掌握了一些科技致富的本领，同时增强了各级干部群众的科技意识和素质，对当地产业结构的优化升级和社会进步发挥了积极的推动作用。

（4）积极开展科普宣传活动，促进少数民族地区科技进步和社会经济的发展。多年来，少数民族地区科普工作者通过开展一系列的科普活动，在广大干部群众中，弘扬了科学精神和思想，传播了科学知识和方法，普及了科学文明的生产生活方式，推进了两个文明建设的稳步发展。近年来，为贯彻中宣部、中国科协等 11 个部委《关于进一步做好文化科技卫生"三下乡"工作的通知》精神，少数民族地区积极动员和组织广大科技人员，认真开展了送科技下乡工作，受到了各族干部群众的热烈欢迎和好评。在少数民族地区连续开展的"科技（普）之冬"、"科普（技）之春"、科普宣传月（周、日）、农村实用技术讲师团、院士科普报告会、科普集市、科普万里行、"小手拉大手"科技传播以及科普示范工程等项活动，极大地提高了少数民族地区干部群众的科技水平、环保意识和可持续发展意识。

（5）积极开展"西部科普工程"。为贯彻西部大开发战略，中国科协开展了"西部科普工程"，进一步加大对西部地区科普的投入，广泛动员和组织广大科技工作者投身西部大开发，集中力量重点在公众科学素质提高、生态环境建设、产业结构调整三个方面开展科普工作。2000年有 75 个项目在西部地区开展起来，并取得阶段性成效。2004 年中国科协实施西部科普工程"西部媒体科普宣传项目"，共支持西部媒体科普宣传项目 12 项，经费 89 万元，帮助 12 个省科协在电视台开设了科普栏目，利用电视传播平台开展面向公众的科普宣传活动。如宁夏回族自治区科协与宁夏电视台合作开办的《五色土》科普栏目、内蒙古自治区科协与区电视台合作开办的《探奇》科普栏目等，均取得了很好的效果，成为地方电视台的优秀电视栏目。

二、民族自治地方科技服务和科学普及工作存在的困难和问题

我国的民族地区大部分在内陆地区，缺乏区位优势，与外界的物质、信息、科技、人才等交流十分困难，对经济和社会发展极为不利。1998 年科技部在调查评价全国科技实力后显示，少数民族分布较多的省区排位都比较靠后：广西排第 18 位，新疆排第 21 位，内蒙古排第 24

位，云南排第 26 位，宁夏排第 28 位，西藏排第 31 位。

1. 民族自治地方的科技中介服务体系建设存在以下问题

（1）科技中介服务体系的体制与机制障碍。我国科技中介服务体系建设仍属于初级市场阶段，没有充分发挥其"桥梁"、"纽带"作用。民族自治地方这方面的问题尤为突出。

（2）技术市场发育不全。民族自治地方技术市场发展所相关的资金、劳动力等要素市场发育缓慢。民族自治地方经济薄弱，信息闭塞，缺乏适用技术项目，技术市场中介服务体系发展严重迟滞，科技成果转化能力低下。

（3）中介组织的服务意识和服务水平较弱。从民族地区科技中介结构的从业人员来看，整体水平不高，手段落后。另外，中介机构条件较差，许多科技中介机构效益不好，有的甚至没有必要的交通和通信设备，搞咨询的没有数据库，没有相应的知识积累和案例积累，搞服务的没有社会专家网络储备和相关的网络联系等等。

（4）国际化程度低，与国际接轨有很大的差距。从全国来看，我国科技中介服务机构的业务大都停留在国内开展阶段，少有进入国际市场的。民族自治地方更是如此。由于科技服务体系的不健全，我国的科技成果转化率只有 6%～8%（发达国家在 50%左右），民族自治地方则更低。

2. 我国少数民族地区科普工作中的主要问题

（1）对少数民族地区科普工作的认识有待提高。由于少数民族群众青壮年文盲率较高，而且"科盲"的比例更高，西部地区的人口文盲率为 18%，比全国平均水平高 4 个百分点，封建迷信活动还很广泛，愚昧落后现象十分严重，有的地方还存在着非法宗教活动的干扰。

（2）少数民族地区科普经费投入严重不足，少数民族地区科普设施和手段落后。少数民族地区由于经济落后、财政困难，加之一些领导和部门对科普工作重视程度不够，科普工作缺乏必要的投入。特别是边远地区科普经费无法落实，极大地影响了科普工作顺利而有效地开展。

（3）少数民族科普宣传专业队伍建设亟待加强。少数民族工作队长期工作在少数民族的村寨和牧区，除了设备亟待更新、缺乏活动经费外，人员知识老化、工作条件差、待遇低等困难严重地影响了少数民族科普工作的开展。如果得不到有力的改善和保障，少数民族地区科普专业队伍就会名存实亡。

（4）科普队伍少，优秀科普人才严重匮乏，科普团体的积极性未能充分调动，远未建立能充分满足科普工作需要的科普覆盖队伍网络。

（5）科普基础设施严重不足，科普能力薄弱。

三、建立和健全科技服务体系、大力开展科学普及对民族地区的经济社会发展具有重要意义

建立和健全民族自治地方科技服务体系和科学普及体系，是提高民族自治地方科技工作水平，以科技发展带动经济社会的全面进步，从而实现跨越式发展的要求。

民族地区发展基础差，贫困面大，要保持区域经济持续增长，缩小与东部地区的发展差距，实现全面建设小康社会的目标，更加需要科学技术的支持。通过提高科技发展的基本能力，解决当地产业发展需求的科技有效供给，实现技术应用能力与地区经济社会的互动发展，减缓因创新资源不足而导致发展差距的拉大；通过发展先进实用的科技知识传播技术，普及科学知识，提高科技知识和水平；通过采用先进的交通、通信、信息网络以及城镇基础设施建设技术，改善公共基础设施条件；通过建立农村网络培训体系，提高农民素质和技术能力；通过改善卫生医疗技术条件，养成科学、健康、文明的生活方式。

民族地区广大人民群众实现自身的全面发展，同样迫切需要普及科学技术知识。现代社会科技发展日新月异，在个人日常生活事务、劳动就业和参与公共决策过程中，越来越离不开对科学技术的掌握。需要通

过不断学习科技知识，掌握先进技能，改善物质生活，丰富精神生活，实现自身价值。通过普及科技知识、弘扬科学精神，全面提高民族地区人民群众科学素质，培养高素质劳动者和科技创新人才，为民族地区的全面、协调、可持续发展奠定人力资源基础，使科学技术真正成为广大人民群众实现新的生活理想的手段，促进人的全面发展。

四、进一步促进民族自治地方科技工作应采取的措施

（1）在政策上对民族地区的科技发展给予扶持和帮助。制约民族自治地方科技工作发展的因素有很多，其中重要的因素之一是经济的落后导致用于科技工作经费的匮乏。因此，通过各类科技计划和科学基金对民族自治地方的倾斜，加大专项资金对民族自治地方的扶持力度，是促进民族自治地方科技工作的重要手段。在国家总体科技发展规划中，对民族自治地区的科技发展制定专门项目和给予特殊政策，如在相关项目中向民族自治地方和民族院校给予倾斜，并根据地域的不同灵活配套，创造良好的内部环境。

（2）加快制定和完善相应的科普法规和政策。科普工作作为基础教育的延伸和扩展，需要制定相应的科普法规和政策，保障科普工作的全面发展。首先，要进一步贯彻落实《中共中央、国务院关于加强科学技术普及工作的若干意见》，提高全党全社会对科普工作的再认识。其次，要认真探索、研究和解决少数民族地区科普工作中存在的难点和问题，加快制定和完善相应的科普法规、政策、规划和目标。三是，要把少数民族科普工作列入各级党委和政府的重要议事日程中，积极解决科普工作中的问题，并通过政策引导、加强管理、多渠道投入等多种措施，形成全社会都关心科普工作，都支持科普工作的局面。四是，要建立良好的科普工作激励机制，调动广大科技人员和科普工作者积极投身科普事业的积极性，切实为加强少数民族地区科普工作多作贡献。

（3）多渠道增加少数民族地区的科普投入。少数民族地区大部分都处于我国的西部，他们的发展和西部的发展是密切联系的，少数民族科普工作应该作为西部大开发的一个组成部分，在西部开发的计划中应增加少数民族科普工作的经费。少数民族地区的各级财政也应安排专项科技经费。同时，要积极争取社会各界赞助。力争形成一个各级财政扶持、社会各界积极赞助的经费保障体系，解决少数民族地区的科普投入问题，为从根本上使科普工作更加深入、持久和稳定地开展创造条件和基础。

（4）加强科普设施建设，完善科普宣传手段。目前少数民族地区科技场馆很少，而且科普展品也很少。为了在少数民族地区弘扬科学精神、普及科普科学知识、传播科学思想和科学方法，应逐步建设和改造一批科技场馆。其次，少数民族地区的地域广阔，有必要为民族地区配备科普宣传设备，如科普宣传车、VCD 等设备，进一步加强和完善科普宣传服务的功能和手段，也是非常必要的。

（5）进一步加强少数民族地区科普队伍建设。少数民族地区因交通不便、信息不灵、人员知识老化，使科普工作的开展受到很大影响，需要培养和造就一批一专多能的科普队伍。各级政府和有关部门应采取多种形式，组织他们学习，提高他们的业务素质，为民族地区科普队伍的发展壮大和培育创造有利条件，使科普工作主力军的作用得到很好的发挥。

（6）加强民族地区与发达地区的科技交流与合作。如依托发达地区和高新技术产业区的科技辐射力，扩大外界对民族地区的了解；组织好科技干部的交流，请贤入境；扶植民族科技，提高科技人员在科技平等竞争中的实力；充分利用民族地区的地理、环境优势，发展边境贸易；动员发达地区的科技人员主动地为民族地区的科技发展献计出力等。

第三节　文化卫生体育发展问题

一、民族文化发展问题

文化是民族的重要特征，是维系一个民族生存、延续的灵魂，是民族发展繁荣的动力与活力的源泉。文化的力量深深熔铸在民族的生命力、创造力和凝聚力之中，是影响综合国力消长的重要因素。民族的发展繁荣，离不开民族文化的发展繁荣；民族地区的和谐发展，离不开民族文化的发展繁荣；整个中华文化的发展繁荣，离不开民族文化的发展繁荣。

中华各民族共同创造了多姿多彩的中华文化，民族文化是博大精深的中华文化的重要组成部分。保护和发展民族文化，直接关系到我国的经济发展、社会稳定及和谐社会建设，关系到各民族共同团结进步，共同繁荣发展。它将使我国56个民族领悟着、欣赏着、保持着、表达着各自的文化个性或独特性，也能够了解、尊重、欣赏、融会其他文化的优点和特色，从而使社会群体、社会成员之间能够各尽其能、各得其所而又和谐共处。

我国各少数民族在长期的历史发展中，形成了独具特色和风格各异的文化。历史上，由于存在民族压迫和民族剥削制度，各少数民族的社会发展不平衡以及所处地域的差异，民族文化的发展受到影响。新中国成立后，党和政府采取了一系列政策措施，从各方面积极支持和帮助少数民族地区发展文化事业。主要表现在以下4个方面。

1. 文化艺术方面

国家和有关部门通过组建少数民族文艺团体、艺术院校、文化馆和群众艺术馆等措施，大力培养少数民族文艺人才，繁荣少数民族文艺创作，发展少数民族文化艺术事业。20世纪50年代初在北京建立的中央民族歌舞团，由各民族演员组成，创作各少数民族歌舞节目，到全国各

地演出，还数十次把中国少数民族文艺节目带到世界各国演出。截至
2002 年底，全国共有民族文化事业机构 9755 个，从业人员 58128 人。
其中，内蒙古、广西、宁夏、西藏、新疆、贵州、云南、青海等 8 个民
族省区的艺术表演团体 534 个，艺术表演场所 188 个，2002 年新排剧目
758 个，全年演出 5.4 万场，平均每团演出 106 场，观众达 5758 万人
次。民族省区的艺术表演团体为发展繁荣社会主义文艺事业作出了贡
献。经过多年的努力，国家设立了一系列重大项目，如中国艺术节、国
家舞台艺术精品工程、文华奖、孔雀奖、全国少数民族文艺会演等，来
扶持体现有民族特色的文化艺术，逐步建立有利于调动文化工作者积极
性，推动文化创新，多出精品、多出人才的文化管理体制和运行机制。

目前，我国已初步建成了由州旗乡村组成的四级少数民族群众文化
网络。通过图书馆、文化馆等网络，将农牧区和大小城市联系起来，通
过组织不同民族、不同层次的群众，开展艺术、科普、卫生、体育等活
动，民族地区的图书馆自动化、网络化建设有了进一步的发展，博物馆
的质量和数量有了新的提高，陈列展览活动日益活跃。据统计，2002
年，8 个民族省区有图书馆 584 个，其中县级图书馆 507 个，图书总藏
量 5384 万册；群众艺术馆、文化馆 520 个，乡镇文化站 6982 个；8 个
民族省区的图书总流通 2993 万人次；群众艺术馆、文化馆，各类展览、
文艺活动、各类训练班共 100252 个（人次、班次），录像放映 16.9 万
场，观众达 75961 万人次；博物馆举办各种陈列、展览 4249 次，观众
达 1516 万人次。此外，民间业余演出团队、民间艺人继承和发展本民
族艺术，以灵活机动的方式活跃在广大的民族地区，其中，内蒙古自治
区的乌兰牧旗，常年深入基层，为广大农牧民服务，被誉为文艺战线一
面光辉的旗帜。

少数民族文艺团体目前仍存在小而全、低水平维持的问题，政府有
限的财政投入主要用于人头费开支，有代表性的精品剧（节）目的创
作、开发得不到有效扶持，民族艺术的特色优势和影响力得不到充分发
挥。对少数民族艺术表演团体，政府应在保证人员工资的基础上实行项

目扶持，对民族特色突出具有代表性和影响力的精品剧（节）目给予专项经费保障。

2. 翻译出版方面

民族翻译和出版事业往往是密不可分的。1946 年，吉林通化的李红光支队和朱德海领导的支队翻译出版了毛泽东《在延安文艺座谈会上的讲话》的朝鲜文单行本。1947 年 3 月 24 日成立了延边教育出版社，后来发展成为东北朝鲜民族教育出版社。1950 年又成立了延边人民出版社，新中国民族出版事业是在此基础上发展起来的。

目前，在北京的民族翻译出版机构有：中国民族语文翻译中心、民族出版社、《民族团结》（现在改为《中国民族》）杂志社、《民族画报》社、中国民族报社；民族地区成立的民族出版机构有内蒙古人民出版社、新疆人民出版社、宁夏人民出版社、西藏人民出版社、广西人民出版社等。有的省和自治区的民委还创办了有关民族的刊物，如四川省民委主办的《民族》，云南省民委主办的《今日民族》，辽宁省民委主办的《满族研究》，黑龙江省民委主办的《黑龙江民族丛刊》等，形成了从中央到地方的民族翻译出版工作的网络。

1996 年 1 月，中共中央宣传部、国家民委、新闻出版署联合召开全国民族出版工作会议，提出一系列鼓励和扶持民族出版事业的政策性措施，主要有：对各民族出版社少数民族文字图书免收条码费等几项费用；组织培训民族出版部门的编辑、发行人员；组织图书展销会、博览会和信息发布会等，活跃民族出版工作；号召全国的出版社在策划选题等方面支援和帮助民族地区出版社；定期举办中国民族图书奖评选活动；建立民族图书出版基金；倡导全国新闻出版单位向民族地区捐款捐书。

为了鼓励出版更多的优秀民族文字图书，新闻出版署于 1996 年 5 月专门发布决定，规定凡少数民族文字图书的书号使用数量不限；少数民族文字图书使用条码免收条码费用。这对繁荣民族出版事业具有积极的促进作用。

我国用于图书报刊出版的民族文字有：（1）图书：蒙古文、藏文、维吾尔文、哈萨克文、朝鲜文、彝文、壮文、黔东苗文、川黔滇苗文、滇东北苗文、布依文、西双版纳傣文、德宏傣文、景颇文、傈僳文、拉祜文、佤文、哈尼文、纳西文、柯尔克孜文、锡伯文；（2）杂志：蒙古文、藏文、维吾尔文、哈萨克文、朝鲜文、彝文、壮文、西双版纳傣文、德宏傣文、景颇文、傈僳文、拉祜文、佤文、哈尼文、纳西文、柯尔克孜文、锡伯文；（3）报纸：蒙古文、藏文、维吾尔文、哈萨克文、柯尔克孜文、锡伯文、朝鲜文、彝文、壮文、西双版纳傣文、德宏傣文、景颇文、傈僳文、拉祜文、佤文、哈尼文、纳西文。

目前，在民族语文图书翻译出版方面，中央出版单位和地方出版单位职能重叠，职责不清，同文种跨省区的新闻出版单位缺乏宏观调控，全国三十多家民族语文出版单位，分属十多个部门管理，有限的民族新闻出版资源分散利用，形不成合力。对此，必须科学规划、明确任务、确定项目，实行专项补贴、政府采购机制。

3. 广播电影电视方面

早在 1946 年 7 月 1 日，东北的延吉新华广播电台开始用朝鲜语播音。1949 年 12 月 21 日，新疆迪化人民广播电台用汉语和维语播音。1950 年，中央人民广播电台开始用少数民族语言进行广播，当时用蒙古语、藏语每天广播 1 小时。后来，中央人民广播电台设立了民族部，又增加了哈、朝、维等民族语言的广播节目，并逐步形成了中央、省和自治区、地区和自治州、自治县和自治旗四级广播网，覆盖了全国的少数民族地区。截至 2002 年，全国民族自治地方使用民族语言广播机构达到 80 个，每天用 21 种少数民族语言进行播音。随着科学技术的进步，少数民族广播呈现卫星、短波、中波和调频四位一体的发展趋势。

内蒙古电视台筹建于 1960 年，后来，新疆等其他自治区陆续筹建电视台，并用少数民族语言制作电视节目。在中央电视台也设有有关民族的栏目，在民族自治地方的电视台有专门的频道和节目是用少数民族语言播放的，西藏电视台、新疆电视台、内蒙古电视台、广西电视台等做到了当天的中央电视台新闻联播节目译成少数民族语言播出。在网络媒体兴起之后，又出现了许多有关少数民族的网站和网页，进一步增加了民族新闻的传播渠道。上述新闻媒体使少数民族和民族地区能够及时、准确、迅速地了解到党和国家的路线、方针和政策，国内外大事和科学技术信息。到 2001 年，全国民族自治地方的电视台有 85 个，433套节目，其中少数民族语言节目有 91 套。内蒙古、新疆、西藏、青海、广西的省区级电视台分别播放蒙古语、维吾尔语、藏语、壮语等少数民族语言节目，随着这些电视台的卫星电视节目的传播，全国各地都可以收到这些民族语言播出的节目。民族地区地州及以下电视台站也用蒙古、维吾尔、藏、壮、朝鲜、哈萨克、柯尔克孜、傣等十余种民族语言及方言播放一些电视节目。西藏广播电视译制制作中心、新疆电视剧译制中心、青海民族影视译制中心、巴州蒙语影视译制中心、喀什地区维吾尔语影视剧译制中心、伊犁民族电视节目译制中心等单位，每年都译制生产大量的影视节目，成为我国民族语影视节目译制工作的重要基地。

少数民族的电影制作、译制和放映也是民族地区使用民族语言的重要领域。新中国成立以来，用少数民族语言制作、译制和放映电影的语种有蒙古、藏、维吾尔、哈萨克、朝鲜、柯尔克孜、傣、彝、壮、景颇、载瓦、锡伯、傈僳、苗、纳西、土族、佤、拉祜、布依、哈尼、侗、水、达斡尔等语言。特别是改革开放的新时期以来，民族语言电影的译制工作有了飞速发展，一些民族如壮、苗、侗、哈尼、佤、水、纳西、柯尔克孜、达斡尔、载瓦、景颇、锡伯、基诺等语言的电影都是上个世纪 80 年代以后才发展起来的。

近年来，在党和政府的高度重视下，国家广电总局负责实施的"西新工程"、"村村通工程"和"2131 工程"（即"农村电影放映工程"），大大促进了民族地区广电影视事业的发展。2002 年民族自治地方广播电台 73 个，节目套数 441 套，民族语节目 105 个；民族自治地方电视台 90 个，节目套数 489 套，民族语节目 100 个；民族自治地方广播电视卫星收转系统 254850 座，卫星地面站 5 个。

但是，民族语言广播电视布点分散，形不成有机配合，难以做大做强和提高节目质量，也缺乏与国外媒体竞争的合力。如朝鲜语广播，中央人民广播电台与延边、辽宁、黑龙江、天津、山东、威海朝鲜语各自为政，形不成与境外广播抗衡的整体合力。必须统筹规划，整合资源，切实提高节目质量，形成与国外媒体竞争的合力。

4. 文化遗产保护方面

我国少数民族文化遗产保护工作包括对物质文化和非物质文化在内的少数民族优秀文化加以保护、传承和弘扬。

（1）少数民族物质文化遗产的保护。少数民族物质文化遗产保护工作在政府以"保护为主，抢救第一"和"有效保护，合理利用，加强管理"的方针和原则指导下取得了很大的成绩。各民族的重要历史遗迹多数已经分级列为文物保护单位加以保护和管理，许多珍贵的少数民族文物得到了妥善的征集和保护。国家文物局专门从事文物古迹保护政策的制定和研究，并对文物保护工作进行指导，民族自治地方文物保护管理机构和博物馆征集和抢救了许多珍贵的少数民族文物，对馆藏的少数民族文物进行了妥善的保护。一批代表少数民族优秀历史文化遗产的著名建筑如藏族的布达拉宫和大昭寺、侗族的风雨桥等都得到了妥善的维修和保护。

在全国文物保护工作中，少数民族文物以其数量之繁多、内容之丰富、历史之久远、价值之珍贵占有重要地位。据统计，2002 年民族自治地方共有 458 个文物保护管理机构，博物馆 162 个。国家在民族地区的文物保护专项经费的投入力度逐年增加，及时抢救和保护了一大批濒临损坏的珍贵文物，一批重点的少数民族文物得到了修复。近十年来，国家还投入巨资对西藏的布达拉宫、新疆的克孜尔千佛洞等民族地区的大批国家重点文物古迹进行维修，其中对布达拉宫维修的投入就达人民币 5300 万元和黄金 1000 公斤。在民族地区还投资修建了一些博物馆，对少数民族民间文物进行搜集和保护，其中投资近亿元人民币的西藏博物馆已建成使用。

（2）少数民族非物质文化遗产的保护。为使少数民族非物质文化遗产得到有效保护，国家有计划地组织对其进行搜集、整理、翻译和出版。从 20 世纪 50 年代初开始，中国科学院、国家民委、文化部和地方有关部门组织了数以万计的人类学、社会学、民族学的专家学者和文艺工作者，深入到少数民族地区调查、搜集流传在民间的传统文化艺术。进入 80 年代后，国家又投入大量的资金和人力物力，搜集整理各民族民间文艺资料，编纂出版包括文学、音乐、舞蹈诸门类的《十部民族民间文艺集成志书》。由文化部和国家民委共同启动的中国民族民间文艺"十大集成"工程，历时二十余年，经过数十万文化工作者的辛勤努力，这一民族民间文化的抢救工程已近完成。

在中国少数民族中以口头流传形式存在的民间文学具有悠久的历史，是这些民族人民历史上长时期的精神食粮。有组织、有计划地抢救、整理和出版民间文学的工作始于中华人民共和国成立以后。我国从中央到地方都成立有民间文学研究会，在"全面搜集、重点整理、大力推广、加强研究"的方针指导下，民族民间文学的搜集整理工作取得了很大的成绩。比如，贵州民间文艺研究会就搜集、整理、出版《民族民间文学资料》44 集，达数百万字。蜚声中外的三大英雄史诗——藏族的《格萨尔》、蒙古族的《江格尔》和柯尔克孜族的《玛纳斯》在中华人民共和国成立以前主要靠民间说唱艺人口传心授代代相传。为了加强对少数民族文化遗产的研究工作，新中国成立后成立了有关三大英雄史诗《格萨尔》（藏族英雄史诗）、《江格尔》（蒙古族英雄史诗）、《玛纳斯》（柯尔克孜族英雄史诗）的专门机构，对三大英雄史诗进行搜集、整理、翻译、出版和研究工作，出版了包括藏文、蒙古文、柯尔克孜文、汉文和多种外文版本的三大英雄史诗及一些研究专著，其中有关《格萨尔》的学术资料汇编《格萨尔集成》就达三百多万字。

少数民族音乐和舞蹈一直在少数民族文化活动中占有十分重要的地位。中国政府通过在民族地区建立各级民族歌舞团，成立艺术院校、艺术研究所等机构，搜集、抢救、保护了一大批民间音乐舞蹈作品，通过培养一代又一代各类艺术人才使传统的民间音乐舞蹈后继有人，并且不断地发扬光大。如维吾尔族的古典音乐《十二木卡姆》，1949 年以前，全新疆能够演唱全部《十二木卡姆》的民间艺人只有两三个人。20 世纪 50 年代，有关部门立即对老艺人的演唱进行了录音和整理，才使这部音乐宝藏得以传世。80 年代以后，新疆先后成立了木卡姆搜集整理小组和木卡姆研究室和木卡姆艺术团。北京音乐出版社、民族出版社、新疆人民出版社和中国大百科全书出版社相继出版过 3 种版本的《十二木卡姆》，并且还出版了盒式录音带和 CD 光盘。保持木卡姆原有形式的舞台演出和用木卡姆素材创作的歌剧、电影、电视剧以及交响乐深受国内外观众的喜爱。

中华人民共和国成立以前，少数民族戏剧大约有藏剧、白剧、傣剧、侗剧、布依剧和壮剧等六种。这些剧种基本处于自生自灭、无人扶持的状态。现在，少数民族戏剧已经形成剧种繁荣、剧目丰富、人才济济的大好局面。不仅原有的剧种得到复苏，而且还诞生了一批像维吾尔歌剧、苗剧、蒙古剧、彝剧、花儿剧和新城满族戏等新剧种。通过各种形式的演出、通过创作新剧目，这些剧种在少数民族群众中已经深深扎根并且日臻完善。经过政府多年的培养，目前已经有二十多个民族拥有了本民族的剧作家。

少数民族古籍是指中国各少数民族在历史上形成的古代书册、典籍和文献资料。中华人民共和国成立以前，少数民族古籍的搜集整理，从来没有成为国家有计划地开展的一项事业，只是一些专家、学者的个别行为。中华人民共和国成立以后，少数民族古籍文献的搜集整理工作受到了重视，有了新的发展。1984 年 4 月 19 日，国务院办公厅转发国家民委关于抢救、整理少数民族古籍的请示的通知。1984 年 7 月，成立了由国家民委牵头，教育部、文化部、社科院等部门参与的民族古籍抢救、保护单位——全国少数民族古籍整理出版规划小组，并设处理日常工作的专门机构，负责组织、协调、联络和指导全国少数民族古籍整理出版工作。迄今已先后有 25 个省、自治区、直辖市和 130 多个州、盟、地（市）建立了民族古籍整理规划小组或相应机构，并建立了 7 个跨省、自治区的古籍协作小组。据不完全统计，自 1984 年以来，全国已抢救、搜集的少数民族古籍达 12 万种（部、件、册），包括从结绳记事、说唱口碑到碑铭、石刻，从贝叶经文、竹木简策、丝帛素书到活叶函本、线装典籍，从经、史、文、哲到天文、地理、医药、工艺、美术；从契丹文、女真文、吐蕃文、西夏文到现行的各民族文字古籍等等，品种繁多，包罗万象。已整理 11 万种（部、件、册），出版了五千多种（部、件、册）。

民族文化保护工作，总体说来，成就辉煌，但也存在投入不足、后继乏人、资源流失等问题，在未来的工作必须逐步加以解决。

二、民族卫生发展问题

民族卫生工作关系到民族地区各项建设事业的发展和各民族人民的身体健康，关系到增进民族团结、建设边疆和巩固国防的大事，是一件不容忽视而且必须做好的重要工作。

1949 年以前，少数民族的医疗卫生事业非常落后，到 1949 年，全国民族地区只有卫生机构 361 个（其中医院 230 个），病床 3310 张，卫生技术人员 3531 人。1951 年 8 月，卫生部召开了少数民族卫生工作会议，提出卫生工作是少数民族地区的首要工作之一，各少数民族地区行政首长要亲自负责抓好卫生工作，以消除人口减少、疾病蔓延的严重现象。随后，中央卫生部制定和通过了《全国少数民族卫生工作方案》、《少数民族地区性病防治方案》、《少数民族地区疟疾防治工作方案》、《少数民族地区妇幼卫生工作方案》4 个文件。1983 年卫生部、国家民委、劳动人事部出台《经济发达省市对口支援边远少数民族地区卫生事业的实施方案》，确定了对西藏分省定区包干支援方案为：卫生部在京直属单位支援西藏自治区卫生厅直属单位；湖北、湖南支援拉萨市；广东、河南支援山南地区；广东支援自治区江曲医院；四川支援昌都地区；安徽、浙江支援日喀则地区；山西、陕西支援那曲地区；辽宁、吉林、黑龙江支援阿里地区。通过五十多年的努力，特别是党的十一届三中全会以来，中国少数民族地区的卫生事业迅速发展，在保障人民健康、提高民族素质、增强民族团结等方面发挥了重要作用。截至2003年底，民族自治地方卫生机构数（含诊所）15230个，其中医院、卫生院11768个；卫生机构有床位381534张，其中医院、卫生院床位359090张；卫生技术人员463382人，其中医生208246人；卫生防疫、专科防治机构934个；妇幼保健所（站）371个。

近年来，民族地区在加强全民健康教育的同时，先后组建了各类公共卫生专业队伍，开展改水改厕、垃圾处理等工作，进行城乡卫生综合治理。对妇幼卫生保健服务范围进一步扩大，开展了妇女儿童健康检查和常见病多发病的查治。计划生育、计划免疫工作落到实处，孕产妇死亡率和婴儿死亡率得到有效控制，人口平均寿命显著提高。

培养少数民族卫生干部，壮大少数民族卫生专业队伍，是发展民族地区卫生事业的关键。为此，国家一方面由内地动员卫生干部和专业人员到民族地区去工作，另一方面大力培养少数民族医务人员。1951年以后，卫生部先后派出4个卫生工作队到少数民族地区，派遣4批卫生干部到西藏，后来还不断向内蒙古、新疆、青海、甘肃、四川、宁夏、云南等省、自治区的少数民族地区派遣医疗队，帮助建立各种医疗卫生机构，培养少数民族医学卫生干部，开展疾病防治和妇幼保健工作。同时加强民族医学卫生人才的培养。从1952年起，在新疆、青海、西藏、内蒙古、云南、贵州、广西等少数民族地区，陆续开办了卫生学校，培养医士、助产士、护士和检验人员。1955年新建了一批高等医学院校，其中有新疆医学院、内蒙古医学院。为照顾具有相当于高中程度的少数民族学生进入高等医学院校，中央民族学院（现为中央民族大学）和其他民族学院开设了民族班，专为少数民族地区培养高级医学人才。目前，五个自治区都已初步建立起学科比较齐全，专业基本配套，能满足社会需要的医学教育体系。医学科研发展迅速，初步形成了具有一定特色和规模的医学科研体系，建立起一支素质较高的专业技术队伍。据统计，全国5个民族自治区和8个省的民族自治州相继建立了17所高等医学院校和78所中等卫生学校，并建立了蒙医、藏医、维医等民族医学的教学、科研和医疗卫生机构，为民族地区培养了大批医药卫生人才。

民族医药是祖国医学宝库的重要组成部分，是少数民族劳动人民数千年来与疾病作斗争的经验总结，藏医、蒙古医、维吾尔医、傣医等都有悠久的历史和自己的理论体系，对防病治病，为本民族人民的身体健康和繁衍昌盛发挥了重要作用。截至2003年底，中国有民族医院157所，实有床位数5829张。其中藏医院55所（1687张床位），蒙医院41所（1507张床位），维医院35所（1789张床位），傣医院1所（70张床位），其他民族医院25所（776张床位）；3级医院4所，3级甲2所，3级乙2所，无等级医院117所；民族医院人员总数6714人；房屋建筑总面积500376平方米；1万元以上设备1380台。达到国家标准的民族药制剂有929个品种，其中藏药306个，蒙药260个，维吾尔药96个，苗药150个，彝药81个，傣药35个，景颇药1个。

随着市场经济体制的确立，医疗卫生事业被逐步推向市场，在"效率优先、兼顾公平"的市场原则下，对公共卫生系统的重视降低。在市场化的热潮下，民族地区一些公共卫生机构"自谋出路"，结果是这些机构更多地开展以营利为目的的病后医疗服务，而极大地忽略了预防、保健等公共卫生服务，"预防为主"的卫生战略逐渐名不副实。对经济增长的热切关注，大大降低了对潜在疫情的敏感程度。20世纪五六十年代已经消灭的许多疾病又死灰复燃。2000年，世界卫生组织对191个成员国进行的卫生总体绩效的排名中，中国居于第144位，排在相当一批人均GDP低于中国的国家之后，拉后腿的主要是公共卫生方面的指标。公共卫生没有与经济保持同步增长，而是逐渐滞后于经济的发展。近年来，我国法定27种甲乙类传染病在民族地区均有报告，其中鼠疫、霍乱、布鲁氏菌病、疟疾、伤寒、寄生虫等传染病每年都有发生和流行，且呈上升趋势。只有加大对民族自治地方公共卫生体系建设的资金投入以及技术支持，采取有效措施预防控制传染病、地方病和寄生虫病，建立并完善农村卫生服务体系、新型农村合作医疗制度和医疗救助制度，减轻民族自治地方贫困群众医疗费的负担，才能使少数民族人民"有病看得上，有病看得起"。

三、民族体育发展问题

中国少数民族传统体育历史悠久，源远流长，具有十分鲜明的特点和丰富多彩的形式。作为世界体育文化的一个组成部分，中国少数民族传统体育既是一种植根深厚从而形成自身一贯、稳定的精神特质的文化，又在历史变迁中不断改变其具体的结构样式，以至于在宗教仪式、喜庆丰收、婚丧嫁娶等活动中普遍展现并流传至今的赛龙舟、上刀山、抢花炮、摔跤、竹竿舞、扭秧歌、锣鼓舞、芦笙舞、舞龙、舞狮等，无不凝结着各民族人民的智慧。

在中华人民共和国成立以前，少数民族传统体育是没有地位的，只能自生自灭。中华人民共和国成立以后，少数民族传统体育才作为国家体育事业的一个重要组成部分。在党和政府"积极倡导，加强领导，改革提高，稳步前进"的民族体育方针的指导下，经过挖掘整理，一些被中断多年的少数民族传统体育项目得到了恢复，一些濒于失传的项目跃上体坛，重放异彩。据统计，经过挖掘整理，少数民族传统体育项目已达到两百多项，大大丰富了民族体育的内容。

1953 年 11 月，国家在天津举办了第一届全国少数民族传统体育运动会，对少数民族传统体育运动的继承和发展，产生了积极的影响。党的十一届三中全会以后，少数民族传统体育事业作为社会主义精神文明建设的一项重要内容，提高到更加重要的地位上。目前，全国有 20 个省（区、市）建立了 155 个少数民族传统体育项目基地，而且各省

（区、市）都对各自的少数民族传统体育项目基地给予不同程度的财政补贴。

1981 年全国少数民族体育工作座谈会之后，全国少数民族传统体育运动会作为开展民族工作和民族体育活动的一种形式被正式确定下来。全国少数民族传统体育运动会每四年举行一届，至今已经分别在天津、内蒙古、新疆、广西、云南、北京（西藏有分会场）、宁夏等省区市举行了 7 届。由于国家的支持和各省区的共同努力，该项赛事以其民族性、广泛性和业余性为特色，成为全国较有影响的大型综合性体育运动会之一，为挖掘整理各民族传统体育形式、弘扬民族体育文化、发展民族体育事业和全民健身运动、增强各民族人民身体素质、促进各民族团结等作出了积极的贡献，对全国各地开展民族传统体育活动产生了良好的示范和巨大的推动作用。在全国民运会的有力推动下，全国各省区市都定期或不定期地举办省区级民族运动会，其中 26 个省区市已形成每四年一届的赛制，其他省不定期地举办民族运动会。除综合性大型比赛外，有些地方还定期或不定期地举办民族传统体育单项比赛。国家及地方召开的各种形式的民族体育运动会，使民族传统体育如雨后春笋般得到了极大发展，民族体育运动会的规模一届比一届盛大，项目一届比一届丰富多彩，而大量民族体育项目规则的制定，则为民族体育的推广和交流奠定了良好的基础，使民族体育的发展逐步规范化。

定期举办少数民族传统体育运动会制度的形成，有力地推动了少数民族传统体育运动向社会化的发展，使之不仅成为群众体育的主要内容，开始从农村、牧区进入学校、企业和城市，有些传统体育项目，如摔跤、射箭、赛马、武术等，还被列入了全国运动会的正式项目。全国和省区级少数民族传统体育运动会的举办得到了各级政府在财政上的支持，体现了党和政府对民族体育事业的高度重视。

近年来，一些少数民族传统体育项目已成为全民健身项目，不但在本民族中流行，也被其他民族采用，并进入城市社区的健身活动。在国家体育总局征集的全民健身项目中，就有多种少数民族传统体育项目列入其中。朝鲜族舞蹈"道拉吉"、土家族的摆手舞、彝族的"跳生"等民族舞被许多地方推广。土家族的摆手舞、高脚竞速、板凳龙、竹龄球、武术等民族体育项目被列入全民健身计划。另外，射弩、蹴球、打陀螺等民族体育项目也已成为城市娱乐中心的健身娱乐项目进入社区。

与此同时，少数民族体育在本地区本民族也兴旺发达起来。如蒙古族的那达慕大会，物资交流与竞技体育相结合，参加角逐和参观的人常常达数万、数十万之众。彝族的火把节、傣族的泼水节、藏族的望果节、白族的三月街等民族传统节日，也都开拓出新的局面。许多优秀的民族传统体育项目不仅具有很强的健身价值，而且有很高的艺术价值和丰富的娱乐和教育功能，对振奋民族精神和活跃、充实人民生活都有积极的作用。民族体育活动与近代体育项目的发展相结合，二者相辅相成，互相促进，形成了民族体育发展的新局面。

目前，少数民族传统体育工作的现状与民族地区发展要求和国家群众体育形势相比仍然滞后，还不能适应建设小康社会的需要。一些地区和部门对民族传统体育的认识和重视程度还不到位，责任不落实，对民族传统体育的经费投入太少，项目挖掘整理工作不够系统，缺少培训基地和专门人才，项目的宣传、普及、规范、提高等都有待进一步加强，群众性民族传统体育活动还需要努力扩展和积极推进，适应社会主义市场经济体制的少数民族传统体育运行机制还在探索之中。

第十四章
解决好民族问题的关键因素
—— 少数民族干部的培养使用和民族地区人才资源开发

如何解决民族问题，政治家、经济学家、社会学家们众说纷纭，见仁见智。中华人民共和国成立之始，毛泽东有此著名论断："要彻底解决民族问题，完全孤立民族反动派，没有大批从少数民族出身的共产主义干部，是不可能的。"他在充分研究了民族问题这一社会现象后作出的这一科学判断，高瞻远瞩而又深刻明了。理论和实践已经证明并将继续证明这一论断的正确性。

第一节　大力培养和使用少数民族干部的重要性

古今中外的历史证明，任何一个国家，要实行有效的管理，人是最核心的要素。古人云："人存政举，人亡政息"，就集中反映了人在政权建设中的地位和作用。我们党历来高度重视少数民族干部的培养选拔工作。新中国成立初期，毛泽东同志就指出："要彻底解决民族问题，完全孤立民族反动派，没有大批从少数民族出身的共产主义干部，是不可能的。"邓小平也曾指出：干部问题具有极端重要性，少数民族地区工作能不能搞好，关键是干部问题。江泽民同志进一步提出了"民族干部的状况是衡量一个民族发展水平的重要标志"的重要论断，强调少数民族干部是我们党做好民族工作的骨干力量。胡锦涛同志根据新世纪新阶段的新形势新任务，明确指出：培养选拔少数民族干部是一件关系全局、具有战略意义的大事，是一件管根本、管长远的大事。所以党和国家历来把大力培养选拔少数民族干部视为建立和发展社会主义民族关系、加快少数民族和民族地区经济社会发展，实现各民族共同团结进步、共同繁荣发展的关键，予以高度重视。

一、培养、使用少数民族干部，是政治上民族平等的重要体现，是国家政治生活民主化的重要标志

在我国，一切权力属于各族人民，但是各民族人民并不都直接管理国家，而是通过选举自己的代表，通过各级国家机关及其工作人员行使管理的职权。少数民族干部来自本民族人民群众之中，熟悉本民族的历史和现状，熟悉当地的政治、经济、文化特点，懂得本民族的语言文字、风俗习惯和思想感情，了解本民族人民群众的疾苦和要求，同少数民族人民有着血肉联系，少数民族群众也把他们看做是自己利益的代表，给予信任和爱戴。他们是密切少数民族同党和国家关系，贯彻党的路线、方针、政策的桥梁和纽带。少数民族干部一方面可以及时地把本民族人民的要求和愿望反映给党和政府，另一方面，少数民族干部特别是各级领导岗位上的民族干部，肩负着向少数民族群众宣传党的路线、方针、政策和发动、带领群众进行社会主义现代化建设的重大责任。培养选拔少数民族干部，让他们在各级政权机关中参与国家的管理，就能充分反映少数民族人民群众的愿望和要求，维护少数民族的合法权益，体现各民族在政治上的平等地位。所以，在我国各级人大代表和各级政协委员中都保证各民族的名额；在各级党和政府的工作部门都注意培养使用少数民族干部。经过几十年的时光，大批少数民族干部和知识分子

已经成长起来，他们的参政意识、参政能力不断增强。少数民族群众对培养、选拔和使用本民族干部，对各级政权机关中有没有自己民族的代表人物十分关注。所以，培养、选拔和使用少数民族干部绝不是安排几个人的问题，它体现了民族平等，体现了党的民族政策，是社会主义民主制度的必然要求。

二、培养使用少数民族干部是实行民族区域自治的关键

民族区域自治是我国解决民族问题的基本政策，也是国家的一项基本政治制度。民族区域自治的实质是少数民族人民当家做主，在国家的统一领导下按照宪法和法律的规定管理本民族本地方的内部事务。民族自治地方同样只能由各民族的代表进行管理，并且必须有少数民族的公民担任权力机关的负责人，其中行政首脑法定由实行自治的民族担任。少数民族干部正是这种自治权利的体现者和行使者。因此，要实现民族区域自治，加强民族自治地方的政权建设，就必须加强少数民族干部队伍建设。《民族区域自治法》对各级自治地方人大常委会、政府、人民法院和人民检察院的组成人员和工作人员的民族成分构成作了明确规定。要实现法律的这些规定，真正让少数民族行使当家做主的权利，管理民族内部的事务，就必须大力培养和放手使用少数民族干部。只有这样，民族区域自治制度才能不断得到巩固和完善。

三、培养使用少数民族干部对维护民族团结、祖国统一，构建社会主义和谐社会至关重要

民族关系是一种相当复杂和敏感的关系，也是世界上最重要、最复杂的社会关系之一，直接影响到国家的治乱、国运的兴衰、国力的强弱。在群众中享有威信和有着影响力的各族干部，对民族关系的和谐有着举足轻重的作用。五十多年来，我国各族人民之所以在风风雨雨中同舟共济、万众一心，伟大的中华民族之所以始终保持着巨大的向心力和

凝聚力，其重要原因之一，就在于党的团结，在于各族人民的团结，在于广大干部包括少数民族干部发挥了团结群众的骨干作用。少数民族干部是本民族的代表，其一言一行对本民族群众有很大的影响作用，所以，少数民族干部坚定地维护国家统一和民族团结，就能更好地促进群众之间的团结。对属于人民内部矛盾的各民族之间的冲突，少数民族干部出面调解处理，会有助于问题的更好解决。在维护祖国统一和民族团结方面，少数民族干部有着汉族干部不可替代的特殊作用。我们培养造就了一大批德才兼备、忠于党的事业、热爱祖国、同群众保持密切联系的少数民族干部，并依靠他们团结带领各族人民群众，就不怕任何内忧外患，就能经得住任何风浪的考验，不断巩固和发展民族和睦、安定团结的局面，更好地维护国家的统一、社会的和谐。

四、培养使用少数民族干部是推动民族地区社会、经济协调发展，促进各民族共同团结奋斗、共同繁荣发展的必然要求

中华人民共和国的成立，从政治上废除了民族压迫制度，实现了各民族的平等。但是，历史上遗留下来的民族间经济、社会发展上的不平衡依然存在。这种不平衡，是社会主义时期民族问题的重要表现。解决这个问题也就成为处理好民族问题的重要方面。恩格斯说："平等应当不仅是表面的，不仅在国家领域中实行，它还应当是实际的，还应当在社会的、经济的领域中实行。"要实现各民族事实上的平等，就要发展民族地区的经济、文化，提高人民的生活水平，使民族平等关系有可靠的物质基础。要完成这一艰巨的任务，除了国家的大力帮助和兄弟民族的支援外，关键是要靠大批有强烈事业心的少数民族干部团结带领本民族群众自力更生、艰苦奋斗。几十年来的实践已经证明，只有民族地区的民族干部发挥作用，党和国家的优惠政策及经济扶持才能产生应有的效益。

集中力量全面建设惠及十几亿人口的更高水平的小康社会，是党的十六大提出的我国本世纪头 20 年的奋斗目标。没有民族地区的小康，就没有全国的小康。目前，由于地理条件限制、发展基础薄弱、市场开发条件差、自身发展能力弱等原因，民族地区经济、社会发展仍然面临着一些突出的困难和问题，同沿海发达地区相比存在着相当大的差距。民族地区要实现全面建设小康社会的目标，需要付出更大的努力。政治路线确定之后，干部就是决定的因素。加快少数民族和民族地区经济、社会发展的关键，是建设一支政治坚定、业务精通、善于领导改革开放和社会主义现代化建设、深受各族群众拥护的高素质的少数民族干部队伍。所以，继续努力培养造就一支适应新形势新任务要求的高素质的少数民族干部队伍，是民族地区能否加快发展的关键所在。因此，这绝不是一个局部的、暂时的问题，而是一个关系全局、具有战略意义的紧迫任务。

第二节　培养选拔少数民族干部的实践

我们党在领导中国各族人民进行革命、建设和改革的进程中，历来十分重视民族问题，十分重视少数民族干部的培养选拔工作。在长期的实践中，根据各个不同时期形势和任务的需要，制定了一系列关于少数民族干部工作的方针、政策，培养造就了一大批优秀的少数民族干部，为维护祖国统一，实现党的总任务，加强各民族团结和社会主义现代化建设事业发挥了重要作用。

出席 1921 年中国共产党第一次代表大会的 12 名代表中，就有少数民族出身的邓恩铭同志（水族）。1922 年 7 月，在党的二大《宣言》中，明确把解决民族问题列为党的任务和奋斗目标之一。1928 年 6 月，党的六大专门做了关于民族问题的决议案，指出正确解决中国境内少数民问题对于革命有重要意义。1931 年 11 月，中华工农兵苏维埃第一次全国代表大会通过的《关于中国境内少数民族问题的决议案》要求中央临时政府特别注意"当地干部的培养与选拔"，"尽量引进当地民族的工农干部担任国家的管理工作"。在大革命时期和第二次国内革命战争时期，许多少数民族的先进分子投身革命，成为革命的先驱和领导人物。

抗日战争时期，党不仅在斗争实践中不断制定和完善培养选拔少数民族干部的政策，明确提出帮助少数民族地区发展文化教育事业，"提高人民的文化水平和政治水平，培养治党、治国、治军的各种人才"，而且在实际工作中采取了许多行之有效的办法培养少数民族干部。1937 年在延安中央党校开办了少数民族干部训练班，参加培训的有藏、彝、苗等少数民族青年；1939 年中央党校又开办了回族干部训练班，中央西北工作委员会为藏族干部开办了训练班；1940 年陕北公学成立少数民族工作队，1941 年发展成为陕北公学民族部，同年 9 月在民族部的基础上创办了民族学院，第一期招收少数民族学员共三百多名。当时的延安成了培养少数民族干部的摇篮，成长了一批杰出的少数民族领导干部。

在各个抗日根据地和人民军队中，有一批少数民族干部在斗争中不断成长。通过组建"藏族红军独立师"、"回民支队"、"西北民族军"等民族武装，造就了大批少数民族的优秀人才。韦拔群、杨靖宇、罗炳辉、马本斋等革命先烈，就是我军少数民族干部的杰出代表。解放战争时期，党领导了内蒙古地区的自治运动，并于 1947 年内蒙古自治政府成立前后，创办了军政干部学校、蒙古学院、内蒙党校，培养了数以千计的蒙古族干部，为革命的发展积蓄了后备力量。在各解放区，在炮火硝烟中，大批少数民族干部茁壮成长。党在新民主主义革命时期培养的一批少数民族干部，同汉族干部紧密团结，在争取中华民族独立和祖国解放的伟大斗争中建立了不可磨灭的功勋。

中华人民共和国成立后，中国共产党和人民政府把大力培养和放手使用少数民族干部作为民族工作的一项重要任务，并根据不同时期形势发展的要求，采取了不同的方针和措施。

新中国成立初期，百废待兴。为了开辟少数民族地区的工作，推进民族区域自治，发展少数民族地区的各项建设事业，实现《共同纲领》规定的各项民族政策，急需大批少数民族的政治干部。但由于历史原因，当时少数民族干部极为缺乏，全国只有一万余名，远远不能满足形势发展的需要。1949 年 11 月，毛泽东在《关于西北少数民族工作的指示》中，提出了少数民族工作的基本指导方针，他强调指出：在一切工作中，坚持民族平等和民族团结政策外，各级政权机关，均应按各民族人口多少分配名额，大量吸收回族及其他少数民族参加政府工作。在这种合作中大批培养少数民族干部，一切有少数民族的省、地委都应开办少数民族训练班或干部训练学校。为此，中央人民政府政务院责成中央民族事务委员会起草了《培养少数民族干部试行方案》，1950 年 11 月经政务院第 60 次政务会议批准实施。《试行方案》提出要"普遍而大量地培养各少数民族干部"，并制订出了具体的政策和措施，以开办政治学校与政治训练班，培养普通政治干部为主，迫切需要的专业与技术干部为辅。尽量吸收知识分子，提高旧的，培养新的，并培养适当数量志愿做少数民族工作的汉族干部，以便帮助少数民族的解放事业与建设事业；成立中央民族学院；整顿和设立少数民族中学和少数民族高等学校，对少数民族学生给予特殊照顾，鼓励、帮助少数民族干部和青年得到培训和受到正规教育。这个《试行方案》对于少数民族干部的培养，是一个有力的保证和巨大的推动，它使培养少数民族干部工作逐渐走上正轨。1951 年 2 月，毛泽东在为中共中央起草的党内通报中，要求党的组织"在各少数民族中进行工作，推行区域自治和训练少数民族自己的干部是两项中心工作"。1954 年 10 月，中共中央批转的《关于过去几年内党在少数民族中进行工作的主要经验总结》指出："在少数民族中建立党和培养党的干部，是解决民族问题的根本问题"，"对少数民族干部中的优秀分子应大胆地提拔到各级各种领导工作的岗位上"。党的八大前后，毛泽东同志在《论十大关系》和

《关于正确处理人民内部矛盾的问题》两篇重要著作中，对少数民族问题都以专章作了深刻论述。

1956 年，全国社会主义改造基本完成，少数民族地区的民主改革和社会主义改造也在大多数地区取得了决定性的胜利，全面建设社会主义时期即将开始。根据少数民族地区建设的需要，培养少数民族干部和各方面人才的工作得到新的加强。毛泽东在一次会议上提出：少数民族不仅要有行政干部，要出党的书记，要有军事干部、文化教育干部，还要有科学家、艺术家、工程师以及各方面的人才。9 月，刘少奇在中国共产党第八次全国代表大会的政治报告中要求："凡是在少数民族地区的工业……都必须注意帮助少数民族形成自己的工人阶级，培养自己的科学技术干部和企业管理干部。"由于党和国家的指导方针和政策措施正确得力，少数民族干部大批成长起来。1956 年，少数民族干部数量已由 1949 年的 1 万人增至 21 万人。民族干部的培养使用和成长，对于实施民族区域自治、胜利完成民族地区的民主改革和社会主义改造，起了重大作用。

但是，风云有变。在全国反右斗争扩大化的同时，少数民族地区进行了反对地方民族主义的斗争，并且这场斗争同样出现了扩大化错误，使少数民族干部工作受到挫折，妨碍了少数民族干部的培养、选拔和使用。

1961 年和 1962 年，召开了若干次全国和地方的民族工作会议，对少数民族干部工作进行了讨论，作出了正确的指导，纠正了对待少数民族干部工作方面的"左"的失误，加强了少数民族干部队伍建设，起到了积极作用。1961 年 12 月中共中央批转的《西北地区第一次民族工作会议纪要》提出，在以教育提高现有少数民族干部的思想政治水平为主的同时，适当增加少数民族干部的数量，在培养提高少数民族的政治干部的同时，注意培养农、牧业技术干部和医药卫生干部。民族地区的区、乡、公社干部基本上应由当地少数民族人员担任；县、州要选拔优秀的少数民族干部担任政府及其各部门的领导职务，并逐步配备少数民族干部担任党委书记；要充分发挥少数民族干部的作用，不能轻易地撤换和精简少数民族干部；对犯错误的少数民族干部必须采取特别帮助的态度，必须进行组织处理的也要从宽等等。

但前进的道路并不平坦。在"文化大革命"的十年，少数民族干部培养工作受到严重破坏。新中国成立十几年来党和国家培养的少数民族领导骨干也和其他干部一样遭到摧残；已经形成的民族自治地方均有少数民族干部担任领导职务这一体现民族平等和区域自治政策的局面被破坏了。少数民族干部比例大大下降，许多民族自治地方及其工作部门的负责人改由汉族干部担任。到 1977 年，5 个自治区、29个自治州中的 17 个州、69 个自治县中的 32 个县，担任革委会主任的都不是少数民族干部。当时，全国少数民族干部为 78 万多人，与1966 年相比，在这十多年的时间里，少数民族干部不但没有增加，反而减少了 2 万多人。

党的十一届三中全会以后，以邓小平为核心的党的第二代中央领导集体拨乱反正，纠正了"左"的错误，全面落实政策，使培养选拔少数民族干部工作又走上正确轨道，并在改革开放的伟大实践中，不断创造新经验，取得新进展。1978 年 6～7 月间，中组部和国家民委召开了少数民族干部工作座谈会，制定了《关于少数民族地区干部工作的几点意见》，对少数民族干部工作拨乱反正，落实政策，抓紧配备少数民族干部担任自治机关的领导职务。一大批少数民族干部和爱国民族上层人士回到领导岗位。1979 年 9 月，邓小平指出："民族工作确实有很多问题要引起注意"。此后，党中央、国务院多次讨论民族工作，强调指出："民族区域自治，从最根本的意义来说，就是要由实行自治的少数民族的干部和人民对本民族自治地方的事务当家作主"。在总结历史经验，分析新情况的基础上，又明确提出了"少数民族离不开汉族，汉族离不开少数民族"等重要思想。

这一时期的一个重要特点是，在政策和立法方面加强了少数民族干部工作。

1981 年 7 月，中共中央在《云南民族工作汇报会纪要》中，就少数民族干部的革命化、年轻化、知识化、专业化问题提出：少数民族干部要坚持四项基本原则，忠实执行党的方针政策，密切联系少数民族人民群众，搞好各民族干部间的团结；要有科学文化知识和各种业务工作能力；要把德才兼备、为群众拥护的优秀中青年干部，有计划地提拔到各级领导岗位上来。1982 年的新宪法和 1984 年 5 月通过的《中华人民共和国民族区域自治法》，就少数民族各级干部和各类科学技术、管理人才的培养、配备和充分发挥他们的作用等方面，都作了专门规定，使培养、选拔和使用少数民族干部工作有了法律保障，少数民族干部队伍迅速发展，素质得到提高。

随着改革开放的深入，培养使用少数民族干部的工作不断取得新的进展。此时期不仅提出了要继续重视培养一般少数民族干部，并且提出要注意培养少数民族高中级干部。民族区域自治制度的巩固和完善，民族问题的最终解决，必须根据党的一贯方针，培养造就一支德才兼备、密切联系群众的少数民族干部队伍。要有计划、有步骤地选拔优秀的少数民族干部到党和国家各级领导机关包括国务院一些部门工作，让他们参与国家事务和自治地方事务的管理。

党的十三届四中全会以后，以江泽民同志为核心的党的第三代中央领导集体十分关心和重视少数民族干部的培养选拔工作。1990 年，为贯彻落实中央精神，进一步加强对少数民族干部的培养，中央组织部、中央统战部、国家民委开始组织选派少数民族干部到中央、国家机关和经济相对发达地区挂职锻炼工作。1992 年 1 月，中共中央、国务院召开了中央民族工作会议，江泽民同志作了重要讲话，他着重指出："完善民族区域自治制度，全面贯彻落实《民族区域自治法》的关键，在于大力培养少数民族干部，加强民族地区的干部队伍建设。"党的十四大报告在部署 90 年代改革和建设的主要任务时强调，要采取有效措施扶持民族地区加快发展，加强民族团结，进一步做好培养选拔少数民族干部工作。1993 年 6 月，中央组织部、中央统战部和国家民委联合召开全国培养选拔少数民族干部工作座谈会，研究和部署培养选拔少数民族干部工作。会后下发了《关于进一步做好培养选拔少数民族干部工作的意见》，对少数民族干部培养选拔工作提出了新要求。2000 年 6 月，中央三部委又一次召开全国培养选拔少数民族干部工作座谈会，提出了新形势下培养选拔少数民族干部工作的指导思想、主要任务和政策措施。同年，制定下发的《2000～2009 年选派西部地区和其他少数民族地区干部到中央、国家机关和经济相对发达地区挂职锻炼工作规划》，就少数民族干部的培养锻炼提出了明确任务和要求。

党的十六大以来，以胡锦涛同志为总书记的党中央继续强调和重视民族问题和少数民族干部工作。2003 年 3 月，胡锦涛同志在参加全国政协十届一次会议少数民族界委员联组讨论时的重要讲话中提出，要紧紧围绕各民族共同团结奋斗、共同繁荣发展的民族工作主题，突出抓好少数民族干部队伍建设。2003 年 10 月，《党政领导班子后备干部工作规定》对少数民族后备干部工作提出了明确要求。2004 年 2 月，《2004～2008 年全国党政领导班子建设规划纲要》对配备少数民族干部工作作了具体规定。2004 年 10 月 21 日，中共中央政治局就关于我国民族关系史的几个问题进行第十六次集体学习。胡锦涛同志在主持学习时强调："民族问题始终是关系党和国家工作全局的一个重大问题。"他指出，要贯彻人才强国战略，把民族地区人才资源开发作为一项重大战略任务抓紧抓好，不断提高干部群众的综合素质，促进人的全面发展。要把少数民族干部队伍建设作为一件管根本、管长远的大事，加大工作力度，注重提高素质、改善结构，努力建设一支德才兼备的高素质少数民族干部队伍。他强调，各级党委和政府要切实加强和改善对民族工作的领导，把民族工作摆上重要议事日程，经常研究，切实抓好。2005 年 5 月 11 日，国务院第 89 次常务会议通过《国务院实施〈中华人民共和国民族区域自治法〉若干规定》，对少数民族干部的配备作了具体规定。2005 年 5 月 27 日，胡锦涛同志在中央民族工作会议暨国务院第四次全国民族团结进步表彰大会上的讲话中，再次强调做好培养、选拔、使用少数民族干部工作的重要性，并提出了明确要求。2005年6月，中共中央、国务院颁发了《关于进一步加强民族工作，加快少数民族和民族地区经济社会发展的决定》。《决定》把加强少数民族干部队伍建设作为一个独立的部分，从培养、选拔、使用等各个环节上作出全面部署。特别强调，大力培养少数民族干部和各类人才是做好民族工作的关键性因素，是管根本、管长远的大事。要制定周密规划，完善政策机制，加大培养力度，拓宽培养渠道，不断壮大少数民族干部队伍，加强民族地区人才资源开发。2005年11月，中组部、中央统战部和国家民委联合召开全国培养选拔少数民族干部工作座谈会，对做好新世纪新阶段的少数民族干部工作，提出了重要指导意见。

在党中央的正确领导下，经过全党上下长期的共同努力，全国培养选拔少数民族干部工作取得了很大成绩：少数民族干部的数量有了较大增长，少数民族干部队伍的结构得到进一步改善，一大批少数民族干部被选拔进县级以上各级领导班子，少数民族干部队伍的整体素质有了新的提高。据统计，截至2004年底，全国共有少数民族干部291.5万人，占干部队伍总数的7.4%，比2000年增加了7.5万人，增长了2.6%，超出同期全国干部队伍增长率7.1个百分点（同期干部队伍总数下降4.5%）。少数民族专业技术人员发展到了202.6万人，占少数民族干部总数的69.5%，比2000年增加了10.2万人。全国机关县（处）级以上干部中有少数民族干部4.5万人，比2000年增加了0.5万人，占同级干部总数的7.6%。其中，地厅级干部3758人，比2000年增加了495人；县处级干部4.1万人，比2000年增加了0.4万人。

少数民族干部队伍作为党和国家整个干部队伍的重要组成部分，在改革和建设的实践中进一步发展壮大，成为党和人民信赖的骨干力量。正因为有了这样一支力量，才为加强民族团结，维护祖国统一，加快民族地区经济和各项事业的发展，促进各民族的共同繁荣，提供了有力的组织保证。

第三节　培养少数民族干部的主要措施和经验

我国在培养选拔少数民族干部工作的实践中，取得了伟大的成就，也积累了宝贵的经验。

一、适应民族地区建设事业的发展需要，不断扩大少数民族干部来源

"问渠哪能清如许，为有源头活水来。"少数民族干部队伍的壮大必须有长流不断的源头。国家根据培养少数民族干部的需要，十分重视扩大少数民族干部的来源。新中国成立伊始，为了开展工作，建立人民政权，稳定社会秩序，恢复和发展生产，培养一大批各民族的骨干力量就成为当务之急。各级党委和政府根据中央"人尽其才"的方针，广开才路，扩大干部来源。当时吸收少数民族干部的来源主要是：在各个时期中心工作中涌现出来的少数民族积极分子以及处于失业半失业状态的少数民族知识分子，少数民族中爱国的民族、宗教上层人士及其子女和亲属中的积极分子。吸收的条件则根据不同民族，提出不同要求，保证各民族所需要的干部同时成长。随着少数民族地区经济文化建设事业的发展，少数民族的工人和青年学生日益增多，因而在生产建设中锻炼出来的工农青年和青年知识分子逐渐被大量地吸收为管理和技术干部。

党的十一届三中全会以后，少数民族干部的来源主要是：国家统一分配的大专、中专、中技和中等师范学校毕业的少数民族学生；部队复员转业的少数民族干部；国家下达专项指标，面向社会公开招收干部，通过张榜招贤吸收录用的在社会主义建设事业中涌现出来的优秀的少数民族工人、农牧民和待业的知识青年；从工厂、农村和牧区，择优招聘的一些思想道德素质好、有一定文化程度的知识青年等。近年来，由于各方面原因，少数民族干部来源不足的问题较为突出。对此，有关部门

制定了一系列优惠政策，采取灵活多样的措施，切实加以解决。有关省区市也按照《国家公务员法》关于"民族自治地方录用、聘用公务员时应对少数民族予以适当照顾"的规定，研究制定了具体办法，以吸纳更多少数民族大学毕业生充实到公务员队伍。这就拓宽了干部来源，使少数民族干部队伍不断发展壮大。

源源不断地为少数民族干部队伍输送新人的主渠道是建立民族学院，专门培养少数民族干部。1950年11月政务院第60次政务会议批准的《筹办中央民族大学试行方案》，对有关地区开办民族学院作了具体部署。中央民族大学1950年建立，接着在西北、西南、中南以及云南、贵州、广西、广东、青海、西藏等省区建立起民族院校。目前，全国共有民族学院13所。民族院校根据民族地区的人才需求和少数民族学员的实际，在教学计划、教学大纲、教学用语以及使用的教材、学制等方面，因地制宜，突出特色。在招生和分配上实行灵活政策。五十多年来，各民族院校为各少数民族培养了大批干部，其分布遍及所有的民族地区，活跃在各行各业，为各民族的共同繁荣作出了重要贡献。除办民族院校外，各地还通过各类高等院校培养少数民族干部。各自治区和一些自治州陆续发展了本地区的高等教育事业。各民族自治地方建立的多学科的大、中专院校为该地区培养出大量的各方面的建设人才和管理人才。除此之外，在有关院校组办了民族班，培养少数民族干部。全国36所重点大学和一批政法学院、艺术院校、医学院校，也相继举办民族班，为各少数民族培养各类专业人才。

二、全面提高少数民族干部素质

对少数民族干部的培养，不仅要有数量，还要重素质。对此，有关方面采取多种渠道、多样形式和多次培养的办法，使之素质不断提高。

一是着力抓好培训工作，不断提高少数民族干部的政治理论素质。通过各级各类干部训练班和干部学校培训少数民族干部，是提高干部素质的一项有效措施。各地以党校和行政干校为阵地，对少数民族干部进行岗位培训。早在 1946 年，内蒙古地区就先后在张家口和赤峰等地创办了军政干部学校，到 1947 年 4 月，就培养出各族干部 2000 名，并选送大批干部到东北解放区工作。新中国成立后，每年都有一定数量的少数民族干部定期到各级党校进修。中央党校开办了新疆干部班、西藏干部班，许多省、区、市建立了专门培养少数民族干部的民族干部管理学校。

选送优秀中青年少数民族干部脱产到大、中专院校学习深造，提高文化水平，增长专业知识，是提高干部业务素质的重要途径。党的十一届三中全会以来，各地区有计划地对少数民族在职干部进行培训，使他们更新知识，转变观念，加强理论修养，提高政治素质，增强了坚持党的基本路线和建设中国特色社会主义的自觉性和坚定性，提高了研究新情况、总结新经验、解决新问题的能力。采取举办专题研讨班、培训班等多种形式组织少数民族干部学习现代科学文化知识和商品、市场、管理知识，学习履行岗位职责所需要的专业知识和技能，并根据需要，围绕改革和建设中的一些重大问题进行培训，提高他们的政治思想和专业知识素质。近几年，中央有关部门还设立培训点，定向培训少数民族州、县级领导干部和经济管理干部。通过培训，使少数民族干部的政治、业务素质均得到明显提高。

二是注重实践锻炼，加快少数民族干部的成长。对少数民族干部大胆提拔，放手使用，使他们在实践中增长才干。积极引导和组织少数民族干部到改革发展稳定的第一线工作，注意把那些有发展潜力的年轻的少数民族干部选派到情况复杂、困难较大的地方任职，给他们交任务、压担子，促使他们尽快成长。为了提高少数民族干部的组织领导能力，增长工作才干，各地、各部门有计划地开展干部交流、岗位轮换，通过选派少数民族干部到上级领导机关、综合部门、经济发达地区挂职锻炼或参观学习等办法进行培养，使少数民族干部开阔了视野，解放了思想，增强了改革开放意识，提高了宏观决策和解决实际问题的能力。几年来，中央有关部门，各少数民族自治地区和有关省市，有领导、有计划地组织优秀的少数民族干部到基层担任党政领导职务或挂职锻炼，或是选派民族地区优秀的少数民族中青年干部到中央国家机关和经济发达地区挂职锻炼，这是加强干部交流、提高干部素质的重要途径，也是提高他们领导经济建设和改革开放实际工作能力的有效方法。

从长远来说，要从根本上提高少数民族干部素质，必须重视发展民族教育事业。我国已初步确立了民族教育体系，对发展民族教育，采取了许多特殊措施，包括增加财力投入，努力改善办学条件，提高教学质量；兴办以助学金、寄宿制为主的多种形式的民族中小学，普及义务教育，改善教师待遇；在各民族院校和普通中、高等专科学校设立专修班、预科班；实行特殊照顾与择优录取相结合的办法扩大招收民族学生，定向招生分配，确保少数民族大中专学生数量逐年增加；办好职业技术学校，培养民族地区建设事业需要的初级和中级实用人才，等等。

三、注意改善少数民族干部队伍结构

由于历史和自然的原因，少数民族干部队伍结构不尽合理，尤其缺乏金融、外贸、经济管理方面的人才，在很大程度上制约了民族地区经济的发展，尤其与民族地区改革开放，建立社会主义市场经济的要求很不适应。为此，各有关部门着力改善民族干部队伍的结构。

各民族院校和普通高等院校，根据民族地区改革开放和现代化建设的需要，改革教学内容，改进教学方法和教学计划，调整不够合理的专业设置，增设急需专业，为民族地区培养各类专业人才。

在实际工作中，结合机构改革，有组织、有计划地选择一部分有能力、有从事经济和管理工作基础的少数民族干部进行培训后，输送到经济部门工作。同时选拔从事集体经济、个体经济的有用之才，到经济实体中发挥作用。鼓励和支持少数民族经济技术人才和干部承包企业、申办公司、投资建厂，并在政策上加以扶持，培养造就一批民族企业家和民族企业领导干部。

改善少数民族干部队伍结构，还有一个很重要的方面，就是帮助少数民族干部进一步解放思想，更新观念。绝大多数民族地区地处偏远，交通不便，信息不灵，这就要求干部必须不断解放思想，更新观念。在工作中，鼓励民族干部，学习先进地区改革开放的好思路、好办法、好经验，同时振奋精神，看到自己的有利条件，克服自卑心理，消除"等、靠、要"的依赖思想，坚持自力更生，增强改革开放和商品经济意识，加强竞争意识，提高竞争能力，在实践中勇于探索，大胆创新，争当经济工作的行家里手。

四、制订规划，加强民族地区各级领导班子和后备干部队伍建设

培养少数民族干部，必须十分重视少数民族各级领导干部的培养和配备。国家通过立法来保证少数民族干部进入各级领导岗位，如《组织法》和《民族区域自治法》中都对少数民族干部的选拔、配备作了具体的规定。在实际工作中，制订了明确具体的政策和措施。在领导班子调整、换届时，把选拔少数民族干部作为重点问题加以考虑；在坚持干部"四化"方针和德才兼备原则的前提下，同等条件优先选拔和使用少数民族干部，使少数民族干部在各级党委、政府、人大、政协等领导班子中占有一定的比例。配备领导班子时，在坚持"四化"方针和德才标准的前提下，注意掌握几条体现民族地区特点的原则：自治区、地、州、市（盟）、县（旗）的主要领导中要有少数民族干部；少数民族聚居的地方，尽量多配少数民族干部；各级党政机关及其所属部门的领导干部中，有一定比例的少数民族干部；中央和国家机关也要积极选拔任用少数民族干部；有法律依据的，按有关法律规定，选配少数民族干部。对少数民族干部的提拔使用，在同等条件下应予以优先安排。同时，重视培养使用汉族干部，坚持搞"五湖四海"，使各族干部互相尊重、互相

信任、互相帮助、互相支持，齐心协力，做好工作。

培养德才兼备的少数民族后备干部，是加强少数民族干部队伍建设的基础工作。各级党委、政府十分重视这项工作，把少数民族后备干部的培养选拔，纳入后备干部队伍建设的总体规划，按照在职少数民族干部的比例，做好少数民族后备干部队伍的建设工作。针对少数民族干部的特点，实行科学管理，强化培养。结合日常干部考察，广开视野，拓宽知人渠道，注意从政绩显著、有较高群众威信的县以上干部，有突出贡献的专家、学者以及其他代表人物中物色和掌握一定数量的少数民族中高级干部后备人选，进行定向培养。在培养措施上，分类指导，因人而异。需要加强马克思列宁主义基本理论和邓小平建设中国特色社会主义理论学习的，选送到党校和各类培训学校深造；对拟在近期担任高级领导职务的，及早放到下一级重要岗位上锻炼；对经过锻炼和考验，比较成熟的后备人选，大胆提拔到较高层次的领导岗位上来；打破地区、部门界限，在中央国家机关和地方之间，实行干部交流、轮岗锻炼，让干部在不同岗位和不同环境经受磨炼，丰富领导工作经验，增长才干。建立健全少数民族后备干部的培养、选拔、考核和管理制度，使少数民族干部队伍像一池流动的活水，充满生机与活力。

随着干部人事制度改革的不断深化，干部工作引进竞争机制，选任干部实行差额选举。为适应新的形势，少数民族干部的选任工作采取了相应措施，各级领导班子配备的少数民族干部大都是经过一定的竞争选拔出来的。同时考虑到少数民族干部具体情况，认真研究少数民族干部成长规律，从民族地区实际出发，处理好深化干部人事制度改革与贯彻落实党的民族政策的关系，分别不同层次，区别不同民族，提出不同的竞争范围和标准，使竞争机制与保护措施相辅相成，保障各民族干部的合理配置。

培养是为了使用。国家在大力培养少数民族干部的同时，对少数民族干部充分信任，放手使用，充分发挥他们的聪明才智。

五、树立"三个离不开"的思想，加强各族干部的团结和合作

我党根据马克思主义民族观，科学地总结了民族关系发展的历史和现状，提出了汉族离不开少数民族、少数民族离不开汉族的"两个离不开"的思想，在新的历史时期，又将"两个离不开"思想发展成为"三个离不开"思想，即"汉族离不开少数民族，少数民族离不开汉族，少数民族之间也互相离不开"的思想。这反映了各民族人民的共同意志和愿望，也是做好民族干部工作的思想基础。在实际工作中，教育广大汉族干部和少数民族干部牢固树立"三个离不开"的思想，使他们同呼吸、共命运、心连心、相互学习、互相帮助、互相促进。要求不论是哪个民族的干部，都要以大局为重，自觉维护团结，一起搞好工作。在边疆民族地区工作的汉族干部要更好地理解和贯彻党的民族政策，把党和人民的利益放在首位，增强民族工作的意识和责任感，热爱边疆，热爱少数民族人民，提倡汉族干部学习和使用少数民族的语言文字，尊重民族习俗，发扬艰苦创业、甘当人梯、无私奉献的精神，全心全意为少数民族人民服务，积极为少数民族地区的改革和建设作贡献。

根据民族地区的实际需要，鼓励和选拔汉族中青年干部到民族地区工作，制定优惠政策，吸引更多的科技管理人才到民族地区施展才华。不但从政治上关心爱护在边疆地区工作的汉族干部，而且注意解决他们生活上的实际困难。对长期在民族地区工作的汉族干部，在退休安置和子女入学、就业等方面给予适当的照顾。少数民族干部热忱欢迎汉族干部到民族地区工作，以诚相待，关心、支持汉族干部。提倡少数民族干部学习掌握汉语，加强各族干部之间的思想交流。党的各级组织在大力选拔少数民族干部的同时，注意调动和保护汉族干部的积极性，关心他们的成长和进步。各族干部之间，要发扬互相尊重、互相学习、取长补短、共同进步的良好风气，紧密团结，心心相印，和衷共济，形成合力。

第四节　民族地区人才资源开发的途径

人才是先进生产力和先进文化的重要创造者和传播者，是推动经济社会发展的决定性力量。我国的民族团结进步事业，归根到底，要靠人才创造，靠人才引领，靠人才推动。当前民族地区发展滞后，关键在于人才开发滞后、人才队伍建设滞后。民族地区人才总量严重不足，人才占人口和人力资源的比例远远低于东部地区，人才的专业、年龄结构不合理，人才的产业、区域分布不合理，远远不能适应各方面发展的需要，而且已经成为制约民族地区发展的"瓶颈"。发展是第一要务，科学技术是第一生产力，人才资源是第一资源。加快少数民族和民族地区发展，最根本的是造就一大批适应民族地区发展需要的各级各类人才。

根据民族地区经济社会发展的需要和党关于实施人才开发战略的要求，国家制定了民族地区人才开发的指导思想，即以观念更新为先导，以深化改革为动力，以提高人才素质为中心，以人才机制和人才环境建设为重点，以培养、吸引和使用好人才为主线，最大限度地开发人才资源，为民族地区的发展，为西部大开发提供强有力的人才保障。

一、充分重视和发挥现有人才的作用，是人才资源开发的基础

民族地区大部分地处西部，西部地区是中华文明的发祥地，地灵人杰。党和国家历来十分重视民族地区的人才工作，各个时期为民族地区培养造就了各个领域的大批优秀人才，为推动社会主义现代化建设事业发挥了重要作用。特别值得一提的是，在实施国民经济和社会发展"一五"、"二五"计划和"三线建设"时期，为了促进西部地区特别是少数

民族地区的发展和加强国防建设，党和国家向民族地区输送了一批又一批优秀的领导骨干和专业技术、经营管理人才，他们既为民族地区建设作出了巨大贡献，也带动和培养了一大批人才。所以，民族地区虽然人才总量不足，但也已经拥有了一支相当数量的人才队伍。如何调动现有人才的积极性，充分发挥他们的作用，盘活现有人才"存量"，是目前面临的最现实的问题。不能一讲人才开发就是人才引进，重要的是稳定、用好现有人才。只有切实稳定现有人才，才能更好地吸引外来人才。稳定人才，必须发挥现有人才的作用，让各类人才在民族地区的开发建设中有用武之地，无后顾之忧。一是在全社会特别是对各级领导干部加强宣传教育，努力形成尊重知识、尊重人才的良好社会环境；二是逐步提高他们的待遇，帮助其解决工作、生活中的实际困难，以调动他们的积极性；三是充分利用离退休人才资源，发挥其余热，弥补人才之不足；四是把本地区自学成才和在实践中成长起来的有一技之长的乡村技术人才、企业技术能手纳入人才管理范围发挥其作用。总之，不仅要通过事业、感情和待遇把现有人才留住，减少人才流失，而且要挖掘现有人才的潜力，充分发挥他们的作用。

二、大力发展教育事业，加大各类人才培训力度，是解决人才问题的根本

教育是知识创新、传播和应用的重要方式和途径。从长远看，要解决民族地区发展所需要的大量人才，还必须立足自身培养。一般来说，一个地方的经济社会要取得发展，其教育要先行。教育不发展，直接影响人才队伍的发展和壮大；已经成才的，如果教育跟不上，知识老化，又影响人才素质的提高。根据民族地区教育发展的实际，其主要措施：一是要大力加强基础教育，努力提高全民素质。从目前来看，西部民族地区特别是广大农村和牧区的基础教育比较落后，不仅在入学率、升学率和巩固率方面明显低于东部和中部地区，有许多地区仍未能普及九年

义务教育，而且教育质量相对较低，因此，必须实施教育的跨越式发展。二是要大力发展高等教育，为西部大开发培养急需的各种高层次人才。民族地区要加大高等教育的改革力度，合理利用各类教育资源，以提高办学能力和效益。适应社会需要，对专业设置进行结构调整，加强民族地区经济社会发展所需要的经济贸易、工商管理、金融、法律、科技、外语等方面相关学科的建设，以提高培养这方面人才的能力。三是要大力发展义务教育阶段后的教育和各类职业教育，提高学生在义务教育阶段后的升学比例，为培养高层次人才奠定坚实的基础，同时，提供大量掌握一定职业技能的劳动者。四是要加强"扫盲"教育和农村实用技术的培训，提高广大农民的文化科技素质，增强他们脱贫致富的本领。在地方政府克服财政困难、保证经费投入的同时，中央政府不断加大对西部地区教育的财政专项转移支付力度，弥补经费的缺口。同时加大教育在对口支援工作中的比重，把教育作为各对口支援单位扶持的重点。

三、深化干部人事制度改革，努力创新机制，是人才资源开发的关键

影响人才去留、人才积极性发挥的因素是多方面的，但最为关键的是机制问题、环境问题。没有完善科学的人才使用和管理机制，没有尊重人才的社会环境，优秀人才就不能脱颖而出。不能做到人尽其才，才尽其用，人才对社会的贡献得不到应有的承认，甚至得不到应有的社会尊重和经济报酬，很难想象人才的积极性能够得到充分发挥，这样的地方对人才的吸引力可想而知。市场经济是开放的经济，与之相适应的人才资源开发也应该在开放中广纳贤才。各地应逐步在加大改革力度的同时，完善人才使用管理机制，营造有利于人才成长的社会环境。比如调整人才使用管理政策，强化市场竞争机制，创新选人用人机制，实行更为灵活、更为宽松的开发式的人才管理，促进人才成长和流动，实现人

才的最佳配置和合理使用。按照市场化的要求，引入竞争机制，建立起一套有利于优秀人才脱颖而出的选人用人制度。

四、引进国内外人才和智力，是解决人才问题的重要途径

现在，只要谈起人才匮乏问题，没有人不提到引进人才。这本身说明引进人才的确是解决人才问题的一条重要途径。当前经济全球化逐步打破了人才的地域界限，依靠有形和无形的人才市场实现人才资源的科学合理配置也是大势所趋。任何一个地方，即使是发达地区，都不可能也不必要全部依靠自己培养来解决所需要的人才。因此，在发挥现有人才作用的基础上，引进人才是必需的，也是可能的。民族地区一方面依托西部大中城市、优势产业和重大建设项目吸引人才，在科技教育对口支援和合作中引导人才向西部流动，营造良好的创业环境和条件大力吸引海外高层次人才，使各类人才在西部经济社会的发展中充分施展才智；另一方面又进一步完善人才引进政策，改善引进人才的软硬环境，加强人才市场的建设，利用市场机制、市场手段来聚好人才、引好人才、用好人才。中央政府也采取相应措施，制定有关政策，支持和鼓励国内外人才支援民族地区建设，参与西部大开发。中央各部委和各省市也把人才和智力支持作为对口支援的重要内容来加以实施。

在多年的工作实践中，我国形成了一套行之有效的民族地区人才开发机制和培养选拔少数民族干部的工作方法。但面临新的形势和新的任务，还需要注意研究新情况，解决新问题。随着机构改革的深入、国家公务员法的实施、国有大中型企业经营机制的转换，竞争的公开、平等、择优原则同各民族地区和少数民族干部之间的差异性，将会使民族地区人才资源开发和少数民族干部培养面临一些难题。有关部门正在积极开拓思路，探索新办法，不断改进和完善工作机制，努力做到用事业造就人才，用环境凝聚人才，用机制激励人才，用法

制保障人才，把民族地区人才的积极性和创造性引导好、保护好、发挥好。努力把人才优势转化为知识优势、科技优势和产业优势，使一切劳动、知识、技术、管理和资本的活力竞相迸发，使一切创造财富的源泉充分涌现。

第十五章
缤纷多彩而又异常敏感的区域
——少数民族风俗习惯问题

第一节　民族风俗习惯的形成和发展

　　我国各少数民族都有自己的各具特色的风俗习惯。民族风俗习惯，是各个民族在一定的自然环境和社会环境中相沿积久而形成的生活方式。它具体表现在各民族的生产、居住、饮食、服饰、婚姻、丧葬、节庆、娱乐、礼仪、禁忌等方面，在不同程度上反映了民族的历史传统、心理感情以及道德准则、宗教观念等，表现出一个民族的风姿、风貌和风韵。

　　风俗习惯，自有人类社会以来就广泛存在，正如《中国风俗史·序》中所说的那样："至有人类，则渐有群，而其群之多数人之性情、嗜好、言语、习惯，常以累月经年，不知不觉，相演相嬗，成为一种之风俗。而入其俗者，遂不免为所熏染，而难超出限其界之外。"但作为民族风俗习惯，它的形成却相对要晚，是随着民族的产生而形成的。它的产生和发展受自然环境、生产力发展水平、社会历史发展阶段、宗教信仰等多方面的影响。

一、民族风俗习惯的形成与各民族居住地区的自然环境密切相关

我国幅员辽阔，地大物博，有复杂的地形地貌、多种多样的气候类型以及丰富的自然资源，各少数民族适应自己居住区域的自然环境，形成了自己的风俗习惯，并使得民族风俗习惯多姿多彩。如在居住方面，我国北方较寒冷、风沙大，当地农区的少数民族多住土木结构和石木结构的房屋，房顶低矮微斜，有利于保暖和抗拒风沙。南方较炎热、雨水多，少数民族的住房多为干栏式的，分上下两层的吊脚楼，建筑材料一般为竹木，房顶高，既通风凉快，又可防洪、防潮。从事畜牧业的民族，为适应"逐水草而居"和畜牧业生产的特点，住蒙古包和帐篷。在服饰方面，生活在不同地区的各民族，在服饰的样式、选择、缝制等工艺上都表现出不同，北方民族多穿皮的、棉的长袍和靴子，南方民族则多穿短袖的上衣、短裤和筒裙，脚穿拖鞋、凉鞋，甚至光脚。在饮食方面，牧区少数民族多吃牛羊肉和奶制品，喝奶茶和酥油茶，南方少数民族和朝鲜族喜吃大米。

二、民族风俗习惯的形成受各民族社会经济生活的制约

有什么样的生产方式，就会有什么样的社会形态。民族风俗习惯的形成最终受各民族生产方式的制约，并与之相适应。由于自然和社会的原因，我国各民族的生产方式多种多样，由此必然产生各种各样的风俗习惯，表现在各民族的消费、节庆娱乐、喜好禁忌等习俗惯例的方方面面。

蒙古族世世代代生活在大草原上，并长期过着游牧生活。他们在衣食住行等风俗习惯方面都与草原生活相适应，穿皮衣和高筒软质皮靴；吃牛、羊肉和奶制品；多住易架易拆的圆形蒙古包；一年一度的民族节日——"那达慕"，素以传统的赛马、摔跤、射箭为主要活动内容；生产生活中不可缺少的马的形象频频出现在蒙古族的谚语、歌谣、壁画等

文学艺术作品中，甚至在信仰习俗中"神马"也占有较高的地位。这些习俗是游牧经济多侧面的反映。居住在松花江、黑龙江、乌苏里江沿岸的赫哲族，主要经营渔业，因而他们的衣食都离不开鱼。赫哲族的鱼饰，独具特色。生活在大兴安岭的鄂伦春族，过去主要从事狩猎业，因此，他们特别喜欢吃野味，穿皮大衣。

节日民俗是一种综合性的社会现象，它是各民族社会经济生活的反映。例如苗族的"吃新节"，景颇族、傈僳族的"新米节"，阿昌族的"尝新节"，都是这些民族的社会经济生活进入农耕阶段的反映。

三、民族风俗习惯的形成，与各民族的社会历史发展有密切联系

民族风俗习惯是历史的产物，是在一定社会发展阶段上产生的。在人类社会发展史上，风俗习惯经历了一个由简至繁的过程。在人类与动物界分离之初，茹毛饮血、巢居穴处是当时原始人类的共同习俗。随着生产的发展，社会生活的进步，民族风俗习惯逐步丰富起来，形成了各具特色的服饰、饮食、居住、交通、节庆、婚俗、丧葬、礼仪等风俗习惯。处在不同社会发展阶段的民族所形成的风俗习惯和文明程度是不一样的。例如，新中国成立初尚存的云南宁蒗纳西族支系摩梭人的"阿夏婚"（阿夏，意为情侣），就是与母系家庭社会相适应的一种婚姻习俗。

各民族在长期的社会历史发展进程中，都有过美好安定的生活，也都遇到过不幸和灾难，出现过对民族有重大影响的人物和事件。为了表达人们心中的怀念崇敬之情，各民族都形成了一些与纪念杰出人物和重要事件有关的风俗习惯。例如，傣族的传统节日"泼水节"，便来源于在西双版纳流传着的这样一个故事：古代有个魔王，凶狠残暴，无恶不作。他抢来七个美丽善良的姑娘做妻子，七个姑娘十分痛恨魔王。为了为民除害，七个姑娘杀死了魔王，但遭魔火烧身，众人见此情景，皆泼水灭火相救。人们为了永远怀念为民除害的七姐妹，每逢新年，便用水

相泼，洗尘去污，祝福在新的一年里消灾祛祸，身体健康。从此形成了辞旧迎新的泼水节。又如广西凭祥、龙州等边境地区壮族的"吃立节"（壮语称"叩立"，意为吃晚年，可引申为补过春节）：相传在中法战争时，壮族人民因忙于抗敌，未顾上过年，待子弟兵凯旋时，春节已过，于是群众议定就在这一天补过春节，久之，就成了当地的一个节日。

四、民族风俗习惯是民族传统文化的一种表现形式

各少数民族都有自己丰富的传统文化，这种传统文化常常以民族风俗习惯的形式表现出来。例如，苗族的"芦笙舞"，彝族的"阿细跳月"，回、土、东乡、保安、撒拉等民族的"花儿"，蒙古族的"好来宝"，满族的"八角鼓"，朝鲜族的"板声"，傣族的"赞哈"，赫哲族的"伊玛堪"等歌舞和说唱艺术；朝鲜族的"荡秋千"、"跳板"，苗族的"龙传节"，蒙古族的赛马、摔跤，彝族的斗牛，哈萨克族的"姑娘追"，壮族、侗族的"抢花炮"等体育娱乐活动；还有少数民族独具特色的日常用具、衣饰、建筑、手工艺品等，如壮、布依、苗、瑶等民族喜爱的刺绣、蜡染、织锦，侗族的鼓楼、风雨桥建筑等，都充分表现了各个民族的独特的传统文化及艺术风格。

五、有的民族风俗习惯的形成与宗教有关

民族风俗习惯作为一种文化现象，是与宗教信仰密切相关的，有的甚至直接来源于宗教。

宗教可分为原始宗教和现代宗教，它们都对民族风俗习惯产生过深刻的影响。原始宗教在其产生和发展中与自然崇拜、图腾崇拜、祖先崇拜等信仰仪式关系密切。

现代宗教对民族风俗习惯的形成也有深刻影响。回、维吾尔、哈萨克、乌孜别克、柯尔克孜、塔吉克、塔塔尔、东乡、保安、撒拉等少数民族的禁猪，不吃猪肉，不吃自死的牛、羊等习俗，就是从《古兰经》

的规定而来的。本来不养猪、不吃猪肉是居住在阿拉伯半岛上的一些游牧民族古老的生活习惯，后来伊斯兰教的创始人穆罕默德把它列入伊斯兰教《古兰经》作为教规。因此，凡是信仰伊斯兰教的人都忌讳养猪、不吃猪肉。经过长期的历史发展，不吃猪肉的教规逐渐演变为上述各民族群众的生活习惯。这些民族的"开斋节"、"古尔邦节"、"圣纪节"等节日，更是从伊斯兰教的节日沿袭而成的。藏族的"雪顿节"、"宗喀巴成道日"、"萨噶达瓦节"、"圣马钦波节"等等，均属于与宗教有密切关系的习俗。傣、布朗、德昂等民族的"开门节"、"关门节"等，则直接来源于小乘佛教。

第二节　民族风俗习惯的特点

民族风俗习惯具有民族性、稳定性、地域性、社会性、承继性、敏感性、变异性、融会性等特点。

一、民族性

民族和民族风俗习惯是一个不可分割的整体。民族风俗习惯是伴随着民族的产生而产生的，因而在其形成过程中就深深地烙上了民族的印迹，具有很强的民族性。民族性是指各民族都有自己独特的、区别于其他民族的风俗习惯。我国各民族在长期的历史发展中，都形成了自己独具一格的风俗习惯，常常带有浓郁的民族色彩，如苗族的跳月和芦笙会，气氛十分热烈，但与西班牙舞和吉普赛人的民间舞蹈风味则完全不同。又如仡佬族的"吃虫节"与侗族的"花炮节"，表现出两个民族不同的历史传统和文化风情。可以说，民族性在各民族的风俗习惯上得到了最充分的表现。费孝通先生指出："一个民族总是要强调一些有别于其他民族的风俗习惯、生活方式上的特点，赋予强烈的感情，把它升华为代表本民族的标志。"因此，风俗习惯是民族文化的组成部分，又是构成民族差别的重要因素。只要民族的差别还存在，就必定有反映这种差别的风俗习惯。

二、稳定性

任何一个民族的风俗习惯，都是一定的社会历史发展阶段的产物，都是在特定的历史和文化土壤中形成的，因而它具有深刻的社会根源、历史根源和自然根源。只要民族存在，反映民族特点和民族形式的风俗习惯就会长期存在。与各民族不断发展变化的社会经济生活条件相比，民族风俗习惯的变化是缓慢的，具有相对稳定性。一个民族的风俗习惯蕴藏着一个民族浓厚的共同心理感情，例如，各民族都有自己的民族服饰，尽管住在不相连接甚或相距千里之外，一旦聚会在一起，看到穿戴自己民族服饰的人，就会感到十分亲切。各民族都具有自己独特风格的歌舞和节日，每逢节日，大家很自然地盛装歌舞，沉浸在节日的欢乐之中。各民族都有自己的信仰，都有共同的语言，这种深厚的民族共同心理感情，具有民族内部的稳定性。

三、地域性

由于人们生活的地理和社会环境的不同，风俗习惯往往表现出地域性特色。俗话说："十里不同风，百里不同俗"，"一方水土，一方风情"。如苗族，由于地区不同，各地苗族的传统节日就不尽相同。贵州黔东南苗族侗族自治州苗族的传统节日是芦笙节，而该州雷山县苗族的传统节日是爬山节，贵州合江县交仓寨苗族的传统节日则是吃信节；此外，各地苗族还有赶歌节、花山节、赶秋节、吃新节、古龙坡会等节日。就是同一个节日，如苗族的花山节，其流行在贵州西部和中部、四川南部和云南东部，但过节的日期却不一样，以农历正月过节为多，也有五月、六月下旬、八月下旬过节的。这是由于风俗习惯要受到一定地域的生产和生活条件、地缘关系以及历史传统的制约，从而使它们染上了浓郁的地方乡土色彩。同时，由于地理和社会环境的相似，又往往使得几个民族的风俗习惯表现出相似或相同。

四、社会性

一个民族的风俗习惯，为整个民族所共有，一代传一代，渗透到这个民族日常生活的各个方面和社会生活的各个角落，具有广泛的群众性和深刻的社会性。各民族的风俗习惯是各民族在长期社会历史发展过程中逐渐形成的一种社会现象，因而必然保留有各个民族社会发展阶段的各个方面的深刻印记。我国各少数民族也同样如此，其风俗习惯也不可避免地会残留着这些社会发展的历史痕迹。例如，原始社会时期，由于生产力水平低下，那时的婚姻据说是"不媒不聘"；随着生产力的发展，私有制的产生，出现了买卖婚姻的现象。新中国成立前，壮、侗、布依等民族中所保留的"不落夫家"婚俗，是原始社会母权制的夫从妻居向父权制妻从夫居过渡期的一种婚俗残余。再如，一些民族的图腾信仰也是原始社会信仰习惯和婚俗的遗留。

五、承继性

承继性，即历史承继性，是指风俗习惯是历史延续的结果，有一种自然的承继性。对于世界上绝大多数民族来说，风俗习惯的起源都是古老的，在人类早期发展阶段就已存在。摩尔根在《古代社会》一书中就多次提到过处于母系氏族社会状态下美洲易洛魁人的各种古怪的宗教习俗和葬俗。在我国历史文献资料中也有大量翔实的民族风俗习惯的记载。如《尚书》、《易经》、《礼记》、《山海经》、《诗经》、《风俗通义》、《古今注》，以及诸朝正史和各地方志都保存有极其丰富的有关我国各民族风俗习惯的珍贵资料。我国少数民族的很多风俗习惯都是从古代传承下来的。以婚俗中的抢婚为例，抢婚是原始社会氏族公社由母系向父系过渡时曾流行过的一种族外婚，这种婚俗的遗风在我国少数民族中以种种形式保存了下来。如瑶族中有一种迎亲方式，是在晚上男方结伙高举火把向女家方向进袭，到半路上，女方进行夺回的"战斗"，随后新郎和新娘溜出队伍，于是停止战斗，双方开始聚宴。又如景颇族中的拉婚、偷婚、抢婚；壮族的"夜婚"；傈僳族中事先约好时间、地点实行抢婚的方式等，都是年代久远的遗存。

六、敏感性

千百年来，每个民族的风俗习惯都是世代延续、从生到死遵守的。每个民族成员对本民族的风俗习惯都有一种特殊的感情，并把这种感情自然地融化为民族心理，升华为本民族的重要标志。所以，在现实生活中，民族风俗习惯与民族感情、民族心理息息相关，一个民族往往以自己的风俗习惯是否受到尊重来衡量和处理同其他民族的关系，把对自己民族的风俗习惯的尊重看成对自己整个民族的尊重；相反，在自己的风俗习惯受到歧视、干涉和破坏时，就会看成是对自己整个民族的侮辱和损害，即使是出于开玩笑，也会刺激以致伤害民族感情。因此，民族风俗习惯具有敏感性的特点。敏感性是各民族风俗习惯共有的社会特征，但是敏感的程度不完全一样。这与一个民族的开放和发达程度有关，也与一个民族的历史境遇及与相关民族的关系融合度有关。由于历史的原因，少数民族对人们，特别是汉族，如何对待他们的风俗习惯，普遍具有较强的敏感性。所以，任何形式的忽视、侵犯少数民族风俗习惯的言行，都可能会损害民族关系。

七、变异性

民族风俗习惯虽具有稳定性的特点，但随着社会的发展，生活环境和条件的不断改变，某一种风俗习惯形成之后，还会发展和变化，尽管这种发展和变化相对来说是缓慢的。风俗习惯发生变化的原因，大体有三种情况。第一，政治原因。即由统治集团的民族压迫引起，或由于统治者的倡导。第二，经济原因。经济的发展，商品的流通，促成民族的风俗习惯的改变。第三，文化原因。民族间文化的相互交流和吸收引起民族风俗习惯的发展和变化。民族风俗习惯的这些变化，有时是突变，但绝大部分是渐变。

八、融会性

我国各民族由于长期处于中央集权的统一的多民族国家之中，经过长期的历史文化、经济生活的交流与合作，加上居住上的大分散、小聚居，交错杂居的特点，汉族与少数民族之间、少数民族与少数民族之间在风俗习惯上互相影响、互相渗透，表现出你中有我、我中有你的融会性特点，使得有的风俗习惯为多民族所奉行。比如，北京的风俗就是蒙俗、满俗、汉俗在历史上形成的融会体。又如满族接亲时，接亲车后头是花轿，以及"铺红毡，倒红毡，新人下轿两人搀"，这一婚俗为汉族所接受。再有汉族的道教，在长期的发展中，广泛渗透到南方许多少数民族之中，并与南方一些民族的原始宗教相融会，使得在这些原始宗教的还神债、祈福、跳盘王等祭祀活动中，都融会了道教师公的活动，使道教"瑶化"了。凡此等等，都可印证我国少数民族风俗习惯的融会性。

第三节　尊重少数民族风俗习惯

一、尊重少数民族风俗习惯意义重大

尊重少数民族风俗习惯，是我们党和国家民族政策的重要组成部分。尊重少数民族风俗习惯，就是尊重各民族的平等权利和生活方式，不能因某个民族的风俗习惯不同而加以歧视或侮辱；一个民族某种风俗习惯的保持或改革，应由该民族的干部群众去决定，别的民族或个人不能强制或干涉；任何民族不能以自己民族风俗习惯为标准，去衡量和要求别的民族，也不能以个人的好恶去对待民族风俗习惯，去处理与民族风俗习惯有关的事情。实践证明，尊重少数民族风俗习惯，有着重要的意义。

一是有利于保护各民族的平等权利和民主权利。《中华人民共和国宪法》规定："中华人民共和国各民族一律平等。"各民族"都有保持或者改革自己的风俗习惯的自由"。各民族无论是保持还是改革自己的风俗习惯，都是各民族的平等权利和民主权利。尊重各民族的风俗习惯，实质上是坚持各民族平等原则和发展社会主义民主的具体体现，对民族风俗习惯的侵犯，就意味着对民族平等权利和民主权利的践踏。我国《刑法》第147条规定："国家工作人员非法剥夺公民的正当宗教信仰自由和侵犯少数民族风俗习惯，情节严重的，处二年以下有期徒刑或者拘役。"刑法把"侵犯少数民族风俗习惯罪"归入"侵犯公民人身权利、民主权利罪"，其实质就是从法律上保护少数民族的平等权利。

二是有利于维护民族团结。每个民族对自己的风俗习惯都有着特殊的感情，有的引以为自豪，有的奉为神圣，不仅自己恪守不移，还丝毫不容他人亵渎。人们往往把其他民族对本民族风俗习惯的尊重与否，作为自己行为的重要根据，或友善，或厌恶，或对立。因此，任何不尊重少数民族风俗习惯的言行，都容易刺激以致伤害民族感情。至于故意歧视和侮辱少数民族的风俗习惯，就更是损害民族团结的错误行为。民族风俗习惯，在今天仍然是我国民族关系中的一个比较敏感的问题。因此，尊重各民族的风俗习惯，是关系到民族团结的大事。各民族之间要相互尊重彼此的风俗习惯，特别是汉族要尊重少数民族的风俗习惯。要经常向干部、群众特别是汉族干部群众，进行尊重少数民族风俗习惯的教育，并采取有效措施，及时纠正侵犯少数民族风俗习惯的错误做法。

三是有利于繁荣和发展民族文化。少数民族风俗习惯是民族文化的重要组成部分，在一定意义上说，正是各民族风俗习惯的千差万别，构成了民族文化的多姿多彩，反映了各民族独具一格的生活方式及在此基础上形成的道德风习，使民族文化艺术的内容和形式具有鲜明的民族特色。各民族的一些风俗习惯本身就是以歌曲、舞蹈和体育的形式来体现的，许多民族又往往是通过自己的风俗习惯来保存和发展自己民族的文化艺术的。因此，尊重少数民族风俗习惯，有利于民族文化艺术的发展和繁荣。

二、党和国家尊重少数民族风俗习惯的政策

尊重少数民族风俗习惯，各民族都有保持或者改革本民族风俗习惯的自由，这是党和国家对待少数民族风俗习惯的一贯政策。

中国共产党一贯尊重少数民族的风俗习惯。1935 年 12 月 20 日发布的《中华苏维埃中央政府对内蒙古人民宣言》提出："我们认为内蒙古人民自己才有权利解决自己内部的一切问题，谁也没有权利用暴力去干涉内蒙古民族的生活习惯、宗教道德以及其他的一切权利。"1936 年 5 月 24 日发布的《中国工农红军总政治部关于回民工作的指示》提出，红军进到回民区域，必须严格遵守所颁布的对回民之三大禁条（禁止驻扎清真寺、禁止吃大荤、禁止毁坏回文经典）、四大注意（讲究清洁、尊重回民的风俗习惯、不准乱用回民器具、注意回汉团结），并强调如有违犯应给以纪律制裁。1941 年 5 月 1 日由中央边区中央局提出、经中央政治局批准的《陕甘宁边区施政纲领》明确规定："依据民族平等原则，实行蒙回民族与汉族在政治、经济、文化上的平等权利，建立蒙回民族的自治区，尊重蒙回民族的宗教信仰与风俗习惯。"1945 年 4 月，毛泽东在党的七大会议上所作的政治报告中指出："他们（少数民族）的言语、文字、风俗、习惯和宗教信仰，应被尊重。"在长期的革命斗争中，尊重少数民族的风俗习惯始终是党和军队的一条纪律，深得少数民族人民群众的拥护和欢迎。从而对革命事业的发展和成功起了很大的

作用。

新中国成立后，为了尊重少数民族的风俗习惯，党和国家制定了一系列政策措施。

1. 尊重少数民族饮食习惯

我国大多数民族在饮食习惯上都有自己的特点，为保证少数民族特需食品的生产和供应，尤其对回、维吾尔、哈萨克、柯尔克孜、塔吉克、塔塔尔、乌孜别克、东乡、撒拉、保安等 10 个信仰伊斯兰教、食用清真食品的民族，给予了专门的照顾。

（1）妥善解决信仰伊斯兰教职工的伙食问题。国家要求信仰伊斯兰教公职人员较多的机关、学校、企事业单位，设立清真食堂或清真伙食，人数较少的可以几个单位联合举办或备专门灶具；对因客观条件限制，单位没有设立清真食堂或清真伙食，又不能回家吃饭的信仰伊斯兰教的职工，按规定发放适当的伙食补助费等。

这一点，对正受监禁的人犯也不例外，同样照顾他们的饮食习惯。

（2）广设清真食品网店。在城市和信仰伊斯兰教民族来往较多的交通要道、饭店、旅馆、医院及列车、客船、飞机等交通设施上，设清真食堂或清真伙食点，国家对经营清真饮食的企业在政策上给予优惠。各地火车、民航售票处等部门知道有信仰伊斯兰教民族旅客时，会及时通知配餐部门，配餐部门在配备食品时，也会准备一定数量的清真食品。食用清真食品的少数民族外出乘火车、飞机者，只需在订购票时申明自己的民族成分，并在购票单上注明"请供应清真食品"字样，即可获得清真食品的供应。

（3）在经营、销售食品中，尊重和照顾少数民族的饮食习惯。凡供应信仰伊斯兰教民族的牛羊肉，由阿訇持刀屠宰。如急需屠宰而阿訇不在时，可由回族或信仰伊斯兰教的其他民族职工处理，剥皮、剔骨均由信仰伊斯兰教职工按照信仰伊斯兰教民族的操作习惯进行。由信仰伊斯兰教的职工负责牛羊肉等食品出入库的检查，在调拨单和出入库单上，注明特别标志，以便同其他肉类分库保管，分车装运，分别出售。做到单宰、单储、单运、单售，不与其他肉食混杂，并注明"清真"字样；供应糕点及其他食品也应照此办理。在信仰伊斯兰教民族聚集的大、中城市，国家有关部门设立专门经营牛羊肉的批发部门或零售机构；在信仰伊斯兰教民族较少的地方，则委托回民或信仰伊斯兰教的其他民族人员屠宰加工或批售活体牛羊。在饮食业的清真餐馆中，保留民族习惯的特点。大、中城市和回民较多的小城镇保留一定的清真饭馆，并注意培养本民族的厨师和服务员。

（4）保证少数民族特需副食的供应。1958 年 3 月，国家城市服务部、中央民委发布的《在副食商业工作中贯彻民族政策、尊重民族习惯，做好副食品供应的联合指示》中要求，凡是国内供应紧张、少数民族又有消费习惯的特殊商品，都应该贯彻尽可能优先供应少数民族需要的方针，尤其对少数民族重大节日的副食供应，更应该引起极大重视。1979 年 10 月中共中央、国务院批转的《国家民委党组关于做好杂居、散居少数民族工作的报告》规定，商业部门要认真做好城镇中信仰伊斯兰教的少数民族的肉食和其他副食品的供应工作。市场供应上要尽可能满足这些民族的肉食和食油的供应量逐步有所增加，各地要根据方便群众的原则，增加供应网点和人员。要做好少数民族特需商品的生产和供应工作。为照顾少数民族长期历史形成的生活习惯，如回族的吃牛、羊肉，朝鲜族的吃大米，蒙古族的吃炒米，藏族的吃糌粑等，要认真安排好这些商品的调拨和供应。1979 年国家还作出规定，回汉通婚后，可以对汉族一方及其子女按回族标准供应副食及食油，以便更好地尊重少数民族家庭的风俗习惯。

2. 尊重少数民族的衣饰习惯

许多少数民族的穿着装饰都有自己的习惯和特殊要求，比如藏、蒙古、哈萨克等一些牧区的少数民族群众习惯穿长筒皮靴、毡靴，苗、彝、藏等许多民族的妇女爱戴金、银制的饰品，保安、藏、蒙古等族群众爱用有银饰的吊刀，等等。对于这方面的习俗，政府作出专门规定和安排加以照顾，安排了少数民族生活特需用品的生产和供应，在全国很多地区，设有"民族用品商店"或在一般商店内设立"民族用品专柜"。又如，国家对少数民族公民申请居民身份证交的标准相片，考虑到一些少数民族的风俗习惯，规定如当地妇女平时不免冠的，可以不免冠照相，以保证证件相片反映本人社会生活中的真实面目。

3. 尊重和照顾少数民族年节习惯

由于历史、文化传统及宗教信仰不同，我国各民族都有自己的节日。这些民族节日丰富多彩、精彩纷呈。

我们国家十分尊重和照顾各少数民族年节习惯，各民族可以自由地按本民族的传统欢度节日。国家规定：各地人民政府应按照少数民族年节习惯，制定放假办法、节日特殊食品供应等优待办法。1950 年 12 月政务院发出专门文件，规定："对信仰伊斯兰教的人民在其三大节日时，屠宰自己食用的牛羊应免征屠宰税；对有限制宰牛规定的地区，应由各省（市）税务机关商省（市）人民政府定出放宽检验标准的具体办法。"1951 年，贸易部发出了《关于少数民族年节优待办法的规定》，1952 年又发出了《关于对少数民族年节优待的决定》，对少数民族的年节进行一系列照顾。1979 年国家再次规定：少数民族的节日，应该受到尊重；民族节日放假办法，按国务院规定执行；对有的民族节日油、面供应，可继续执行。

《中华人民共和国国旗法》第 7 条第 2 款还规定："不以春节为传统节日的少数民族地区，春节是否升挂国旗，由民族自治地方的自治机关规定。民族自治地方在民族自治地方成立纪念日和主要传统民族节日，可以升挂国旗。"

4. 尊重少数民族婚姻习惯

每个民族都有自己的婚姻习惯，这种婚姻习惯是民族文化的重要组成部分。

对于少数民族的婚姻习惯，依法予以尊重和保护。我国《婚姻法》第 36 条规定："民族自治地方人民代表大会和它的常务委员会可以依据本法的原则，结合当地民族婚姻家庭的具体情况，制定某些变通条例或补充的规定。"现 5 个自治区、30 个自治州大都结合本地区、本民族的实际，制定了执行《中华人民共和国婚姻法》的变通条例或补充规定。

1951 年，最高人民法院就地方法院关于汉族和少数民族通婚问题的请示，作出了要尊重少数民族风俗习惯的复示。其主要精神是：一些少数民族的婚龄可适当降低。对一些少数民族不与外族通婚等其他婚姻习俗要给予尊重，并慎重对待；对某个民族同其他民族男女自愿结婚的，任何人不得以任何理由进行干涉。不同民族所生子女的民族从属，子女未成年时，由父母商定；成年后，由子女自定。

5. 尊重少数民族丧葬习俗

我国各民族有不同的丧葬习俗，如火葬、土葬、水葬、天葬等。对于丧葬，除对汉族推行火葬外，其他民族的丧葬习俗，都得到尊重。如信仰伊斯兰教民族死后习惯土葬，国家划拨专用土地，建立公墓，还设立专为这些民族服务的殡葬服务部门。现全国凡有回族等信仰伊斯兰教民族居住的大、中、小城市都建有回民公墓。国家有关部门制定政策规定：绝不能强迫回族等信仰伊斯兰教民族实行火葬，有些地区信仰伊斯兰教民族死后土葬深埋，不显著留坟头的做法，群众比较容易接受，可以推广；对不尊重少数民族丧葬习惯的干部，应进行批评教育，情节严重的要给予处分。同样，在藏族地区，对进行天葬的天葬场按照藏族公民的要求，国家也给予妥善保护。

6. 大众传播媒体中防止侵犯少数民族风俗习惯的事情发生

大众传播媒体中，有时会发生侵犯少数民族风俗习惯的现象。对此国家予以了高度的重视。国家要求新闻、出版、文艺界和从事学术研究的人员，认真学习国家的民族政策，正确认识和尊重少数民族的风俗习惯，多到少数民族地区调查研究、体验生活，全面深入地了解和正确反映少数民族的生产、生活和风俗习惯，尊重少数民族的风俗习惯，防止丑化、侮辱少数民族的作品出现。对有意歪曲少数民族的风俗习惯，伤害少数民族感情，情节严重、造成恶劣后果的，要追究党纪、政纪直至法律责任。1987 年 8 月，国家教育委员会《关于在各级学校注意进行党的民族政策和加强民族团结教育的通知》规定：凡是各地教育部门和学校办的报纸杂志，发表涉及各民族关系的文章，要符合党的民族政策的基本精神，要有利于民族团结和维护祖国的统一。1997 年修订的我国《刑法》规定：在出版物中刊载侮辱、歧视少数民族的内容，情节严重，影响恶劣的，给予刑事处分。

7. 尊重少数民族保持和改革自己风俗习惯的自由

在少数民族的风俗习惯中，有很大部分是那个民族文化的优秀传统，它们含有该民族发展和斗争的历史、语言文字的变化、歌舞的内容和形式、丰富的民间传说，等等。这些优秀文化，反映了少数民族人民的智慧，构成了一个民族共同的文化心理素质，对民族经济、政治、文化的发展起着促进作用。但另一方面，由于风俗习惯的变化，往往落后于社会经济生活的发展变化，这就使得一些风俗习惯打上了旧时代的烙印，不利于民族的发展和进步。这就有一个保持发扬民族风俗习惯的优良传统和改革那些落后的风俗习惯的问题。所谓保持和发扬，就意味着要有所继承，有所创新，有所发展。例如，彝族的火把节和蒙古族的那达慕大会，分别有唱歌、跳舞、赛马、斗牛、摔跤、射箭、拔河、打秋千等活动，这些活动不仅得到继承，而且政府帮助他们在传统的民族歌舞的基础上加以提高、创新，许多具有社会主义内容、民族形式的歌舞节目受到群众的喜爱和欢迎。赛马、摔跤、射箭纳入了体育运动比赛项目之中，不仅受到政府的资助，而且优胜者得到荣誉和奖励，使这些活动开展得比过去更加广泛、更为普及。

对于那些落后的、不利于民族团结和民族进步的风俗习惯，毫无疑问要进行改革。新中国成立后，随着我国社会主义政治、经济、文化事业的发展，各民族社会经济条件的不断变化，各族人民在自愿的前提下，对本民族一些落后于社会经济发展、阻碍民族进步的风俗习惯，如早婚早育、买卖婚姻、一夫多妻、一妻多夫、不落夫家、男不插秧女不犁田、杀牛祭鬼、赶琵琶鬼等，进行了不同程度的改革和废除。

但必须强调的是，少数民族风俗习惯的保持或改革，要由各民族自己决定，任何其他民族和个人不得干涉和越俎代庖，更不能强制改革。毛泽东明确地指出："少数民族的风俗习惯是可以改革的。但是这种改革必须由少数民族群众自己来解决。"任何无视各民族的风俗习惯自由而对民族风俗习惯横加指责，甚至强迫各民族进行改革的做法，都是不可取的，也是不允许的。

同时，少数民族的风俗习惯的改革还必须同生产力发展的实际相适应。因为少数民族的风俗习惯是建立在自己的生活条件的基础上的。风俗习惯的改革，要依靠经济基础本身的发展。党的十一届三中全会以后，在改革开放和商品经济大潮中，少数民族原有的生产方式、生活方式以及原有的一些习俗观念正在受到不同程度的冲击，使他们增强了开拓进取、敢于致富等新观念，促进了各民族的发展和繁荣。在新的历史时期，民族风俗习惯的改革，也必须在发展社会主义市场经济过程中，由各民族自己决定。

第四节　清真食品立法

清真食品是指符合我国信仰伊斯兰教的 10 个少数民族（包括回、维吾尔、哈萨克、柯尔克孜、塔吉克、乌孜别克、塔塔尔、撒拉、保安、东乡等 10 个民族，以下简称回族等少数民族）饮食习惯的食品。回族等少数民族的清真饮食习惯来源于伊斯兰教，同时随地域、民族的差别而有所差异，但是其基本要求是大体一致的。比如，在食品成分中，不得含有以下成分：猪肉、自死动物（包括自然死亡或者因打、摔、触、勒等原因而死的动物）、动物血液、非诵真主之名而宰的动物和酒精；在加工时，需遵循一定的程序和要求：如屠宰动物时，应当由具备特定资格的人"下刀"，且必须口念真主之名；屠宰的时候必须同时切断动物的食管、气管和主动脉，使其速死；在储存、运输和销售时，要求必须与禁忌食品隔离等等。

为尊重回族等少数民族的清真饮食习惯，党和政府制定了一系列有针对性的政策，保障清真食品供应。特别是从 1988 年开始，中央和各级地方政府陆续制定了许多有关清真食品管理的行政法规和地方性法规、规章，为规范清真食品生产经营活动，维护民族团结和社会稳定，促进、扶持清真食品行业发展，宣传普及清真食品知识等，发挥了重要的作用。2004 年起，国务院《清真食品管理条例》的制定工作也已经正式启动，这必将为具体贯彻实施宪法和法律有关尊重少数民族风俗习惯的规定，保护少数民族的合法权益，起到积极的推动作用。

一、清真食品管理立法的背景

在我国历史上，因不尊重少数民族清真饮食习惯而引发的矛盾，自伊斯兰教传入后历朝历代都有发生。特别是进入现代社会，印刷、媒体、通信、交通等现代传播工具和运输工具进入人们日常生活之后，这些矛盾很容易扩散，有的甚至引发大规模的冲突，对民族关系产生了不利影响。

新中国成立后，各级政府为恢复发展民族经济，满足回族等少数民族群众生活的特殊需要，制定了很多相关政策，保持和建立了一批清真食品经营网点；有关部门制定了尊重信仰伊斯兰教少数民族生活习惯的政策，发放副食补贴，对于清真食品供应、从业人员安排、清真食品的生产、调运和储存等都作出了具体规定。

1977 年拨乱反正之后，国家全面纠正了"文化大革命"期间的错误，重申了尊重少数民族风俗习惯的政策。1979 年 10 月 12 日，中共中央、国务院批转的国家民委党组《关于做好杂居、散居少数民族工作的报告》指出，为了解决杂居、散居少数民族的问题，必须认真做好尊重少数民族风俗习惯的工作，并明确提出："商业部门要认真做好城镇中禁猪少数民族的肉食和其他副食品的供应工作。要积极扩大货源，在市场供应上要尽可能满足这些民族的需要，保证对这些民族的肉食和食油的供应量，并力争在可能的条件下，逐步有所增加。各地要根据方便群众的原则，增加供应网点和人员。凡供应禁猪民族的肉食、糕点等，加工、储运、销售所需的工具、容器、车子、仓库等，都应与供应汉民的食品分开。在为少数民族生活服务的单位，要配备本民族的职工和领导干部。同时要教育在这些单位工作的汉族职工，认真尊重少数民族的风俗习惯。""回族等禁猪的少数民族职工较多的机关、学校、企事业单位，应设清真食堂或清真伙食，人数较少的可以几个单位联合举办。对没有清真食堂或清真伙食，又不能回家吃饭的禁猪民族的职工，应按照规定发给伙食补助费。为了方便群众，在城市和回族等禁猪民族来往较多的交通要道、饭店、旅馆、医院、列车等，应设清真食堂或清真伙食。"

1987 年 4 月 17 日，中共中央、国务院批转了中央统战部、国家民委《关于民族工作几个重要问题的报告》，该报告要求，杂散居地区在全面贯彻党和国家的民族政策、做好城市少数民族工作时，应当"发展工艺品、民族特需商品、清真饮食业等工商业。对当前遇到困难甚至濒临倒闭的清真饮食企业和部分民族特需用品企业，要订出保护性措施，加以扶持，帮助他们改善经营管理，提高竞争能力，求得稳步发展。要适当增设清真食品网点和医疗、文化设施"。

虽然各级政府和有关部门为尊重少数民族的清真饮食习惯、保障清真食品的市场供应、方便回族等少数民族的生活制定了很多政策，但过去建立在计划经济条件下的清真食品供应体制显然已经不能适应新的社会环境，因而在清真食品生产经营和供应过程中出现了很多新情况和新问题。同时，由于不了解或是不能正确认识和对待回族等少数民族的清真饮食习惯，一些宣传报道、文艺作品和出版物中，仍然不断出现损害民族团结的内容。

为加强清真食品管理和保障工作，各级政府迫切地感到需要加快相关的法制建设。各地的少数民族代表人士、各级人大代表、政协委员，以及众多少数民族群众，也通过各种方式表达了同样的要求和建议。正是在这样的背景下，1988 年，首先从大城市和中心城市开始，有关清真食品管理的立法工作逐步开展起来，为我国运用法律手段切实维护少数民族合法权益，尊重少数民族风俗习惯开辟了新的篇章。

二、1988～2005 年中央和地方各级政府清真食品立法的情况、主要内容和特点

1. 1988～2005 年中央和地方各级政府有关清真食品立法的情况

1988 年 4 月 1 日，北京市人民政府《关于生产经营清真食品必须尊重少数民族风俗习惯的规定》率先公布施行。在该规定中，确立了生产经营清真食品应当先取得民族工作部门许可的原则，并且规定了清真食品生产经营者必须遵守的规范（包括职工中回族等少数民族应占比例，关键岗位必须有回族等少数民族人员，肉食屠宰必须符合清真屠宰习惯，加工、运输、计量、储存设备和器具必须专用，清真专柜必须与回族等少数民族禁忌食品有效隔离，从业人员应当进行尊重少数民族风俗习惯的教育等），违反规定者可给予适当的经济处罚。在管理体制中，还创立了统一发放、悬挂清真标志牌制度，以及民族工作部门会同工商部门联合执法制度。这是国内第一个专门关于清真食品管理的地方政府规章。同年 8 月，《长春市清真食品饮食业加工经营暂行管理办法》出台。

1989 年 12 月 13 日，黑龙江七届人大常委会通过的《黑龙江省城市民族工作条例》专门规定："生产、经营清真饮食品单位的主要负责人和肉食加工、保管、销售等主要岗位的工作，应由相应的少数民族职工担任，禁止其他民族人员承包清真饮食业和开办饮食业时悬挂清真标志的牌匾。生产、经营清真饮食品的单位，在生产、销售、储存、运输食品时，应用专用生产线、专柜、专库、专车。有关部门在清真肉食进货渠道和运输专用设备等方面，应按有关规定提供方便条件。"这是我国地方性法规中首次对清真食品生产经营作出的具体规定。

1993 年 8 月 29 日，《城市民族工作条例》经国务院批准颁布施行。《条例》第 18 条规定："清真饮食服务企业和食品生产、加工企业必须配备一定比例的食用清真食品的少数民族职工和管理干部，清真食品的运输车辆、计量器具、储藏容器和加工、出售场地应当保证专用。清真饮食服务企业和食品生产、加工企业实行承包、租赁时，一般应当由有关少数民族人员承包或者租赁。清真饮食服务企业和食品生产、加工企业兼并或者被兼并时，不得随意改变其服务方向，确实需要改变服务方向的，必须征得当地城市人民政府民族事务工作部门同意。"这是我国在行政法规中第一次对清真食品生产经营活动做出规定，从而也进一步推动和直接带动了以后各地的清真食品立法活动。

1993 年以后，各地根据实际情况，陆续制定出台了许多规范清真食品管理的地方性法规、规章。截至 2005 年底，北京、天津、河北、山西、辽宁、吉林、黑龙江、上海、江苏、山东、河南、陕西、甘肃、青海、宁夏、新疆等 16 个省、自治区和直辖市以及广州、昆明、成都等多个中心城市制定了专门的清真食品管理法规。此外，还有浙江、重庆、四川等多个省市在其少数民族权益保障条例或实施《城市民族工作条例》办法中对清真食品管理作出了专门规定。另有若干个省和自治区的省会（首府）城市对清真食品的生产经营实施行政许可。

2. 各地清真食品立法的主要内容和特点

1988～2005 年各地的清真食品立法，都是在各地和各有关部门进行了大量的调查研究、充分听取了少数民族各界人士意见的基础上，根据当地的实际情况和经验制定的。这些立法有很多共同点，同时也有不少各自的特点。

总体来说，各地清真食品立法的共同之处主要体现在以下几个方面。

一是在管理体制上大都采取了对生产经营清真食品设定和实施行政许可的模式。由于清真食品生产经营中出现的一些问题，特别是清真不清等不尊重少数民族风俗习惯的行为，极易引发影响民族关系的问题，如处理不当，甚至会发展成群体性事件，不仅影响社会稳定，而且会对一段时期内的民族关系产生难以挽回的负面影响。所以，各地在立法中大都采取了预防为主的办法，即对经营者进行严格审批，未经政府有关部门许可，不得从事清真食品生产经营活动。

在许可条件的设定上充分体现尊重回族等少数民族的风俗习惯，并有利于企业进行内部管理的原则。如要求企业负责人和关键岗位（主要包括采购、存储、运输、质检等）上应当有回族等少数民族人员；个体工商户业主应当是回族等少数民族；企业员工中回族等少数民族的人数应占有一定比例；生产工具、计量器具、运输车辆、储藏容器、加工和销售场地必须专用等等。

二是大都明确了各级民族工作部门是清真食品管理的行政执法主体。因为与其他部门相比，民族工作部门的同志比较了解少数民族的风俗习惯，能够比较及时地得知和发现清真食品生产经营中出现的问题，处理问题时也比较容易与少数民族群众沟通，同时做好群众工作，所以这些立法都确立了民族工作部门是清真食品管理的职责部门，也要求工商、质检等有关部门共同做好相关工作。

三是都规定了清真食品生产经营者应当遵守的确保食品清真品质的一些规范。除了要达到和保持相应企业（个体工商户）设立时的许可条件之外，生产经营者还必须按照规定悬挂统一的清真标志，不得伪造、出租、转让或倒卖清真食品批准文书和清真标志；保证食品（包括进货原料）的清真品质，如屠宰时必须遵循清真屠宰习俗，生产、加工、储运、销售过程中不得与回族等少数民族禁忌的食品混淆；经销清真食品的人员不得与经销清真禁忌食品的人员混岗、串岗；清真食品外包装上应有"清真"标记；其字号、招牌以及清真食品名称、包装和宣传材料、广告用语等，不得含有回族等少数民族禁忌的语言、文字或者图像；不得出售回族等少数民族禁忌的食品，也不得携带回族等少数民族禁忌的食品进入清真食品生产经营场所；清真柜台服务人员不得与非清真柜台人员混岗；在停业、易业时应到有关部门办理相关手续等等。

四是在注重加强管理的同时，也注意对清真食品行业进行扶持和保护，对回族等少数民族因为清真饮食习惯而产生的不便给予适当照顾和安排。由于清真食品生产成本相对较高，市场范围不及普通食品，特别在南方一些地区，销售面十分狭窄，常常面临经营困境。所以许多地方都对清真食品行业制定了一些优惠政策，对清真食品的网点建设给予相应的扶持。

五是在加强政府工作职能的同时，注意发挥少数民族社会团体、代表人士和群众的社会监督功能。由于清真食品生产经营者多数是小型企业和个体工商业主。政府主管部门力量有限，难以对各种清真食品的生产经营过程和市场行为进行完善的监督，而我国食品生产领域种种违法行为猖獗，企业和个人诚信体系建设还远未成熟，所以需要充分发挥各种社会监督的作用，以及时纠正各种违规现象，也为市场竞争创造良好的社会环境。

此外，一些地方立法也具有自己的特点。

如为了确保不与禁忌食品的混淆，北京市规定清真食品生产经营单位的职工食堂必须设清真灶。

由于清真屠宰是确保肉类食品清真品质的首要环节，山西省对清真屠宰的人员资格进行了具体规定，要求"供应回族等少数民族食用肉类的禽畜应由掌教屠宰，机械化屠宰时应符合回族等少数民族风俗要求。采购的清真肉类应有掌教证明。对掌教的考核、管理和委派工作，由省伊斯兰教协会负责或由省伊斯兰教协会委托的市、县伊斯兰教协会负责；没有伊斯兰教协会的市、县，由省伊斯兰教协会直接考核、管理和委派。伊斯兰教协会对考核合格的发给掌教合格证书。掌教合格证书由省伊斯兰教协会统一印制"。辽宁省规定："清真牛羊屠宰场的刀师傅和清真饮食行业的厨师、面点师，由市以上民族工作部门组织培训。"吉林省则规定清真用畜禽实行定点屠宰。

一般群众识别清真食品主要依靠清真标志，所以对清真专用标志和包装物的印刷，河北、山西等省均规定须经当地政府民族工作部门审查批准后，到指定单位印制。宁夏、甘肃等省区则规定承印单位必须查验有关的清真食品生产经营许可证。甘肃省还规定清真包装食品，应当由省或市（州、地）民族事务行政主管部门或其委托的伊斯兰教协会等组织监制，并在清真食品外包装上印制监制单位名称。

《上海市清真食品管理条例》设专章规定了扶持清真食品行业的优惠措施，即由政府对清真食品基本供应点的改造项目、经营场地租金、银行贷款利息等给予补贴，所需资金列入同级政府财政预算。清真食品的生产者、经营者可以依法享受税收减免的优惠措施。

针对清真食品供应网点拆迁可能造成的问题，上海市规定，拆迁人应当事先征求有关行政主管部门的意见，并遵循同等条件"拆一还一"、就近、及时、便于经营的原则，妥善安置。黑龙江省规定，在拆迁安置过渡期间，拆迁人应当为临时设立清真食品供应点提供条件，并给予必要的经济补偿。

辽宁省还成立了省清真商业食品管理协会，受民族工作部门的委托，依照《辽宁省清真食品生产经营管理规定》参与对清真食品生产经营的监督管理。

实践证明，中央和各地的这些立法，有力地加强了对于清真食品行业的管理，从而有效地减少了可能因此而产生的影响民族团结的问题，"清真不清"等市场混乱现象得到了一定程度的遏制，同时也促进了清真食品行业的健康发展。

但是，各地清真食品相关立法毕竟只能适用于当地，而清真食品不断发展的前景使得全国需要有一个基本统一和协调一致的法律规范体系，以促进清真食品在全国市场的大流通，更好地解决"清真不清"、"清真不便"的问题，并不断提升我国清真食品的国际竞争力，这就使国务院制定《清真食品条例》成为各地民族工作部门和回族等少数民族群众的一致期待。目前，这项工作正在进行之中。

第十六章
宗教：一个相关的话题
——少数民族宗教信仰问题

第一节　宗教问题与民族问题的关系

宗教是一种社会历史现象，是普遍存在的一种社会意识和社会存在，是人类社会发展到一定阶段的产物。它伴随着人类社会的发展和进步而相应发展，并对民族、国家、社会产生影响。现有资料表明，在世界上各民族的发展史中，尚未发现哪个民族没有过宗教信仰或是宗教观念的。可以说，宗教与民族密切相关，宗教成为许多民族生活的重要组成部分。那么，民族与宗教的关系如何？宗教问题对民族问题有什么影响？社会主义时期宗教与民族的关系有哪些变化？科学认识和正确处理这些问题，有着重要的意义。

一、民族与宗教的关系

首先应当指明，民族与宗教是两个不同的概念，民族问题与宗教问题是两类不同性质的问题。民族是人们在历史上形成的具有共同语言、共同地域、共同经济生活以及表现在共同文化特点上的共同心理素质的人们共同体。而宗教则是一种意识形态，属于上层建筑的范畴。恩格斯说："一切宗教都不过是支配着人们日常生活的外部力量在人们头脑中的幻想的反映。"① 当然，因信仰而结成的宗教组织和社团，也是社会实体，但它与民族仍有质的区别。一个民族可以信仰一种宗教，也可以同时存在几种宗教信仰，如蒙古族信仰藏传佛教，也有一小部分信仰伊斯兰教；生活在我国东北的柯尔克孜族信仰萨满教，不同于新疆的柯尔克孜族信仰伊斯兰教，新疆还有一小部分柯尔克孜族信仰佛教。汉族信仰的宗教种类则更多，有佛教、道教，也有信仰天主教、基督教的，更多的则是一些民间信仰。一个民族历史上可能信仰过几种宗教，新疆的维吾尔族最早信仰过佛教、摩尼教，后来才信仰了伊斯兰教。相反，一种宗教也可能有几个民族甚至许多民族信仰，我国就有十个少数民族基本上全民信仰伊斯兰教。具体到某个民族的个人来说，他可以信仰任何宗教，也可以不信教，不因信教或不信教而改变其民族成分。民族与宗教都有各自发展变化的规律。就民族问题而言，民族问题主要是民族之间的关系问题。而宗教问题，则主要是人们的思想信仰问题，属于意识形态、上层建筑的范畴。

那么，宗教与民族、宗教问题与民族问题有什么关系呢？

在看到民族与宗教的区别的同时，我们也必须清楚地认识到二者之间的密切联系。恩格斯说过："古代一切宗教都是自发的部落宗教和后来的民族宗教，它们从各民族的社会和政治条件中产生，并和它们一起生长。"② 也就是说，各民族的社会、政治和经济发展的状况，对其主要意识形态即宗教有决定作用。作为上层建筑的宗教，它又对社会存在具有反作用，即对社会的各个方面产生影响，作用于当时社会的各个方面。

就宗教与民族的关系而言，不同的历史时期，不同的地域，不同的民族，二者之间呈现出多种不同的关系。在封建社会时期的欧洲，宗教

---

① 《马克思恩格斯选集》第 3 卷，人民出版社 1995 年版，第 666~667 页。
② 《马克思恩格斯全集》第 19 卷，人民出版社 1983 年版，第 333 页。

对民族、国家的意识形态等方面有决定作用。恩格斯在谈到西方中世纪历史时说："中世纪把意识形态的其他一切形式——哲学、政治、法学，都合并到神学中，使它们成为神学的科目。"宗教对这一时期的政治制度、经济形态、民族文化都有着较大的影响，或大都留下了宗教的烙印。很多国家政教合一，或教权凌驾于王权之上。宗教成为统治阶级用来维护封建统治的思想工具，他们大力推行宗教，使之成为广大人民群众的精神枷锁。不同地域的民族，与宗教的关系也有所不同。马克思说：东方的历史表现为各种宗教的历史。① 在阿拉伯国家，伊斯兰教的历史与阿拉伯民族的历史紧密相连，谈阿拉伯民族的历史与文化，不涉及伊斯兰教，难得要领。遍布世界的犹太民族形成至今，仍然保持着全民信仰犹太教的传统，并严格地遵守着犹太教的教义教规和生活习惯。在我国，某些民族的形成与宗教有一定的关系。伊斯兰教传入中国后，来自中亚、西亚穆斯林各族以不同的身份分散在全国各地，经过元、明的发展，他们逐步认同融合，成为一个新的民族——回族，伊斯兰教作为一种信仰纽带，对回族的形成起到了促进作用。撒拉族是从中亚迁徙到中国后以伊斯兰教为纽带而形成的。对于有些民族而言，宗教的影响又小一些，如汉族也产生过道教，并接受了外来的佛教，但没有哪一种宗教成为汉族占统治地位的宗教，在中国历史上，宗教必须依附于王权才可能存在。

当今世界各地出现的热点问题，多半与民族问题和宗教问题有关，在很多问题上，宗教往往起到了举足轻重的作用。如上个世纪40年代印巴分治，就是以信仰印度教和伊斯兰教的两大民族集团为基础分别建国的。前南斯拉夫波黑共和国，因民族和宗教信仰的不同而形成了塞尔维亚、克罗地亚、穆斯林族三个对立群体，固然有政治的、经济的、历史的原因，而宗教上的差异是造成三方对立的一个重要的因素。其中的穆斯林族就是因信仰伊斯兰教而形成的民族实体。事实上，伊斯兰教对

---

① 《马克思恩格斯全集》第28卷，人民出版社1973年版，第255页。

当地的穆斯林影响已经很小了，但在国家分裂、社会动荡的特殊历史条件下，他们也自觉不自觉地以宗教为纽带团结在一起。在巴勒斯坦问题上，伊斯兰教和犹太教的宗教冲突，也是问题的症结之一。

二、历史上宗教对少数民族政治、经济和文化的影响

在我国，一些少数民族历史上的政治制度及重大历史事件，都与宗教密不可分。

公元 9 世纪，佛教传入西藏（古称吐蕃），得到了当时吐蕃政权第一代赞普松赞干布及其后的两代赞普的大力推行。公元 11 世纪中叶以后，在当时封建领主集团的扶持下，佛教重新得到发展，形成了不同的派别。其中噶举、萨迦两派在元、明两朝曾掌握了西藏地方政权。15 世纪，藏传佛教大师宗喀巴创立了格鲁派，在明、清中央王朝的支持下，在西藏建立了政教合一的封建农奴制政权。达赖和班禅这两个最大的活佛，既是西藏最高的宗教领袖，又是世俗的最高统治者。寺院形成了完备而复杂的经院制度和僧伽制度。寺院占有着大量的土地、森林和牲畜以及大量的奴隶。大大小小的寺院，既是人们的精神统治者，又是奴隶主，统治西藏数百年。藏传佛教在蒙古族中的传播，始于元朝。16 世纪中叶以后，由于蒙古王公贵族的大力扶持推崇，藏传佛教格鲁派成为大多数蒙古人信仰的宗教。这是当时蒙古王公贵族和西藏佛教上层僧侣出于政治上的需要，互相利用的结果。蒙古统治者利用佛教作为统治蒙古族人民和藏族人民的精神工具，而西藏佛教僧侣则在享有既得利益的同时，在蒙古贵族的庇护下，大力传播藏传佛教。清朝出于政治目的，实行"兴黄教以安众蒙古"的政策，更加强化了黄教在蒙古族中的统治地位。

17 世纪以后，伊斯兰教在新疆的影响日趋加强，已成为当时叶尔羌汗国进行统治的精神支柱。随着中亚的苏非神秘主义传到新疆，与维吾尔地区封建主义相结合，在一些地区出现了"和卓"（圣裔）势力。

他们在世俗统治者的支持下，集中宗教地产，形成封建农奴制。此时出现的南山派和北山派，曾相继掌握教权，与世俗统治阶级相勾结，统治新疆各族人民。伊斯兰教苏非主义派别传入西北地区以后，在回族、东乡族等民族中逐渐形成了教主兼地主的门宦制度。教主对本派教徒有绝对的权威，管辖有许多教坊，任命教长。教主还占有着大量的土地和牲畜，教徒进行无偿劳动。新疆的宗教制度也很有特点，曾设有宗教法庭，严格推行伊斯兰教法典，对社会生活有很大的干预权。宗教法庭由高级阿訇担任庭长，设有审判官和各种法吏，可以处理一切民事和刑事案件，可以判处各种刑罚。

历史上，傣族佛教也有政教合一色彩，傣族封建领主兼有宗教首领的称号和权力。

同时，在封建社会时期，"对于完全受宗教影响的群众的感情说来，要掀起巨大的风暴，就必须让群众的切身利益披上宗教的外衣出现"[①]。宗教也成为人民群众用以反抗封建统治和民族压迫进行起义的旗帜。如白莲教起义、咸同年间西北回族反清大起义、太平天国运动等。

宗教对民族文化也有深刻的影响。在封建社会时期，由于宗教是某些少数民族统治阶级推崇的、占有统治地位的思想文化体系，使宗教涵盖了少数民族的文化成果，也使许多少数民族的文化打上了宗教的烙印。藏传佛教在传播过程中，吸收了藏、蒙等少数民族的传统文化，逐渐成为支配着他们精神生活和世俗生活的宗教。藏传佛教的传入，对藏族的语言、文学有很大的影响。藏传佛教的僧侣们，综合了汉、印、藏的医学成果，并吸收当时西域、中亚的医术，形成了独具特色的"藏医"。传入蒙古后，又发展而成"蒙医"。寺院建筑融合了汉藏特点，规模宏大，气势雄伟，雕梁画栋，备极精巧。如拉萨的布达拉宫以及甘丹寺、哲蚌寺、色拉寺和青海的塔尔寺、甘肃的拉卜楞寺等，都是古代伟大建筑中的杰作。藏传佛教的雕塑、绘画，技巧十分高超，各种佛教造

---

① 《马克思恩格斯全集》第 21 卷，人民出版社 1965 年版，第 349～350 页。

像，栩栩如生。各种版刻佛经，雕印工艺也很精美，尤以各种御赐及藏地金字藏经写工之精妙，装潢之瑰丽，为民族文化的奇珍。藏传佛教的历法也有很高的水平。傣族男童达到入学年龄必须出家为僧，在寺庙学习文化知识，接近成年再还俗。傣族有译自巴利文的傣文藏经，有大量的傣族、布朗族著述，还有天文、历算、医药、历史、诗歌、传说及佛经故事等。伊斯兰教则对回族等十个少数民族文化的影响十分巨大。宗教的经典教义、教规，影响着他们的思想意识和行为规范，形成了一些民族习惯和观念。明清时期的回族出现了大批汉文伊斯兰教译著和著述。如刘智的《天方性礼》、《天方典礼》，王岱舆的《正教真诠》，马注的《清真指南》，马复初的《四典要会》，这些著作在回族的思想文化史上占有重要地位。

由于宗教对这些少数民族的政治、经济和文化有如此深刻的影响，这些影响直到今天仍然留有明显的印记，因此，一些少数民族与宗教的关系仍然十分密切，反映在民族文化、民族心理、民族习俗等方面。

三、现阶段我国一些少数民族与宗教的关系

在社会主义时期，国家实行宗教与政治分离、宗教与教育分离的原则。经过宗教制度民主改革，宗教的地位和作用发生了很大的变化。一切带有宗教色彩的政治制度和宗教封建特权已被废除，宗教作为思想信仰问题，已成为个人的私事。但是，由于宗教是一种相对稳定的、远离经济基础的上层建筑，由于社会主义时期宗教赖以生存的社会根源和认识根源还没有完全消除，因此，在一些少数民族中，宗教还是他们中大多数人的信仰，宗教还是这些民族传统文化的重要组成部分，宗教的影响仍然很大。在思想意识上，很多人的宗教意识很浓，信仰虔诚，宗教感情深厚。一些有学识的宗教人士，还有较高的社会地位。在社会生活中，由于宗教已渗透到社会生活的许多方面，对人们的婚丧嫁娶、饮食起居仍有很大影响。一些起源于宗教的规定，成为这些民族的风俗习

惯。在现阶段，各民族在生产、生活和交往中，由于宗教信仰的不同而产生的文化上的差异，如果处理不好，就可能导致摩擦和冲突。

总之，宗教在一些少数民族中仍然有很深的影响，各民族之间由于不同的宗教信仰而导致在文化上、思想感情上、民族心理上存在差异。这就需要正确认识民族问题与宗教问题的关系，做好少数民族的宗教工作，这是少数民族地区经济发展、社会进步、社会稳定的一个重要保证。在处理民族问题时，充分认识到宗教方面的因素，尊重各民族的宗教信仰，教育各个宗教、各个教派之间互相尊重，互不干涉，和睦相处。如果我们不注意尊重各少数民族的宗教信仰，就会影响我们同少数民族群众的关系，影响民族团结和国家统一。因为各民族信教与不信教的群众之间的团结，是全国各族人民大团结的一个重要组成部分。同时，也要注意制止极少数坏人利用宗教煽动宗教狂热、制造民族分裂的违法活动。

第二节　少数民族信仰宗教的状况及其特点

一、少数民族信仰宗教的状况

我国是一个多民族的国家，也是一个有多种宗教的国家。我国的少数民族大多数都有宗教信仰，信仰的宗教主要有佛教、伊斯兰教、天主教、基督教。新中国成立前，还有一些少数民族信奉原始宗教。

1. 藏传佛教

藏族、蒙古族、土族、裕固族、门巴族、羌族、纳西族、普米族信仰藏传佛教，主要分布在西藏、青海、甘肃、四川、内蒙古和云南等省区，民族总人口 700 多万人，有寺庙 3000 余座，僧人 12 万多人。藏传佛教在藏族等少数民族中有很长的历史。公元 7 世纪末，佛教自印度传入西藏地区，在藏族社会特殊的历史条件下，经过与当地传统的原始多神教——本教长期斗争与融合，吸收了本教的一些宗教仪式和习俗，约在公元 10 世纪后，形成了独具特色的藏传佛教。在以后的发展中，产生了若干派别，较大的有宁玛派、噶当派、萨迦派、噶举派、格鲁派，形成了系统的僧伽制度和经院制度。本教也与佛教融合，其中一部分成为藏传佛教的一个派别。藏传佛教的经典是由梵文和汉文译成藏文的，内容十分丰富，数量远远超过汉文藏经，有 6000 种左右，约当汉译 1 万卷。藏文《大藏经》以它丰富的内容和庞大的数量，受到国内外学术界的高度重视。藏传佛教的活佛转世制度，始于 13 世纪，最著名的转世活佛是格鲁派的"达赖喇嘛"和"班禅额尔德尼"。他们分别于 16 世纪和 17 世纪开始传承。藏传佛教还逐渐传播到蒙古、土、裕固、纳西等少数民族地区。国外传播到不丹、尼泊尔等国家。

2. 上座部佛教（小乘佛教）

傣族、阿昌族、德昂族、佤族、布朗族信仰上座部佛教，主要分布在云南省，民族人口约 150 万人，寺庙 1000 余座，僧人 8000 人。上座部佛教（亦称巴利语系佛教）传入云南傣族地区可以追溯到公元 7 世纪。到公元 1569 年（明隆庆三年），缅甸金莲公主嫁与傣族宣慰使刀应勐，缅甸王国派僧团随来传教，在景洪地区修建大批塔寺，上座部佛教开始在傣族地区广泛传播。以后，又传播到布朗、德昂、佤、拉祜等少数民族中。对傣族等少数民族的历史文化、社会生活产生了深远的影响。

3. 伊斯兰教

回族、维吾尔族、哈萨克族、东乡族、撒拉族、保安族、柯尔克孜族、塔吉克族、乌孜别克族、塔塔尔族中的大多数人信仰伊斯兰教，民族人口约有 2000 万人，开放清真寺 32000 余座。伊斯兰教传入中国的历史也十分久远。一般认为，唐永徽二年（公元 651 年），阿拉伯帝国（中国史书称"大食"）向中国遣使，作为伊斯兰教传入中国的标志。唐宋时期，中西交通畅通，通过海、陆丝绸之路，一些信仰伊斯兰教的阿拉伯、波斯商人来到中国长安以及东南沿海的广州、泉州、扬州等地经商贸易，中国史书称之为"蕃客"，他们建立清真寺，开展宗教活动，其中一些人在中国娶妻生子，留在中国，其后裔成为中国回族的先民，中国史书称之为"五世蕃客"或"土生蕃客"。

公元13世纪以后，随着蒙古军队的三次西征和元朝的建立，大批中亚、西亚信仰伊斯兰教的军士、工匠、商人、官员等来到中国，他们以军屯、经商、做官等渠道分布到中国各地，建立清真寺，与当地妇女通婚，定居下来，被称为"回回"，这是伊斯兰教传入中国的主要时期，有"元时回回遍天下"之说。经过元明时期的发展，逐渐形成了回族、东乡族、撒拉族和保安族。公元10世纪，伊斯兰教传入新疆地区，当时的喀喇汗王朝国王布格拉汗信仰了伊斯兰教。经过数百年的传教，伊斯兰教在新疆占据了主导地位，成为维吾尔、哈萨克、柯尔克孜、乌孜别克、塔塔尔、塔吉克等少数民族信仰的宗教。伊斯兰教在中国的传播经历了中国化的过程。元明时期迁入中国的伊斯兰教徒，在与当地以汉族为主的民族通婚后，吸收了汉族的文化，形成了使用汉语、穿着汉装，又保持了伊斯兰教信仰的民族——回族。

4. 天主教、基督教

天主教、基督教传入少数民族地区，是近代以来伴随着西方帝国主义侵略中国开始的。鸦片战争以后，随着清王朝被迫签订一系列不平等条约后，葡萄牙、西班牙、法国、英国、美国、德国和沙俄等新老殖民主义国家的传教士，大批进入中国南北方各少数民族地区，以开医院、建教堂、立学校等各种手段，"施展其半麻半醉之侵略教化，以愚我不识不知之贫民"。法国天主教在蒙古族地区建立了七大教区，修了上千所教堂，占有几百万亩土地，有所谓"小天主国"之称。英、法、美等国在云、贵、川、湘、桂等省民族地区也建立了不少教堂，还培养了不少少数民族神职人员。1930年前后，仅云、贵、湘三省，据不完全统计，已设有教堂460多所，传教活动点700多处。

基督教传教士在各民族地区千方百计诱骗群众入教，除了"慈善"

事业外，还利用、甚至"创制"某些少数民族文字来编印《圣经》和其他宗教宣传品，如内蒙古天主教用蒙文译印过《圣经》送给各王公贵族；云南传教士"创制"过景颇文来编印《圣经》章节；贵州传教士也"创制"苗文来编印宗教书籍和课本供教会学校使用。新中国成立以后，仍有一些少数民族群众保持了天主教和基督教信仰，人数较少，并建有一些教堂和活动点。

云南的拉祜族信仰汉传佛教。俄罗斯族部分信仰东正教。新中国成立以前，在傈僳族、怒族、布依族、京族、朝鲜族、苗族、拉祜族、景颇族、阿昌族、独龙族、彝族等民族中，有一部分人信仰基督教或天主教。在鄂伦春族、鄂温克族、赫哲族、锡伯族、满族和达斡尔族中，有一部分人信仰萨满教。云南纳西族中还流传着东巴教信仰。在京族、仫佬族、白族、彝族中，还有人信仰道教。这些民族的信教人数难以统计。

此外，壮族、布依族、侗族、瑶族、哈尼族、水族等民族，没有系统的宗教信仰，还有的人保留着原始的多神信仰。

二、少数民族宗教信仰的特点

新中国成立初期，党和政府在认识和处理我国民族问题和宗教问题的过程中，运用马克思主义基本原理，对宗教问题作了深入的调查研究，准确地概括了我国宗教的基本特点，即宗教具有长期性、民族性、群众性、复杂性和国际性，这是认识我国宗教问题的基本出发点。除了这些特点以外，就少数民族信仰宗教的状况而言，我们认为还有以下三个特点。

1. 从广度上讲，我国一些少数民族基本上都有宗教信仰，而且有的民族还保持着群众性地信仰宗教的特点

新中国成立前，信仰伊斯兰教、藏传佛教、上座部佛教的民族基本上是全民信教，宗教的影响涉及社会政治、经济、民族文化、社会生活各个方面。新中国成立后，随着各民族经济文化教育的发展，这种状况有

所改变，宗教的影响已大为减小，许多人对宗教的态度已经改变，经济发达地区的少数民族对宗教的态度则更为理性。当然，由于宗教的长期性，宗教在这些少数民族中，尤其在广大农村地区，仍然相当普遍地存在。

2. 从深度上看，许多少数民族宗教信仰虔诚，宗教感情浓厚

宗教对少数民族的生活方式、价值观念、心理状态都有较大的影响。在西北回族、维吾尔族等穆斯林聚居地区，几乎村村建有清真寺，有的村甚至建有几座清真寺。信仰者按照宗教教义的要求，严格遵守宗教操守，每日进行礼拜，每年有一次斋月，自愿进行宗教奉献。伊斯兰教规定，每个穆斯林的一生中，如果经济和身体条件许可，应去伊斯兰教的圣地麦加天房朝觐一次。近几年来，随着穆斯林地区经济的发展，每年前往沙特麦加朝觐的穆斯林逐年增多。而藏族地区的寺庙大都建得宏伟壮丽，一些藏族男子出家为僧，信教群众对活佛十分信仰。这与有的汉族群众信则有、不信则无，有时信、有时不信，或有事则信、无事则不信是完全不同的。

3. 宗教信仰同一些少数民族的风俗习惯结合在一起

由于一些少数民族长期信仰宗教，一些宗教的规定逐渐成为这些民族的风俗习惯。如回族的节日，主要是伊斯兰教的三大节日。很多民族的婚俗、丧葬习俗都有浓厚的宗教色彩。信仰伊斯兰教的民族有速葬、土葬的习俗，就源于伊斯兰教的规定。穆斯林各民族的婚礼、葬礼，都是按照伊斯兰教仪式举行的。而藏族的"雪顿节"、"宗喀巴成道日"、"萨噶达瓦节"、"圣玛钦波节"等，也均由宗教节日演变而来的。

第三节　正确认识和处理宗教问题

因为在一些少数民族当中，宗教信仰与民族文化交织在一起，宗教信仰与民族风俗习惯交织在一起，因此，反映在民族问题和宗教问题

上，也往往交织在一起。宗教和谐可促进民族和谐。有些时候，由于宗教信仰的矛盾，往往会引起不同民族之间的矛盾；而民族之间的矛盾，也会因为宗教信仰的不同，使矛盾扩大和激化。在同一个民族中，由于所属教派之间的矛盾和纠纷，也会影响到民族内部的团结。所以，必须正确认识和处理好宗教问题。

一、马克思主义关于宗教的基本观点

马克思和恩格斯继承了18世纪以来资产阶级对宗教批判的成果，以辩证唯物主义和历史唯物主义的立场、观点和方法，研究和认识宗教问题，从而深刻地揭示了宗教的本质和社会作用及宗教产生的社会根源和认识根源，指出宗教有其产生、发展和消亡的规律。这一科学理论，对当时广大人民群众摆脱宗教的束缚，促进国际工人运动的发展，产生了巨大的作用。马克思、恩格斯关于宗教的基本理论和观点，又为列宁在俄国无产阶级革命运动中继承和发展。马克思主义宗教观，是无产阶级政党认识宗教、处理宗教问题的理论思想体系和政策依据。

马克思主义的宗教观主要包括以下内容：

——宗教有其发生、发展和消亡的客观规律。宗教是一种社会历史现象，是人类社会发展到一定阶段的产物，属于历史的范畴，有其发生、发展和消亡的客观规律。宗教不是从来就有的，也不会是永恒不变的。当一切客观条件具备以后，宗教也是要消亡的。

宗教的产生和发展有其深刻的社会根源和认识根源。宗教的产生除了认识根源外，还存在着深刻的社会根源，是自然压迫和社会压迫的结果。在阶级社会产生之前，社会生产力水平极度低下，人们的生活几乎完全受着自然力量的支配，一些自然现象如洪水、风暴猛兽、瘟疫等时时威胁着原始人的生存。对这些无法抵抗的自然力量，人们感到恐惧，感到世界上有一种超自然力量主宰一切。从认识根源上看，人们对梦、死亡等现象毫无所知，于是产生了灵魂观念，逐渐出现了原始宗教。人

类进入阶级社会后，阶级压迫成为宗教存在最深刻的社会根源。在阶级
社会里，劳动者对于阶级剥削、阶级压迫制度所造成的巨大苦难无法摆
脱，感到恐惧和绝望，寄希望于来世，从宗教那里寻求精神安慰。而剥
削阶级为了维护自己的统治，便利用宗教作为麻醉和统治人民群众的精
神手段。

　　——宗教的本质是对支配着人们日常生活的外部力量在人们头脑中
虚幻的、歪曲的反映。宗教和其他社会意识形态一样，不能用意识本身
去说明，而必须在意识以外，在人们的物质生活中，即在人们的物质生
活条件中去寻找根源。人世间的秘密不应到天国中去寻找，天国的一切
矛盾和苦难，只能用人世间的矛盾和苦难来说明。马克思说："**人创造
了宗教**，而不是宗教创造了人……人不是抽象的蛰居于世界以外的存在
物。人就是**人的世界**，就是国家，社会。这个国家、这个社会产生了宗
教，一种**颠倒了的世界意识**，因为它们就是**颠倒的世界**。"① 宗教的本
质不在天国，而在人间。一切宗教都不过是支配着人们日常生活的外部
力量在人们头脑中的虚幻的反映，在这种反映中，人间的力量采取了超
人间力量的形式。

　　宗教对社会生活有很大的影响力。马克思和恩格斯在批判旧社会旧
制度时，对宗教的消极作用作了深刻的揭示。指出：宗教里的苦难既是
现实苦难的表现，又是对这种现实苦难的抗议。宗教是被压迫生灵的叹
息，是无情世界的感情，正像它是没有精神的制度的精神一样。宗教是
人民的鸦片。在阶级社会里，统治阶级、剥削制度对劳动人民残酷剥
削、压迫带来巨大苦难和痛苦，广大人民群众在生产生活中除了与自然
力量的抗争，对大自然力量感到无能为力外，对这种阶级统治带来的痛
苦同样感到无能为力，无法改变这种现状，只能把希望寄托到"来世"
的虚无幸福上，从宗教那里求得精神的安慰。而宗教这时以慈善的面
目，教导人们安于现状，宣传现实的痛苦是短暂的，是前定的，让人们

---

① 《马克思恩格斯选集》第 1 卷，人民出版社 1995 年版，第 1 页。

以今世的痛苦换取来世的幸福，从而麻痹人们的意志。而统治阶级，正是利用了宗教的麻醉作用，作为统治人民群众的精神工具。基督教产生的初期，曾经是下层劳动人民的宗教。当它得到广泛传播后，就演变为统治阶级利用的宗教了。这时的基督教开始宣扬奴隶和平民应该服从自己的主人，奴隶主和富有者的权利是上帝所赐予的。在我国历史上也是如此，佛教传入中国不久，就成为历代统治阶级用来统治人民的宗教了。伊斯兰教也不例外。

同时，马克思、恩格斯认为，宗教的社会作用也具有多重性。在阶级社会里，宗教有时也会成为人民群众用以反抗反动统治阶级的神圣旗帜。随着社会主义制度下阶级压迫的消失，宗教作为一种长期存在的社会现象，其社会作用也在相应发生变化，其消极因素逐渐削弱，其积极的因素在得到发扬。但它的基本社会作用，即对人民群众的麻醉作用没有改变。在看到其积极因素的同时，不能忽视其消极作用。

二、我国宗教政策的基本内容

早在民主革命时期，中国共产党就按照马克思主义关于宗教的基本观点，结合我国的实际，制定了处理我国宗教问题的基本政策。

1949 年 9 月，第一届中国人民政治协商会议通过的《共同纲领》第 5 条明确规定：中华人民共和国公民有宗教信仰自由的权利。以后这一权利写进了全国人民代表大会通过的历部宪法中。

1982 年，第五届全国人民代表大会通过新宪法，其中第 36 条规定：

中华人民共和国公民有宗教信仰自由。

任何国家机关、社会团体和个人不得强制公民信仰宗教或者不信仰宗教，不得歧视信仰宗教的公民和不信仰宗教的公民。

国家保护正常的宗教活动。任何人不得利用宗教进行破坏社会秩序、损害公民身体健康、妨碍国家教育制度的活动。

宗教团体和宗教事务不受外国势力的支配。

除宪法外，在我国的《刑法》、《民法通则》、《民族区域自治法》、《兵役法》、《义务教育法》、《人民代表选举法》、《村民委员会组织法》等法律中，都有关于保护公民宗教信仰自由，不得歧视信仰宗教或者不信仰宗教公民的相应条文。

1993年，江泽民同志在一次会议上指出，在宗教工作方面，要强调三句话：一是全面正确地贯彻执行党的宗教政策，二是依法加强对宗教事务的管理，三是积极引导宗教与社会主义社会相适应。这三句话，是新时期宗教工作的大方向和大原则，是依据我国多年宗教工作经验和面临的任务提出的。2001年，在党中央、国务院召开的全国宗教工作会议上，进一步明确了新世纪新阶段宗教工作的基本方针，即：全面贯彻党的宗教自由政策，依法管理宗教事务，坚持独立自主自办原则，积极引导宗教与社会主义社会相适应。

宗教信仰自由政策，是马克思主义政党对宗教的基本政策，也是我国党和政府对宗教的基本政策。采取宗教信仰自由政策，是基于以下几个因素：

第一，按照宗教本身的客观规律来对待宗教徒的宗教信仰。宗教有其发生、发展和消亡的客观过程，它的存在与否，是社会的历史的产物，是不以人们的意志为转移的。在社会主义时期，宗教赖以存在的自然、社会和认识根源还没有完全消除，宗教对一部分人的影响也将长期存在。因此，就应该正确地对待人们的宗教信仰问题。毛泽东同志说过："我们不能用行政命令去消灭宗教，不能强制人们不信教。"[1]

第二，采取宗教信仰自由政策，其根本出发点和落脚点是使全体信教群众和不信教群众联合起来，把他们的意志和力量集中到建设社会主义现代化的事业上来。信教和不信教群众在思想信仰上的差异是次要的，而在政治、经济上的根本利益是一致的。在我国，信仰宗教的群众大约有一亿人，认真贯彻好宗教信仰自由政策，就能处理好信教与不信

---

[1] 《毛泽东著作选读》下册，人民出版社1986年版，第762页。

教群众的关系，处理好各宗教各教派群众之间的关系，处理好党和政府同广大信教群众的关系，从而把他们的积极性调动到社会主义建设中去。

第三，实行宗教信仰自由政策，也是为了保障宪法给予人民群众信仰宗教自由的基本权利。在我们国家，任何人信教也好，不信教也好，其权利必须得到保护。

新中国成立以来，党和政府的宗教政策经过了不断总结和完善的过程。特别是党的十一届三中全会以来，党的宗教政策得到落实，宗教工作取得了显著成绩。实践证明，我国宗教信仰自由政策是正确的，必须继续认真贯彻执行，保持宗教政策的连续性和稳定性。

简要地说，我国宗教信仰自由政策的基本内容是：

——宗教信仰自由，具体含义是：公民有信仰宗教的自由，也有不信仰宗教的自由；有信仰这种宗教的自由，也有信仰那种宗教的自由；在同一种宗教中，有信仰这个教派的自由，也有信仰那个教派的自由；有过去不信教而现在信教的自由，也有过去信教而现在不信教的自由。对宗教信仰的选择是公民个人的私事，任何国家机关、社会团体和个人不得强制。信仰宗教的公民与不信仰宗教的公民在权利和义务上完全平等。

——尊重和保护宗教信仰自由，包括保护人们信仰宗教的自由和不信仰宗教的自由两个方面。

——实行宗教与政治分离、宗教与教育分离的原则。一切宗教都不得干预国家的行政、司法、婚姻和计划生育。按照宗教与教育分离的原则，任何人不得利用宗教干预学校教育和社会公共教育，不得利用宗教进行妨碍义务教育实施的活动。

——保护正常的宗教活动，各宗教团体依法自主地办理教务，开办宗教院校，印行宗教经典，出版宗教刊物，举办各种社会公益服务事业。

——实行独立自主、自办教会的方针。我国的宗教团体和宗教事务不受外国势力的支配。

——政治上团结合作，信仰上互相尊重，巩固和扩大同宗教界的爱国统一战线。

——争取、团结和教育宗教界人士，有计划地培养年轻一代的爱国宗教职业人员，充分发挥爱国宗教团体的作用。

坚持宗教信仰自由政策，并不妨碍运用马克思主义哲学批判唯心论（包括有神论），向人民群众特别是广大青少年进行辩证唯物主义和历史唯物主义的科学世界观（包括无神论）的教育，加强有关自然现象、社会进化和人的生老病死、吉凶祸福的科学文化知识的宣传。

三、依法加强对宗教事务的管理

贯彻宗教信仰自由政策，必须强调依法对宗教事务进行管理。依法对宗教事务进行管理，是指政府对有关宗教的法律、法规和政策的贯彻实施进行管理和监督，以及依法对涉及国家利益和社会公共利益的宗教事务进行的行政管理。其主要内容是，政府依法保护宗教团体和寺观教堂的合法权益，保护教职人员履行正常的教务活动，保护信教群众正常的宗教活动，防止和制止不法分子利用宗教和宗教活动制造混乱、违法犯罪，抵制境外敌对势力利用宗教进行渗透。

依法对宗教事务进行管理，是全面贯彻宗教信仰自由政策的必然要求。党的宗教信仰自由政策，是经过历史检验的、受到广大信教群众衷心拥护的政策，这些政策需要法律化、制度化，需要各单位、各部门，包括信教和不信教的人民群众共同遵守。政府依法对宗教事务进行管理，就是为了使宗教活动纳入法律、法规和政策的范围，要求宗教界依法进行宗教活动，而不是去干预正常的宗教活动和宗教团体的内部事务。保护正常的宗教活动，必须制止非法的宗教活动。因此，依法管理宗教事务的过程，也是全面贯彻宗教信仰自由政策的过程，只有切实加强依法管理宗教事务，才能保证党的宗教信仰自由政策的贯彻执行。依法对宗教事务进行的管理，同宗教信仰自由政策不仅不矛盾，而且是为了更好地全面贯彻执行宗教信仰自由政策。

依法对宗教事务进行管理，也是社会主义民主和社会主义法制建设的必然要求。现代国家的一个基本特征，就是依法对社会事务进行管理，对宗教事务也不例外。宗教问题就信仰上来说，是个人的私事，这是谁也不能干涉的。而宗教活动、宗教团体和组织活动，是涉及社会很多方面的公共事务，必须在国家法律、法规和政策的允许范围内进行。因此，政府有关部门依法对宗教进行管理的工作，是依法保护宗教活动的过程，也是依法制止违法活动、打击非法活动的过程。在国家法律、法规和政策范围内进行的宗教活动，就是合法的，应受到保护，任何人、任何团体和单位都不得干涉。而超出法律、政策范围的宗教活动，就要受到制止。

依法管理宗教事务，也是保障各民族公民宗教信仰自由的需要。政府依照有关法律、法规和政策，依法保护宗教界的合法权益，保护宗教团体、宗教活动场所、宗教活动本身和信教群众的合法利益不受侵犯。任何侵犯宗教界合法权益，伤害信教群众宗教感情的事，都将受到法律的制裁。

1994年，国务院颁布了《中华人民共和国境内外国人宗教活动管理规定》和《宗教活动场所管理条例》两个单项法规。这两个法规的制定，是为了保障中华人民共和国境内外国人的宗教信仰自由，维护社会公共利益，保护正常的宗教活动，切实保障宗教活动场所的合法权益，有利于对宗教活动场所的管理。

2004年11月30日，国务院总理温家宝签署国务院第426号令，发布了《宗教事务条例》（以下简称《条例》）。这是我国第一部宗教方面的综合性行政法规，标志着我国宗教方面的法制建设取得了重大进展。《条例》充分贯彻宪法确立的保障公民宗教信仰自由的基本原则，制定了相应的保护措施。《条例》还从宗教团体、宗教活动场所、宗教教职人员以及宗教财产四个方面对涉及国家利益和社会公众利益的宗教事务作了规范。

1. 对宗教团体、宗教活动场所的管理

在长期工作实践的基础上，进一步完善了宗教团体和宗教活动场所设立的登记管理制度。对宗教团体、寺观教堂在宗教活动场所外修建大型露天宗教造像规定了审批制度。规定了设立宗教院校的条件和审批程序。为了规范朝觐活动，制止零散朝觐，切实维护朝觐者的利益，参照对朝觐活动管理的做法，总结我国朝觐管理工作的经验，规定信仰伊斯兰教的公民赴境外朝觐，由伊斯兰教的全国性宗教团体负责组织。

此外，《条例》规定，宗教活动场所应当成立管理组织，实行民主管理，建立健全场所内部人员、财务、会计、治安、消防、文物保护、卫生防疫等管理制度，并接受政府宗教事务部门和其他有关部门的依法监督，发生重大事故、事件必须及时报告。

2. 对宗教教职人员实行认定、备案制度

规定宗教教职人员须经宗教团体认定，报县级以上人民政府宗教事务部门备案。按宗教仪规和历史定制，藏传佛教活佛传承继位由政府批准；根据独立自主自办原则，天主教主教由天主教的全国性宗教团体报国务院宗教事务部门备案。

3. 对宗教财产进行监督管理

规定宗教团体、宗教活动场所对自己所有或者使用的土地、房产应当按照国家规定申领房地产权证书确定权属。规定宗教团体、宗教活动场所依法兴办社会公益事业和经营性活动所得收益应当纳入财务、会计管理，用于与该团体、场所宗旨相符的事业。宗教团体、宗教活动场所应执行国家规定的财务、会计、税收管理制度。宗教团体、宗教活动场所可以按照国家有关规定接受境内外组织和个人的捐赠，用于与该宗教团体、宗教活动场所宗旨相符的活动。

《条例》坚持保护合法、制止非法和打击违法犯罪的原则。对于宗教方面的违法活动，分三个层次予以处罚：利用宗教从事违法活动，构成犯罪的，由司法机关依法予以刑事处罚。违反有关规定情节严重但尚未构成犯罪的，予以行政处罚，如警告、责令停止活动、罚款、撤销登记等。对情节较轻的违法行为，主要立足于教育疏导，慎用行政手段和经济处罚。对在其他方面违反《条例》的行为，也要依法追究法律责任。

此外，各省、自治区、直辖市人民代表大会和人民政府也依据宪法和有关法律、法规，结合本地实际情况，制定了地方性宗教法规和政府规章。

依法管理要求一切宗教团体要依法登记并接受政府部门的管理和监督；宗教活动必须在法律和政策范围内进行；有关宗教方面的对外交往要依法办事。要坚决制止各种非法传教活动。

一切宗教活动场所都要经政府批准并依法登记，加强管理。设立宗教活动场所，必须经设区的市级以上人民政府宗教事务部门批准，并应依法向县以上人民政府宗教事务部门进行登记。宗教活动场所应在政府宗教事务部门的行政管理下，建立民主管理制度，由爱国宗教团体和宗教教职人员按照民主管理的原则负责管理。宗教活动场所的合法权益和正常的宗教活动受法律保护，任何组织和个人不得侵犯和干预。

依法加强对宗教事务的管理，就是要在保护宗教信仰自由和正常的宗教活动的同时，坚决打击一切在宗教外衣掩盖下进行的违法犯罪活动和危害国家安全的破坏活动。我国宗教界的绝大多数是爱国守法的，宗教界基本是稳定的。但也必须看到，也确有少数不法分子披着宗教外衣，进行违法犯罪活动，影响了部分地区的群众生产和生活秩序、社会稳定和经济发展。对这类违法犯罪活动，必须坚决予以打击和制止，绝不能任其蔓延。

四、坚持独立自主自办原则

坚持独立自主自办原则，是基于我国曾经长期遭受帝国主义侵略和掠夺、有的宗教被帝国主义控制和利用的历史事实，是我国信教群众作出的自主选择，为我国宗教界所遵循，为我国社会各界所欢迎，并得到世界许多国家宗教组织和人士的理解和支持。随着我国对外开放的扩大，我国宗教界和世界各国宗教界的友好交往日益增多，但境外势力利用宗教对我进行渗透的问题也日益突出，独立自主自办原则面临严峻考验。要支持宗教界加强坚持独立自主自办原则的教育，在思想上、行动上自觉抵御渗透。政府支持宗教界在坚持独立自主、平等友好、互相尊重的基础上积极开展对外交往。

五、积极引导宗教与社会主义社会相适应

引导宗教与社会主义社会相适应，是社会主义社会对宗教的要求。全面贯彻执行宗教信仰自由政策，依法加强对宗教事务的管理，目的就是为了引导宗教与社会主义社会相适应，团结宗教界和广大信教群众与全国人民一起，共同建设社会主义祖国。社会主义制度，是人类社会发展史上的一个崭新的社会制度，是体现全社会绝大多数人共同利益的制度，它消除了阶级和阶级压迫，能够最大限度地调动人民群众参加社会主义现代化建设的积极性。宗教作为一种从旧制度遗留下来的社会现象，将在社会主义社会长期存在，这就要求宗教革除那些适应旧制度的宗教制度和习惯，作出与社会主义制度相适应的变革，唯其如此，宗教才能在社会主义社会健康存在和发展。所谓“相适应”，就是说宗教必须遵守社会主义社会现阶段的国家法律、法规及方针政策。法律保障宗教信仰自由，但宗教必须在法律范围内活动，必须按照国家的方针政策办事而不能同法律、法规及政策相冲突。在我国，任何人，任何团体，包括任何宗教，都应当维护法律尊严，维护人民利益，维护民族团结，维护祖国统一。在我们国家，任何人，任何团体，包括任何宗教，都绝不允许违反国家法律，损害人民利益，制造民族分裂，破坏祖国统一。这是最基本的行为准则。“四个维护”也可以说是宗教与社会主义社会相适应的重要行为准则。

在我国，广大宗教界和信教群众，热爱祖国，拥护共产党的领导，

拥护社会主义制度，他们在国家强盛、民族振兴这一根本利益上同全国人民是一致的，这是宗教与社会主义社会相适应的政治基础，也是宗教能够与社会主义社会相适应的基本条件。新中国成立五十多年来，我国宗教界为了适应社会的发展，在政府的支持下进行了变革。天主教、基督教摆脱了帝国主义教会的控制，实现了自治、自养、自传；在少数民族信仰的宗教方面，废除了藏传佛教的政教合一制度，废除了伊斯兰教中的封建特权和压迫剥削制度，以及各宗教中存在的陈规陋习。经过五十多年的发展，各少数民族宗教都提倡爱国爱教，积极发挥各宗教教义中的积极因素，为社会主义建设服务，使我国的少数民族宗教走上了与社会主义社会相适应的道路。当然，也还存在一些与社会主义社会不相适应的方面。如少数地方出现的宗教干预行政、司法、教育、婚姻和计划生育的现象，极少数人欲恢复已被废除的宗教封建特权，一些宗教内部教派之间发生的矛盾和冲突影响了社会安定，还有人利用宗教进行破坏民族团结、危害祖国统一的活动。因此，在新的历史时期，要求宗教界应当在与社会主义社会相适应方面继续做更多的工作，而不能倒退。在遵守国家法律、法规和政策的同时，要发挥宗教教义教规中的积极因素，如伦理道德思想、积极参加生产劳动的思想等等，为社会主义两个文明建设服务，改革那些与社会主义制度不相适应的宗教制度和习俗，抑制宗教中的某些消极因素。

宗教与社会主义社会相适应，也要求党和政府认真贯彻执行宗教信仰自由政策，切实保障宗教界和信教群众的合法权益。在我们国家，信仰宗教的人只是少数，由于种种原因，信教与不信教的群众之间有时会出现误解，有时会出现侵犯宗教界的合法权益、伤害少数民族宗教感情的问题。这就要求党和政府切实贯彻执行宗教信仰自由政策，当出现这些问题的时候，要注意保护宗教界的合法权益，尊重和保护少数民族的宗教信仰感情，保护宗教活动的正常开展。只有这样，才能在满足广大宗教界的宗教信仰自由权利的同时，调动广大信教群众积极参加社会主义建设的积极性，引导宗教与社会主义社会相适应。

第十七章
为了统一、团结、稳定和发展
——民族问题事件的处理

第一节　民族无小事

　　民族问题是一个重大的问题，也是一个复杂的问题，是世界上任何一个多民族国家都必须面对的问题。正确对待和处理民族问题，是我国社会主义现代化建设事业中的一个重要课题。我们党和政府历来把处理好民族问题摆在十分重要的位置。1993 年，江泽民同志在全国统战工作会议上的讲话中提出"民族宗教无小事"的论断，这既是对国内外经验教训的深刻总结，也是对民族问题在社会主义事业中的重要性的深刻阐述。

　　民族是一个历史范畴，民族问题是一种社会现象。民族问题与民族的存在相伴生，只要有民族和民族差别存在，就有民族问题存在。在社会主义制度下，民族问题将长期存在。在我国，随着经济和社会的发展，各族人民之间互相了解、互相学习、互相影响、互相帮助，共同因素不断增多，但民族特点、民族差异将长期存在。历史上造成的民族隔阂，不是短时期内可以完全消除的；在废除民族压迫制度、实现各民族政治上的平等以后，历史上遗留下来的民族间在经济、文化上的发展差距依然存在，要经过各族人民长期奋斗才能消除；各民族根本利益是一致的，但在某些具体权益，主要是经济权益方面，民族之间仍会发生矛盾和纠纷；民族之间语言文字和风俗习惯的差别将长期存在，有时会由此引起冲突。此外，国际敌对势力支持境内外的民族分裂主义分子，对我国进行渗透、破坏和颠覆活动，把民族问题作为对我西化、分化的重要手段，也需要认真对待。所以，我们必须高度重视和妥善处理民族问题。

一、正确处理民族问题关系到国家的统一、社会的稳定和边防的巩固

毛泽东曾高瞻远瞩地指出："国家的统一，人民的团结，国内各民族的团结，这是我们的事业必定要胜利的基本保证。"历史的经验证明：国家统一、民族团结，则政通人和、百业兴旺；国家分裂、民族纷争，则丧权辱国、人民遭殃。我们讲人民的团结、领土的完整、国家的统一，都是以各民族的团结为基础的。没有各民族的团结，中国就会陷于动乱和分裂，就不可能有国家的统一和社会的稳定，更不可能进行改革开放和现代化建设。

民族问题直接关系到社会的稳定。从民族学角度讲，社会是由众多民族构成的统一体，民族关系是社会关系的重要内容，民族关系的动与静、稳与乱，直接制约着社会关系的和谐度，除了阶级关系外，对社会关系影响最大的当属民族关系，这已被历史和现实反复证明。所以，民族地区各种矛盾解决得好，民族关系和谐融洽，就能为全国的社会政治稳定创造有利条件。

民族问题关系到边防的巩固。我国的民族地区大都在祖国边疆国防冲要地区，从东北的鸭绿江、乌苏里江到黑龙江，从内蒙古到新疆、西藏、云南、广西，总共22000多公里的陆地边防线上，几乎都居住着少数民族。我国还有三十多个少数民族与国外同一民族相邻而居，语言相

同，风习相近，彼此有着传统的经济文化联系乃至亲属关系。居边民族对于开发边疆、保卫祖国边疆的安全，起着重要的作用。只有把民族地区建设好，把民族关系协调好，军政军民团结，共同守土戍边，保家卫国，才能筑起坚不可摧的边防长城。

二、正确处理民族问题关系到我国的改革开放和社会主义现代化建设事业的成功

在整个社会主义时期，各民族的生产生活方式、文化习俗、宗教信仰等方面的固有特点和差异仍然存在，特别是社会和经济发展的差距仍然存在，因而民族间的矛盾依然存在。虽然社会主义制度下的民族问题基本上属于人民内部矛盾，但如果处理不当，就会激化矛盾，特别是在对外开放和计算机信息网络快速发展的条件下，一些影响民族团结的问题突发性增强、扩散速度加快、处置难度加大，有的问题如果处理不及时、不恰当，就有可能演化为群体性事件，甚至转化为对抗性矛盾，引起社会动荡，造成严重后果。历史和现实告诉我们，在多民族的国家里，要顺利地进行改革开放和社会主义现代化建设，必须巩固和发展社会主义的民族关系，坚持和不断促进各民族的平等、团结、互助、合作。只有这样，才能集中精力，一心一意搞建设，才能使各族人民的聪明才智得到最大限度的发挥。

在我们这样一个多民族国家里，无论是革命还是建设，都离不开各民族人民的团结奋斗。民族团结，需要有一个共同的基础，基础一致了，各民族就能齐心协力，全力以赴。在新民主主义革命时期，中国共产党团结全国各族人民的共同基础是推翻帝国主义、封建主义和官僚资本主义的统治，建立新中国。这个共同基础，统一了各族人民的思想，激发了各族人民的斗争热情，赢得了人民革命的伟大胜利。在社会主义改造完成以后，我国的民族团结有了新的基础，这就是建设社会主义现代化国家。它集中体现了我国各族人民的利益和愿望，是我国各族人民

共同追求的目标。这个共同基础，把我国各民族的命运和国家的命运紧紧地联系在一起，没有国家的社会主义现代化，就不可能有各民族的进步、文明、发展和繁荣。

现阶段，民族问题主要是发展问题。在建设中国特色社会主义过程中，需要正确处理改革、发展、稳定的关系，这三者都与处理好民族问题密切相关。要推进改革，必须各族人民同心同德，共同奋斗；要保持稳定，必须正确认识和处理民族问题；要发展，要建设中国特色的社会主义现代化，必须依靠全国各族人民的紧密团结。在改革开放的过程中，往往伴随和交织着各种复杂的社会矛盾，这些矛盾必然要反映到民族关系中来，民族关系是否和谐，民族团结是否得到巩固和加强，民族问题能否得到正确的处理，是当今社会政治环境是否稳定的一个重要方面。

少数民族地区的经济是我国整个国民经济的重要组成部分，少数民族地区经济的发展直接关系到我国改革开放和社会主义现代化建设事业的成功。我国由历史、地理原因形成的经济结构和生产力布局，决定了必须在经济发展中东西互补，共同发展。如何把少数民族地区的资源优势和汉族地区的资金、技术、人才优势结合起来，加速广大少数民族地区的资源开发，促进整个国家的经济发展，促进各民族共同发展繁荣，这是我国社会主义现代化建设的一个重大战略问题，直接关系到我们整个现代化建设目标的顺利实现。民族地区的现代化同全国其他地区的现代化，少数民族的振兴同整个中华民族的振兴，是密不可分的、互相促进的。推动各民族发展进步和共同繁荣，不仅是个经济问题，而且是个政治问题。

三、正确处理民族问题是实现各民族共同繁荣的必然要求

各民族共同团结奋斗、共同繁荣发展，是我国民族工作的主题，也是我国进行改革开放和社会主义现代化建设的客观需要和必然要求。我

国的社会主义社会，由于脱胎于半殖民地、半封建社会，不少民族从封建农奴社会、奴隶社会甚至原始社会直接进入了社会主义，绝大多数少数民族由于历史、社会、自然、地理等方面的原因，经济文化发展都很落后。因此，在社会主义阶段，各民族还需要经历一个共同发展和共同繁荣的长期过程，去实现别的许多国家在资本主义条件下实现的工业化、社会化和现代化。一方面要逐步消除少数民族同国内较先进的民族之间历史上遗留下来的经济文化上的发展差距，赶上汉族和其他较先进民族的发展水平；另一方面各民族都要团结互助共同发展，赶上世界发达国家、发达民族的水平。这是建设中国特色社会主义和中国现代化建设的重要内容。

各民族共同繁荣发展，包括建设高度的物质文明和精神文明两个方面。共同繁荣发展的基础是经济的发展，现在我国民族地区的经济从整体上说还没有摆脱落后的局面，由于历史和地域的原因，他们的底子薄、起点低、开发开放较晚，加上现在发展速度又相对缓慢，与全国特别是发达地区的差距会越拉越大。要改变这种状况，除了国家加强调控、给予支持，加大对民族地区的投入和发达地区的大力支援外，民族地区的干部群众也必须要坚持以经济建设为中心，集中精力，一心一意搞建设。这就要求我们必须要正确处理民族问题，这样才能保证大家把精力都集中到经济建设上来，为加快民族地区的经济发展、改变民族地区的落后面貌而努力奋斗。

实现各民族共同繁荣发展，要充分调动和发挥各民族的积极性和创造性，使各民族群众以满腔热情投身于改革开放和经济建设，抓住历史赋予的机遇，发扬开拓进取的精神，充分发挥民族地区的各种优势，去加速民族地区的经济发展，尽快赶上发达地区的经济发展水平。这也要求正确处理民族问题，不断巩固和发展平等、团结、互助、和谐的社会主义民族关系，各民族只有紧密团结在一个温馨和睦的大家庭里，才能心情舒畅，才有利于其积极性和创造性的发挥。

实现各民族的共同繁荣发展是全国各族人民的共同目标，需要各族人民共同努力，互相帮助。少数民族地区的发展，单靠自身的努力是不够的，必须要有国家的帮助和先进地区的支持。促进民族地区经济发展和社会进步，是政府的重要责任，也是全国各族人民的共同任务。先富裕起来的人和地区，应该帮助还没有富裕起来的人和地区，最终达到共同富裕。共同富裕是共同繁荣发展的一项重要内容，坚持各民族共同富裕，也就是坚持处理民族问题的社会主义方向。民族地区与其他地区共同发展，各族人民共同富裕，可以有力地促进各民族的团结，并坚定各族人民对社会主义的信念。相互帮助，也是社会主义民族关系的基本要求，我国民族关系的基本内容是平等、团结、互助、和谐，富裕起来的人和地区帮助还没有富裕起来的人和地区，这就是一种非常好的"互助"。互助有赖于良好的民族关系，也需要认真处理"互助"中的民族关系。

实现各民族共同繁荣发展，还必须要建设高度的社会主义精神文明。建设高度的精神文明，就是要大力发展民族的教育、科学、文化、卫生、体育等事业，提高全民族的思想、道德和科学文化素质，弘扬民族优秀的传统文化，繁荣和发展社会主义内容与民族形式相结合的社会主义新文化。并以党的基本路线和爱国主义、集体主义、社会主义思想教育全体人民，努力使我国各民族群众成为有理想、有道德、有文化、有纪律的新人。这些都离不开民族关系的和谐。

四、正确处理民族问题是抵御西方敌对势力对我进行西化、分化的有效手段

当今世界，民族、宗教问题已经成为一个热点问题。一些国家和地区纷争不断，频频引发流血冲突和局部战争，许多都是因为民族问题引发的。而制造民族矛盾和进行宗教渗透，历来是西方敌对势力对我进行渗透、颠覆和分裂等阴谋破坏活动的重要手段之一。国际敌对势力不愿意看到中国的迅速发展、日益强大，他们打着"人权"、"民族独立"、

"宗教自由"和其他各种旗号，支持和扶植民族分裂势力，建立反动组织，进行分裂主义舆论宣传，煽动制造事端，妄图达到破坏我民族团结、颠覆社会主义制度、分裂我国的目的。为此，我们必须正确处理民族问题，不给西方敌对势力以可乘之机。

改革开放，是党和政府长期坚持的基本方针，是社会主义现代化建设事业的需要。在深化改革、扩大开放和建立社会主义市场经济体制的新形势下，我国加强与世界各国的交往与合作是必需的，今后还要在坚持和平共处五项原则的基础上进一步扩大和发展这种交往和合作。但是，我们也要对西方敌对势力利用我对外开放之机，利用民族宗教问题对我进行渗透和破坏的图谋，保持足够的清醒和警惕。充分认识渗透与反渗透斗争的复杂性和艰巨性，树立长期斗争的观点。把民族问题放到整个国际、国内大环境来认识，注意研究国际形势对我国民族关系的影响及发展趋势。在复杂的形势面前保持清醒的头脑，及时采取对策，从而有效地抵御和防范西方敌对势力的种种破坏活动。

第二节　宣传教育　防患未然

在民族问题上，首先要立足于不发生问题或少发生问题，见微知著，防患于未然。这就需要平时从各个方面加强相应的工作。

一、坚持不懈地进行马克思主义民族观和党的民族理论、民族政策的宣传教育

马克思主义民族观是指导我们解决民族问题的指南，是正确处理民族问题的指导思想。实践证明，马克思主义民族观是人类历史上最科学的民族观，过去、现在和将来都是我们处理好民族问题的理论武器。要巩固和发展我国的社会主义民族关系，加强民族团结进步事业，正确处

理民族问题事件，离不开马克思主义民族观和党的民族理论、民族政策的宣传教育。

几十年来，中国共产党运用马克思主义基本原理，同中国革命和建设的具体实践相结合，创立了一整套适合中国国情的民族理论，制定了一系列具有中国特色的民族政策，主要包括：（1）民族是在一定的历史发展阶段形成的稳定的人们共同体。一般来说，民族在历史渊源、生产方式、语言、文化、风俗习惯以及心理认同等方面具有共同的特征。有的民族在形成和发展的过程中，宗教起着重要作用。（2）民族的产生、发展和消亡是一个漫长的历史过程，在人类社会发展的进程中，民族的消亡比阶级、国家的消亡还要久远。（3）社会主义时期是各民族共同繁荣发展的时期，各民族间的共同因素在不断增多，但民族特点、民族差异和各民族在经济文化发展上的差距，将长期存在。（4）民族问题既包括民族自身的发展，又包括民族之间，民族与阶级、国家之间等方面的关系。在当今世界，民族问题具有普遍性、长期性、复杂性、国际性和重要性的特点。（5）中国特色社会主义道路是解决我国民族问题的根本道路。我国的民族问题，只有在建设中国特色社会主义、实现中华民族伟大复兴的共同事业中才能逐步解决。（6）我国是各族人民共同缔造的统一的多民族国家。国家统一是各族人民的最高利益，各族人民都要继承和发扬爱国主义传统，自觉维护祖国的安全、荣誉和利益。我国的民族问题是我国的内部事务，反对一切外部势力利用民族问题对我国进行渗透、破坏和颠覆活动。（7）各民族不分人口多少、历史长短、发展程度高低，一律平等。国家为少数民族创造更多更好的发展机会和条件，保障各民族的合法权利和利益，各族人民都有义务维护宪法和法律的尊严。（8）民族区域自治是我们党解决我国民族问题的基本政策，是符合我国国情的一项基本政治制度，是发展社会主义民主、建设社会主义政治文明的重要内容，必须长期坚持和不断完善。《民族区域自治法》是民族区域自治制度的法律保障，必须全面贯彻执行。（9）平等、团结、互助、和谐是我国社会主义民族关系的本质特征，汉族离不开少数民族，少数民族离不开汉族，各少数民族之间也相互离不开。各族人民要互相尊重、互相学习、互相合作、互相帮助，不断巩固和发展全国各族人民的大团结，构建社会主义和谐社会。（10）各民族共同团结奋斗、共同繁荣发展是现阶段民族工作的主题。加快少数民族和民族地区经济社会发展，是现阶段民族工作的主要任务，是解决民族问题的根本途径。坚持科学发展观，大力支持、帮助少数民族和民族地区加快发展。（11）文化是民族的重要特征，少数民族文化是中华文化的重要组成部分。国家尊重和保护少数民族文化，支持少数民族优秀文化的传承、发展、创新，鼓励各民族加强文化交流。大力发展教育、科技、文化、卫生、体育事业，不断提高各族群众的思想道德素质、科学文化素质和健康素质。（12）培养选拔少数民族干部是解决民族问题、做好民族工作的关键，是管长远、管根本的大事，要努力造就一支宏大的德才兼备的少数民族干部队伍。民族地区人才资源开发是一项战略任务，要大力培养民族地区现代化建设需要的各级各类人才。

全国各民族人民都应该认真学习马克思主义民族观，各级领导干部、知识分子和青少年更应该学习好，坚持把马克思主义民族观作为自己行动的指南。中央一再强调：党的各级领导干部，包括汉族干部和少数民族干部，要深入系统地学习马克思主义民族观，既要理解马克思主义民族观的精神实质，又要系统地把握马克思主义民族理论的基本观点及党和国家的民族政策，学会用马克思主义的立场、观点和方法，来观察和处理民族问题；一般干部也应该懂得民族理论和民族政策的基本知识。对新提拔到领导岗位的干部，要进行有关民族理论和民族政策的培训。各民族的干部和共产党员，无论出身哪个民族，都必须从各族人民的共同利益出发去认识问题和解决问题，努力克服和消除一切不利于民族团结的思想和观念，带头巩固和发展我国的民族团结进步事业。对知识界，特别是从事新闻、宣传、出版和文艺工作的知识分子，要求他们懂得并很好地掌握民族政策，在新闻宣传报道、文学艺术作品中创造更多有利于巩固祖国统一、有利于民族团结的好作品。对广大的人民群众，主要从正面向他们进行党和国家民族政策的宣传教育，宣传民族团结、合作的重要性，使"汉族离不开少数民族，少数民族离不开汉族，各少数民族之间也互相离不开"和"心连心、同呼吸、共命运"等道理深入人心，化为广大群众的自觉行动。

加强对各民族青少年马克思主义民族观和党的民族理论、民族政策的宣传教育，是一项十分重要的任务。青少年是祖国和民族的未来，是未来民族关系的主体，他们的思想面貌如何，直接影响祖国与民族未来的发展。因此，对各民族的青少年，从小就要使他们知道一些民族方面的基本知识、基本理论和基本政策，使他们了解中华民族的发展史，了解我们这个多民族国家为什么能够长期保持统一、千百年来久聚不散的深刻根源；了解历史上特别是近代以来中华各民族的共同命运，以及相互之间所结成的血肉相依、患难与共的关系；了解中国共产党成立以来特别是新中国成立以来，各民族和睦相处，共同进行革命斗争，共同建设社会主义祖国的历史和现实。通过各种生动活泼的教育，使各民族青少年从小树立正确的人生观和民族观，使我国的民族团结的传统代代相传，使中华民族的凝聚力更加增强。

要把马克思主义民族观的宣传教育同检查民族政策的执行情况结合起来。各级地方政府要定期或不定期地进行民族政策执行情况的检查，在检查中从总结经验入手，肯定成绩，找出差距，采取措施，消除不利于民族团结的因素，并不断完善党的民族政策。这不仅有利于提高广大干部群众的马列主义水平和贯彻执行党的民族政策的自觉性，而且可以改善民族关系，加强民族团结，促进民族地区各项事业的发展。

二、大力加强爱国主义教育

为了不断巩固和发展我国的民族团结进步事业，加强各民族人民的大团结，必须要对全国各族人民加强爱国主义教育。爱国主义是一个人对养育自己祖国的热烈而美好的感情。它集中表现为对祖国的山川土地和传统文化的深情眷恋，对国家荣辱兴衰和前途命运的强烈关注，与祖国同呼吸共命运的决心和信心，以及作为祖国一员的自尊心和自豪感等等。爱国主义是动员各族人民团结奋斗的一面旗帜，是推动社会前进的巨大动力，是各族人民共同的精神支柱，也是每个公民的法律义务和道德责任。每一个人都属于自己的民族，但首先是属于自己的祖国，爱自己的民族首先要爱自己的祖国。国家的利益高于一切，重于一切。只有国家的强大和统一，才会有各民族的发展和进步。历史已经证明，各民族只有在社会主义祖国大家庭里，才能有自己的尊严，才能走上共同繁荣之路。

爱国主义是中华民族的光荣传统，而且源远流长。我国各民族的祖先从很早的古代起，就共同劳动、生息、繁衍在中国这块广大的土地上。在长期的历史发展过程中，勤劳、智慧、勇敢的各民族人民，共同开拓了我们祖国广阔的土地，抵御了外敌的入侵，创造了富有自己特色的民族文化，丰富了我们祖国的文化宝库，形成了光辉灿烂的中华民族文化，使我们祖国成为世界上历史最悠久、文化发达最早的国家之一。在中国历史上，曾涌现过许多各民族的杰出人物，出现过许多少数民族热爱祖国的动人事迹，这些人物和事迹集中体现了各民族人民热爱祖国的高尚情操。这在国家面临生死存亡的紧要关头表现得尤为强烈。许多爱国志士为捍卫国家主权和民族尊严置生死于度外，洒热血而在所不惜。

在近代，各民族人民为共同反对帝国主义、封建主义和官僚资本主义，进行了英勇的斗争，用鲜血守卫国土，抗击强敌。如18世纪，有东北各族人民抗击沙俄入侵的海兰泡战役；20世纪初，有西藏人民抗击英帝国主义侵略的江孜战役；还有云南片马各族人民抗击法国殖民者入侵的斗争等等。在这些斗争中，各族人民为了保卫祖国边疆，同仇敌忾，奋不顾身，写下了一首首生动感人的壮丽诗篇。特别是在中国共产党的领导下，在60年前那场关系中华民族生死存亡的抗日战争中，各族人民义无反顾，共赴国难。东北抗日联军、中原的回民支队、海南的琼崖支队……各族人民用血肉之躯筑起新的长城。为了推翻三座大山，开创和建设新中国，各族人民表现出崇高的爱国热情和为祖国赴汤蹈火的伟大精神，建立了不可磨灭的功勋。

进行爱国主义和社会主义的宣传教育，应当在全民的广泛范围中进行。要实行学校教育和社会教育齐头并进：一方面，各级各类学校，包括幼儿教育，小学、中学、大学教育，各种专业教育、业余教育，党校、团校等，都应当在适当年级、适当课程里增加这方面的内容；另一方面，还应当通过文学艺术作品、广播电影电视、新闻出版等宣传手段，进行广泛深入的社会教育。

三、广泛、深入地开展争创民族团结进步模范活动

开展争创民族团结进步活动，是新形势下加强民族团结，促进共同繁荣发展的好形式。中共中央《关于加强社会主义精神文明建设若干重要问题的决议》中也明确要求：坚持开展民族团结进步创建活动。

民族团结进步事业是一项伟大的事业，是我国各民族人民共同的事业，已成为全国各族人民生活的重要组成部分。这些年来，各地区、各部门结合各自不同的实际情况，总结、摸索出许多好的经验，使民族团结进步表彰活动不断向前发展。1982 年，新疆维吾尔自治区率先开展了民族团结进步表彰活动，在全国产生了积极而广泛的影响。以后，全国各地普遍开展了这项活动，取得了丰硕的成果。1988 年，国务院召开了第一次全国民族团结进步表彰大会。1990 年，国家民委又在更广泛的范围内对民族团结进步模范集体和模范个人进行了表彰。1994 年、1999 年和 2005 年国务院又分别隆重召开了第二次、第三次、第四次全国民族团结进步表彰大会，把民族团结进步表彰活动推向了一个新的高潮。事实说明，民族团结进步表彰活动，符合我国新时期民族工作的规律和特点，体现了全国各族人民的共同利益和心愿。现在，这项活动已经逐步走上规范化、制度化的轨道。各地为了配合开展民族团结进步表

彰活动，还创造总结出了许多好形式、好办法。有的地区每年有一个月为"民族团结进步教育月"。有的在全自治区、全省范围内开展了"争创民族团结进步先进市、县"活动。同时，各地还通过举办各种形式的培训班、讲座会、报告会、联欢会、谈心会以及丰富多彩的民族政策学习竞赛等，使民族团结进步表彰活动开展得有声有色。

在改革开放中，要根据党的基本路线的要求，根据新的形势，通过各种行之有效的形式和办法，开展民族团结进步活动，发现和培养民族团结进步的先进典型。近些年来，民族团结进步表彰活动由于各地的高度重视，取得了很大的成就，涌现了许许多多的先进典型。包括：认真学习和实践邓小平理论和"三个代表"重要思想，认真贯彻执行党的民族政策的典型；坚持各民族的平等团结、互助合作，致力于各民族的共同繁荣发展，坚定地维护祖国统一和社会稳定的典型；坚持改革开放，积极发展少数民族和民族地区的经济建设事业的典型；积极发展少数民族的科技、教育、文化、卫生、体育等各项社会事业，促进各民族全面进步的典型；积极促进民族区域自治制度的完善和发展，大力培养少数民族干部和科技人才的典型。这些先进典型为我国的民族团结进步事业、为我们国家的发展作出了很大贡献，他们是全国各族人民学习的榜样。应该广泛宣传他们的事迹，鼓励更多的人投身到民族团结进步事业中来。

我国的民族团结进步事业取得的重大成就，有力地增强了中华民族的凝聚力，推动了全国各民族的发展进步，也促进了整个国家的经济建设和改革开放。与此同时，民族团结进步事业也获得了多方面的经验，这些经验包括：加强对民族团结进步事业领导的经验，正确处理团结稳定和发展进步关系的经验；在建设社会主义现代化事业中促进民族团结进步事业的经验；自力更生、更新观念以加快经济发展的经验；发达地区对民族地区实行有力的支持和在民族地区的国有大中型企业带动当地经济发展的经验；军民团结、军民共建社会主义精神文明的经验，等等。这些经验对做好今后的民族工作，对在社会主义市场经济条件下，促进民族工作和民族团结进步事业，具有深远的历史意义和重要的现实意义。

四、加强法制建设，用法律规范和调整民族关系

现代国家的一个基本特征，就是依法对社会事务进行管理。加强民族法制建设，依法对民族事务进行管理，是正确处理民族问题的必然要求，是加强社会主义民主和社会主义法制建设的需要。我国的民族法制是全国各族人民的共同意志的法律化，它是国家统一和各少数民族的合法权利和利益的重要的法律保障。一般说来，民族问题主要也就是民族关系问题，民族关系是包括民族间政治关系、经济关系、文化关系、思想关系等广泛内容的社会关系，可以而且应当运用法律手段进行规范和调整。将民族工作纳入法制化轨道，这是现代社会演进的必然趋势，是民族工作自身发展的必然结果，也是整个国家社会主义法制建设的必然要求。

加强民族法制建设，包括：重视民族立法，使民族关系的各个方面都有明确的规范可循；强调依法办事，使民族法规在社会生活中得到切实的遵行；普及法律知识，提高人们的民族法制意识，强化在法律面前人人平等的观念，努力使各机关、社会团体、各民族公民都能知法守法，同时用法律手段捍卫自己的正当权益；完善民族法的监督机制，使违法现象及时得到纠正。

在我们国家，在法律面前任何组织和个人一律平等。任何民族的成员都必须依法办事，要坚决捍卫法律的尊严，保护最广大人民群众的利益。任何问题，都应在法律的规范下处理。维护法律尊严、维护人民利益，是把我们党的宗旨和现代化管理方法有机结合起来，正确处理民族问题事件的有效途径，是正确对待和处理社会主义市场经济体制下民族问题事件方法的正确选择。这不仅可以促进民族事务管理的法制化、科学化，而且符合我们社会主义国家的本质特征和各族人民的要求。在实

际工作中，要抓好民族法律、法规的执行和监督检查工作，从而保障更好地执法和守法。在普法宣传工作中，要学以致用，把民族法的宣传普及与民族法的贯彻执行相结合，把握社会主义市场经济条件下民族工作的特点和规律，正确领会党的民族政策和民族法律、法规的原则精神，采取有力措施和办法，在改革开放形势下，正确处理民族间的关系，使我国社会主义民族关系在法律的规范和调整下不断得到巩固和发展。

第三节 处理影响民族关系事件的原则

由于种种原因，民族间的矛盾和冲突目前有时还难以避免，这就需要妥善应对，认真处理。首先要指出的是：我们同民族分裂主义分子的斗争，既不是民族问题，也不是宗教问题，而是要不要民族团结，要不要国家统一，要不要人民民主专政的国家政权的问题。尽管分裂主义分子有时打着民族或宗教的旗号，但他们绝不能代表某个民族或某种宗教，我们同他们的斗争绝不是一个民族同另一个民族的斗争，也不是信仰和不信仰宗教的斗争，而是尖锐复杂的政治斗争，是真诚维护国家统一的各族人民同分裂国家、分裂民族的反动政治势力的斗争。这是敌我性质的矛盾，是你死我活的斗争，没有妥协、没有退让的余地。对极少数民族分裂主义分子和其他违法犯罪分子，不论在哪一个地区，不论是哪个民族的，都必须依法处理。

我们这里讲的民族关系问题属于人民内部矛盾，根据党的民族政策和多年的实践，在处理影响民族关系事件时需要坚持以下原则。

一、坚持实事求是的原则

民族矛盾是错综复杂的，对影响民族关系事件要具体情况具体分析。

首先，要严格区分民族分裂活动与影响民族关系事件的界限。因为这是两个不同性质的问题，处理的原则和方法也就不同。对于属于人民内部矛盾的影响民族关系事件，应按处理人民内部矛盾的方法来解决。这里需要指出的一点是，随着改革开放的不断深入和社会主义市场经济体制的建立，在影响民族关系事件中的人民内部矛盾在其内容和表现形式上也越来越复杂，需要认真研究，慎重对待，所以，严格区分民族分裂活动与影响民族关系事件的界限显得十分重要。

其次，要注意区分刑事犯罪活动与影响民族关系事件的界限。不要把一般的刑事犯罪与影响民族关系事件混淆在一起，公民犯罪是公民个人的事情，与他所从属的民族没有任何关系，这一点应十分清楚。有时在影响民族关系事件中，也可能发生犯罪行为，如打砸抢、杀人放火，构成犯罪的应当依法追究刑事责任。任何人，无论是属于哪个民族，只要触犯了国家的法律，就要承担法律责任，受到法律的制裁。

第三，要注意一般民事纠纷与影响民族关系事件的区别，一个民族或不同民族公民之间的一般冲突和民事纠纷，是公民个人之间的冲突，不属于民族关系问题，应该用调解民事纠纷的办法来解决。绝不能把凡是不同民族公民间发生的冲突都归入民族关系问题，这会使事情复杂化。正确的办法是实事求是，是什么性质的问题，就按什么性质的问题处理。

第四，要注意把握影响民族关系事件的性质。当前在我国民族关系方面，人民内部矛盾的基本表现形式主要有四个方面。一是因利益问题引起的矛盾。在深化改革、扩大开放和建立社会主义市场经济体制的过程中，许多经济关系、利益关系需要调整，也会产生许多新的矛盾。二是因出版物（包括一些影视作品）违反民族宗教政策，伤害少数民族和信教群众的感情而引发的矛盾。三是由于文化差异、语言不同和风俗习惯、宗教信仰及民族心理的不同，民族之间缺少相互了解和应有的尊重，在现实生活中往往会产生某些误会，由此带来的一些矛盾。四是随着改革开放的深化和社会主义市场经济的发展，各民族间的交往越来越频繁，流动人口日益增多，经常会发生的一些摩擦和矛盾。处理影响民族关系事件，要认真分析是属于哪一种性质的问题，不同的问题需要采用不同的方式、方法去解决。

二、坚持教育疏导原则

影响民族关系事件属于人民内部矛盾，只能用处理人民内部矛盾的方法去解决，应坚持教育疏导原则，以说服教育为主，去化解矛盾、消除隐患、增强团结。有的地方即使矛盾激化了，也未必都是敌我性质的矛盾；有的地方有人闹事，里面可能有坏人，即使是有坏人，这件事从整体上讲也未必就是敌我矛盾。要充分考虑到事情的具体情况，要立足于多做争取教育工作。有的地方在处理有关事件时，采取"惩办少数，争取多数"的方针，集中打击少数组织策划、煽动骚乱的首要分子，对一般参与者主要是教育争取，赢得了广大群众的拥护和支持，效果是好的。所以团结教育、说服疏导，是正确处理影响民族关系事件应该坚持的一条重要原则。

对影响民族关系事件如何疏导，要具体问题具体分析，采取不同的策略和方法。在宣传法律，宣传民族宗教政策的同时，对群众的合理要求，要认真解决；对不合理的要求，要做耐心劝导工作。对有些事件，参与群众较多，又有涉及群众合理要求的一面，即使有过激行为，甚至违法行为，但在坏人没有充分暴露的情况下，也要十分慎重，仍要做耐心细致的说服教育工作，切忌在思想工作尚不深入、大多数群众思想认识尚未转变过来的情况下，采用不适当手段，形成与群众的对立，激化矛盾，造成被动。

但是，当发生严重威胁群众生命财产安全、严重破坏正常生产生活秩序的骚乱闹事；犯罪分子以民族宗教为掩护，操纵一部分群众闹事，拥有武器，从事严重刑事犯罪活动；或者在局部地区出现坏人煽动大批群众闹事，国家法律得不到正常实施，事态恶化，采取一般的方法不足以控制局势的情况下，必须要采取强制措施，维护秩序，形成强大的政治宣传攻势和威慑力量。

三、坚持及时处置原则

对影响民族关系事件，首先要做到耳聪目明，及时发现。一般而言，凡事都有一个酝酿、发生和发展的过程。对涉及民族关系问题可能发生的一些闹事苗头，要高度敏感，及时发现，及时报告，及时采取措施，力争把问题解决在萌芽状态，这是各地维护地区稳定、加强民族团结的一条十分重要的经验。在《脑筋急转弯》一书引发的事件中，有的地方有极少数人想乘机煽动群众闹事，由于当地有关部门事先掌握了策划闹事的情况，及时报告党委和政府，采取有针对性的措施，使这些活动都在策划中就被制止了，从而维护了当地的稳定。再如，新闻出版部门对有伤害民族宗教感情内容的报刊，一经发现，及时采取追缴、封存等办法加以处理，争取主动，从而避免了可能引起的一些闹事。

第二是要快速反应，措施果断。一经发现影响民族关系事件，有关部门要高度重视，立刻采取措施予以处置，不能犹豫不决，更不能以任何借口和理由推诿拖延。当报不报，当断不断，姑息迁就，延误时机，就要酿成大乱。反映情况要及时、迅速、准确，信息渠道要畅通，办事程序要简化。1996 年处理《奇异的性婚俗》一书就做得非常好，在市场上发现此书后，有关部门立即采取措施，在对此书进行封存收缴的同时，很快查明了当事人，并送交司法机关进行审理，司法机关依照法律程序很快进行了判决，并将审判结果公之于众，受到各族群众的欢迎和好评，从而避免了因此书引发的一些影响民族团结和社会稳定的事件。

第三要尽可能把问题解决在当地，解决在当时，解决在基层，问题解决得越早越好。一个事件在它刚刚发生的时候，可能只是一件很简单的事情，脉络清楚，原因明了，影响不大，处理起来比较容易。一旦事态扩大，问题会越来越复杂，处理起来难度就会增大，就需要花费几倍的力量去解决，而且还容易留下后遗症。这就要求基层有关部门，对影响民族关系事件要有一定的预见性，抓前、抓早、抓准、抓紧，掌握处理问题的主动权。

四、坚持讲究策略和方法的原则

对影响民族关系事件的处理，讲究策略和方法很重要。少数民族和少数民族地区情况各不相同，影响民族关系事件产生的原因以及表现形式也各不相同，不同的问题需要用不同的策略、不同的方法来解决。如果用一个模式、一种方法去认识和处理影响民族关系事件，就会使简单的问题复杂化，就会带来一系列严重后果。

坚持讲究策略和方法的一个基本要求就是要防止矛盾的激化。在现实社会中，两类不同性质的矛盾往往交错在一起，形成复杂的局面，非对抗性矛盾可能转化为对抗性矛盾，人民内部矛盾也可能转化为敌我矛盾，处理问题时采取什么样的方针策略很重要。影响民族关系事件是人民内部矛盾，如果方针不当，处理不妥，没有采取正确的策略和方法，就可能激化矛盾。例如，在发生侵犯少数民族风俗习惯的事件时，有的群众往往会采取上街游行的方式，一般说来，组织者只是少数人，绝大部分群众是从众心理。对此采取什么样的策略和方法来处理，显得尤为重要。不能简单处理，而应讲明道理，采取正确的方式予以解决。方针策略得当，就可以孤立少数人，化解矛盾，平息事态。如果方法措施不当，就可能激化矛盾，造成工作的被动。

五、坚持法制原则

坚持用法律手段解决问题，是社会进步的一个重要标志，法律是保护广大人民群众合法权益最有效的武器，无论民族关系中发生什么问题，都应通过合法渠道求得合理解决，任何问题，都应在法律的规范下处理。任何民族的成员都必须依法办事，无理不能闹，有理同样不能闹。对影响民族关系事件的处理，同样也要坚持法制原则，强调依法办事。高举法律的旗帜，运用法律手段保护最广大人民群众的利益，这是正确处理影响民族关系事件的一条成功的经验。

强调依法办事，用法律手段处理和解决问题，必须重调查，重事实，重证据。一旦发生影响民族关系事件，要认真进行调查，了解情况，掌握实情。在进行充分调查研究的基础上，依照有关的法律来解决。对影响民族关系事件的处理，在证据掌握尚不充分的情况下，不要轻易定性，更不要人为地夸大或缩小问题的严重性，有了充分的证据，就有了主动权，就能够准确地确定处理问题的方针和办法，就能够使问题在法律范围内得到妥善解决。

在坚持法制原则、运用法律手段解决问题的同时，也要辅以其他相应的工作。影响民族关系的事件有些是错综复杂的，各种因素交织在一起，单靠法律手段有时是不能使问题得到彻底解决的。因此，既要强调法律原则，同时也要注重思想教育工作，要坚持"惩办少数，争取多数"的方针。在运用法律手段打击极少数别有用心的坏人外，还要注意多做大多数群众的思想教育工作，晓以利害，使他们明辨是非，分清好坏，自觉站在正确的立场上，这样就有了使问题得到妥善解决的群众基础，同时也增加了运用法律手段解决问题的客观条件。应该说，运用法律手段与思想教育工作二者之间是相辅相成、相得益彰的。

六、坚持依靠群众的原则

处理影响民族关系事件，扩大事态和平息事态的焦点，都在于争取群众。在影响民族关系事件中，有时会有少数别有用心的人，利用民族宗教感情，蒙蔽裹胁一部分不明真相的群众参与闹事。处理这方面的问题，就要着眼于最大限度地把群众争取过来，以孤立极少数别有用心的人，使事态从根本上得以解决。要着眼于多做人民群众的工作，人民群众是社会稳定的基础，广大的人民群众是希望安定、反对动乱的，是维护国家统一和民族团结的。当然，还要不断地做相应的工作，要重视经常性的群众工作，在平时的工作中要始终想着人民群众，真心实意依靠人民群众，把广大人民群众紧紧地团结在党的周围，把群众的思想和精力集中到改革开放和社会主义现代化建设事业中来。

要加强基层政权建设，依靠基层做好工作。基层政权是人民民主专政的基础，是维护社会稳定、加强民族团结的重要力量。要努力提高基层干部的理论政策水平，在平时的工作中，积极宣传贯彻党的民族政策，宣传国家的法律、法规，教育团结群众，缓和化解矛盾，要通过思想教育、组织整顿等措施，把基层政权建设成为维护民族团结和社会稳定的坚强柱石。

还要注意听取少数民族干部、群众代表的意见，团结、信任和依靠民族宗教上层人士去做工作，发挥民族宗教上层人士的作用。

附录

中国少数民族人口及其分布的主要地区

民　族	人口数	分布的主要地区
蒙古族	5813947	内蒙古、辽宁、吉林、黑龙江、新疆、青海、甘肃、河北
回　族	9816805	宁夏、甘肃、河南、新疆、青海、云南、河北、山东、安徽、辽宁、北京、内蒙古、天津、黑龙江、陕西、贵州、吉林、江苏、四川
藏　族	5416021	西藏、四川、青海、甘肃、云南
维吾尔族	8399393	新疆
苗　族	8940116	贵州、湖南、云南、四川、广西、湖北、海南、重庆
彝　族	7762272	云南、四川、贵州
壮　族	16178811	广西、云南、广东
布依族	2971460	贵州、云南
朝鲜族	1923842	吉林、黑龙江、辽宁、内蒙古
满　族	10682262	辽宁、河北、黑龙江、吉林、内蒙古、北京
侗　族	2960293	贵州、湖南、广西、湖北
瑶　族	2637421	广西、湖南、云南、广东、贵州
白　族	1858063	云南、贵州、湖南
土家族	8028133	湖南、湖北、四川、贵州、重庆
哈尼族	1439673	云南

续表

民　族	人口数	分布的主要地区
哈萨克族	1250458	新疆、甘肃
傣　族	1158989	云南
黎　族	1247814	海南、贵州
傈僳族	634912	云南、四川
佤　族	396610	云南
畲　族	709592	福建、浙江、江西、广东
高山族	4461	台湾、福建
拉祜族	453705	云南
水　族	406902	贵州、广西
东乡族	513805	甘肃、新疆
纳西族	308839	云南
景颇族	132143	云南
柯尔克孜族	160823	新疆
土　族	241198	青海、甘肃
达斡尔族	132394	内蒙古、黑龙江
仫佬族	207352	广西
羌　族	306072	四川
布朗族	91882	云南
撒拉族	104503	青海、甘肃
毛南族	107166	广西
仡佬族	579357	贵州
锡伯族	188824	辽宁、新疆
阿昌族	33936	云南
普米族	33600	云南
塔吉克族	41028	新疆
怒　族	28759	云南
乌孜别克族	12370	新疆

民　族	人口数	分布的主要地区
俄罗斯族	15609	新疆、黑龙江
鄂温克族	30505	内蒙古
德昂族	17935	云南
保安族	16505	甘肃
裕固族	13719	甘肃
京　族	22517	广西
塔塔尔族	4890	新疆
独龙族	7426	云南
鄂伦春族	8196	黑龙江、内蒙古
赫哲族	4640	黑龙江
门巴族	8923	西藏
珞巴族	2965	西藏
基诺族	20899	云南
其他未识别民族	734438	
外国人加入中国籍	941	
合　计	104490735	

注：表中所列各民族人口数，是2000年人口普查机器汇总数。

民族自治地方简表

地　区		名　称	时　间	自治地方 人民政府所在地
自 治 区		内蒙古自治区	1947.5.1	呼和浩特市
		广西壮族自治区	1958.3.15	南宁市
		西藏自治区	1965.9.1	拉萨市
		宁夏回族自治区	1958.10.25	银川市
		新疆维吾尔自治区	1955.10.1	乌鲁木齐市
自 治 州	吉林	延边朝鲜族自治州	1952.9.3	延吉市
	湖北	恩施土家族苗族自治州	1983.12.1	恩施市
	湖南	湘西土家族苗族自治州	1957.9.20	吉首市
	四川	甘孜藏族自治州	1950.11.24	康定县
		凉山彝族自治州	1952.10.1	西昌市
		阿坝藏族羌族自治州	1952.1.1	马尔康市
	贵州	黔东南苗族侗族自治州	1956.7.23	凯里市
		黔南布依族苗族自治州	1956.8.8	都匀市
		黔西南布依族苗族自治州	1982.5.1	兴义市
	云南	西双版纳傣族自治州	1953.1.24	景洪县
		德宏傣族景颇族自治州	1953.7.24	潞西县
		怒江傈僳族自治州	1954.8.23	泸水县
		大理白族自治州	1956.11.22	大理市
		迪庆藏族自治州	1957.9.13	中甸县
		红河哈尼族彝族自治州	1957.11.18	个旧市
		文山壮族苗族自治州	1958.4.1	文山县
		楚雄彝族自治州	1958.4.15	楚雄市
	甘肃	甘南藏族自治州	1953.10.1	合作市
		临夏回族自治州	1956.11.19	临夏市
	青海	玉树藏族自治州	1951.12.25	玉树县
		海南藏族自治州	1953.12.6	共和县
		黄南藏族自治州	1953.12.22	同仁县
		海北藏族自治州	1953.12.31	海晏县
		果洛藏族自治州	1954.1.1	玛沁县
		海西蒙古族藏族自治州	1954.1.25	德令哈市

地 区		名　称	时　间	自治地方 人民政府所在地
自治州	新疆	巴音郭楞蒙古族自治州	1954.6.23	库尔勒市
		博尔塔拉蒙古族自治州	1954.7.13	博乐市
		克孜勒苏柯尔克孜自治州	1954.7.14	阿图什市
		昌吉回族自治州	1954.7.15	昌吉市
		伊犁哈萨克自治州	1954.11.27	伊宁市
自治县	河北	孟村回族自治县	1955.11.30	孟村镇
		大厂回族自治县	1955.12.7	大厂镇
		青龙满族自治县	1987.5.10	青龙镇
		丰宁满族自治县	1987.5.15	大阁镇
		围场满族蒙古族自治县	1990.6.12	围场镇
		宽城满族自治县	1990.6.16	宽城镇
	内蒙古	莫力达瓦达斡尔族自治旗	1958.8.15	尼尔基镇
		鄂伦春自治旗	1951.10.1	阿里河镇
		鄂温克族自治旗	1958.8.1	巴彦托海镇
	辽宁	喀喇沁左翼蒙古族自治县	1958.4.1	大城子镇
		阜新蒙古族自治县	1958.4.7	阜新镇
		新宾满族自治县	1985.6.7	新宾镇
		岫岩满族自治县	1985.6.11	岫岩镇
		清原满族自治县	1990.6.6	清原镇
		本溪满族自治县	1990.6.8	小市镇
		桓仁满族自治县	1990.6.10	桓仁镇
		宽甸满族自治县	1990.6.12	宽甸镇
	吉林	前郭尔罗斯蒙古族自治县	1956.9.1	前郭镇
		长白朝鲜族自治县	1958.9.15	长白镇
		伊通满族自治县	1989.8.30	伊通镇
	黑龙江	杜尔伯特蒙古族自治县	1956.12.5	泰康镇
	浙江	景宁畲族自治县	1984.12.24	鹤溪镇
	湖北	长阳土家族自治县	1984.12.8	龙舟坪镇
		五峰土家族自治县	1984.12.12	五峰镇
	湖南	通道侗族自治县	1954.5.7	双江镇
		江华瑶族自治县	1955.11.25	沱江镇
		城步苗族自治县	1956.11.30	儒林镇
		新晃侗族自治县	1956.12.5	新晃镇
		芷江侗族自治县	1987.9.24	芷江镇
		靖州苗族侗族自治县	1987.9.27	渠阳镇
		麻阳苗族自治县	1990.4.1	高村镇

续表

地　区		名　称	时　间	自治地方 人民政府所在地
自 治 县	广东	连南瑶族自治县	1953.1.25	三江镇
		连山壮族瑶族自治县	1962.9.26	吉田镇
		乳源瑶族自治县	1963.10.1	乳城镇
	广西	龙胜各族自治县	1951.8.19	龙胜镇
		金秀瑶族自治县	1952.5.28	金秀镇
		融水苗族自治县	1952.11.26	融水镇
		三江侗族自治县	1952.12.3	古宜镇
		隆林各族自治县	1953.1.1	新州镇
		都安瑶族自治县	1955.12.15	安阳镇
		巴马瑶族自治县	1956.2.6	巴马镇
		富川瑶族自治县	1984.1.1	富阳镇
		罗城仫佬族自治县	1984.1.10	东门镇
		环江毛南族自治县	1987.11.24	思恩镇
		大化瑶族自治县	1987.12.23	大化镇
		恭城瑶族自治县	1990.10.15	恭城镇
	海南	乐东黎族自治县	1987.12.28	抱由镇
		琼中黎族苗族自治县	1987.12.28	营根镇
		保亭黎族苗族自治县	1987.12.28	保城镇
		昌江黎族自治县	1987.12.30	石碌镇
		白沙黎族自治县	1987.12.30	牙叉镇
		陵水黎族自治县	1987.12.30	陵城镇
	四川	木里藏族自治县	1953.2.19	乔瓦镇
		峨边彝族自治县	1984.10.5	沙坪镇
		马边彝族自治县	1984.10.9	民建镇
		北川羌族自治县	2003.7.6	曲山镇
	重庆	秀山土家族苗族自治县	1983.11.7	中和镇
		酉阳土家族苗族自治县	1983.11.11	钟多镇
		彭水苗族土家族自治县	1984.11.10	汉葭镇
		石柱土家族自治县	1984.11.18	南宾镇
	贵州	威宁彝族回族苗族自治县	1954.11.11	城关镇
		松桃苗族自治县	1956.12.31	城关镇
		三都水族自治县	1957.1.2	三合镇
		镇宁布依族苗族自治县	1963.9.11	城关镇
		紫云苗族布依族自治县	1966.2.11	松山镇
		关岭布依族苗族自治县	1981.12.31	关索镇
		玉屏侗族自治县	1984.11.7	平溪镇
		印江土家族苗族自治县	1987.11.20	印江镇
		沿河土家族自治县	1987.11.23	和平镇
		务川仡佬族苗族自治县	1987.11.26	都濡镇
		道真仡佬族苗族自治县	1987.11.29	玉溪镇

地 区		名 称	时 间	自治地方 人民政府所在地
自 治 县	云南	峨山彝族自治县	1951.5.12	双江镇
		澜沧拉祜族自治县	1953.4.7	勐朗镇
		江城哈尼族彝族自治县	1954.6.16	勐烈镇
		孟连傣族拉祜族佤族自治县	1954.5.18	孟连镇
		耿马傣族佤族自治县	1955.10.16	耿宣镇
		宁蒗彝族自治县	1956.9.20	大兴镇
		贡山独龙族怒族自治县	1956.10.1	茨开镇
		巍山彝族回族自治县	1956.11.9	文华镇
		石林彝族自治县	1956.12.31	鹿阜镇
		玉龙纳西族自治县	1961.4.10	大研镇
		屏边苗族自治县	1963.7.1	玉屏镇
		河口瑶族自治县	1963.7.11	河口镇
		沧源佤族自治县	1964.2.28	勐董镇
		西盟佤族自治县	1965.3.5	西盟镇
		南涧彝族自治县	1965.11.27	南涧镇
		墨江哈尼族自治县	1979.11.28	玖联镇
		寻甸回族彝族自治县	1979.12.20	仁德镇
		元江哈尼族彝族傣族自治县	1980.11.22	澧江镇
		新平彝族傣族自治县	1980.11.25	桂山镇
		维西傈僳族自治县	1985.10.13	保和镇
		漾濞彝族自治县	1985.11.1	上街镇
		禄劝彝族苗族自治县	1985.11.25	屏山镇
		金平苗族瑶族傣族自治县	1985.12.7	金河镇
		普洱哈尼族彝族自治县	1985.12.15	宁洱镇
		景东彝族自治县	1985.12.20	锦屏镇
		景谷傣族彝族自治县	1985.12.25	威远镇
		双江拉祜族佤族布朗族傣族自 治县	1985.12.30	勐勐镇
		兰坪白族普米族自治县	1988.5.25	金顶镇
		镇沅彝族哈尼族拉祜族自治县	1990.5.15	恩乐镇
	甘肃	天祝藏族自治县	1950.5.6	华藏镇
		肃北蒙古族自治县	1950.7.29	党城湾镇
		东乡族自治县	1950.9.25	锁南镇
		张家川回族自治县	1953.7.6	张家川镇
		肃南裕固族自治县	1954.2.20	红湾寺镇
		阿克塞哈萨克族自治县	1954.4.27	博罗转井镇
		积石山保安旗东乡族撒拉族自 治县	1981.9.30	吹麻滩镇

续表

地　区		名　称	时　间	自治地方 人民政府所在地
自 治 县	青海	门源回族自治县	1953.12.19	浩门镇
		互助土族自治县	1954.2.17	威远镇
		化隆回族自治县	1954.3.1	巴燕镇
		循化撒拉族自治县	1954.3.1	积石镇
		河南蒙古族自治县	1954.10.16	优干宁镇
		民和回族土族自治县	1986.6.27	上川口镇
		大通回族土族自治县	1986.7.10	桥头镇
	新疆	焉耆回族自治县	1954.3.15	焉耆镇
		察布查尔锡伯自治县	1954.3.25	察布查尔镇
		木垒哈萨克自治县	1954.7.17	木垒镇
		和布克赛尔蒙古自治县	1954.9.10	和布克赛尔镇
		塔什库尔干塔吉克自治县	1954.9.17	塔什库尔干镇
		巴里坤哈萨克自治县	1954.9.30	巴里坤镇

资料来源：国家民委经济发展司、国家统计局国民经济综合统计司编：《中国民族统计年鉴 2005 年》，民族出版社 2006 年版。

中华人民共和国民族区域自治法

（1984 年 5 月 31 日第六届全国人民代表大会第二次
会议通过，根据 2001 年 2 月 28 日第九届全国人民代表大会
常务委员会第二十次会议《关于修改〈中华人民共和国民族
区域自治法〉的决定》修正）

序 言

中华人民共和国是全国各族人民共同缔造的统一的多民族国家。民族区域自治是中国共产党运用马克思列宁主义解决我国民族问题的基本政策，是国家的一项基本政治制度。

民族区域自治是在国家统一领导下，各少数民族聚居的地方实行区域自治，设立自治机关，行使自治权。实行民族区域自治，体现了国家充分尊重和保障各少数民族管理本民族内部事务权利的精神，体现了国家坚持实行各民族平等、团结和共同繁荣的原则。

实行民族区域自治，对发挥各族人民当家作主的积极性，发展平等、团结、互助的社会主义民族关系，巩固国家的统一，促进民族自治地方和全国社会主义建设事业的发展，都起了巨大的作用。今后，继续坚持和完善民族区域自治制度，使这一制度在国家的社会主义现代化建设进程中发挥更大的作用。

实践证明，坚持实行民族区域自治，必须切实保障民族自治地方根据本地实际情况贯彻执行国家的法律和政策；必须大量培养少数民族的各级干部、各种专业人才和技术工人；民族自治地方必须发扬自力更生、艰苦奋斗精神，努力发展本地方的社会主义建设事业，为国家建设

作出贡献；国家根据国民经济和社会发展计划，努力帮助民族自治地方加速经济和文化的发展。在维护民族团结的斗争中，要反对大民族主义，主要是大汉族主义，也要反对地方民族主义。

民族自治地方的各族人民和全国人民一道，在中国共产党的领导下，在马克思列宁主义、毛泽东思想、邓小平理论的指引下，坚持人民民主专政，坚持改革开放，沿着建设有中国特色社会主义的道路，集中力量进行社会主义现代化建设，发展社会主义市场经济，加强社会主义民主与法制建设，加强社会主义精神文明建设，加速民族自治地方经济、文化的发展，建设团结、繁荣的民族自治地方，为各民族的共同繁荣，把祖国建设成为富强、民主、文明的社会主义国家而努力奋斗。

《中华人民共和国民族区域自治法》是实施宪法规定的民族区域自治制度的基本法律。

第一章　总　则

第一条　中华人民共和国民族区域自治法，根据中华人民共和国宪法制定。

第二条　各少数民族聚居的地方实行区域自治。

民族自治地方分为自治区、自治州、自治县。

各民族自治地方都是中华人民共和国不可分离的部分。

第三条　民族自治地方设立自治机关，自治机关是国家的一级地方政权机关。

民族自治地方的自治机关实行民主集中制的原则。

第四条　民族自治地方的自治机关行使宪法第三章第五节规定的地方国家机关的职权，同时依照宪法和本法以及其他法律规定的权限行使自治权，根据本地方的实际情况贯彻执行国家的法律、政策。

自治州的自治机关行使下设区、县的市的地方国家机关的职权，同时行使自治权。

第五条　民族自治地方的自治机关必须维护国家的统一，保证宪法和法律在本地方的遵守和执行。

第六条　民族自治地方的自治机关领导各族人民集中力量进行社会主义现代化建设。

民族自治地方的自治机关根据本地方的情况，在不违背宪法和法律的原则下，有权采取特殊政策和灵活措施，加速民族自治地方经济、文化建设事业的发展。

民族自治地方的自治机关在国家计划的指导下，从实际出发，不断提高劳动生产率和经济效益，发展社会生产力，逐步提高各民族的物质生活水平。

民族自治地方的自治机关继承和发扬民族文化的优良传统，建设具有民族特点的社会主义精神文明，不断提高各民族人民的社会主义觉悟和科学文化水平。

第七条　民族自治地方的自治机关要把国家的整体利益放在首位，积极完成上级国家机关交给的各项任务。

第八条　上级国家机关保障民族自治地方的自治机关行使自治权，并且依据民族自治地方的特点和需要，努力帮助民族自治地方加速发展社会主义建设事业。

第九条　上级国家机关和民族自治地方的自治机关维护和发展各民族的平等、团结、互助的社会主义民族关系。禁止对任何民族的歧视和压迫，禁止破坏民族团结和制造民族分裂的行为。

第十条　民族自治地方的自治机关保障本地方各民族都有使用和发展自己的语言文字的自由，都有保持或者改革自己的风俗习惯的自由。

第十一条　民族自治地方的自治机关保障各民族公民有宗教信仰自由。

任何国家机关、社会团体和个人不得强制公民信仰宗教或者不信仰宗教，不得歧视信仰宗教的公民和不信仰宗教的公民。

国家保护正常的宗教活动。

任何人不得利用宗教进行破坏社会秩序、损害公民身体健康、妨碍国家教育制度的活动。

宗教团体和宗教事务不受外国势力的支配。

第二章　民族自治地方的建立和自治机关的组成

第十二条　少数民族聚居的地方，根据当地民族关系、经济发展等条件，并参酌历史情况，可以建立以一个或者几个少数民族聚居区为基础的自治地方。

民族自治地方内其他少数民族聚居的地方，建立相应的自治地方或者民族乡。

民族自治地方依据本地方的实际情况，可以包括一部分汉族或者其他民族的居民区和城镇。

第十三条　民族自治地方的名称，除特殊情况外，按照地方名称、民族名称、行政地位的顺序组成。

第十四条　民族自治地方的建立、区域界线的划分、名称的组成，由上级国家机关会同有关地方的国家机关，和有关民族的代表充分协商拟定，按照法律规定的程序报请批准。

民族自治地方一经建立，未经法定程序，不得撤销或者合并；民族自治地方的区域界线一经确定，未经法定程序，不得变动；确实需要撤销、合并或者变动的，由上级国家机关的有关部门和民族自治地方的自治机关充分协商拟定，按照法定程序报请批准。

第十五条　民族自治地方的自治机关是自治区、自治州、自治县的人民代表大会和人民政府。

民族自治地方的人民政府对本级人民代表大会和上一级国家行政机关负责并报告工作，在本级人民代表大会闭会期间，对本级人民代表大会常务委员会负责并报告工作。各民族自治地方的人民政府都是国务院统一领导下的国家行政机关，都服从国务院。

民族自治地方的自治机关的组织和工作，根据宪法和法律，由民族自治地方的自治条例或者单行条例规定。

第十六条　民族自治地方的人民代表大会中，除实行区域自治的民族的代表外，其他居住在本行政区域内的民族也应当有适当名额的代表。

民族自治地方的人民代表大会中，实行区域自治的民族和其他少数民族代表的名额和比例，根据法律规定的原则，由省、自治区、直辖市的人民代表大会常务委员会决定，并报全国人民代表大会常务委员会备案。

民族自治地方的人民代表大会常务委员会中应当有实行区域自治的民族的公民担任主任或者副主任。

第十七条　自治区主席、自治州州长、自治县县长由实行区域自治的民族的公民担任。自治区、自治州、自治县的人民政府的其他组成人员，应当合理配备实行区域自治的民族和其他少数民族的人员。

民族自治地方的人民政府实行自治区主席、自治州州长、自治县县长负责制。自治区主席、自治州州长、自治县县长，分别主持本级人民政府工作。

第十八条　民族自治地方的自治机关所属工作部门的干部中，应当合理配备实行区域自治的民族和其他少数民族的人员。

第三章　自治机关的自治权

第十九条　民族自治地方的人民代表大会有权依照当地民族的政治、经济和文化的特点，制定自治条例和单行条例。自治区的自治条例和单行条例，报全国人民代表大会常务委员会批准后生效。自治州、自治县的自治条例和单行条例报省、自治区、直辖市的人民代表大会常务委员会批准后生效，并报全国人民代表大会常务委员会和国务院备案。

第二十条　上级国家机关的决议、决定、命令和指示，如有不适合民族自治地方实际情况的，自治机关可以报经该上级国家机关批准，变通执行或者停止执行；该上级国家机关应当在收到报告之日起六十日内给予答复。

第二十一条　民族自治地方的自治机关在执行职务的时候，依照本民族自治地方自治条例的规定，使用当地通用的一种或者几种语言文字；同时使用几种通用的语言文字执行职务的，可以以实行区域自治的民族的语言文字为主。

第二十二条　民族自治地方的自治机关根据社会主义建设的需要，采取各种措施从当地民族中大量培养各级干部，各种科学技术、经营管理等专业人才和技术工人，充分发挥他们的作用，并且注意在少数民族妇女中培养各级干部和各种专业技术人才。

民族自治地方的自治机关录用工作人员的时候，对实行区域自治的民族和其他少数民族的人员应当给予适当的照顾。

民族自治地方的自治机关可以采取特殊措施，优待、鼓励各种专业人员参加自治地方各项建设工作。

第二十三条　民族自治地方的企业、事业单位依照国家规定招收人员时，优先招收少数民族人员，并且可以从农村和牧区少数民族人口中招收。

第二十四条　民族自治地方的自治机关依照国家的军事制度和当地的实际需要，经国务院批准，可以组织本地方维护社会治安的公安部队。

第二十五条　民族自治地方的自治机关在国家计划的指导下，根据本地方的特点和需要，制定经济建设的方针、政策和计划，自主地安排和管理地方性的经济建设事业。

第二十六条　民族自治地方的自治机关在坚持社会主义原则的前提下，根据法律规定和本地方经济发展的特点，合理调整生产关系和经济结构，努力发展社会主义市场经济。

民族自治地方的自治机关坚持公有制为主体、多种所有制经济共同发展的基本经济制度，鼓励发展非公有制经济。

第二十七条 民族自治地方的自治机关根据法律规定，确定本地方内草场和森林的所有权和使用权。

民族自治地方的自治机关保护、建设草原和森林，组织和鼓励植树种草。禁止任何组织或者个人利用任何手段破坏草原和森林。严禁在草原和森林毁草毁林开垦耕地。

第二十八条 民族自治地方的自治机关依照法律规定，管理和保护本地方的自然资源。

民族自治地方的自治机关根据法律规定和国家的统一规划，对可以由本地方开发的自然资源，优先合理开发利用。

第二十九条 民族自治地方的自治机关在国家计划的指导下，根据本地方的财力、物力和其他具体条件，自主地安排地方基本建设项目。

第三十条 民族自治地方的自治机关自主地管理隶属于本地方的企业、事业。

第三十一条 民族自治地方依照国家规定，可以开展对外经济贸易活动，经国务院批准，可以开辟对外贸易口岸。

与外国接壤的民族自治地方经国务院批准，开展边境贸易。

民族自治地方在对外经济贸易活动中，享受国家的优惠政策。

第三十二条 民族自治地方的财政是一级财政，是国家财政的组成部分。

民族自治地方的自治机关有管理地方财政的自治权。凡是依照国家财政体制属于民族自治地方的财政收入，都应当由民族自治地方的自治机关自主地安排使用。

民族自治地方在全国统一的财政体制下，通过国家实行的规范的财政转移支付制度，享受上级财政的照顾。

民族自治地方的财政预算支出，按照国家规定，设机动资金，预备费在预算中所占比例高于一般地区。

民族自治地方的自治机关在执行财政预算过程中，自行安排使用收入的超收和支出的节余资金。

第三十三条　民族自治地方的自治机关对本地方的各项开支标准、定员、定额，根据国家规定的原则，结合本地方的实际情况，可以制定补充规定和具体办法。自治区制定的补充规定和具体办法，报国务院备案；自治州、自治县制定的补充规定和具体办法，须报省、自治区、直辖市人民政府批准。

第三十四条　民族自治地方的自治机关在执行国家税法的时候，除应由国家统一审批的减免税收项目以外，对属于地方财政收入的某些需要从税收上加以照顾和鼓励的，可以实行减税或者免税。自治州、自治县决定减税或者免税，须报省、自治区、直辖市人民政府批准。

第三十五条　民族自治地方根据本地方经济和社会发展的需要，可以依照法律规定设立地方商业银行和城乡信用合作组织。

第三十六条　民族自治地方的自治机关根据国家的教育方针，依照法律规定，决定本地方的教育规划，各级各类学校的设置、学制、办学形式、教学内容、教学用语和招生办法。

第三十七条　民族自治地方的自治机关自主地发展民族教育，扫除文盲，举办各类学校，普及九年义务教育，采取多种形式发展普通高级中等教育和中等职业技术教育，根据条件和需要发展高等教育，培养各少数民族专业人才。

民族自治地方的自治机关为少数民族牧区和经济困难、居住分散的少数民族山区，设立以寄宿为主和助学金为主的公办民族小学和民族中学，保障就读学生完成义务教育阶段的学业。办学经费和助学金由当地财政解决，当地财政困难的，上级财政应当给予补助。

招收少数民族学生为主的学校（班级）和其他教育机构，有条件的应当采用少数民族文字的课本，并用少数民族语言讲课；根据情况从小学低年级或者高年级起开设汉语文课程，推广全国通用的普通话和规范汉字。

各级人民政府要在财政方面扶持少数民族文字的教材和出版物的编

译和出版工作。

第三十八条　民族自治地方的自治机关自主地发展具有民族形式和民族特点的文学、艺术、新闻、出版、广播、电影、电视等民族文化事业，加大对文化事业的投入，加强文化设施建设，加快各项文化事业的发展。

民族自治地方的自治机关组织、支持有关单位和部门收集、整理、翻译和出版民族历史文化书籍，保护民族的名胜古迹、珍贵文物和其他重要历史文化遗产，继承和发展优秀的民族传统文化。

第三十九条　民族自治地方的自治机关自主地决定本地方的科学技术发展规划，普及科学技术知识。

第四十条　民族自治地方的自治机关，自主地决定本地方的医疗卫生事业的发展规划，发展现代医药和民族传统医药。

民族自治地方的自治机关加强对传染病、地方病的预防控制工作和妇幼卫生保健，改善医疗卫生条件。

第四十一条　民族自治地方的自治机关自主地发展体育事业，开展民族传统体育活动，增强各族人民的体质。

第四十二条　民族自治地方的自治机关积极开展和其他地方的教育、科学技术、文化艺术、卫生、体育等方面的交流和协作。

自治区、自治州的自治机关依照国家规定，可以和国外进行教育、科学技术、文化艺术、卫生、体育等方面的交流。

第四十三条　民族自治地方的自治机关根据法律规定，制定管理流动人口的办法。

第四十四条　民族自治地方实行计划生育和优生优育，提高各民族人口素质。

民族自治地方的自治机关根据法律规定，结合本地方的实际情况，制定实行计划生育的办法。

第四十五条　民族自治地方的自治机关保护和改善生活环境和生态环境，防治污染和其他公害，实现人口、资源和环境的协调发展。

第四章　民族自治地方的人民法院和人民检察院

第四十六条　民族自治地方的人民法院和人民检察院对本级人民代表大会及其常务委员会负责。民族自治地方的人民检察院并对上级人民检察院负责。

民族自治地方人民法院的审判工作，受最高人民法院和上级人民法院监督。民族自治地方的人民检察院的工作，受最高人民检察院和上级人民检察院领导。

民族自治地方的人民法院和人民检察院的领导成员和工作人员中，应当有实行区域自治的民族的人员。

第四十七条　民族自治地方的人民法院和人民检察院应当用当地通用的语言审理和检察案件，并合理配备通晓当地通用的少数民族语言文字的人员。对于不通晓当地通用的语言文字的诉讼参与人，应当为他们提供翻译。法律文书应当根据实际需要，使用当地通用的一种或者几种文字。保障各民族公民都有使用本民族语言文字进行诉讼的权利。

第五章　民族自治地方内的民族关系

第四十八条　民族自治地方的自治机关保障本地方内各民族都享有平等权利。

民族自治地方的自治机关团结各民族的干部和群众，充分调动他们的积极性，共同建设民族自治地方。

第四十九条　民族自治地方的自治机关教育和鼓励各民族的干部互相学习语言文字。汉族干部要学习当地少数民族的语言文字，少数民族干部在学习、使用本民族语言文字的同时，也要学习全国通用的普通话和规范文字。

民族自治地方的国家工作人员，能够熟练使用两种以上当地通用的语言文字的，应当予以奖励。

第五十条　民族自治地方的自治机关帮助聚居在本地方的其他少数民族，建立相应的自治地方或者民族乡。

民族自治地方的自治机关帮助本地方各民族发展经济、教育、科学技术、文化、卫生、体育事业。

民族自治地方的自治机关照顾本地方散居民族的特点和需要。

第五十一条　民族自治地方的自治机关在处理涉及本地方各民族的特殊问题的时候，必须与他们的代表充分协商，尊重他们的意见。

第五十二条　民族自治地方的自治机关保障本地方内各民族公民都享有宪法规定的公民权利，并且教育他们履行公民应尽的义务。

第五十三条　民族自治地方的自治机关提倡爱祖国、爱人民、爱劳动、爱科学、爱社会主义的公德，对本地方内各民族公民进行爱国主义、共产主义和民族政策的教育。教育各民族的干部和群众互相信任，互相学习，互相帮助，互相尊重语言文字、风俗习惯和宗教信仰，共同维护国家的统一和各民族的团结。

第六章　上级国家机关的职责

第五十四条　上级国家机关有关民族自治地方的决议、决定、命令和指示，应当适合民族自治地方的实际情况。

第五十五条　上级国家机关应当帮助、指导民族自治地方经济发展战略的研究、制定和实施，从财政、金融、物资、技术和人才等方面，帮助各民族自治地方加速发展经济、教育、科学技术、文化、卫生、体育等事业。

国家制定优惠政策，引导和鼓励国内外资金投向民族自治地方。

上级国家机关在制定国民经济和社会发展计划的时候，应当照顾民族自治地方的特点和需要。

第五十六条　国家根据统一规划和市场需求，优先在民族自治地方合理安排资源开发项目和基础设施建设项目。国家在重大基础设施投资项目中适当增加投资比重和政策性银行贷款比重。

国家在民族自治地方安排基础设施建设，需要民族自治地方配套资金的，根据不同情况给予减少或者免除配套资金的照顾。

国家帮助民族自治地方加快实用科技开发和成果转化，大力推广实用技术和有条件发展的高新技术，积极引导科技人才向民族自治地方合理流动。国家向民族自治地方提供转移建设项目的时候，根据当地的条件，提供先进、适用的设备和工艺。

第五十七条　国家根据民族自治地方的经济发展特点和需要，综合运用货币市场和资本市场，加大对民族自治地方的金融扶持力度。金融机构对民族自治地方的固定资产投资项目和符合国家产业政策的企业，在开发资源、发展多种经济方面的合理资金需求，应当给予重点扶持。

国家鼓励商业银行加大对民族自治地方的信贷投入，积极支持当地企业的合理资金需求。

第五十八条　上级国家机关从财政、金融、人才等方面帮助民族自治地方的企业进行技术创新，促进产业结构升级。

上级国家机关应当组织和鼓励民族自治地方的企业管理人员和技术人员到经济发达地区学习，同时引导和鼓励经济发达地区的企业管理人员和技术人员到民族自治地方的企业工作。

第五十九条　国家设立各项专用资金，扶助民族自治地方发展经济文化建设事业。

国家设立的各项专用资金和临时性的民族补助专款，任何部门不得扣减、截留、挪用，不得用以顶替民族自治地方的正常的预算收入。

第六十条　上级国家机关根据国家的民族贸易政策和民族自治地方的需要，对民族自治地方的商业、供销和医药企业，从投资、金融、税收等方面给予扶持。

第六十一条　国家制定优惠政策，扶持民族自治地方发展对外经济贸易，扩大民族自治地方生产企业对外贸易经营自主权，鼓励发展地方优势产品出口，实行优惠的边境贸易政策。

第六十二条　随着国民经济的发展和财政收入的增长，上级财政逐步加大对民族自治地方财政转移支付力度。通过一般性财政转移支付、专项财政转移支付、民族优惠政策财政转移支付以及国家确定的其他方式，增加对民族自治地方的资金投入，用于加快民族自治地方经济发展和社会进步，逐步缩小与发达地区的差距。

第六十三条　上级国家机关在投资、金融、税收等方面扶持民族自治地方改善农业、牧业、林业等生产条件和水利、交通、能源、通信等基础设施；扶持民族自治地方合理利用本地资源发展地方工业、乡镇企业、中小企业以及少数民族特需商品和传统手工业品的生产。

第六十四条　上级国家机关应当组织、支持和鼓励经济发达地区与民族自治地方开展经济、技术协作和多层次、多方面的对口支援，帮助和促进民族自治地方经济、教育、科学技术、文化、卫生、体育事业的发展。

第六十五条　国家在民族自治地方开发资源、进行建设的时候，应当照顾民族自治地方的利益，作出有利于民族自治地方经济建设的安排，照顾当地少数民族的生产和生活。国家采取措施，对输出自然资源的民族自治地方给予一定的利益补偿。

国家引导和鼓励经济发达地区的企业按照互惠互利的原则，到民族自治地方投资，开展多种形式的经济合作。

第六十六条　上级国家机关应当把民族自治地方的重大生态平衡、环境保护的综合治理工程项目纳入国民经济和社会发展计划，统一部署。

民族自治地方为国家的生态平衡、环境保护作出贡献的，国家给予一定的利益补偿。

任何组织和个人在民族自治地方开发资源、进行建设的时候，要采取有效措施，保护和改善当地的生活环境和生态环境，防治污染和其他公害。

第六十七条　上级国家机关隶属的在民族自治地方的企业、事业单位依照国家规定招收人员时，优先招收当地少数民族人员。

在民族自治地方的企业、事业单位，应当尊重当地自治机关的自治权，遵守当地自治条例、单行条例和地方性法规、规章，接受当地自治机关的监督。

第六十八条　上级国家机关非经民族自治地方自治机关同意，不得改变民族自治地方所属企业的隶属关系。

第六十九条　国家和上级人民政府应当从财政、金融、物资、技术、人才等方面加大对民族自治地方的贫困地区的扶持力度，帮助贫困人口尽快摆脱贫困状况，实现小康。

第七十条　上级国家机关帮助民族自治地方从当地民族中大量培养各级干部、各种专业人才和技术工人；根据民族自治地方的需要，采取多种形式调派适当数量的教师、医生、科学技术和经营管理人员，参加民族自治地方的工作，对他们的生活待遇给予适当照顾。

第七十一条　国家加大对民族自治地方的教育投入，并采取特殊措施，帮助民族自治地方加速普及九年义务教育和发展其他教育事业，提高各民族人民的科学文化水平。

国家举办民族高等学校，在高等学校举办民族班、民族预科，专门或者主要招收少数民族学生，并且可以采取定向招生、定向分配的办法。高等学校和中等专业学校招收新生的时候，对少数民族考生适当放宽录取标准和条件，对人口特少的少数民族考生给予特殊照顾。各级人民政府和学校应当采取多种措施帮助家庭经济困难的少数民族学生完成学业。

国家在发达地区举办民族中学或者在普通中学开设民族班，招收少数民族学生实施中等教育。

国家帮助民族自治地方培养和培训各民族教师。国家组织和鼓励各民族教师和符合任职条件的各民族毕业生到民族自治地方从事教育教学工作，并给予他们相应的优惠待遇。

第七十二条　上级国家机关应当对各民族的干部和群众加强民族政策的教育，经常检查民族政策和有关法律的遵守和执行。

第七章　附　则

第七十三条　国务院及其有关部门应当在职权范围内，为实施本法分别制定行政法规、规章、具体措施和办法。

自治区和辖有自治州、自治县的省、直辖市的人民代表大会及其常务委员会结合当地实际情况，制定实施本法的具体办法。

第七十四条　本法由全国人民代表大会通过，自 1984 年 10 月 1 日起施行。

国务院实施《中华人民共和国民族区域自治法》若干规定

第一条　为了帮助民族自治地方加快经济和社会的发展，增进民族团结，促进各民族共同繁荣，根据《中华人民共和国民族区域自治法》，制定本规定。

第二条　各级人民政府应当加强《中华人民共和国民族区域自治法》以及相关法律、法规和民族政策的宣传教育，依法制订具体措施，保护少数民族的合法权益，妥善处理影响民族团结的问题，巩固和发展平等、团结、互助的社会主义民族关系，禁止破坏民族团结和制造民族分裂的行为。

第三条　维护祖国统一和民族团结是公民的职责和义务。

民族自治地方人民政府应当切实保障宪法和法律在本地方的遵守和执行，积极维护国家的整体利益。

第四条　各级人民政府应当积极开展促进民族团结进步的各项活动，对为民族团结进步事业作出突出贡献的单位和个人，给予表彰和奖励。

第五条　上级人民政府及其职能部门在制订经济和社会发展中长期规划时，应当听取民族自治地方和民族工作部门的意见，根据民族自治地方的特点和需要，支持和帮助民族自治地方加强基础设施建设、人力资源开发，扩大对外开放，调整、优化经济结构，合理利用自然资源，加强生态建设和环境保护，加速发展经济、教育、科技、文化、卫生、体育等各项事业，实现全面、协调、可持续发展。

第六条　国家实施西部大开发战略，促进民族自治地方加快发展。

未列入西部大开发范围的自治县，由其所在的省级人民政府在职权范围内比照西部大开发的有关政策予以扶持。

第七条　上级人民政府应当根据民族自治地方的实际，优先在民族自治地方安排基础设施建设项目。

中央财政性建设资金、其他专项建设资金和政策性银行贷款，适当增加用于民族自治地方基础设施建设的比重。

国家安排的基础设施建设项目，需要民族自治地方承担配套资金的，适当降低配套资金的比例。民族自治地方的国家扶贫重点县和财政困难县确实无力负担的，免除配套资金。其中，基础设施建设项目属于地方事务的，由中央和省级人民政府确定建设资金负担比例后，按比例全额安排；属于中央事务的，由中央财政全额安排。

第八条　国家根据经济和社会发展规划以及西部大开发战略，优先在民族自治地方安排资源开发和深加工项目。在民族自治地方开采石油、天然气等资源的，要在带动当地经济发展、发展相应的服务产业以及促进就业等方面，对当地给予支持。

国家征收的矿产资源补偿费在安排使用时，加大对民族自治地方的投入，并优先考虑原产地的民族自治地方。

国家加快建立生态补偿机制，根据开发者付费、受益者补偿、破坏者赔偿的原则，从国家、区域、产业三个层面，通过财政转移支付、项目支持等措施，对在野生动植物保护和自然保护区建设等生态环境保护方面作出贡献的民族自治地方，给予合理补偿。

第九条　国家通过一般性财政转移支付、专项财政转移支付、民族优惠政策财政转移支付以及其他方式，充分考虑民族自治地方的公共服务支出成本差异，逐步加大对民族自治地方财政转移支付力度。上级人民政府有关部门各种专项资金的分配，应当向民族自治地方倾斜。

上级财政支持民族自治地方财政保证民族自治地方的国家机关正常运转、财政供养人员工资按时足额发放、基础教育正常经费支出。

上级人民政府出台的税收减免政策造成民族自治地方财政减收部

分，在测算转移支付时作为因素给予照顾。

国家规范省级以下财政转移支付制度，确保国家对民族自治地方的转移支付、税收返还等优惠政策落实到自治县。

第十条　国家设立各项专用资金，扶助民族自治地方发展经济和社会各项事业。

中央财政设立少数民族发展资金和民族工作经费。资金规模随着经济发展和中央财政收入的增长逐步增加。地方财政相应设立并安排少数民族发展资金和民族工作经费。

第十一条　国家帮助民族自治地方拓宽间接和直接融资渠道，加大对民族自治地方的金融扶持力度。

国家合理引导金融机构信贷投向，鼓励金融机构积极支持民族自治地方重点建设和农村发展。上级人民政府安排的国际组织和国外政府赠款以及优惠贷款，在条件许可的情况下，向民族自治地方倾斜。

第十二条　国家完善扶持民族贸易、少数民族特需商品和传统手工业品生产发展的优惠政策，在税收、金融和财政政策上，对民族贸易、少数民族特需商品和传统手工业品生产予以照顾，对少数民族特需商品实行定点生产并建立必要的国家储备制度。

第十三条　国家鼓励与外国接壤的民族自治地方依法与周边国家开展区域经济技术合作和边境贸易。

经国务院批准，可以在与外国接壤的民族自治地方边境地区设立边境贸易区。

国家对边境地区与接壤国家边境地区之间的贸易以及边民互市贸易，采取灵活措施，给予优惠和便利。

第十四条　国家将边境地区建设纳入经济和社会发展规划，帮助民族自治地方加快边境地区建设，推进兴边富民行动，促进边境地区与内地的协调发展。

国家对巩固边防、边境安全具有重大影响的边境地区居民，在居住、生活、文化、教育、医疗卫生、环境保护等方面采取特殊措施，加大扶持力度。

第十五条　上级人民政府将人口较少民族聚居的地区发展纳入经济和社会发展规划，加大扶持力度，在交通、能源、生态环境保护与建设、农业基础设施建设、广播影视、文化、教育、医疗卫生以及群众生产生活等方面，给予重点支持。

第十六条　国家加强民族自治地方的扶贫开发，重点支持民族自治地方贫困乡村以通水、通电、通路、通广播电视和茅草房危房改造、生态移民等为重点的基础设施建设和农田基本建设，动员和组织社会力量参与民族自治地方的扶贫开发。

第十七条　国家鼓励、支持和引导民族自治地方发展非公有制经济，鼓励社会资本参与民族自治地方的基础设施、公用事业以及其他领域的建设和国有、集体企业改制。

第十八条　国家组织和支持经济发达地区与民族自治地方的对口支援。通过劳动密集型和资源加工型产业的转移、技术转让、交流培训人才、加大资金投入、提供物资支持等多种方式，帮助民族自治地方加速经济、文化、教育、科技、卫生、体育事业的发展；鼓励和引导企业、高等院校和科研单位以及社会各方面力量加大对民族自治地方的支持力度。

民族自治地方各级人民政府引导和组织当地群众有序地外出经商务工。有关地方人民政府应当切实保障外来经商务工的少数民族群众的合法权益。

第十九条　国家帮助民族自治地方普及九年义务教育，扫除青壮年文盲，不断改善办学条件，大力支持民族自治地方有重点地办好寄宿制学校；在发达地区普通中学开设民族班或者开办民族中学，其办学条件、教学和管理水平要达到当地学校的办学标准和水平。

国家采取措施，扶持民族自治地方因地制宜发展职业教育和成人教育，发展普通高中教育和现代远程教育，促进农村基础教育、成人教育、职业教育统筹发展。

　　国家鼓励和支持社会力量以多种形式在民族自治地方办学，积极组织发达地区支援民族自治地方发展教育事业。

　　第二十条　各级人民政府应当将民族自治地方义务教育纳入公共财政的保障范围。中央财政设立少数民族教育专项补助资金，地方财政相应安排少数民族教育专项补助资金。

　　国家积极创造条件，对民族自治地方的边境地区、贫困地区和人口较少民族聚居地区的义务教育给予重点支持，并逐步在民族自治地方的农村实行免费义务教育。

　　第二十一条　国家帮助和支持民族自治地方发展高等教育，办好民族院校和全国普通高等学校民族预科班、民族班。对民族自治地方的高等学校以及民族院校的学科建设和研究生招生，给予特殊的政策扶持。

　　各类高等学校面向民族自治地方招生时，招生比例按规模同比增长并适当倾斜。对报考专科、本科和研究生的少数民族考生，在录取时应当根据情况采取加分或者降分的办法，适当放宽录取标准和条件，并对人口特少的少数民族考生给予特殊照顾。

　　第二十二条　国家保障各民族使用和发展本民族语言文字的自由，扶持少数民族语言文字的规范化、标准化和信息处理工作；推广使用全国通用的普通话和规范汉字；鼓励民族自治地方各民族公民互相学习语言文字。

　　国家鼓励民族自治地方逐步推行少数民族语文和汉语文授课的"双语教学"，扶持少数民族语文和汉语文教材的研究、开发、编译和出版，支持建立和健全少数民族教材的编译和审查机构，帮助培养通晓少数民族语文和汉语文的教师。

　　第二十三条　国家帮助民族自治地方建立健全科技服务体系和科学普及体系。中央财政通过国家科技计划、科学基金、专项资金等方式，加大对民族自治地方科技工作的支持力度，积极支持和促进民族自治地方科技事业的发展。

　　第二十四条　上级人民政府从政策和资金上支持民族自治地方少数

民族文化事业发展，加强文化基础设施建设，重点扶持具有民族形式和民族特点的公益性文化事业，加强民族自治地方的公共文化服务体系建设，培育和发展民族文化产业。

国家支持少数民族新闻出版事业发展，做好少数民族语言广播、电影、电视节目的译制、制作和播映，扶持少数民族语言文字出版物的翻译、出版。

国家重视少数民族优秀传统文化的继承和发展，定期举办少数民族传统体育运动会、少数民族文艺会演，繁荣民族文艺创作，丰富各民族群众的文化生活。

第二十五条　上级人民政府支持对少数民族非物质文化遗产和名胜古迹、文物等物质文化遗产的保护和抢救，支持对少数民族古籍的搜集、整理、出版。

第二十六条　上级人民政府加大对民族自治地方公共卫生体系建设的资金投入以及技术支持，采取有效措施预防控制传染病、地方病和寄生虫病，建立并完善农村卫生服务体系、新型农村合作医疗制度和医疗救助制度，减轻民族自治地方贫困群众医疗费的负担；各级人民政府加大对民族医药事业的投入，保护、扶持和发展民族医药学，提高各民族的健康水平。

上级人民政府制定优惠政策，鼓励民族自治地方实行计划生育和优生优育，提高各民族人口素质。

第二十七条　上级人民政府应当按照国家有关规定，帮助民族自治地方加快社会保障体系建设，建立和完善养老、失业、医疗、工伤、生育保险和城市居民最低生活保障等制度，形成与当地经济和社会发展水平相适应的社会保障体系。

第二十八条　上级人民政府及其工作部门领导人员中应当合理配备少数民族干部；民族自治地方人民政府及其工作部门应当依法配备实行区域自治的民族和其他民族领导干部，在公开选拔、竞争上岗配备领导干部时，可以划出相应的名额和岗位，定向选拔少数民族干部。

民族自治地方录用、聘用国家工作人员时，对实行区域自治的民族和其他少数民族予以照顾，具体办法由录用、聘用主管部门规定。

第二十九条　上级人民政府指导民族自治地方制订人才开发规划，采取各种有效措施，积极培养使用实行区域自治的民族和其他民族的各级各类人才。

国家积极采取措施，加大对少数民族和民族自治地方干部的培训力度，扩大干部培训机构和高等院校为民族自治地方培训干部与人才的规模，建立和完善民族自治地方与中央国家机关和经济相对发达地区干部交流制度。

国家鼓励和支持各级各类人才到民族自治地方发展、创业，当地人民政府应当为他们提供优惠便利的工作和生活条件；对到边远、高寒等条件比较艰苦的民族自治地方工作的汉族和其他民族人才的家属和子女，在就业、就学等方面给予适当照顾。

第三十条　各级人民政府民族工作部门对本规定的执行情况实施监督检查，每年将监督检查的情况向同级人民政府报告，并提出意见和建议。

第三十一条　对违反国家财政制度、财务制度，挪用、克扣、截留国家财政用于民族自治地方经费的，责令限期归还被挪用、克扣、截留的经费，并依法对直接负责的主管人员和其他直接责任人员给予行政处分；构成犯罪的，依法追究刑事责任。

第三十二条　各级人民政府行政部门违反本规定，不依法履行职责，由其上级行政机关或者监察机关责令改正。

各级行政机关工作人员在执行本规定过程中，滥用职权、玩忽职守、徇私舞弊，构成犯罪的，依法追究刑事责任；尚不构成犯罪的，依法给予行政处分。

第三十三条　本规定所称上级人民政府，是指民族自治地方的上级人民政府。

第三十四条　国务院有关部门、自治区和辖有自治州、自治县的省、直辖市人民政府在职权范围内，根据本规定制订具体办法，并将执行情况向国务院报告。

　　第三十五条　本规定自 2005 年 5 月 31 日起施行。

民族乡行政工作条例

（1993 年 8 月 29 日国务院批准，国家民委 1993 年 9 月 15 日发布）

第一条　为了促进民族乡经济、文化等项事业的发展，保障少数民族的合法权益，增强民族团结，根据宪法和法律的有关规定，制定本条例。

第二条　民族乡是在少数民族聚居的地方建立的乡级行政区域。

少数民族人口占全乡总人口 30％以上的乡，可以按照规定申请设立民族乡；特殊情况的，可以略低于这个比例。

第三条　民族乡的建立，由省、自治区、直辖市人民政府决定。

民族乡的名称，除特殊情况外，按照以地方名称加民族名称确定。

第四条　民族乡人民政府配备工作人员，应当尽量配备建乡的民族和其他少数民族人员。

第五条　民族乡人民政府在执行职务的时候，使用当地通用的语言文字。

第六条　民族乡人民政府依照法律、法规和国家有关规定，结合本乡的具体情况和民族特点，因地制宜地发展经济、教育、科技、文化、卫生等项事业。

第七条　民族乡人民政府在本行政区域各族人民中进行爱国主义、社会主义和民族政策、民族团结的教育，不断巩固和发展平等、团结、互助的社会主义民族关系。

第八条　民族乡财政由各省、自治区、直辖市人民政府按照优待民族乡的原则确定。

民族乡的上一级人民政府在编制财政预算时，应当给民族乡安排一

2. 财政部、国家民委、国家劳动总局关于妥善解决回族等职工的伙食问题的通知（1978 年 7 月 15 日）

3. 民政部、国家民委关于不要强迫回族实行火葬问题的通知（1979 年 2 月 10 日）

4. 商业部、国家民委关于回汉通婚后，汉族一方及其子女愿随回族生活习惯的，按回族标准供应副食品问题的通知（1979 年 4 月 9 日）

5. 民族政策宣传工作座谈会纪要（1980 年 1 月 16 日中央统战部、中央宣传部、国家民委党组印发）

6. 国家民委对《关于进一步加强八省、自治区蒙古语文协作工作的报告》的批复（1980 年 8 月 30 日）

7. 商业部《关于回族等食用牛羊屠宰加工问题的通知》的通知（1980 年 11 月 4 日）

8. 民族问题五种丛书工作会议纪要（1981 年 2 月 13 日国家民委印发）

9. 国家民委对广西壮族自治区民委、广西壮族自治区少数民族语言文字工作委员会《关于僮文方案修改意见的报告》的批复（1982 年 2 月 2 日）

10. 民族问题五种丛书编委（扩大）会议纪要（1982 年 6 月 7 日国家民委印发）

11. 国家民委关于宣传报导和文艺创作要正确对待少数民族习俗问题的通知（1983 年 1 月 25 日）

12. 文化部、国家民委关于加强和改善少数民族地区图书馆工作的意见（1984 年 3 月 9 日）

13. 国务院办公厅转发国家民委关于抢救、整理少数民族古籍的请示的通知（1984 年 4 月 19 日）

14. 《国家民委民族问题五种丛书》工作会议纪要（1984 年 5 月 4 日中共中央统战部、国家民委党组印发）

15. 广播电视部关于转发《民族广播工作经验交流会纪要》的通知

（1985 年 6 月 22 日）

16. 中共中央宣传部、中国社会科学院、国家民委、文化部关于转发《1984 年全国少数民族文学史编写工作座谈会纪要》的通知（1985 年 6 月 29 日）

17. 国务院办公厅关于中国文字改革委员会改名为国家语言文字工作委员会的通知（1985 年 12 月 16 日）

18. 国家民委关于慎重对待少数民族风俗习惯问题的通知（1986 年 1 月 23 日）

19. 国家民委关于印发《国家民委民族问题五种丛书编写出版工作会议纪要》的通知（1986 年 6 月 9 日）

20. 中共中央宣传部、国家民委关于转发《全国少数民族文字报纸经验交流会议纪要》的通知（1986 年 11 月 25 日）

21. 关于地名用字的若干规定（1987 年 3 月 27 日国家语委、中国地名委员会、铁道部、交通部、国家海洋局、国家测绘局颁发）

22. 中共中央宣传部、中共中央统战部、国家民委关于在宣传报导和文艺创作中防止继续发生丑化、侮辱少数民族事件的通知（1987 年 6 月 30 日）

23. 中国民航运输服务公司关于认真做好伊斯兰教民族人员用餐工作的通知（1989 年 3 月 11 日）

24. 国家民委办公厅关于民航飞机供应清真食品的通知（1989 年 3 月 16 日）

25. 交通部运输管理司关于做好对信奉伊斯兰教各少数民族旅客伙食供应的通知（1989 年 5 月 13 日）

26. 全国少数民族题材电影创作会议纪要（1989 年 8 月 21 日）

27. 中宣部、国家民委关于结合民族团结进步表彰活动加强民族宣传的意见（1990 年 7 月 27 日）

28. 中宣部、统战部、新闻出版署、国家民委、国务院宗教局关于对伊斯兰教的出版物加强管理的通知（1993 年 10 月 19 日）

29. 文化部关于我国边境省、自治区同毗邻国家边境地区文化交流管理执行办法（1994 年 1 月 12 日）

30. 国家民委、中宣部、中央统战部、文化部、广电部、新闻出版署、国务院宗教局关于严禁在新闻出版和文艺作品中出现损害民族团结内容的通知（1994 年 6 月 7 日）

31. 国家民委关于转发《全国术语标准化技术委员会少数民族语特别分委员会成立大会会议纪要》的通知（1995 年 6 月 30 日）

32. 新闻出版署关于民族文字图书书号不限和免收条码费用的决定（1996 年 5 月 15 日）

33. 国家民委关于"九五"全国少数民族古籍重点项目出版规划的通知（1998 年 1 月 14 日）

34. 国家民委办公厅关于转发《全国民族语文现代化规划会议纪要》的通知（1998 年 12 月 25 日）

35. 民政部、国家民委、卫生部关于国务院《殡葬管理条例》中尊重少数民族的丧葬习俗的规定的解释（1999 年 6 月 10 日）

36. 文化部、国家民委关于进一步加强少数民族文化工作的意见（2000 年 2 月 13 日）

37. 国家民委、国家体育总局关于印发《第七届全国少数民族传统体育运动会总规程》及单项规程的通知（2002 年 2 月 27 日）

（四）教育类

1. 教育部关于内地支援边疆小学师资问题的通知（1956 年 11 月 1 日）

2. 教育部关于高等学校优先录取少数民族学生的通知（1962 年 8 月 2 日）

3. 财政部、教育部、国家民委关于民族学院经费划分和预算管理的几点规定（1963 年 11 月 8 日）

4. 教育部、财政部、粮食部、国家民委、国家劳动总局关于边境县（旗）、市中小学民办教师转公办教师的通知（1979 年 10 月 31 日）

5. 国家民委、教育部关于印发《关于民族学院工作的基本总结和今后方针任务的报告》的通知（1979 年 11 月 12 日）

6. 卫生部、国家民委、教育部印发《关于加强少数民族地区医学教育工作的意见》和《关于内地省市对口支援少数民族地区发展医学教育试行方案》的通知（1980 年 5 月 26 日）

7. 教育部关于 1980 年在部分全国重点高等学校试办少数民族班的通知（1980 年 6 月 21 日）

8. 教育部、国家民委关于从民族地区补助费中适当安排少数民族教育经费的建议（1980 年 7 月 2 日）

9. 教育部、国家民委关于加强民族教育工作的意见（1980 年 10 月 9 日）

10. 教育部、国家民委关于今年高等学校招生是否按少数民族人口比例录取少数民族学生问题的复函（1981 年 7 月 13 日）

11. 文化部、国家民委、教育部关于印发关于加强民族艺术教育工作的意见的通知（1981 年 12 月 28 日）

12. 国家民委、教育部、财政部关于民族学院干训、预科的经费问题（1982 年 1 月 28 日）

13. 教育部、国家民委关于西藏、青海、甘肃、四川、云南五省、自治区藏文教材协作会议纪要的批复（1982 年 5 月 27 日）

14. 教育部、中共中央宣传部关于在新疆高等学校和中等专业学校开设《民族理论与民族政策》课程的批复（1982 年 10 月 6 日）

15. 全国牧区、山区寄宿制民族中小学经验交流会纪要（1982 年 12 月 10 日教育部印发）

16. 中共中央办公厅、国务院办公厅转发教育部《关于正确处理少数民族地区宗教干扰学校教育问题的意见》（1983 年 2 月 17 日）

17. 卫生部、国家民委、教育部关于全国重点高等医学院培养少数民族高级医学人才的意见（1983 年 6 月 19 日）

18. 国家民委、教育部、财政部关于印发《关于民族学院干部轮训

转向正规培训的意见》的通知（1983 年 7 月 25 日）

19. 教育部、国家民委关于加强领导和进一步办好高等院校少数民族班的意见（1984 年 3 月 30 日）

20. 国家民委、教育部关于妥善解决归国定居青年藏胞学习问题的通知（1984 年 12 月 5 日）

21. 教育部、国家计委关于落实中央关于在内地为西藏办学培养人才指示的通知（1984 年 12 月 11 日）

22. 教育部关于教育部部属高等院校少数民族班毕业生分配问题的通知（1984 年 12 月 17 日）

23. 教育部关于内地十九省、市为西藏办学的几项具体规定（1985 年 6 月 13 日）

24. 国家教委关于 1985 年西北少数民族师资培训中心招生的通知（1985 年 7 月 13 日）

25. 国家教委关于转发西藏自治区人民政府《关于十六省、市举办西藏班经费标准意见的报告》的通知（1985 年 10 月 17 日）

26. 劳动人事部关于允许农村、牧区少数民族学生报考技工学校的批复（1985 年 11 月 12 日）

27. 国家教委关于 1986 年继续在部分高等院校举办少数民族班的通知（1986 年 1 月 8 日）

28. 国家教委、国家民委关于转发《西藏、青海、四川、甘肃、云南五省区第五次藏文教材协作会议纪要》的通知（1986 年 1 月 28 日）

29. 国家民委、中国科协印发《关于加强少数民族地区科普工作的意见》的通知（1986 年 2 月 20 日）

30. 国家教委关于办高山族班的几点意见（1986 年 3 月 3 日）

31. 国家教委关于转发《全国中小学教材审定委员会朝鲜文教材审查委员会成立大会暨第一次委员（扩大）会议纪要》和《全国中小学教材审定委员会朝鲜文教材审查委员会工作条例（试行）》的通知（1986 年 5 月 19 日）

32. 内地十六省市西藏班工作会议纪要（1986 年 6 月 16 日国家教委、国务院西藏经济工作咨询小组转发）

33. 国家教委关于在各级学校注意进行党的民族政策和加强民族团结教育的通知（1987 年 8 月 18 日）

34. 关于内地与边远民族地区高等院校支援协作会议纪要（1987 年 11 月 3 日国家教委、国家民委印发）

35. 关于内地对口支援西藏教育实施计划（1987 年 11 月 16 日国家教委、国务院西藏经济工作咨询小组转发）

36. 国家教委关于《全国蒙古文中小学教材审查委员会工作章程》等五个送审件的批复（1988 年 1 月 25 日）

37. 广播电影电视部、国家民委关于为西藏、青海等省（区）举办民族班的通知（1988 年 3 月 14 日）

38. 中共中央统战部、国家民委、国务院西藏经济工作咨询小组关于印发《关于改革和发展西藏教育若干问题的意见》的通知（1988 年 4 月 26 日）

39. 国家教委关于批转《全国中小学教材审定委员会藏文教材审查委员会章程》的通知（1988 年 5 月 21 日）

40. 国家教委西北少数民族师资培训中心第二次工作会议纪要（1988 年 6 月 7 日国家教委印发）

41. 五省、自治区藏族教育研讨会纪要（1988 年 10 月 4 日国家教委转发）

42. 关于内地西藏班（校）工作初步总结和今后意见（1988 年 10 月 9 日国家教委、财政部、国务院西藏经济工作咨询小组、人事部印发）

43. 国家民委关于确定民族学院重点学科的通知（1989 年 9 月 11 日）

44. 关于内地与新疆维吾尔自治区高等教育支援协作规划会议纪要（1990 年 2 月 20 日国家教委、国家民委印发）

45. 国家教委、国家民委关于申请民族教育专项补助经费的请示（1990 年 2 月 20 日）

46. 国家教委、国家民委关于设立五省（区）藏族教育协作领导小组和协调小组的通知（1990 年 4 月 21 日）

47. 财政部对《关于申请民族教育专项补助经费的请示》的复函（1990 年 5 月 4 日）

48. 国家教委、国家民委关于民族教育专项补助经费的补充通知（1990 年 12 月 22 日）

49. 国家民委、中国科协关于转发四川省民委、省科协《关于加强少数民族地区科普工作的意见》的通知（1991 年 4 月 27 日）

50. 财政部、国家教委、国家民委关于民族教育补助专款使用管理等有关问题的通知（1991 年 7 月 15 日）

51. 关于加强少数民族与民族地区职业技术教育工作的意见（1992 年 4 月 8 日国家教委发布）

52. 国家民委关于印发《关于加强民族院校教材建设工作的意见》的通知（1992 年 7 月 23 日）

53. 关于加强民族教育工作若干问题的意见（1992 年 10 月 20 日国家教委、国家民委印发）

54. 国家教委关于加强民族散杂居地区少数民族教育工作的意见（1992 年 11 月 2 日）

55. 国家民委关于加快所属民族学院改革和发展步伐的若干意见（1993 年 7 月 9 日）

56. 国家教委等部门关于进一步加强教育援藏工作请示（1993 年 10 月 15 日国务院办公厅转发）

57. 全国高等学校少数民族预科基础课程教材修订会议纪要（1994 年 12 月 31 日国家教委办公厅、国家民委办公厅印发）

58. 内地中等专业学校西藏班管理的若干暂行规定（1994 年 12 月 31 日国家教委发布）

59. 国家民委关于改革和发展委属民族院校成人高等教育的意见 (1995 年 1 月 12 日)

60. 国家教委印发中小学少数民族文字优秀教材评奖办法（1995 年 3 月 16 日）

61. 关于内地高等学校支援新疆第三次协作会议纪要（1995 年 10 月 13 日国家教委、国家民委印发）

62. 教育部、国家民委关于在各级各类学校设置清真食堂、清真灶有关问题的通知（2000 年 8 月 1 日）

63. 国家民委、教育部印发《关于加快少数民族和民族地区职业教育改革和发展的意见》的通知（2000 年 7 月 28 日）

64. 国家民委关于印发《国家民委高等教育事业"十五"计划和 2010 年发展规划》的通知（2001 年 1 月 9 日）

65. 国家民委关于在各级各类教材中增加民族方面内容的意见 (2001 年 2 月 9 日)

66. 国家民委关于印发"十五"全国少数民族古籍重点项目出版规划的通知（2001 年 12 月 10 日）

67. 国家民委关于印发重点学科评选和建设的意见的通知（2002 年 4 月 10 日）

（五）卫生类

1. 关于继承、发扬民族医药学的意见（1983 年 7 月 20 日卫生部、国家民委印发）

2. 全国少数民族卫生工作会议纪要（1983 年 7 月 25 日卫生部、国家民委印发）

3. 卫生部、国家民委、劳动人事部关于经济发达省市对口支援边远少数民族地区卫生事业建设的实施方案（1983 年 8 月 18 日）

4. 卫生部、国家民委关于加强全国民族医药工作的几点意见 (1984 年 11 月 23 日国务院办公厅转发)

5. 全国少数民族地区妇幼卫生工作会议纪要（1985 年 10 月）

6. 卫生部、国家民委关于在少数民族边远地区对孕妇和育龄妇女进行破伤风类毒素免疫接种的通知（1987 年 4 月 10 日）

（六）培养干部类

1. 中共中央组织部《关于少数民族地区干部工作的几点意见》（1978 年 10 月 6 日）

2. 国家人事局关于进藏干部回内地安排离职休养有关问题处理意见的报告（1981 年 5 月 22 日国务院办公厅转发）

3. 国家人事局、国家劳动总局关于西藏干部、工人离休、退休、退职工作中有关问题处理意见的报告（1982 年 4 月 24 日国务院办公厅转发）

4. 劳动人事部、国家民委、教育部、中共中央统战部关于加强边远地区科技队伍建设的意见（1982 年 10 月 13 日中共中央办公厅、国务院办公厅转发）

5. 劳动人事部关于落实西藏离休退休人员跨省安置问题的请示（1983 年 5 月 3 日国务院办公厅转发）

6. 卫生部关于参加对口支援西藏卫生技术人员生活补助费用问题的通知（1985 年 2 月 14 日）

7. 西藏汉族干部、工人内调、退（离）休回内地安置工作会议纪要（1989 年 3 月 31 日中共中央组织部、人事部、劳动部印发）

8. 中共中央组织部、中共中央统战部、国家民委关于选送少数民族优秀干部到中央国家机关和北京市挂职锻炼的通知（1992 年 2 月 29 日）

9. 中共中央组织部办公厅转发中共山东省委组织部等六部门《关于加强援藏干部工作有关问题的通知》的通知（1993 年 9 月 18 日）

10. 中共中央组织部、中共中央统战部、国家民委关于进一步做好培养选拔少数民族干部工作的意见（1993 年 12 月 30 日）

11. 中共中央组织部、中共中央统战部、国家民委关于 1998 年组织少数民族和民族地区干部到中央、国家机关和经济相对发达地区挂职锻

炼工作有关问题的通知（1998 年 4 月 15 日）

地方法规政策文件

北京市

1. 北京市政府批转市民委《关于"尔代节"对禁猪各民族实行放假，补助油、面的请示》的通知（1980 年 7 月 8 日）

2. 北京市民委、市建委《关于征用土地中迁移回民坟墓的会议纪要》（1984 年 1 月 30 日）

3. 北京市计生委关于下发京计生委字第 35 号文件补充规定的通知（1984 年 4 月 28 日）

4. 北京市民委、高教局、劳动局关于北京市市属高等院校、中专、中技校在招生中对少数民族考生给予照顾的通知（1984 年 5 月 22 日）

5. 北京市民委转发中共北京市劳动局党组《关于对少数民族青年在招工中给予照顾的意见》的通知（1984 年 6 月 9 日）

6. 北京市民委、市房地产管理局关于在调整或分配住房中执行民族政策的通知（1985 年 1 月 26 日）

7. 北京市财政局关于对蒙、藏少数民族副食补贴发放标准的通知（1985 年 6 月 3 日）

8. 北京市税务局关于对少数民族贫困乡（村）集体企业应纳所得税实行优惠政策规定的通知（1986 年 4 月 26 日）

9. 北京市政府办公厅转发市民委《关于生产经营清真食品必须尊重少数民族风俗习惯的若干规定》的通知（1988 年 3 月 29 日）

10. 北京市饮食服务总公司关于认真做好来京少数民族住宿工作的通知（1988 年 6 月 20 日）

11. 北京市民委、市工商行政管理局关于印发《关于生产经营清真食品必须尊重少数民族风俗习惯的若干规定》实施办法的通知（1989

年 6 月 20 日）

12. 北京市民委、商委印发《关于加强对清真食品生产经营者监督检查工作的意见》的通知（1990 年 5 月 15 日）

13. 北京市少数民族权益保障条例（1998 年 11 月 5 日）

14. 北京市工商行政管理局、市民委《关于加强生活消费品市场清真摊位管理有关问题》的通知（2001 年 2 月 23 日）

15. 北京市商委、市民委印发《北京市清真食品经营规范（试行）》的通知（2001 年 4 月 4 日）

天津市

1. 天津市民委关于在调配住房中要尊重少数民族风俗习惯的报告（1980 年 11 月 14 日天津市政府办公厅转发）

2. 天津市第二商业局《关于回民商店运输、容器、工具必须专用的通知》（1983 年 8 月 8 日）

3. 天津市招生委员会《关于对少数民族子女考生录取时给予照顾的意见》（1984 年 8 月 1 日）

4. 天津市民委、市工商局关于经营清真食品个体户发放统一标志的通知（1986 年 6 月 26 日）

5. 天津市民委关于转发《关于中国公民确定民族成分的规定》的通知（1990 年 7 月 24 日）

6. 中共天津市委、市人民政府《关于进一步作好民族工作的通知》（1993 年 3 月 27 日）

7. 天津市生产经营清真食品管理办法（1995 年 4 月 20 日天津市人民政府批准发布施行）

河北省

1. 中共河北省委、省人民政府批转省委统战部、省民委《关于进一步加强我省民族工作的请示报告》的通知（1987 年 11 月 18 日）

2. 河北省散杂居少数民族权益保障条例（1991 年 6 月 8 日）

3. 河北省实施《中华人民共和国民族区域自治法》若干规定（1991 年 9 月 11 日发布实施）

4. 中共河北省委、省人民政府《关于贯彻中央民族工作会议精神进一步加强民族工作的意见》（1992 年 9 月 28 日）

5. 河北省委组织部、统战部、省民宗厅关于加强培养选拔少数民族干部的意见（1994 年 3 月 7 日）

6. 河北省清真食品管理条例（1999 年 11 月 29 日）

7. 河北省委、省政府关于加快少数民族和民族地区经济社会发展若干政策的意见（2000 年 12 月 1 日）

8. 河北省委、省政府关于加快民族乡经济社会发展若干政策的意见（2004 年 2 月 6 日）

9. 中共河北省委、省人民政府关于贯彻《中共中央国务院关于进一步加强民族工作加快少数民族和民族地区经济社会发展的决定》的实施意见（2005 年 12 月 8 日）

山西省

1. 山西省高等学校招生委员会、教委、民宗局关于少数民族考生报考普通高校、中等专业学校降分照顾录取的通知（1988 年 6 月 4 日）

2. 山西省清真食品生产经营管理办法（1993 年 12 月 16 日）

3. 山西省民宗局、省委宣传部、省新闻出版局、广播电视厅关于新闻出版中涉及民族宗教问题必须征求民族宗教主管部门意见的通知（1995 年 2 月 17 日）

4. 山西省人民政府关于修改《山西省清真食品生产经营管理办法》的决定（1997 年 12 月 29 日）

内蒙古自治区

1. 内蒙古自治区乌兰牧骑工作条例（1985年8月28日自治区人民政府印发）

2. 内蒙古自治区人民代表大会常务委员会关于修改《内蒙古自治区执行〈中华人民共和国婚姻法〉的补充规定》的决定（1988年11月19日内蒙古自治区第七届人民代表大会常务委员会第三次会议通过）

3. 内蒙古自治区文物保护条例（节录）（1990年4月14日内蒙古自治区第七届人民代表大会常务委员会第十三次会议通过）

4. 内蒙古自治区计划生育条例（节录）（1990年10月12日内蒙古自治区第七届人民代表大会常务委员会第十六次会议通过）

5. 内蒙古自治区社会市面蒙汉两种文字并用管理办法（1996年4月16日内蒙古自治区人民政府办公厅印发）

6. 内蒙古自治区党委、政府关于进一步加强民族工作的决定（2000年9月15日）

7. 中共内蒙古自治区委员会、区人民政府关于进一步加强民族工作加快我区经济社会发展的决定（2005年10月18日）

辽宁省

1. 辽宁省民委、财政厅、劳动局、人事局、商业局、粮食局、农业局关于尊重少数民族风俗习惯的几项规定（1981年2月14日）

2. 中共辽宁省委组织部、统战部，省民委党组关于加强少数民族干部培养、选拔、使用工作的意见（1988年7月30日）

3. 辽宁省实施《中华人民共和国民族区域自治法》若干规定（1990年2月10日）

4. 中共辽宁省委、省政府对省民委《关于验收"民族团结进步先进市"有关问题的请示》的批复（1991年7月4日）

5. 辽宁省人民政府关于加速发展我省民族地区经济和文化事业的

通知（1992 年 12 月 1 日）

6. 辽宁省清真食品生产经营管理规定（1994 年 6 月 3 日）

7. 中共辽宁省委组织部、统战部、省民委、妇联关于进一步加强选拔培养女干部、少数民族干部和党外干部工作的意见（1994 年 7 月 1 日）

8. 辽宁省散居少数民族权益保障规定（1999 年 12 月 28 日）

9. 中共辽宁省委、省政府关于加强民族工作的决定（2000 年 10 月 17 日）

10. 辽宁省人民政府办公厅转发省财政厅关于促进辽西北地区扶贫开发工作重点县和民族自治县经济与社会发展政策意见的通知（2003 年 3 月）

11. 辽宁省清真食品生产经营管理规定（2003 年 3 月 1 日）

12. 中共辽宁省委、省人民政府关于加强民族工作促进少数民族和民族地区经济社会发展的实施意见（2005 年 10 月 28 日）

吉林省

1. 吉林省人民政府贯彻《国务院批转劳动人事部、国家民委关于加强边远地区科技队伍建设若干政策问题的报告的通知》的通知（1983 年 12 月 17 日）

2. 中共吉林省委、省人民政府关于认真贯彻执行《中华人民共和国民族区域自治法》的通知（1984 年 7 月 4 日）

3. 吉林省关于确定长白朝鲜族自治县为交通十分不便的边远地区重大复杂的刑事案件可以延长办案期限的决定（1984 年 9 月 13 日吉林省第六届人民代表大会常务委员会第九次会议通过）

4. 吉林省人民政府关于少数民族计划生育政策的补充规定（1985 年 2 月 2 日）

5. 吉林省民委、劳动人事厅、财政厅关于调整回族等民族职工伙食补助标准的通知（1987 年 10 月 25 日）

6. 中共吉林省、吉林省人民政府关于加强民族工作的决定（1990年3月1日）

7. 吉林省民委、工商行政管理局、商业局、对外经贸委关于做好清真食品管理工作的通知（1991年1月30日）

8. 吉林省人民政府关于进一步贯彻实施《中华人民共和国民族区域自治法》若干问题的通知（1992年6月4日）

9. 吉林省清真食品生产经营管理若干规定（1994年5月9日吉林省人民政府第十六次常务会议通过）

10. 吉林省人民政府关于少数民族地方的企业实行税收优惠政策的通知（1994年12月16日）

11. 吉林省人民政府关于促进少数民族和民族地区经济发展的决定（1995年9月10日）

12. 吉林省实施《城市民族工作条例》的办法（1996年1月15日吉林省人民政府第三十九次常务会议通过）

13. 中共吉林省委、省人民政府关于贯彻落实《中共中央国务院关于进一步加强民族工作加快少数民族和民族地区经济社会发展的决定》的实施意见（2005年11月15日）

黑龙江省

1. 黑龙江省民族乡条例（1988年1月7日黑龙江省第六届人民代表大会常务委员会第三十一次会议通过）

2. 黑龙江省城市民族工作条例（1989年12月13日黑龙江省第七届人民代表大会常务委员会第十二次会议通过）

3. 黑龙江省民委、计委、财政厅、税务局、商业厅、轻工业厅、纺织工业厅、医药管理局、供销社、物资厅、中国人民银行黑龙江省分行、中国工商银行黑龙江省分行、中国农业银行黑龙江省分行关于贯彻落实国务院国发〔1991〕16号文件意见的报告（1991年12月27日黑龙江省人民政府批转执行）

4. 黑龙江省人民政府关于加快民族聚居地区经济和社会事业发展（1992 年 7 月 29 日）

5. 黑龙江省人民政府办公厅关于认真贯彻国发［1991］70 号文件加快杜尔伯特蒙古族自治县建设的通知（1992 年 8 月 12 日）

6. 哈尔滨市少数民族权益保障条例（1998 年 12 月 18 日）

7. 黑龙江省关于在全省中小学开展民族团结教育活动方案（1999 年）

8. 黑龙江省委、省政府办公厅关于进一步做好全省民族工作的通知（2000 年 6 月 27 日）

9. 黑龙江省清真食品生产经营管理条例（2000 年 8 月 18 日）

10. 黑龙江省委、省政府关于进一步加强民族工作的决定（2000 年 9 月 12 日）

11. 黑龙江省人口较少民族（2003～2005）扶贫规划（2003 年 3 月 1 日）

12. 中共黑龙江省委、省人民政府关于贯彻落实《中共中央国务院关于进一步加强民族工作加快少数民族和民族地区经济社会发展的决定》的实施意见（2005 年 11 月 15 日）

上海市

1. 上海市民委、劳动局、粮食局《关于本市回族等十个少数民族"开斋节"放假和油、面供应的请示报告》（1980 年 7 月 30 日上海市人民政府批转报告）

2. 上海市人民政府办公厅转发市民委《关于调配住房要尊重少数民族习惯的请示》的通知（1986 年 1 月 12 日）

3. 上海市民委、财贸办、财政局、房管局关于做好本市清真供应工作的几点意见（1993 年 10 月 16 日上海市人民政府办公厅转发）

4. 上海市少数民族权益保障条例（1994 年 12 月 9 日上海市第十届人民代表大会常务委员会第十四次会议通过）

5. 上海市商委、民委、财政局、房地局关于进一步改善本市清真"三食"供应工作的意见（1996 年 9 月 15 日上海市人民政府办公厅转发）

6. 上海市委、市政府办公厅转发市委统战部、市民族宗教委党委、市民族宗教委《关于进一步加强本市民族工作的若干意见》的通知（2000 年 6 月 25 日）

7. 上海市清真食品管理条例（2001 年 1 月 1 日）

江苏省

1. 江苏省粮食厅、民宗局关于回族等十个少数民族"开斋节"油、面供应的通知（1981 年 6 月 20 日）

2. 江苏省人民政府关于回族等十个少数民族"开斋节"放假问题的通知（1981 年 6 月 30 日）

3. 江苏省少数民族权益保障条例（1996 年 12 月 13 日江苏省第八届人民代表大会常务委员会第二十五次会议通过）

4. 江苏省民委、工商局、公安厅关于贯彻《江苏省少数民族权益保障条例》加强对少数民族流动经商人员管理的意见（1999 年 12 月 24 日）

5. 江苏省民委、贸易厅、工商管理局关于贯彻《江苏省少数民族权益保障条例》加强清真食品生产经营管理的意见（2000 年 1 月 4 日）

6. 江苏省民委、民政厅、财政厅关于贯彻《江苏省少数民族权益保障条例》加强民族聚居村工作的意见（2000 年 1 月 31 日）

7. 南京市清真食品管理条例（2000 年 12 月 24 日）

8. 江苏省民委、省教育厅关于贯彻《江苏省少数民族权益保障条例》加强民族教育工作的意见（2001 年 5 月 7 日）

9. 江苏省政府办公厅转发省民委等部门《关于加强我省清真饮食网点建设的意见》的通知（2001 年 5 月 28 日）

10. 江苏省政府办公厅转发省民委关于加强少数民族扶贫开发工作

意见的通知（2002 年 12 月 13 日）

11. 中共江苏省委、省人民政府关于进一步加强民族工作的意见（2005 年 12 月 6 日）

浙江省

1. 浙江省民族事务处、粮食厅、劳动局、人事局关于"开斋节"放假和食油供应问题的通知（1982 年 6 月 12 日）

2. 浙江省人民政府办公厅关于扶持少数民族地区发展经济文化事业若干问题的通知（1985 年 4 月 1 日）

3. 浙江省政府办公厅关于进一步做好我省少数民族工作有关问题的通知（1990 年 7 月 28 日）

4. 浙江省少数民族计划生育规定（1990 年 9 月 10 日）

5. 浙江省民委、商业厅、供销社、计经委、人民银行、财政厅、税务局关于加强景宁畲族自治县民族贸易工作的意见（1992 年 6 月 2 日浙江省人民政府办公厅转发）

6. 浙江省委组织部、统战部、省民委印发的《全省培养选拔少数民族干部工作座谈会纪要》（1994 年 7 月 8 日）

7. 浙江省政府关于在景宁畲族自治县实施企业所得税优惠政策的通知（1995 年 1 月 11 日）

8. 浙江省委、省政府关于加快少数民族和民族地区经济社会发展的意见（2000 年 4 月 12 日）

9. 浙江省少数民族权益保障条例（2002 年 12 月 20 日）

安徽省

1. 安徽省人民政府关于回族职工三大节日放假问题的通知（1980 年 8 月 22 日）

2. 安徽省财政厅、民委、劳动局关于对回族等禁猪职工伙食补助费问题的规定（1983 年 3 月 17 日）

3. 安徽省人民政府关于加强民族团结、处理民族纠纷问题的意见（1987 年 8 月 20 日）

4. 安徽省商业厅、民委关于加强清真食品管理的通知（1988 年 6 月 3 日）

5. 安徽省民族工作暂行规定（1993 年 10 月 30 日安徽省人民政府第二十四次常务会议审议通过）

6. 安徽省委、省政府关于加强民族工作的若干意见（2000 年 9 月 17 日）

7. 中共安徽省委、省人民政府关于进一步加强民族工作加快少数民族聚居地区经济社会发展的实施意见（2005 年 12 月）

福建省

1. 福建省委宣传部、统战部、省民政局党组关于开展民族政策宣传工作的通知（1980 年 2 月 23 日）

2. 福建省人民政府关于少数民族计划生育的若干暂行规定（1984 年 8 月 27 日）

3. 中共福建省委关于加强老、少、边、岛贫困地区脱贫致富工作的决定（1986 年 5 月 11 日）

4. 中共福建省委、省政府关于老、少、边、岛贫困地区脱贫致富若干政策、措施的补充规定（1986 年 6 月 16 日）

5. 福建省少数民族权益保障条例（1999 年 10 月 22 日）

6. 中共福建省委办公厅、省人民政府办公厅关于实施第二批挂钩扶持、对口支援民族乡的通知（2000 年 7 月 27 日）

江西省

1. 中共江西省委办公厅、省人民政府办公厅转发省委统战部《关于扶持少数民族地区发展经济文化事业的意见》的通知（1987 年 9 月 4 日）

2. 江西省委组织部、统战部、省民宗委《关于做好培养选拔少数

民族干部工作的意见》（1994 年 3 月 29 日中共江西省委办公厅、省政府办公厅转发）

3. 江西省民族工作办法（1996 年 12 月 1 日）

4. 江西省民族地区经济和社会发展"十五"规划（2001 年 11 月 19 日）

5. 江西省少数民族权益保障条例（2001 年 12 月 22 日）

山东省

1. 山东省财政局、民委关于解决回族等禁猪少数民族职工伙食补助费问题的通知（1979 年 11 月 12 日）

2. 山东省粮食厅关于对朝鲜族非农业人口照顾大米的通知（1980 年 5 月 10 日）

3. 中共山东省委、省人民政府批转省委统战部、省民委《关于进一步做好我省民族工作的报告》的通知（1987 年 12 月 16 日）

4. 山东省民族工作条例（1990 年 8 月 30 日山东省第七届人大常委会第十七次会议通过）

5. 山东省民委、公安厅关于在招生、招干工作中出具少数民族成分证明问题的通知（1992 年 4 月 2 日）

6. 中共山东省委、省人民政府关于进一步加强民族工作的通知（1992 年 6 月 9 日）

7. 山东省培养选拔少数民族干部工作七年规划及实施意见（1994 年 9 月 19 日中共山东省委组织部、统战部、省民委印发）

8. 山东省清真食品管理规定（2002 年 10 月 16 日）

河南省

1. 河南省水利厅、民委关于帮助少数民族解决生产生活用水问题的通知（1986 年 9 月 25 日）

2. 中国农业银行河南省分行、省民委关于在信贷工作中支持少数

民族发展经济的通知（1986 年 9 月 26 日）

3. 中共河南省委办公厅、省政府办公厅转发省委统战部、省民委《关于进一步加强我省民族工作的报告》的通知（1988 年 4 月 23 日）

4. 河南省民委、省贫困地区经济开发领导小组关于加强我省少数民族地区扶贫工作意见的报告（1990 年 3 月 21 日河南省人民政府批转）

5. 中共河南省委统战部、省民委关于深入开展民族政策宣传教育活动进一步增强民族团结的意见（1990 年 5 月 19 日）

6. 河南省人民政府关于进一步加强民族工作的意见（1992 年 6 月 26 日）

7. 中共河南省委组织部、统战部、省人事厅、民委关于加强少数民族干部队伍建设的意见（1992 年 6 月 26 日）

8. 河南省民委关于印发《河南省民族团结进步先进集体、先进个人评选、奖励试行办法》的通知（1993 年 4 月 27 日）

9. 河南省人民政府关于加强民族经济发展的通知（1994 年 4 月 11 日）

10. 中共河南省组织部、统战部、省民委关于进一步做好培养选拔少数民族干部工作的意见（1994 年 6 月 29 日）

11. 河南省少数民族权益保障条例（1994 年 9 月 8 日河南省第八届人民代表大会常务委员会第九次会议通过）

12. 河南省人民政府批转省民委关于贯彻实施《河南省少数民族权益保障条例》的报告的通知（1995 年 1 月 4 日）

13. 中共河南省委办公厅、省政府办公厅关于帮助少数民族和民族聚居地区加快发展的意见（2001 年 11 月 8 日）

14. 中共河南省委、省人民政府关于加强新形势下民族工作的意见（2005 年 9 月 19 日）

湖北省

1. 湖北省人民政府批转省商业厅、供销合作社、民宗局关于《进

一步发展少数民族地区商业若干问题的报告》的通知（1986 年 3 月 27 日）

2. 湖北省实施《中华人民共和国民族区域自治法》的若干规定（1988 年 9 月 27 日湖北省第七届人民代表大会常务委员会第三次会议通过，2003 年 4 月 2 日修正）

3. 湖北省人民政府批转省民宗委等部门《关于加强民族贸易和民族用品生产供应工作意见》的通知（1993 年 4 月 21 日）

4. 湖北省人民政府贯彻国务院关于实施《中华人民共和国民族区域自治法》若干问题的通知（1993 年 4 月 26 日）

5. 湖北省人民政府关于加快民族地区经济和社会发展的通知（1994 年 7 月 3 日）

6. 中共湖北省委、湖北省人民政府关于加快恩施自治州经济和社会发展的决定（1995 年 12 月 8 日）

7. 湖北省人民政府关于实施"616"工程开展对口支援恩施、建始、来凤、长阳等四县市工作的通知（1996 年 12 月 22 日）

8. 湖北省实施《中华人民共和国民族区域自治法》若干规定（2003 年 4 月 2 日）

湖南省

1. 湖南省散居少数民族工作条例（1987 年 9 月 20 日湖南省第六届人民代表大会常务委员会第二十七次会议通过）

2. 湖南省实施《中华人民共和国民族区域自治法》的若干规定（1990 年 10 月 27 日湖南省第七届人民代表大会常务委员会第十九次会议通过，2002 年 9 月 28 日修订）

3. 湖南省人民政府办公厅关于进一步做好回、维民族清真"三食"生产供应工作的通知（1993 年 9 月 7 日）

4. 中共湖南省委、省人民政府关于支持湘西土家族苗族自治州实施"八七扶贫攻坚计划"的意见（1994 年 9 月 27 日）

5. 中共湖南省委、省人民政府关于《吉首市民族自治地方改革开放试验区试验方案》的批复（1994 年 10 月 19 日）

6. 中共湖南省委、省人民政府关于少数民族和民族地区发展经济和社会事业若干优惠政策的通知（1994 年 12 月 30 日）

7. 湖南省人民政府办公厅关于进一步做好散杂居少数民族工作的通知（1996 年 4 月 10 日）

8. 湖南省政府关于加快少数民族和民族地区经济社会发展若干优惠政策的通知（2000 年 4 月 25 日）

9. 湖南省委、省政府关于加强民族工作的决定（2000 年 4 月 25 日）

10. 中共湖南省委、省人民政府关于抓住西部大开发机遇加快湘西自治州发展的若干意见（2001 年）

广东省

1. 广东省民委关于伊斯兰教的"开斋节"和"古尔邦节"放假的通知（1984 年 8 月 6 日）

2. 广东省实施民族区域自治法若干规定（1988 年 4 月 1 日起施行）

3. 广东省财政厅关于提高回族干部、职工伙食补助标准问题的复函（1988 年 11 月 21 日）

4. 广东省杂散居少数民族工作若干规定（1989 年 11 月 22 日广东省人民政府颁布）

5. 中共广东省委、省人民政府关于进一步加强我省民族工作的意见（1999 年 12 月 29 日）

广西壮族自治区

1. 广西壮族自治区计划生育条例（1988 年 9 月 17 日自治区第七届人民代表大会常务委员会第五次会议通过）

2. 广西壮族自治区民委关于加强我区民族贸易和民族用品生产供应工作的意见（1991 年 12 月 28 日广西壮族自治区人民政府批转）

3. 广西壮族自治区党委、广西壮族自治区人民政府关于进一步加强民族工作的意见（1992 年 4 月 25 日）

4. 中共广西壮族自治区党委组织部、统战部、自治区民委关于进一步做好培养选拔少数民族干部工作的意见（1994 年 6 月 10 日中共广西壮族自治区党委、自治区人民政府批转）

5. 广西壮族自治区城市民族工作会议纪要（1994 年 12 月）

6. 广西壮族自治区人民政府批转自治区民委等 5 部门《关于贯彻落实国务院"九五"期间民族贸易和民族用品生产有关政策的意见》的通知（1999 年 1 月 19 日）

7. 中共广西壮族自治区党委、区人民政府关于进一步加强民族工作的意见（2001 年 1 月 19 日）

海南省

1. 中共海南省工作委员会、省人民政府关于加强民族工作几个问题的通知（1988 年 8 月 1 日）

2. 中共海南省委、省人民政府关于加强民族工作的决定（1988 年 10 月 19 日）

3. 海南省人民代表会议常务委员会关于加快民族地区建设问题的决议（1991 年 9 月 20 日海南省人民代表会议常务委员会第十八次会议通过）

4. 中共海南省委、省人民政府关于加快民族地区经济和社会发展若干问题的决定（1992 年 6 月 14 日）

5. 海南省实施《中华人民共和国民族区域自治法》的若干规定（1994 年 10 月 14 日海南省第一届人民代表大会常务委员会第十一次会议通过）

6. 海南省人民代表大会常务委员会关于要求省政府及其职能部门制定实施民族法律和政策的配套办法的决议（1994 年 11 月 28 日海南省第一届人民代表大会常务委员会第十二次会议通过）

7. 海南省人民政府关于认真贯彻落实《海南省实施〈中华人民共和国民族区域自治法〉的规定》的通知（1995 年 1 月 10 日）

8. 海南省委、省政府关于加快发展我省民族教育若干问题的决定（1999 年 9 月 17 日）

9. 海南省委、省政府关于进一步做好海南省民族工作的意见（2000 年 1 月 19 日）

10. 海南省委、省政府关于加快海南省中部地区发展的决定（2000 年 3 月 31 日）

11. 海南省政府办公厅转发计划厅、财政厅《关于 2000 年加快海南省中部地区发展实施意见的通知》（2000 年 4 月 30 日）

四川省

1. 四川省民族工作暂行规定（1991 年 11 月 26 日四川省人民政府发布施行）

2. 四川省人民政府关于进一步贯彻落实《中华人民共和国民族区域自治法》的通知（1992 年 8 月 6 日）

3. 中共四川省委、省人民政府关于促进民族地区发展的意见（1995 年 8 月 29 日）

4. 四川省《城市民族工作条例》实施办法（1995 年 11 月 23 日四川省人民政府发布施行）

5. 四川省人民政府关于加快三州民族地区旅游业发展的意见（2001 年 8 月 31 日）

6. 四川省人民政府关于促进我省三州地区交通建设快速发展的通知（2001 年 9 月 19 日）

7. 中共四川省委、省人民政府关于贯彻《中共中央国务院关于进一步加强民族工作加快少数民族和民族地区经济社会发展的决定》的实施意见（2005 年 10 月 12 日）

重庆市

1. 重庆市委、市政府关于进一步加强民族工作的决定（2000 年 2 月 16 日）

2. 重庆市散居少数民族权益保障条例（2000 年 7 月 29 日）

3. 重庆市委、市政府办公厅关于印发《重庆市民族地区经济社会发展现场办公会议纪要》的通知（2001 年 2 月 24 日）

4. 重庆市委、市政府办公厅关于黔江地区比照民族自治地方享受民族优惠政策的通知（2001 年 3 月 30 日）

5. 重庆市委、市政府办公厅关于转发《重庆市委研究室、市计委关于加快发展秀山少数民族边贸经济的意见》的通知（2001 年 3 月 23 日）

6. 中共重庆市委办公厅、市政府办公厅关于转发正确处理新形势下影响民族团结问题的意见的通知（2002 年 1 月 31 日）

贵州省

1. 贵州省人民代表大会常务委员会关于批准试行《紫云苗族布依族自治县执行〈中华人民共和国婚姻法〉变通规定》的决议（1983 年 7 月 20 日贵州省第六届人民代表大会常务委员会第二次会议通过）

2. 贵州省人民代表大会常务委员会关于批准《黔南布依族苗族自治州执行〈中华人民共和国婚姻法〉变通规定（试行）》的决议（1985 年 7 月 9 日贵州省第六届人民代表大会常务委员会第十三次会议通过）

3. 贵州省人民政府关于发布《贵州省贯彻落实〈中华人民共和国民族区域自治法〉若干问题的规定》的通知（1992 年 8 月 13 日）

4. 贵州省民委、公安厅关于印发《贵州省〈关于中国公民确定民族成分的规定〉办法》的通知（1996 年 5 月 28 日）

5. 贵州省委、省政府关于进一步加强新形势下民族工作的意见（2000 年 5 月 8 日）

6. 中共贵州省委、省人民政府关于进一步加强民族工作加快少数民族和民族地区经济社会发展的意见（2005 年 9 月 21 日）

云南省

1. 云南省贯彻《中华人民共和国民族区域自治法》的若干规定（试行）（1988 年 4 月 7 日云南省人民政府发布）

2. 中共云南省委、云南省人民政府关于切实加强民族工作的通知（1989 年 10 月 14 日）

3. 云南省人民政府办公厅转发省民委《关于正确使用民族称谓问题的意见》的通知（1991 年 10 月 7 日）

4. 云南省人民政府关于印发《云南省民族乡工作条例》的通知（1992 年 10 月 12 日）

5. 云南省人民政府关于印发《云南省促进民族自治地方科学技术进步条例》的通知（1993 年 2 月 16 日）

6. 中共云南省委组织部、云南省民委关于进一步做好培养选拔少数民族干部工作的意见（试行）（1994 年 10 月 14 日云南省委办公厅转发）

7. 中共云南省委、省人民政府关于进一步做好新形势下民族工作的决定（1999 年 12 月 31 日）

8. 中共云南省委办公厅、省人民政府办公厅关于采取特殊措施加快我省 7 个人口较少特有民族脱贫发展步伐的通知（2002 年 9 月 4 日）

9. 云南省实施《中华人民共和国民族区域自治法》办法（2004 年 5 月 28 日）

10. 中共云南省委、省人民政府关于加强民族工作加快少数民族和民族地区经济社会发展的决定（2005 年 9 月 13 日）

西藏自治区

1.《西藏自治区学习、使用和发展藏语文的若干规定（试行）》的实施细则（1988 年 10 月 29 日西藏自治区人民政府印发）

2. 西藏自治区国外藏胞回国探亲管理暂行规定（1988 年 12 月 21 日西藏自治区人民政府印发）

陕西省

1. 中共陕西省委、省人民政府批转省委统战部、省民委《关于我省民族工作几个重要问题的意见》的通知（1987 年 10 月 20 日）

2. 陕西省民委、教委关于进一步加强我省少数民族教育工作的意见（1992 年 3 月 3 日陕西省人民政府办公厅转发）

3. 中共陕西省委、省人民政府关于进一步加强民族工作的意见（1992 年 12 月 24 日）

4. 陕西省九十年代少数民族经济和社会发展规划纲要（1992 年 12 月 29 日陕西省人民政府办公厅印发）

5. 中共陕西省委办公厅、省人民政府办公厅转发省委统战部、省民宗委《关于进一步做好民族和宗教工作的意见》的通知（1994 年 3 月 22 日）

6. 中共陕西省委组织部、统战部、省民宗委关于加强培养选拔少数民族干部工作的意见（1994 年 5 月 24 日）

7. 陕西省民宗委、商务厅、工商局、旅游局关于加强清真食品管理的意见（1995 年 3 月 24 日陕西省人民政府办公厅转发）

8. 陕西省清真食品生产经营管理办法（1996 年 11 月 14 日陕西省人民政府常务会议第二十三次会议通过并发布实施）

9. 陕西省民族工作条例（2001 年 12 月 6 日）

甘肃省

1. 甘肃省实施民族区域自治法若干规定（1988 年 9 月 20 日省第七届人大常委会第四次会议通过）

2. 甘肃省甘南藏族自治州施行《中华人民共和国婚姻法》结婚年龄变通规定（1989 年 10 月 1 日起施行）

3. 甘肃省阿克塞哈萨克族自治县施行《中华人民共和国婚姻法》部分条款的变通规定（1992 年 11 月 18 日甘肃省阿克塞哈萨克族自治县第十二届人民代表大会第四次会议通过）

4. 甘肃省甘南藏族自治州藏语言文字工作条例（1996 年 6 月 1 日甘肃省第八届人大常委会第二十一次会议批准）

5. 甘肃省委、省政府关于进一步加强新形势下民族工作的意见（2000 年 4 月 21 日）

6. 甘肃省清真食品管理规定（2002 年 12 月 7 日）

7. 甘肃省委、省政府关于进一步加快甘南、临夏两州经济社会发展的意见（2002 年 7 月 3 日）

青海省

1. 青海省人民政府关于要求各地城镇服务行业进一步做好为少数民族服务工作的通知（1980 年 1 月 21 日）

2. 中共青海省委关于进一步落实民族政策保障民族自治地方充分行使自治权利的指示（1980 年 6 月 26 日）

3. 中共青海省委、省人民政府关于汉族干部、职工学习和使用少数民族语言、文字的通知（1980 年 7 月 26 日）

4. 青海省黄南藏族自治州关于施行《中华人民共和国婚姻法》的补充规定（1982 年 8 月 7 日青海省第五届人民代表大会常务委员会第十九次会议审议批准）

5. 青海省海西蒙古族藏族自治州关于施行《中华人民共和国婚姻

法》结婚年龄的变通规定的决议（1983 年 3 月 16 日青海省第五届人民代表大会常务委员会第二十三次会议通过）

6. 中共青海省委办公厅转发省委组织部、统战部、省民宗委关于《青海省培养选拔少数民族干部工作（1994～2000 年)》的通知（1994 年 2 月 16 日）

7. 青海省委、省政府关于进一步加快牧区发展的意见（2000 年 4 月 22 日）

8. 青海省人民政府关于印发《青海省实施西部大开发战略若干政策措施》的通知（2003 年 6 月 19 日）

9. 中共青海省委、省人民政府关于贯彻落实《中共中央国务院关于进一步加强民族工作加快少数民族和民族地区经济社会发展的决定》的实施意见（2005 年 9 月 16 日）

宁夏回族自治区

1. 宁夏回族自治区执行《中华人民共和国婚姻法》的补充规定（1981 年 6 月 15 日宁夏回族自治区第四届人民代表大会第三次会议通过）

2. 宁夏回族自治区教育局、民委关于办好寄宿制回民中小学几个问题的报告（1982 年 5 月 14 日宁夏回族自治区人民政府批转）

3. 中共宁夏回族自治区党委、自治区人民政府批转《关于全区民族政策执行情况和民族工作几个重要问题的报告》的通知（1988 年 11 月 12 日）

4. 中共宁夏回族自治区党委、自治区人民政府关于进一步加强民族工作若干问题的决定（1992 年 6 月 29 日）

5. 中共宁夏回族自治区委组织部、统战部、自治区民委关于进一步做好培养选拔少数民族干部工作的意见（1995 年 10 月 6 日）

6. 宁夏回族自治区清真食品管理暂行规定（1995 年 12 月 25 日宁夏回族自治区人民政府发布）

7. 宁夏回族自治区党委、政府关于加快教育改革和发展全面推进素质教育的决定（1999 年 12 月 27 日）

8. 宁夏回族自治区党委、自治区政府关于进一步加强民族工作的决定（2000 年 4 月 21 日）

9. 宁夏回族自治区民族教育条例（2001 年 9 月 7 日）

10.《宁夏回族自治区清真食品管理条例》（2002 年 11 月 7 日）

新疆维吾尔自治区

1. 新疆维吾尔自治区执行《中华人民共和国婚姻法》的补充规定（1980 年 12 月 14 日新疆维吾尔自治区第五届人民代表大会第三次会议通过）

2. 新疆维吾尔自治区人大常委会关于全面使用维吾尔、哈萨克老文字的决议（1982 年 9 月 13 日新疆维吾尔自治区第五届人民代表大会第十七次会议通过）

3. 新疆维吾尔自治区伊犁哈萨克自治州施行《中华人民共和国婚姻法》的补充规定（1987 年 2 月 14 日新疆维吾尔自治区第六届人民代表大会第二十五次会议通过）

4. 新疆维吾尔自治区人民政府《东西联合扶贫开发的优惠政策》（新政通［1988］9 号）

5. 新疆维吾尔自治区人民政府关于进一步扶持民族贸易民族用品生产发展的有关政策规定（1992 年 1 月 23 日）

6. 新疆维吾尔自治区语言文字工作条例（1993 年 9 月 25 日新疆维吾尔自治区第八届人民代表大会第四次会议通过）

7. 乌鲁木齐市清真食品管理办法（1994 年 7 月 28 日乌鲁木齐市第十一届人民代表大会常务委员会第十次会议通过）

8. 新疆维吾尔自治区人民政府关于印发《新疆维吾尔自治区百万人温饱工程计划》的通知（1994 年 12 月 27 日）

9. 中共新疆维吾尔自治区党委办公厅、自治区人民政府办公厅关

于自治区民族团结进步模范个人享受劳模待遇的通知（1995 年 6 月
20 日）

10. 新疆维吾尔自治区人事厅、民宗委关于对获全国民族团结进步
模范个人称号者给予奖励的通知（1996 年 5 月 15 日）

11. 新疆维吾尔自治区关于西部大开发税收优惠政策有关问题的实
施意见（2002 年 4 月 28 日）

第三版后记

本书初版由吴仕民设定框架，由国家民族事务委员会、国务院宗教事务局、中国社会科学院民族研究所有关同志共同编著。各章分工如下：第一章，赵至敏；第二章、第十一章、第十三章，李华新；第三章，白萍；第四章、第十五章，石茂明；第五章、第九章，廖家生；第六章、第十章，王平；第七章、第八章，杨盛龙；第十二章，黄耀萍；第十四章，马劲；第十六章，张若璞；附录，夏彦芳。各章初稿写出后，由吴仕民统稿和定稿。

本书的初版写作，得到了有关领导的支持和关心。时任国务委员兼国家民委主任司马义·艾买提同志特为本书题词。

本书第三版修订由吴仕民设定修订思路和框架调整方案，王平负责组织和联络工作。各章节的修订原则上由原作者本人进行。部分原作者由于时间等原因没有参加修订工作，这部分工作经原作者同意后，由主编另邀他人进行。第三版修订工作分工如下：

第一章，原作者赵至敏修订；

第二章，原作者李华新，保留原有内容；

第三章，原作者白萍，王平修订；

第四章，原作者石茂明修订；

第五章，原作者廖家生，保留原有内容；

第六章，原作者王平修订；

第七章、第八章，原作者杨盛龙修订；

第九章，原为"公开而鲜明的旗帜——中国处理民族问题的基本原则"，由廖家生撰写。在第三版中改为"单一制政体下的民族区域自治——我国解决民族问题的基本政治制度"，由王平撰写；

第十章，新增章节，由董武撰写；

第十一章，原作者王平修订；

第十二章，原作者李华新，由温军改写；

第十三章，新章节，第一节由覃鹏撰写，第二节由邓发明撰写，第三节由李旭练撰写；

第十四章，原作者黄耀萍修订；

第十五章，原作者李华新，杜宇增写第四节；

第十六章，原作者马劲修订；

第十七章，原作者张若璞修订；

附录，原编辑者夏彦芳，王平修订。

同时，经原作者同意，删除了石茂明撰写的本书第一、第二版中的第十五章"民族问题与公民——日常生活中的民族关系问题"。

各章节修订初稿完成后，由吴仕民统稿和定稿。

本书的初版、第二版和第三版的出版和修订，得到了四川人民出版社的有力支持，特别是编审汪灏同志倾注了大量心血。在此，我们表示衷心的感谢！

著　者

2006 年 12 月

图书在版编目（CIP）数据

民族问题概论/吴仕民主编. —北京：人民出版社，2011
（人民·联盟文库）
ISBN 978-7-01-009980-4

Ⅰ. ①民…　Ⅱ. ①吴…　Ⅲ. ①民族问题-概论-中国
Ⅳ. ①D633. 1

中国版本图书馆 CIP 数据核字（2011）第 112995 号

民族问题概论

MINZU WENTI GAILUN

吴仕民 主编　王　平　副主编

责任编辑：汪　瀰　李　葳
封扉设计：曹　春
出版发行：人 民 出 版 社
　　　　　北京朝阳门内大街 166 号　　邮　编：100706
网　　址：http://www. peoplepress. net
邮购电话：(010) 65250042/65289539
经　　销：新华书店
印　　刷：三河市金泰源印装厂
版　　次：2011 年 7 月第 1 版　2011 年 7 月北京第 1 次印刷
开　　本：710 毫米×1000 毫米　1/16
印　　张：33. 5
字　　数：498 千字
书　　号：ISBN 978-7-01-009980-4
定　　价：64. 00 元

《人民·联盟文库》第一辑书目

分 类	书 名	作 者
政治类	中共重大历史事件亲历记（2 卷）	李海文主编
	中国工农红军长征亲历记	李海文主编
哲学类	中国哲学史（1—4）	任继愈主编
	哲学通论	孙正聿著
	中国经学史	吴雁南、秦学颀、李禹阶主编
	季羡林谈义理	季羡林著，梁志刚选编
历史类	中亚通史（3 卷）	王治来、丁笃本著
	吐蕃史稿	才让著
	中国古代北方民族通论	林幹著
	匈奴史	林幹著
	毛泽东评说中国历史	赵以武主编
文化类	中国文化史（4 卷）	张维青、高毅清著
	中国古代文学通论（7 卷）	傅璇琮、蒋寅主编
	中国地名学源流	华林甫著
	中国古代巫术	胡新生著
	徽商研究	张海鹏、王廷元主编
	诗词曲格律纲要	涂宗涛著
译著类	中国密码	［德］弗郎克·泽林著，强朝晖译
	领袖们	［美］理查德·尼克松著，施燕华等译
	伟人与大国	［德］赫尔穆特·施密特著，梅兆荣等译
	大外交	［美］亨利·基辛格著，顾淑馨、林添贵译
	欧洲史	［法］德尼兹·加亚尔等著，蔡鸿滨等译
	亚洲史	［美］罗兹·墨菲著，黄磷译
	西方政治思想史	［美］约翰·麦克里兰著，彭维栋译
	西方艺术史	［法］德比奇等著，徐庆平译
	纳粹德国的兴亡	［德］托尔斯腾·克尔讷著，李工真译
	资本主义文化矛盾	［美］丹尼尔·贝尔著，严蓓雯译
	中国社会史	［法］谢和耐著，黄建华、黄迅余译
	儒家传统与文明对话	［美］杜维明著，彭国翔译
	中国人的精神	辜鸿铭著，黄兴涛、宋小庆译
	毛泽东传	［美］罗斯·特里尔著，刘路新等译
人物传记类	蒋介石全传	张宪文、方庆秋主编
	百年宋美龄	杨树标、杨菁著
	世纪情怀——张学良全传（上下）	王海晨、胡玉海著

《人民·联盟文库》第二辑书目

分 类	书 名	作 者
政治类	民族问题概论(第三版)	吴仕民主编、王平副主编
	宗教问题概论(第三版)	龚学增主编
	中国宪法史	张晋藩著
历史类	乾嘉学派研究	陈祖武、朱彤窗著
	宋学的发展和演变	漆侠著
	台湾通史	连横著
	卫拉特蒙古史史纲	马大正、成崇德主编
	文明论——人类文明的形成发展与前景	孙进己、干志耿著
哲学类	西方哲学史(8卷)	叶秀山、王树人总主编
	康德《纯粹理性批判》句读	邓晓芒著
	比较伦理学	黄建中著
	中国美学史话	李翔德、郑钦镛著
	中华人文精神	张岂之著
	人文精神论	许苏民著
	论死生	吴兴勇著
	幸福与优雅	江畅、周鸿雁著
文化类	唐诗学史稿	陈伯海主编
	中国古代神秘文化	李冬生著
	中国家训史	徐少锦、陈延斌
	中国设计艺术史论	李立新著
	西藏风土志	赤烈曲扎著
	藏传佛教密宗与曼荼罗艺术	昂巴著
	民谣里的中国	田涛著
	黄土地的变迁——以西北边陲种田乡为例	张畯、刘晓乾著
	中外文化交流史	王介南著
	纵论出版产业的科学发展	齐峰著
译著类	赫鲁晓夫下台内幕	[俄]谢·赫鲁晓夫著,述弢译
	治国策	[波斯]尼扎姆·莫尔克著,[英]胡伯特·达克(由波斯文转译成英文),蓝琪、许序雅译,蓝琪校
	西域的历史与文明	[法]鲁保罗著,耿昇译
	16~18世纪中亚历史地理文献	[乌]Б. А. 艾哈迈多夫著,陈远光译
	亲历晚清四十五年——李提摩太在华回忆录	[英]李提摩太著,李宪堂、侯林莉译
	伯希和西域探险记	[法]伯希和等著,耿昇译
	观念的冒险	[美]A. N. 怀特海著,周邦宪译
人物传记类	溥仪的后半生	王庆祥著
	胡乔木——中共中央一支笔	叶永烈著
	林彪的这一生	少华、游胡著
	左宗棠在甘肃	马啸著